容 莉 —— 编著

酒店精益管理与过程控制

互联网思维下的酒店管理

精益管理与过程控制实战系列

U0314386

化学工业出版社

·北京·

内容简介

《酒店精益管理与过程控制——互联网思维下的酒店管理》一书，从酒店管理智慧化、图解酒店之精益管理、图解酒店之过程控制三个部分进行了详细的描述和讲解。酒店管理智慧化包括：智慧酒店概述、智慧酒店建设。图解酒店之精益管理部分包括：酒店的精益管理、图解精益之酒店信息管理系统、图解精益之酒店目标管理、图解精益之酒店量化管理、图解精益之酒店内部控制、图解精益之酒店岗位说明书、图解精益之酒店安全管理。图解酒店之过程控制部分包括：过程控制解析、过程控制之酒店销售流程与标准、过程控制之酒店财务流程与标准、酒店工程维保流程与标准、前厅服务流程与标准、客房服务流程与标准、餐饮服务流程与标准、酒店突发事故应急处理过程控制。

本书进行模块化设置，以图解的方式解说精益管理和过程控制，内容实用性强，着重突出可操作性。本书既可以作为酒店管理人员进行管理的参照范本和工具书，也可供管理咨询顾问和高校教师做实务类参考指南。

图书在版编目（CIP）数据

酒店精益管理与过程控制：互联网思维下的酒店管理/容莉编著.—北京：化学工业出版社，2021.4
（精益管理与过程控制实战系列）
ISBN 978-7-122-38607-6

Ⅰ.①酒…　Ⅱ.①容…　Ⅲ.①饭店-商业企业管理-图解
Ⅳ.①F719.2-64

中国版本图书馆CIP数据核字（2021）第035576号

责任编辑：陈　蕾　　　　　　　　　　　装帧设计：溢思视觉设计
责任校对：赵懿桐　　　　　　　　　　　　　　　　　E-mail: isstudio@126.com

出版发行：化学工业出版社（北京市东城区青年湖南街13号　邮政编码100011）
印　　装：大厂聚鑫印刷有限责任公司
787mm×1092mm　1/16　印张29¹⁄₂　字数591千字　2021年6月北京第1版第1次印刷

购书咨询：010-64518888　　　　　　　　售后服务：010-64518899
网　　址：http://www.cip.com.cn
凡购买本书，如有缺损质量问题，本社销售中心负责调换。

定　价：98.00元

随着酒店日趋激烈的竞争和不断攀升的客户期望，酒店装潢、客房数量、房间设施等质量竞争和价格竞争将退居二线，迫使业内人士不断寻求扩大酒店销售、改进服务质量、降低管理成本和提升客户满意度的新法宝，以增强酒店的核心竞争力。其中最有效的手段就是大规模应用先进的信息化技术，变革传统意义上的酒店业竞争方式和经营管理模式，进而赢得新的竞争优势。因此，酒店的竞争将主要在智能化、个性化、信息化方面展开，智慧酒店悄然兴起。

智慧酒店是指充分利用物联网、云计算、移动互联网等新一代信息技术的集成应用，为顾客提供一个安全、舒适、便利的现代化、智慧化酒店环境，从而形成基于信息化、智能化酒店管理与服务的一种新的管理形态，是酒店管理的一种新理念、新创新模式。

精益管理是在日本丰田公司精益生产的基础上，总结提炼并加以升华的一种高效管理工具。精益管理的"精"指减少投入、少花时间、少耗资源；"益"指增加效益、提高效率、提升质量。精益管理通过流程再造、降低成本、提升质量、提升效率来提升企业的竞争力。

酒店推行精益管理，首先要从流程和制度的建设抓起，从酒店的各个方面进行梳理，包括各项业务流程力求简化，识别现有运营流程与精益管理要求的差距，找出所有的问题，删减不必要的非增值环节，不断提高企业的创效能力。

酒店的管理核心在服务，而服务质量的高低首先在于是否有一套科学的质量标准体系和管理程序，管理方面的诸多问题最终又要在过程控制中才能实现。过程是指通过使用资源和管理，将输入转化为输出的活动。一个过程的输入通常是其他过程的输出，酒店中的过程只有在受控条件下策划和执行，才具有价值。

基于精益管理与过程控制的理念，我们策划编写了《酒店精益管理与过程控制——互联网思维下的酒店管理》一书，本书从酒店管理智慧化、图解酒店之精益管理、图解酒店之过程控制三个部分进行了详细的描述和讲解。酒店管理智慧化包括：智慧酒店概述、智慧酒店建设；图解酒店之精益管理部分包括：酒店的精益管理、图解精益之酒店信息管理系统、图解精益之酒店目标管理、图解精益之酒店量化管理、图解精益之酒店内部控制、图解精益之酒店岗位说明书、图解精益之酒店安全管理；图解酒店之过程控制部分包括：过程控制解析、过程控制之酒店销售流程与标准、过程控制之酒店财务流程与标准、酒店工程维保流程与标准、前厅服务流程与标准、客房服务流程与标准、餐饮服务流程与标准、酒店突发事故应急处理过程控制。

本书进行模块化设置，以图解的方式解说精益管理和过程控制，内容实用性强，着重突出可操作性。本书既可以作为酒店管理人员进行管理的参照范本和工具书，也可供管理咨询顾问和高校教师做实务类参考指南。

本书还得到了深圳职业技术学院学术著作出版基金资助，在此深表感谢！由于编者水平有限，书中难免出现疏漏，敬请读者批评指正。

编　者

目录

CONTENTS

第3部分
图解酒店之过程控制

HAPTER ONE

第1部分

酒店管理智慧化

智慧酒店概述

随着酒店日趋激烈的竞争和不断攀升的客户期望，酒店装潢、客房数量、房间设施等质量竞争和价格竞争将退居二线，迫使业内人士不断寻求扩大酒店销售、改进服务质量、降低管理成本和提升客户满意度的新法宝，以增强酒店的核心竞争力。其中最有效的手段就是大规模应用先进的信息化技术，变革传统意义上的酒店业竞争方式和经营管理模式，进而赢得新的竞争优势。因此，酒店的竞争将主要在智能化、个性化、信息化方面展开，智慧酒店悄然兴起。

1.1 何谓智慧酒店

智慧酒店是指充分利用物联网、云计算、移动互联网等新一代信息技术的集成应用，为酒店客户提供一个安全、舒适、便利的现代化、智慧化生活环境，从而形成基于信息化、智能化管理与服务的一种新的管理形态的酒店，是酒店管理的一种新理念、新创新模式。

智慧酒店的"绿色内涵"：以信息化为驱动，推动酒店生态转型，旨在通过先进智能技术应用和开发建设模式创新，综合运用信息科学和技术、消费方式、决策和管理方法，挖掘酒店范围内外资源潜力，建设生态高效、信息发达、经济繁荣新型现代化酒店。

智慧酒店是指酒店拥有一套完善的智能化体系，通过数字化与网络化实现酒店数字信息化服务技术，具有酒店灯光控制系统的应用和酒店空调控制系统的应用等应用。

酒店智能化是一个不断丰富、发展的领域。酒店作为直接面对客人提供服务的场所，应充分的考虑个人隐私、个性化的需求，以及感受到高科技带来的舒适和便利。同时，酒店物耗、能耗、人员成本，也应考虑降到最低，创造效益。

1.2 物联网技术在酒店业的应用

我们日常生活中的物品通过网络相互"交流"，构成了最简单的物联网（Internet of

Things，简称IOT）。根据福布斯的说法："物联网是嵌入电子产品、软件、传感器和网络连接的物理对象网络，而这些对象之间能够收集和交换数据。"

物联网已经走进我们日常的工作和生活中，同时在各个行业都有应用，使用物联网可以实现简单流程的自动化，提高生产力，同时减少不必要的劳动力成本。酒店业已经率先实施物联网战略，除了提高生产率以外，还收获了客户的满意度。

根据酒店能源设备布控管理公司Telkonet的说法："智慧能源管理系统知道客房何时无人，然后自动调节温度，从而将能源消耗减少20%～45%。"

那么，酒店业是如何应用物联网降低能耗、提高工作效率并提升客户满意度的呢？以下是物联网在酒店业应用的五个场景。

1.2.1　客房自动化

客房自动化为客人提供了一种独特的体验，通过使用智能家居技术，让客人的住宿更加舒适，并提供按需住宿。例如，喜达屋酒店度假村采用了一种叫做"日光采集"的技术，通过检测到进入房间的自然光多少，自动调节LED照明，一方面节省了能源，同时还提高了室内照明的一致性。

1.2.2　预测性维护

预测性维护是指通过使用传感器数据识别潜在危险，在危险升级之前向相应的维护工程师发出警报，从而提升了预防性维护的水平。这一点也大大节省了人力成本，如果使用人工每小时进行一次全楼检测，那么检测人员将处于无休止的检测之中，人力成本非常高，同时检测效率也远不及传感器监测。

1.2.3　移动端互动管理

手机也可以算作物联网终端的一个特例。目前，全球手机数量已达68亿，马上要赶上全球人口数量76亿，也就是说超过85%的世界人口已经被移动网络覆盖。

客人可以使用手机作为客房的钥匙，或向前台提出服务请求。同时，酒店也可以将手机上的资产管理系统等应用程序，作为酒店内部移动管理工具。此外，工程师也可以通过手机接收酒店内的工作请求，最大程度提高客人满意度。

1.2.4　超个性化客户服务

每位客人住宿时的所有个人数据，可用于酒店为客人提供个性化服务的依据，提升住宿体验。例如，经过一段时间的数据采集，物联网平台可以记住每位客人的特定舒适度偏好，并自动为他们下一次入住设置房间参数，包括温度、照明亮度和电视频道等。

1.2.5　API和第三方整合

随着物联网市场的不断成熟，可能会促使供应商之间进行整合，供应商的数量虽然有所下降，但其提供的产品将更具有系统性，API（应用程序编程接口）将成为整合物联网系统的生命线。

以上五个场景，是目前物联网在酒店业应用的实例，而随着技术的迅速发展，相信在不久的将来，会有更多的后端人员加入这个领域，为客户带来更多的优质体验。

1.3 大数据技术于酒店业的应用

酒店行业每天都要接待数以百万计的顾客，海量的相关性数据也由此相伴而生。以酒店的代表性经营业务——住宿服务为例，每位顾客从开始选择酒店、预订客房，到入住，再到期满退房，这一系列的行为活动都包含了大量的数据信息。而酒店在获取这些数据信息后，如果可以再对这些数据信息进行有效的处理、分析及整合运用，那么就可以充分挖掘出蕴含在其中的巨大商业价值，帮助酒店更好地经营发展。

1.3.1 大数据分析

在酒店管理的过程中，经常会借助大数据进行分析，但在这个过程中还有很多问题没有得到解决。例如，应用的程度比较低，服务的范围比较窄，配备的服务设施还不够完善。所以，酒店可以利用标准化的管理模式，合理地利用大数据进行管理，这样也能提高管理的安全性。为了给消费者提供更好的服务，保障消费者的权益，我们要建立完善的酒店的信息系统。

酒店基于大数据分析而建立的信息系统，有助于挖掘客户需求和习惯，以准确地找出酒店经营存在的问题，把握客户的诉求，为客户提供个性化的服务，为酒店提供良好的营销决策。主要可完成以下四个目标：①实现酒店企业信息抓手功能；②对客户入住酒店分析，明确客户需求导向，提高服务质量；③提高对市场需求把握，达到增收盈利；④数据分析，发现成本高效匹配利用方式，降低运营成本。

基于酒店管理系统大数据分析，主要从以下三个角度开展深入分析研究。

（1）总体情况分析 通过对客户预订酒店、入住酒店到最后结账结算整个流程的业务数据做整体分析。

（2）下钻分析 从酒店预订形式、房型选择、客户结算方式角度展开分析，深层次挖掘客户需求习惯。

（3）关联分析 从客户预订量与时间、旅游行业发展态势关系，入住房型选择与客户地域关系，客户结算方式与酒店活动、支付平台相关活动关系等角度对酒店经营绩效做分析。

1.3.2 酒店的大数据服务

很多酒店都在搜集客人的反馈信息、喜好以及客人的消费习惯，这就是我们大数据的信息收集工作，在酒店长期运作的过程中，因为人力成本的控制，人员流动大，导致很多酒店已经慢慢忽略了这份工作。

如果酒店利用PMS（Property Management System，工程生产管理系统）的优势，收集到客人的全部信息，如喜好、反馈，酒店就可以为客人提供个性化的服务。如当客人是准备和家人来这里为自己庆生，那酒店就可以在客人入住的时候送上诚挚的祝福以及个性化的礼物；如客人之前在其他姐妹酒店有入住记录，记录了客人对水果、电视节目以及空调温度有一定的偏好，酒店如果在客人入住前就提前安排客人喜欢的水果送进房间，调整了房间的这些项目，客人一打开房间，看到桌上摆放着自己喜欢吃的水果，电视上播放着自己喜欢的节目，房间的温度非常舒服，客人对酒店就会有很好的第一印象；如客人对上次入住酒店有不好的印象，酒店的控房员在提前排房时，看到系统的提示，就可以根据酒店的入住率为客人做一次免费的升级，并留言在系统中告知前台的员工，前台员工在办理入住问候客人时就可以提到这个个性化的安排，对客人来说是一个惊喜。

酒店还可以利用互联网以及移动端的技术，定制一个客人反馈系统平台，在客人入住用餐期间可以让客人扫描二维码来反馈自己的消费体验，这样不但可以提高酒店的服务水准，也可以避免客人在公开网络平台上投诉酒店，发泄自己在酒店的不幸遭遇。

1.3.3　酒店大数据营销

大数据对于营销非常重要，信息的多寡甚至已经成为决定企业竞争力的核心要素。借助大数据，酒店获得了很好的营销手段，可以精准地定位消费者。对于现在的消费者来说，获得信息的方式不再那么单一，通过互联网平台可以拿到自己想要的信息。对于酒店行业来说，观念也要随之转变，不能再单单依赖传统渠道搜集信息。

对于信息推广，酒店不能再利用传统的推广渠道，而要根据客人的体验习惯随之转变，转向互联网移动端。对于酒店来说，也可以利用大数据根据客人的喜好为客人提供定制化产品，将自己的产品分类整合，不再是采用原有的单一产品销售。

如度假型酒店，在周四客人安排家庭周末自驾游时，突然收到酒店的推广信息，此推广信息不单单是客房的推广，还包括了餐饮、娱乐场所以及附近景点的信息，这对于正在安排周末旅行的客人非常重要，客人选择这家酒店的概率就大大增加。如果在周一，公司行政助理正在给领导安排出差旅行，突然在互联网上找到，某商务酒店推出接机住店一条龙服务产品，并突出酒店在网络会议室多方面有很大的优势，此行政助理选择这家酒店的概率也会很大。综合所述，营销的本质就是在恰当的时间地点、恰当的场景和恰当的消费者产生连接。

除此之外，酒店行业传统的粗放型营销方式，也正在逐渐转变为大数据时代背景下的精准营销方式。而要做到精准营销，酒店就必须以顾客的相关数据信息为基础展开全面分析和深入挖掘。同时，对顾客的各项行为数据进行预测分析，并据此来准确判断与识别顾客的需求，想办法为顾客提供他们想获取的搜索内容。

在酒店实际开展营销工作时，数字化的行为数据和预测分析会在以下三个方面对营销工作进行补充：外部推广、内部优化和整合营销。当酒店在进行外部的市场推广时，酒店通过充分利用数字化的行为数据、业务规则和预测分析，帮助酒店识别出哪些工作在网络推送广告、展示广告或在实地营销活动中更有效。同时，当用户多次回访酒店的网站后，可利用好上边提到的数据、规则和分析结果，为访问者提供个性化的体验。最后，数字化的行为数据、业务规则和实时预测分析可以作为一个整合营销的方法来使用，从而扩展到每一个顾客接触点，比如当用户联系酒店的线上客服或前台预订房间时，酒店的员工都可以根据顾客的信息向他们推荐最相关的产品或服务从而形成更多的转化。多样化、个性化的网络搜索和咨询体验，可以让用户不断回访酒店网站最终促成订单转化。

酒店运用大数据技术对顾客行为进行更精确、更客观、更全面的分析，使酒店可以根据预测分析的结果，不断调整营销策略，提升酒店顾客关系管理的有效性，增强顾客黏性，这十分有利于提升酒店品牌价值，提高入住率，增强酒店的盈利能力。

1.3.4　酒店大数据收益管理

收益管理是一种谋求收入最大化的新经营管理技术。它诞生于20世纪80年代，最早由民航开发，就是当初的航空公司根据市场、根据大数据分析得出的一种经营策略。

收益方面的大数据应用旨在确保酒店的每间客房获得最合适的价格——在考虑到全年的淡季和旺季，又考虑到天气和当地活动等其他因素后再做定夺，这些因素都会影响入住客人的数量和类型。而大数据技术可以应用于以上所有因素的分析中，并且所得分析结果准确有效。

现在的酒店收益管理只建立在自家酒店的大数据库上，没有和大市场的大数据做整合。酒店收益管理要做的，不只是销售完当天的房间，还要让整体入住率提高，用户对渠道价格一致的酒店更有信任感，价格越乱用户越不愿关注。

在做酒店收益管理策略过程中，酒店管理者要学会换位思考，现在消费者获取信息的渠道多了，所以，酒店管理者要站在客人的角度来看问题，如果你看到一家酒店的客房在不同的渠道显示了不同的价格，你会有什么感觉？如果有相同的价格，用户的信任感会比较强。所以酒店管理者要学会利用互联网的大数据，来做好酒店的收益策略。

1.3.5　酒店大数据采购

现实中也不难发现大数据分析在采购部门中的广泛应用。例如企业会跟踪原材料市场的价格波动，依靠先进的分析模型和预测方法来对冲市场风险；现代的供应链已经变得越来越复杂：产品的多样性越来越高，市场的波动性越来越强，外部因素对供应链的扰动也越来越多，这使得酒店很难有效地将有限的资源在供应链中合理地分配。使用新的分析方法能使采购部门发挥更大的战略功能，以优化酒店资源在各个环节中的分配。

随着电商平台的快速发展，酒店的采购不再单单依赖当地的、线下的采购，这就要求酒店的采购部利用互联网的大数据，需要作出成本优化和产品需求之间的平衡点，来帮助酒店采购到物美价廉的产品。

1.4　人工智能AI在酒店中的应用

人工智能（Artificial Intelligence，简称AI），是研究、开发用于模拟、延伸和扩展人的智能的理论、方法、技术及应用系统的一门新的技术科学。

人工智能是计算机科学的一个分支，是研究机器智能和智能机器的高新技术学科，是模拟、延伸和扩展人的智能，实现某些脑力劳动自动化的技术基础，是开拓计算机应用技术的前沿阵地，是探索人脑思维奥秘和应用计算机的广阔领域。该领域的研究包括机器人、语言识别、图像识别、自然语言处理和专家系统等。人工智能与原子能技术和空间技术，被并称为20世纪的三大尖端技术。

目前，人工智能的基础性研究和在很多领域的应用性研究仍正在如火如荼地进行，人工智能在交通控制、家庭服务、医疗、教育、公共安全与防护、娱乐等领域逐渐得以运用，许多大型企业为了提高企业的核心竞争力，也竞相把人工智能引入企业管理，实现企业管理的智能化。在诸如销售管理、人力资源管理、财务管理、风险管理、档案管理等方面逐渐得以应用。

人工智能技术在酒店方面的应用如下所述。

1.4.1　服务机器人

服务型机器人目前能够应用在酒店领域的主要包括迎宾引导机器人、自助入住机器人、客房情感机器人、自主运送物品机器人、安防巡更机器人、商品售卖机器人、自助行李存取机器人、餐厅服务机器人、清洁服务机器人等。服务型机器人的应用将大幅降低酒店人力成本。

例如：清洁服务机器人可以用于地面清洁。通过楼层自主导航，根据路径规划，自主到达各个楼层，对各楼层实施自主清扫、自动避障；运用水清洗方式清扫地面，污水实时回收，确保地面干净整洁；自动进行人体识别，人机对话；自动充电和自动加清水、排污水。充电和加水站、排污站的一体化可以实现地面清洁的功能。而客房清洁尚需技术突破或对客房进行改造。

希尔顿在2016年和IBM Watson合作测试了机器人前台；喜达屋旗下的Aloft品牌已开始用机器人Botlr为客房递东西；洲际旗下的皇冠假日酒店也有类似功能的机器人。海航酒店集团旗下部分酒店开始使用智能机器人开展服务，而且这款智能机器人的服务更加全面，它可以为客人房间运送物品，如浴巾、吹风机、儿童用品、客房用餐等。机器人可以和客人简单聊天，日常问好，讨论天气，引领有需要的宾客前往公共区域卫生间、会议室、健身房等场所。此外，机器人还能播报酒店的各种活动和进行促销等。

随着服务型机器人和人工智能技术的不断突破与应用，酒店行业作为服务业劳动力较密集的代表领域，将成为服务型机器人进军的重点行业。

1.4.2 智能安防

计算机视觉与生物特征识别应用——人脸识别与安全监控。计算机视觉与生物特征识别技术，让机器可以更准确地识别人的身份与行为，对于帮助酒店识别客户和安全监控都有很多便利。一是监控摄像头，增加人像识别功能，提前识别发现可疑人员、提示可疑行为动作，也可以帮助识别危险人员。二是可以利用内部摄像头，增加对员工可疑行为识别监控，记录并标记可疑人员，并提醒后台监控人员进一步分析，起到警示作用。三是可以在酒店核心区域（如数据中心机房、客房等）增加入像识别摄像头，人员进出必须通过人脸识别及证件校验方可进入，同时对于所有进出人员进行人像登记，防止陌生人尾随进出相关区域，实现智能识别，达到安全防范的目标。

结合安防巡逻机器人，进行日常巡逻、安保监控、咨询服务及环境监测等。通过远程控制、视频监控、智能识别、音频通话、视频存储、状态监控、任务调度、远程通信等功能与人工服务有效补充，替代重复性、可标准化的巡逻、服务与监测工作，有效降低工作强度，节省人力成本，提高酒店安保服务质量。

1.4.3 智能家居

智能家居是在互联网影响之下物联化的体现，与普通家居相比，智能家居不仅具有传统的居住功能，还兼备建筑、网络通信、信息家电、设备自动化，提供全方位的信息交互功能，甚至为各种能源费用节约资金。

随着人们越来越习惯于智能家居，消费者对智能化酒店住宿体验的需求越来越多，因此酒店未来会为客房加入更多智能元素，来满足这种需求，吸引新一代的消费者。目前越来越多的酒店将会选择通过物联网来将客房连接在一起，从而复制游客们在家中时享受到的智能家居体验。

Hilton（希尔顿酒店集团）已有"Connected Room"智能酒店项目。集团的CEO Christopher Nassetta表示："我们希望能够让客户和客房'互相理解'，让他们在进入房间时，可以通过手中的智能手机来自由控制房间内的所有设施。"

Hilton通过官方应用，让酒店的忠诚计划会员可以自由控制他们房间的照明、温度和娱乐设施，比如电视播放的内容等。

Marriott（万豪酒店集团）也推出了自己的智能酒店项目。万豪希望智能客房可以预测游客的具体需求，进一步优化住宿体验。

万豪集团的智能酒店客房分为两种类型：全新建造的客房与以现有客房为基础进行改造的客房。全新建造的客房内部的智能设施种类更多，包括智能相框、智能淋浴等。

游客可以调节的内容包括：光照、温度、湿度及内部的装饰类等，并安装了声控系统，以及可以根据室内人数自行调节空气含氧量的传感器系统。

而从现有客房改造而成的智能客房内的设施种类相对较少，没有声控系统，游客可以使用电视的遥控器来操纵室内的智能设施。目前只有声控、遥控器和手动控制三种操纵方式，但是未来会推出通过手机上的万豪官方应用来控制室内设施的功能。

1.4.4　智能营销管理

参照人工智能在零售行业的应用，进行对顾客的分析，在锁定目标顾客、抓取目标顾客、精准推送、分析目标顾客潜在需求方面，真正实现对每一位消费者的360度全方位画像，实现精准营销。

同时利用VR技术和人工智能技术，实现身临其境的互动感受。入住前的VR互动展示与入住后的VR场景体验。互动展示方便消费者选择，场景体验可以嫁接产品，有助于拓展酒店消费项目。

目前飞猪在未来酒店2.0中推出了VR选房环节，但必须是成功预订的客户才可以进入到选房界面。

在场景体验方面，既可通过VR眼镜在房间里实现游戏或者观看，也可前往特定的VR空间。如家精选酒店内设有VR旅行视频体验，消费者入住后可通过VR眼镜观看视频，体验当地人文和风景；洲际酒店集团携手HTC在北京、上海和三亚的部分酒店打造专属VR空间，所有入住酒店的宾客都可以在酒店的HTC Vive专区体验该服务；西雅图的Hotel 1000配有一个高尔夫VR，提供全球著名的50个高尔夫球场供宾客自由选择。

1.4.5　智能会员管理

建立会员档案，通过智能化的设备将人体的诸多数据，例如体温、呼吸、心跳，甚至表情等一一捕捉，可穿戴设备不论是眼镜、手表、手环，多配备有传感器，为后续传输及利用提供基础信息储备。数据收集后上传到云端从而汇集成大数据库，一旦到达一定规模，便可对会员的历史数据和消费习惯，进行大数据的、智能化的分析，酒店便可利用数据为消费者提供有针对性的、与硬件配套的软件与服务，提升和改善会员的消费体验。

人工智能将通过最精准的运算能力和平台优势，帮助酒店实现精准决策、精准服务、精准营销、精准管理，将成为传统收益管理的核心技术支撑或者重新谱写收益管理的方法论。

人工智能可以帮助酒店实施差异化、个性化服务，可提高运营效率，提高服务质量，提高宾客满意度，并且可使酒店管理更加科学化、精细化，通过对客源进行类比分析，推动产品创新。

智慧酒店建设

智慧酒店的设计方案应遵照相关的国家标准、规范及建筑设计为基础，经过多次现场勘查、沟通、测量，充分考虑酒店行业需求，从实际情况出发，运用先进的技术手段，在酒店范围部署弱电及安防管理系统，满足酒店对安全性、居住性、舒适性、耐久性和经济性需求，为顾客和工作人员打造安全、便捷、高效、舒适的办公及住宿环境。

2.1 智慧酒店的建设内容

智慧酒店的建设内容如表2-1所示。

表2-1 智慧酒店的建设内容

序号	建设内容	适用区域
1	智慧酒店集控管理平台	监控中心
2	视频监控	酒店广场、收银台、吧台、服务台、电梯间、楼层、公共区域、储物间、消防通道等
3	视频巡更	监控中心利用电子地图进行在线视频巡更
4	智能火焰检测	楼道、储藏室、机房等重要区域
5	一卡通系统	（1）门禁：地下室车库电梯间、机房、储物间、办公区域等重要场所 （2）电梯控制：电梯间 （3）消费：餐厅、酒吧、超市等消费区域 （4）访客：大堂吧台 （5）考勤：办公区域 （6）人事、宿舍、薪资管理等
6	停车场系统	地下车库
7	紧急报警系统	楼层内、客房内、电梯间、消防通道显著位置
8	防盗报警系统	客房内、储物间等重要区域

续表

序号	建设内容	适用区域
9	多媒体会议系统	多媒体会议室
10	客房控制系统	酒店客房内
11	酒店管理系统	酒店大堂、餐厅、洗浴等场所
12	客房无线覆盖系统	酒店客房、大堂、餐厅、楼道等区域
13	公共广播系统	开放区域、楼层内
14	程控电话系统	主控中心机房、大堂、客房等
15	机房监控系统	酒店楼宇内
16	综合布线系统	电视线、电话线、网线、信号线等

2.2　智慧酒店的建设原则

在设计系统时，以技术先进、系统实用、结构合理、产品主流、低成本、低维护量作为基本建设原则，规划系统的整体构架。

2.2.1　融合性原则

统按照统一规范、统一标准、统一数据原则建设，实现硬件软件的整合，系统功能的整合。

2.2.2　超前性原则

系统软硬件设备的配置均符合高新技术的潮流，关键的服务器、传感设备、报警设备、接入设备及存储设备均采用行业内领先的技术与产品。在满足现期功能的前提下，系统设计具有先进性，在今后较长一段时间内保持一定的技术先进性，系统严格遵循相关规范。

2.2.3　实用性原则

系统从设计到实施都是从酒店的实际业务流程出发，在设备选型及软件开发时，主要依据酒店行业的实际需求，为客户提供全面的业务解决方案。

2.2.4　合理性原则

据实际的业务应用情况，量身设计系统解决方案，使系统达到最优性能；系统结构与管理体系相吻合，方便对系统管理与维护。同时，在系统设计时，充分考虑系统容量及功能的扩充，实现系统平滑升级。

2.2.5 经济性原则

在满足系统功能及性能要求的前提下,尽量降低系统建设成本,采用经济实用的技术和设备,利用现有设备和资源,综合考虑系统的建设、升级和维护费用。

2.2.6 可维护原则

系统及采用的产品简单、实用、易操作、易维护,系统具有专业的管理维护终端,方便系统维护。并且系统具备自检及故障诊断功能,在出现故障时,能得到及时、快速的维护。

2.2.7 易管理原则

系统具有专业的管理终端,对前端设备和各分中心进行集中、统一控制,实施对所有远端设备的控制、设置,以保证系统的高效、有序、可靠地发挥其管理职能。

2.2.8 安全性原则

系统采取必要的安全保护措施,防止病毒感染、黑客攻击,防雷击、过载、断电和人为破坏,具有高度的安全性和保密性。

2.2.9 成熟性原则

系统的各个子系统选用了成熟的经过实践检验的产品,并通过平台进行整合,既保证了各子系统的成熟稳定运行,又保证了各子系统的实时联动告警。

2.3 各子系统设计的简要说明

2.3.1 智慧酒店集控管理平台

智慧酒店集控管理平台是将视频监控系统、入侵报警系统、一卡通系统、停车场系统、报警系统、机房监控系统、客房控制、酒店管理、信息发布系统等智能化系统,统一呈现在一个控制平台上,可进行集中控制和管理。该系统提取各子系统产生的有效信息,根据信息的变化情况,综合研判、联动定位。系统通过技术研发手段,突破跨越不同的子系统实现互联互通,达到信息的交换、提取、共享和处理。

1.智慧酒店集控管理平台的具体结构

基于物联网架构的系统拓扑,智慧酒店集控管理平台的具体结构设计如图2-1所示。

2.组成架构设计

智慧酒店集控管理平台是专门针对酒店设计的智能型管理系统。系统主要由视频监控系统、报警管理系统、日常管理系统、值班管理系统、配置中心等系统组成。各子系统通过酒店局域网接入,各系统既可独立部署,又可与平台进行联动控制。如图2-2所示。

图 2-1　智慧酒店集控管理平台的具体结构

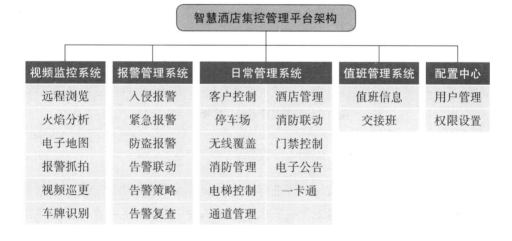

图 2-2　智慧酒店集控管理平台组成架构

2.3.2　视频监控系统

视频监控系统是通过图像监控的方式对酒店的主要出入口和楼层等重要区域作一个实时、远程视频监控的安防系统。系统通过前端视频采集设备即摄像机将现场画面转换成电子信号传输至中心，然后通过显示单元实时显示、存储设备录像存储等，实现工作人员对各区域的远程监控及事后事件检索功能。

视频监控系统由前端网络摄像机、传输网络、分控中心、主控中心组成。网络摄像机可实现报警、音频信号的输入输出，实现现场音视频采集和报警联动处置；传输网络基于TCP/IP以太网协议，建设视频监控专用网络，保证视频监控系统稳定运行；分控中心实现对视频图像查阅与报警信息通知；主控中心实现视频管理、集中存储、统一调度、在线指挥、电子地图等系统应用。视频监控系统网络架构示意如图2-3所示。

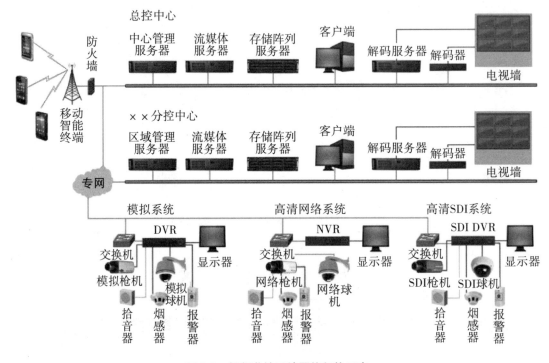

图2-3　视频监控系统网络架构示意

2.3.3　视频巡更系统

视频巡更系统是基于视频监控系统进行创新研发的新型管理功能，通过在电子地图上点击相关的摄像机进行视频巡逻。电子地图作为基础平台设计，可在外围和建筑物内部部署摄像头点位及相应报警点位。通过安保人员定时、定点点击电子地图上的摄像头标志，完成现场图像实时查阅，从而达到远程巡逻的目的。

视频巡更系统采用最先进的视频拼接和电子地图联动技术，打破了传统人员走访式巡更管理模式。该系统的应用可大大减少巡更人员配置，增加巡更周期，具有电子巡更备案、巡更考勤记录等众多实用性特点。该系统可实现在线升级，为以后更好的实用性奠定基础；系统易操作，易于安装，易部署、易管理和维护；是用户单位改善人力开支，提高工作效率，真正实现智能化巡更的理想应用。

视频巡更系统应具有表2-2所示功能。

表2-2　视频巡更系统的功能

序号	功能	功能说明
1	操作简便	基于楼宇电子地图设计监控点位，可对室外、室内、地下室等场地进行巡更管理；操作人员可对楼层内部进行相应的视频巡更
2	管理完善	通过平台控制球机进行手动控制巡更观看，可360度观看周边情况，可拉远拉近，对远处的情况也可以准确地观看
3	配置灵活	通过平台，用户可以自由地对巡更点进行设置，包括关联的摄像机设置，用户也可以自由灵活地对整个平台巡更系统进行自主设置
4	设置简单	通过平台，用户可以自由设置巡更周期时间，可自由安排巡更周期长短，平时、高峰时期或晚上，用户可以自行对工作人员巡更频率加大、缩小
5	记录完整	巡更记录查看，可对巡更区域、巡更人员、巡更时间、巡更状态以及视频画面进行调取查看

2.3.4　智能火焰系统

智能火焰系统是依靠视频智能分析技术，对酒店内重要区域部署智能分析摄像机，可进行火焰等紧急事件提前预警，第一时间产生报警信号通知警卫处。如图2-4所示。

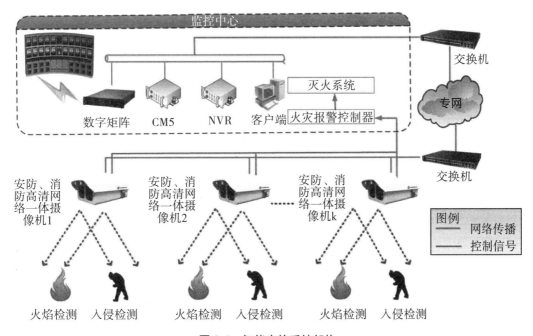

图2-4　智能火焰系统架构

智能火焰系统应满足以下功能。

（1）安防、消防一体化高清摄像机。

（2）可有效避免各种环境因素所产生的干扰。

（3）灵敏度高，响应速度快，火焰报警时间小于20秒。

（4）检测距离远、探测范围大。

（5）可根据使用需要进行目标检测、分类、报警（安防应用）。

（6）稳定可靠、方便易用。

（7）支持超低照度，数字宽动态，智能3D降噪。

（8）同时支持火焰检测和视频监控。

（9）集视频监控、火焰检测、周界入侵，单绊线、双绊线异常徘徊，非法停车等智能分析功能于一体。

2.3.5　一卡通系统

在酒店使用同一张非接触感应卡，就能实现多种不同管理功能和多种用途，减少携带多张卡片的麻烦。例如：客控、酒管、门禁、考勤、就餐、消费、停车场等多种功能。一卡通系统架构示意如图2-5所示。

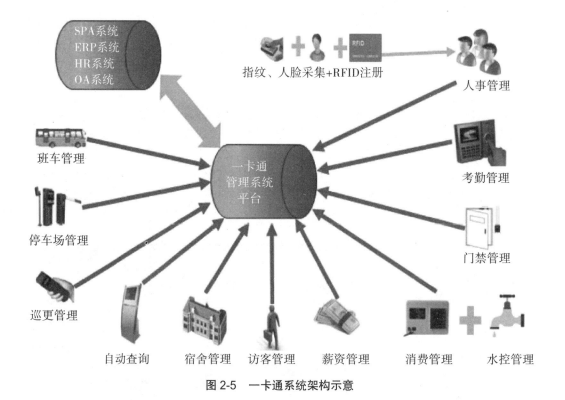

图2-5　一卡通系统架构示意

一卡通系统应实现如下功能。

（1）数据自动上传下载，实现真正无人值守。

（2）只传送新的数据，已经传送过的数据不会自动传送，但可以从服务器上按要求重新传送。

（3）如果网络暂时不能正常连接，在恢复连接后数据会自动重新传送。

（4）数据通常是打包在一起成批传送的，从而降低网络连接的开销。

（5）因为网络问题而传送失败的数据会重新被传送，直至成功为止。

（6）数据上传下载不影响正常的考勤使用，只有在通过服务器大批量下发人员指纹到考勤机时，才会稍微减慢考勤的速度，数据可加密、压缩传送。

（7）考勤终端　考勤记录存储自动维护，满50000条自动清除前面的10000条记录；指纹可自动互相备份（通过服务器）。

2.3.6　停车场系统

停车场系统是通过计算机、网络设备、车道管理设备搭建的一套对停车场车辆出入、场内车流引导、收取停车费进行管理的网络系统。通过采集记录车辆出入记录、场内位置，实现车辆出入和场内车辆的动态及静态的集控管理。通过感应卡记录车辆进出信息，通过管理软件完成收费策略，实现收费账务管理、车道设备控制等功能。如图2-6所示。

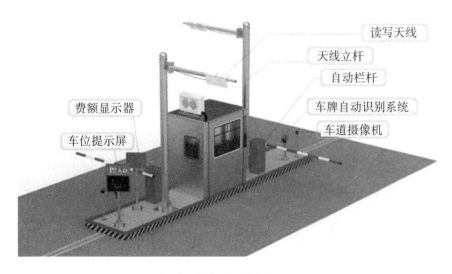

图 2-6　停车场系统图示

2.3.7　紧急报警系统

采用部署在大楼内部、客房内部的报警按钮，当发生紧急事件时，被触控即可联动警灯、警笛、监控、门禁等系统，做到应急指挥及时取证的目的。酒店应根据位置环境部署紧急报警装置，通过触发紧急报警点，即可联动周边摄像机进行视频抓拍/录像/实时监控等应用。报警联动示意如图2-7所示。

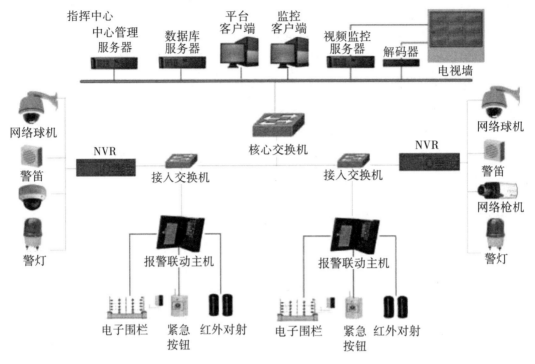

图 2-7　报警联动示意

系统通过部署的紧急按钮、报警联动主机等前端传感设备，可将报警信号直接传递到指挥中心。报警信号和电子地图进行定位处理，电子地图和视频监控进行联动绑定，从而轻松获取现场实时图像，达到精准定位实时监控的目的，便于应急处突的预案管理，为安保人员争取到最宝贵的处理时间和取证录像。

2.3.8　防盗报警系统

防盗报警系统是指当非法侵入防范区时，引起报警的装置，它是用来发出出现危险情况信号的。防盗报警系统就是用探测器对建筑内外重要地点和区域进行布防，它可以及时探测非法入侵，并且在探测到有非法入侵时，及时向有关人员示警。譬如门磁开关、玻璃破碎报警器等可有效探测外来的入侵，红外探测器可感知人员在楼内的活动等。一旦发生入侵行为，能及时记录入侵的时间、地点，同时通过报警设备发出报警信号。

防盗报警系统的设备一般分为：前端探测器、报警控制器。报警控制器是一台主机（如电脑的主机一样），用来控制包括有线/无线信号的处理、系统本身故障的检测、电源部分、信号输入、信号输出、内置拨号器等这几个方面，一个防盗报警系统中报警控制器是必不可少的。前端探测器包括：门磁感应器、玻璃破碎探测器、红外探测器和红外/微波双鉴器、紧急呼救按钮。防盗报警系统架构如图2-8所示。

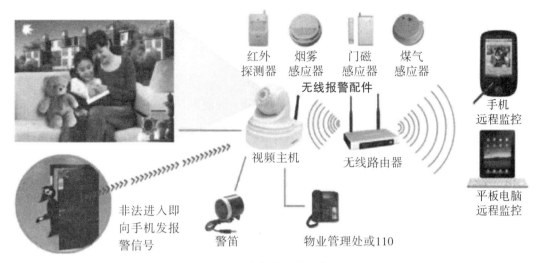

红外探测器　烟雾感应器　门磁感应器　煤气感应器

无线报警配件

视频主机　　无线路由器

手机远程监控

平板电脑远程监控

非法进入即向手机发报警信号

警笛　　物业管理处或110

图 2-8　防盗报警系统架构图示

2.3.9　多媒体会议系统

多媒体是信息交互的载体，是由具体设备结构构成一个信息处理系统，并通过终端设备把它所承载的信息内容（主要是声、像），具体、系统地表达出来，给人们一个形象的感官认识。

综合来说，多媒体会议室就是为了满足人们信息交互的需要，根据系统的功能进行方案设计，由各种传递和表达信息的多媒体设备构建而成的一个平台。

多媒体会议室是一个独立的完整的系统，这个系统结构可以很复杂，也可以很简单。影响这个结构的因素是会议室的建设目标，如会议室的功能要求、实现这些功能所包含的信息量以及传播这些信息的途径等。

随着信息技术的不断发展，会议室所包含的信息量越来越丰富，传播信息的途径也多种多样。一个大的会议室除了要满足传统简单的会议要求外，还应具有高雅格调和优美音质、清晰图像演讲并进行会议记录等，而且还可以根据要求扩展配备同声传译系统和投票表决功能以及远程视频会议系统。系统一般由大屏幕显示、多媒体音视频信号源、音响、切换和中央控制器几部分组成。选取具备先进功能的DVD和录像机以及实物与图文传送器通过大屏幕投影机还原其图像。为了更高效、实时地指挥，需要配备一套中央控制设备，控制室内所有影音设备、信号切换、灯光、屏幕升降、音量调节等功能，大大提高工作效率和简化复杂的操作，能适合所有人士使用而不需要具备专业知识。

2.3.10　客房控制系统

客房控制系统集智能灯光控制、空调控制、服务控制与管理功能于一体，具有智能化、网络化、规范化特点，将科学的管理思想与先进的管理手段相结合，帮助酒店各级管理人员和服务人员对酒店运行过程中产生的大量动态的、复杂的数据和信息进行及时准确的分析处理，从而使酒店管理真正由经验管理进入到科学管理。客房功能示意如图2-9所示。

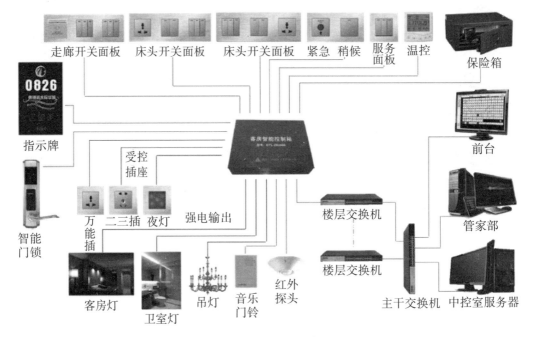

图 2-9　客房功能示意

智慧酒店客房控制系统被专业人士称为"酒店智能化的一站式解决方案"，它可对各个功能分区进行智能化设置，根据不同的分区调整运行方案，使其更适应客人的活动需要以及酒店的管理需要，最大限度提高效率。客房控制系统通常有以下四个功能模式。

1.无人模式

（1）正常客房在无人入住时处于待租无人模式，RCU此时处于无人省电运行状态。

（2）客人不在房间的时间段时，RCU处于无人省电运行状态。

（3）客房内空调运行于无人模式，受客房控制系统远程控制。

（4）客房卫生间内排风扇定时排风，保持室内空气清新。

2.入住模式

（1）可在酒店前台通过客房控制系统软件查看客房设备运行状况，将正常客房出租给客人。

（2）客人在前台办理入住手续，发电子门锁卡，客房进入已租入住模式。

（3）空调将由无人模式自动切换到开房模式，在开房模式下，客房控制系统将空调自动设定为舒适温度，使客房在客人进入时已达到舒适。

3.欢迎模式

（1）客人利用客房控制系统——宾客卡开启门锁。

（2）自动开启廊灯并延时30秒关闭。

（3）将开门卡插入节电开关，节电开关进行智能身份识别，只有合法卡方能取电，灯光进入欢迎模式。

4.普通模式

（1）客人可通过弱电开关面板对灯光、电视、窗帘等进行控制。

（2）空调进入本地操作模式，客人可操作温控器按自己的需求来控制客房温度；在软件端可实时查询客房内空调运行情况，如实际温度、设定温度、风速等。

（3）客房控制系统还可将客房内"请即清理""请勿打扰""请稍候""SOS""退房"等服务信息，实时传送到门外显示器、楼层管理软件界面。

以上四种功能模式可完全根据酒店的实际需要进行灵活的调整，使其迎合酒店的日常工作。

2.3.11　酒店管理系统

酒店管理系统一般包含前台接待、前台收银、客房管家、销售POS、餐饮管理、娱乐管理、公关销售、财务查询、电话计费、系统维护、经理查询、工程维修等功能模块。

2.3.12　客房无线覆盖系统

作为星级酒店，如何在同业竞争中永远领先一步，为客户提供更全面周到的服务，成为经营者首先考虑的问题。随着来自世界各地商务客人的增加，全球信息技术的发展和无线网络的高速发展，以及Internet在国内的迅猛发展，单一的传统网线上网已经无法满足客人上网的需求，客人无线上网服务的需求越来越大。

客房WLAN无线上网已经是酒店信息化的大势所趋。苹果iPad笔记本已经没有网口，只能用WLAN上网。很多客人也都带有轻便的iPad，已习惯自由自在地WLAN上网。目前已经有不少酒店客房实现了客房WLAN覆盖，如果再没有客房WLAN无线上网服务，将可能会失去部分客户。客房WLAN覆盖不仅方便了客户，同时也是留住回头客保持入住率的有效手段之一，也为酒店创造了效益。如图2-10所示。

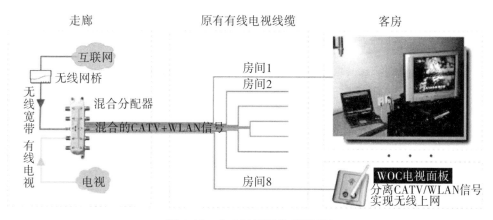

图 2-10　客房无线覆盖系统图示

2.3.13 公共广播系统

公共广播系统具有背景音乐广播、公共广播、火灾事故广播功能。

该系统用于整栋楼公共区及楼层内部等，平时可播放背景音乐，自动循环播放，发生火灾时，兼作事故广播使用，指挥疏散。

公共广播系统主要由信号源、功放设备、监听设备、控制设备、火灾事故广播控制设备、用户设备及广播传输线路组成。

2.3.14 程控电话系统

程控电话是指接入程控电话交换机的电话，程控电话交换机是利用电子计算机来控制的交换机，它以先编好的程序来控制交换机的接续动作。

程控电话主要由呼叫中心（CTI系统）、数据服务器、网络交换机、智能网关、中继设备及信号传输线路组成。如图2-11所示。

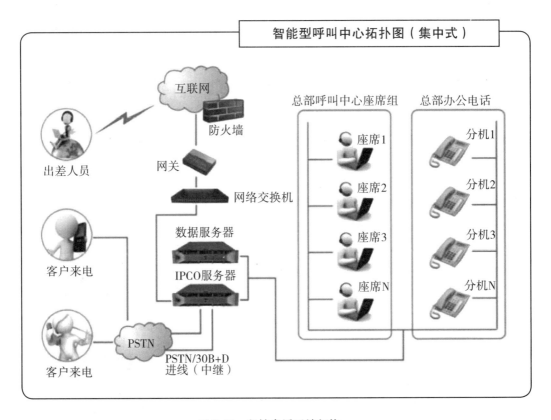

图 2-11　程控电话系统架构

系统主要针对酒店电话系统进行管理分配，中心设备安装在中心机房；综合布线时可根据现场情况安装相应的信息模块，方便平时维护管理整个企业的电话接听、转接业务。

2.3.15 机房监控系统

机房监控系统主要是针对机房所有的设备及环境进行集中监控和管理的，其监控对象构成机房的各个子系统：动力系统、环境系统、消防系统、网络系统等。

机房监控系统，是解决动力机房中对UPS、漏水、烟雾、温湿度、门禁、视频等信息进行集中监控管理、统计分析。通过实现UPS、环境参数、监控设备等的集中监控、集中维护、集中管理获得直观的统计分析报告，采用先进的"预警"维护方式彻底解决落后的人工被动的维护方式，精确定位故障，能够节约维护人员，为机房的安全和可靠运行提供有力保障，防患于未然，从而极大地提高办公效率。

机房环境和动力设备的实时监控，包括烟雾监测、温湿度监测及对精密空调漏水水浸监测，以及对精密空调和UPS等动力设备的监测。对于报警实现短信报警，使管理人员及时发现并处理异常。如图2-12所示。

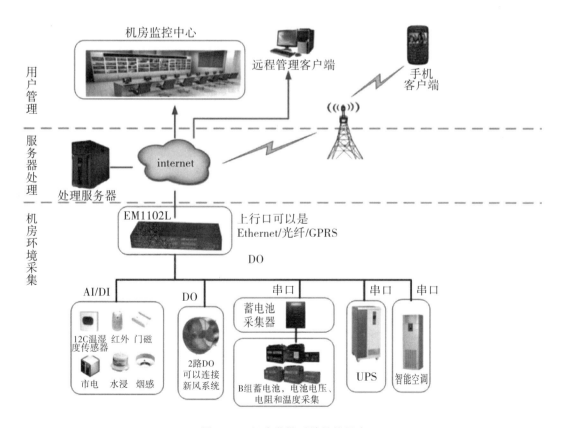

图2-12 机房监控系统结构示意

2.3.16 综合布线系统

综合布线是一种模块化的、灵活性极高的建筑物内或建筑群之间的信息传输通道。通过它可使话音设备、数据设备、交换设备及各种控制设备与信息管理系统连接起来，同时也使这些设备与外部通信网络相连的综合布线。它还包括建筑物外部网络或电信线路的连接点与应用系统设备之间的所有线缆及相关的连接部件。综合布线由不同系列和规格的部件组成，其中包括：传输介质、相关连接硬件（如配线架、连接器、插座、插头、适配器）以及电气保护设备等。这些部件可用来构建各种子系统，它们都有各自的具体用途，不仅易于实施，而且能随需求的变化而平稳升级。综合布线系统采用结构化布线系统，应能兼容和支持所有的电脑设备系统、数据系统（包含部分无线 AP 接入点）、酒店视频点播系统和语音系统。

本系统可由五个子系统组成，工作区子系统、水平干线子系统、管理区子系统（楼层分配线架）、垂直干线子系统、建设群子系统、设备间子系统（主配线架）组成。布线系统总体结构如图 2-13 所示。

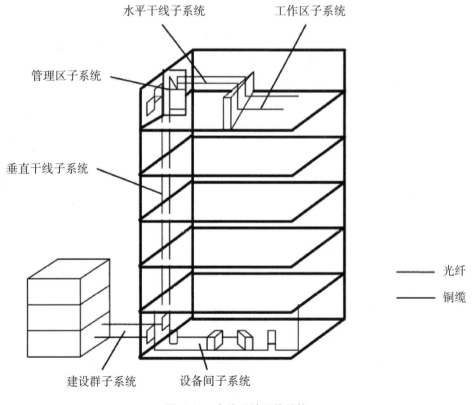

图 2-13　布线系统总体结构

【他山之石01】某酒店客房控制系统一体化解决方案

某酒店客房控制系统一体化解决方案

一、灯光控制

标准客房主要灯光控制设备包括：灯光控制模块和调光控制模块。

RCU控制主机对灯光的控制由取电开关、门磁开关、红外探头、弱电开关来实现控制，各种控制设备间可以实现双控、三控、多点控制功能。其具体功能如下。

1.节电开关

通过采集卡片上的信息进行插卡取电、拔卡断电功能，真正做到智能，不经授权的卡，拒绝取电。拔卡后，系统延时15秒（系统软件可设置）后灯光、受控插座、电视断电。插卡后房间廊灯自动亮起；如果是在夜晚或者房间光线较暗时，客人插卡后可根据预先的设定，系统自动按照一定的亮度缓慢点亮房间的可调节灯光。

2.门磁开关

客人开门后，门磁把开门信号传给RCU客房控制器，系统可打开廊灯或指定的灯光（系统软件可设置），并延时30秒，方便客人放行李、插卡。如在设定的时间内不插卡取电，系统则关闭指定的灯光。门磁同时将开门信号传送到客房中心，客房中心通过门磁信号，可以实时显示客房门状态；超时不关门报警。

3.弱电开关

（1）弱电开关可以选用回弹式12伏弱电复位开关或编程式智能触摸开关。

（2）在门厅的墙壁、床头墙壁与卫生间外安装弱电开关，按下相应键，开启或关闭对应灯光回路或组合场景。

（3）开关品牌、颜色根据装修风格进行选择；开关安装高度与位置由装修公司进行定位设置。

4.总揿开关（睡眠开关）与夜灯开关相互切换

为避免客人在睡眠时逐个关闭灯光、音响、电视等麻烦，设置一个"总揿（睡眠）"开关，当客人在入睡时只需按一下"总揿（睡眠）"按键，客房内灯光全部熄灭，控制器进入夜间服务程序。此时总揿开关为夜灯开关，再次按下总揿开关可以打开/关闭夜灯；当有其他灯光打开时，总揿切换为总揿开关使用。

5.节能与人性化控制

（1）卫生间灯采用开关和红外开关双向控制。本系统在卫生间设置一个红外探测器，卫生间外设置相对应的卫生间灯开关，客人进入卫生间按开关打开卫生间对应的灯光；符合人正常的生活习惯，人离开后，当红外探测器感应不到人时，系统收到无人信号后，延时60秒后断开相应的灯光和设备的电源，杜绝了客人离开后不关灯而浪费电源。

（2）卫生间换气扇自动控制和远程控制，有人入住时由卫生间灯开关联动控制，空房状态下采取自动运行，比如：间隔2小时打开排气扇运行5分钟，以保持空气清新。

（3）衣柜灯采用门磁开关控制，当门打开时衣柜灯点亮，门关闭灯熄灭；当衣柜门打开后忘记关闭时，系统会自动延时5～10分钟自动关闭衣柜灯，避免忘记关门而造成的浪费。

6. 调光控制

（1）系统可对白炽灯、卤素灯进行调光控制，常按住调光开关对调光灯进行无级循环调节，并对调光灯进行记忆设置，关闭调光灯并再次打开时保留为关闭前状态。

（2）打开调光灯时，亮度逐渐柔和地增加到设定的亮度；关闭调光灯光时，亮度逐渐柔和地减弱至关闭。

（3）调光开关为回弹式弱电开关或轻触式感应开关，当客人点按时，为打开/关闭调光灯，当长按时，调光灯变亮直到亮后再变暗，采用循环方式。

7. 台灯、落地灯控制

（1）系统对台灯/落地灯进行电路检测，受自带开关和总掣开关双点控制。

（2）台灯/落地灯可以通过自带开关实现调光功能。

8. 客房灯光场景控制

为了营造恰当的气氛，可以通过编程实现不同环境下的一键灯光场景管理模式，如会客或迎宾模式，一键打开客房所有灯光；电视模式，打开电视背景灯光，关闭客房内其余灯光；阅读模式，打开阅读灯，关闭其余灯光，关闭电视；睡眠模式，关闭客房内所有灯光，夜灯打开；如安装有电动窗帘，在不同的场景模式下自动打开或关闭电动窗帘。

二、客房信息服务管理

1. 门铃/清理房间/请勿打扰

（1）RCU主机可以控制每间客房的门铃；对于多门套房，门铃并联安装。

（2）门铃通过客房外的门铃按钮触发，每按一次门铃按钮触发一下门铃。

（3）客房在"请勿打扰"状态下，门铃自锁无反应。

（4）请勿打扰 "勿扰"与"清理"和"门铃"互锁，当客人设定为DND状态时，"门铃"操作无效；在客房管理中心的计算机上会显示本房间勿扰的图标；同时客房门口的显示牌上显示DND的指示标志，说明本房间客人不需要打扰。退房时"勿扰"状态自动消除。

（5）清理房间 客人按下"清理"时，发出服务请求时，客房门口的显示牌上清理指示灯亮，显示清理的指示标志；在客房管理中心的电脑上会出现本房间清理的图标，显示该房间需要清理的服务请求，客房中心管理人员通过内部网络系统及时通知清洁人员安排对该房间进行清理，系统此时开始自动计时；当服务员清理完毕后关闭清理服务请求，表示该房间已经清理完毕，系统此时结束对该房间服务的计时；管理人员可以根据数据分析，增强对员工的管理，提高酒店的服务效率。

2.SOS紧急求救

床头（仅指残疾人客房）及卫生间设有SOS（即紧急呼救）开关，当客人在房间内遇见紧急情况：生病、有人非法闯入等紧急状况时按动SOS按钮后，信息即可传送到客房中心中央计算机上和保卫部的计算机上，并伴有声光提示，使酒店管理部门做出快速响应，保证客人安全及其他方面的紧急需求。在门口门铃面板上也可出现醒目的SOS提示（此功能需要门口指示牌提供足够的显示位置）。

3.请稍候

卫生间设置"请稍候"服务按钮，当您在卫生间内沐浴或方便时，此时有客人来访按门铃时您不方便开门，可以按下"请稍候"按钮，门口显示牌上"请稍候"指示灯亮，提示来访客人稍做等候。请稍候信息自动延时5分钟后取消，给入住的客人提供人性化的服务。

4.服务请求

在床头处安装有服务请求按钮，当客人需要酒店提供服务时，按下"服务请求"按钮，信息会传送到中央计算机上，酒店服务人员会通过电话与客人沟通，及时为客人提供所需的服务。服务请求信息会在服务人员提供完服务后在远程取消该信息请求。

三、电动窗帘控制

1.系统可以根据客房的状态、灯光场景的状态对窗帘、窗纱进行控制；同时受电动窗帘开关的手动控制。

2.电动窗帘与门磁信号、取电开关、灯光场景相互关联，在不同的客房状态、入住取电时间、灯光场景、触发信号下自动地打开或关闭窗帘。

3.比如：客人在8:00～18:00时次进入客房，触发欢迎模式，窗帘自动打开；客人离开客房，窗帘自动关闭；客人在18:00～8:00时次进入客房，触发欢迎模式，窗帘不作反应。客人在入住其间，窗帘会根据客人选择的不同灯光场景自动打开或关闭窗帘/窗纱。

4.手动控制：窗帘关闭时点按窗帘开按钮，窗帘自动运行，再次点按窗帘开按钮，窗帘停止；关窗帘执行相反动作。

四、节能控制（中央空调）

节能系统可以对第三方供应商提供的中央空调风机盘管进行控制和编程，系统通过调节风速和冷/热水阀来实现客房温度的自动控制。

空调控制主要通过智能客房控制器对中央空调及采暖系统的风机盘管、电磁阀的控制来实现对室内温度的控制。温控器采用大屏幕液晶显示，通过温控器内部的数字温度传感器，能够准确检测出室内真实温度，并能实时地与用户所设定温度进行比较，自动调节冷暖气的进气量或控制管道电动阀，达到保持室内恒温的目的。

房间内空调控制由温控器、取电开关、电脑远程控制，其具体控制如下。

1.远程控制

当客人在前台登记时，CIS通过与PMS的接口获得信息，自动打开该客人入住房间的空调，将客房温度调整到舒适的范围；温度为预设温度25℃（系统软件可设置），当客人从大厅到房间时，客房温度已降到25℃，当客人打开房间时就能给客人一种宾至如归的感觉。

当客人退房时，CIS管理软件通过与PMS的接口获得信息，自动将该客房的空调调到空房状态运行，系统软件可根据不同季节、不同时段设置各种不同的节能策略并保存，管理人员可以随时选用各种策略。

2.数字温控器

（1）数字温控器采用背光照明LCD显示面板，可以显示时间、室外温度、室内温度、设定温度和风速；显示手动模式、自动模式；面板按键设有：冷/暖风切换、风速调节、温度设定。客人可以通过温控器对室内温度自由控制，温度调节范围为16.0～32.0℃，可制热、制冷。

（2）温控器支持一控多方式，即一个温控器可以控制2个以上风机盘管；也可以支持多控一方式，即2个以上温控器控制一个风机盘管，一个温控器设置温度的变化，另一个温控器同步显示。

（3）手动温度控制　客人入住后可以按照个人的喜好手动调节房间的温度与风速；按温度调节键温度调节每次以0.5℃或1℃来递增或递减，按风速调节键可切换低、中、高速运行。

（4）自动温度控制　自带温度传感器，检测出室内温度，并实时地与用户所设定温度进行比较，自动调节冷暖气的进气量和开启或关闭风机盘管电动阀，以达到保持室内恒温之目的。

3.节能控制模式

自动从系统获得客房状态，根据不同状态自动调整空调的运行模式。

（1）空房待租模式　空调根据预设模式：空调将每小时低速运行15分钟以保持客房内空气清新；空调运转参数可以在系统软件中编程预设。

（2）出租插卡模式　系统根据预设模式自动运行，也可以由客人手动调节。

（3）出租拔卡模式　当客人有事拔卡暂时离开客房的时候，系统切到节能状态，空调风机低速运行（系统软件可设置）。

（4）睡眠模式　系统会在夜间11:30时自动切换到睡眠模式运行，温度设定在25～26℃，避免客人把温度调得过低造成能耗浪费。

以上节能模式的设定由酒店管理人员在系统参数里进行在线编程设置。

五、排气扇控制

排气扇由卫生间外弱电开关、红外探测器和智能客房控制器自动控制，客人可以通过卫生间外弱电开关开关排气扇，当客人离开卫生间后PIR探测不到人，将信号传给智能客房控制器，系统在60秒钟（系统软件可设置）后自动将灯光与排气扇关闭。

在待租状态下系统将每隔一个小时将排气扇打开5分钟（系统软件可设置），以保持卫生间内空气新鲜。

【他山之石02】某酒店综合应用安防系统解决方案

某酒店综合应用安防系统解决方案

酒店行业的初期涉及的系统比较单一，主要以模拟监控为代表的安防应用，其核心价值在于"眼见为实"，随着科技的进步，特别是网络技术的发展，传统监控的标清画质已经无法满足现在的监控需求，并且现阶段酒店安防除了监控需求外，还有报警、门锁、客房智能化等应用需求。

一、方案架构及组成

酒店安防综合管理系统主要包括视频监控系统、门禁系统、报警系统、梯控系统、智能停车场管理系统，基于TCP/IP网络技术进行组网，采用软硬件一体化平台，融合多个子系统，同时搭配中心管理系统以及大屏显示系统，作为酒店安防系统的监控中心系统（见下图）。

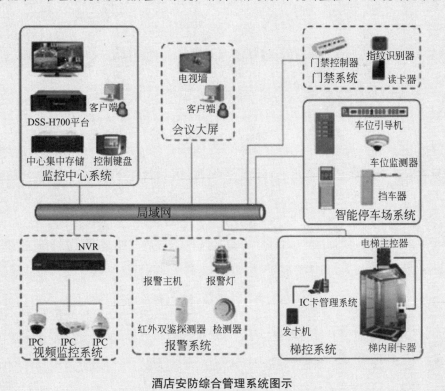

酒店安防综合管理系统图示

二、系统设计

1.视频监控系统

　　酒店是为人们提供旅游、商务出行时住宿、餐饮、休闲等综合服务的场所，因其具有开放以及服务至上的特征，常年有陌生人出入，而酒店大门、前台、候梯厅等公共区域的人流量更是集中，对于酒店公共区域需要部署视频监控系统，对酒店公共区域达到实时监控、录像取证等目的（见下图）。

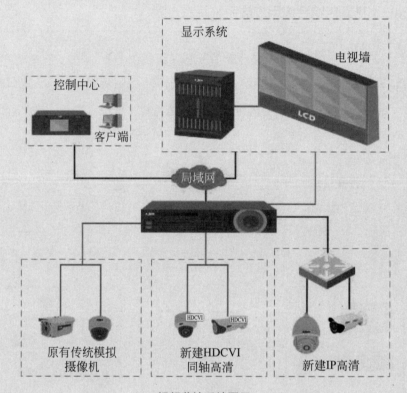

视频监控系统图示

　　新建项目可部署200万像素高清网络摄像机，酒店大门外区域可部署星光级支持变倍高清网络球机，通过定时轮巡对酒店大门外公共区域进行监控，对特殊场景可进行变倍放大进行细节监控。酒店大门、前厅是人流比较集中的区域，该区域部署200万像素高清红外自动变焦半球摄像机，既可对内部细节监控，又可保证室内部署美观度。所有摄像机都通过网络接入NVR和中心管理平台，存储录像保证至少30天。

　　旧设备更新改造项目可部署同轴高清HDCVI摄像机，该摄像机画面具有1080P且无延时，采用75-3同轴电缆，有效传输距离达300米，在标清升级高清过程中，只需要更换前端摄像机和后端存储DVR，无须重新布线，继承原有的模拟标清摄像机的同轴传输电缆，即可完成改造，节省了布线工程成本，从而大大节省了改造成本。

2.门禁管理系统

酒店有机房、库房、配电间、财务室等重要房间，这些房间都不能随意进出，对于此类重点区域应当部署门禁系统，门禁系统可以根据权限管理对房间门锁进行控制，通过门卡、密码、指纹等方式进行授权，同时门禁系统亦可与视频监控系统联动，完成开门记录与视频记录的复合。建立一套可靠的门禁系统不仅可以达到防偷防抢、降低财产损失的目的，也可对内部工作人员进行一个有序化管理。见下图。

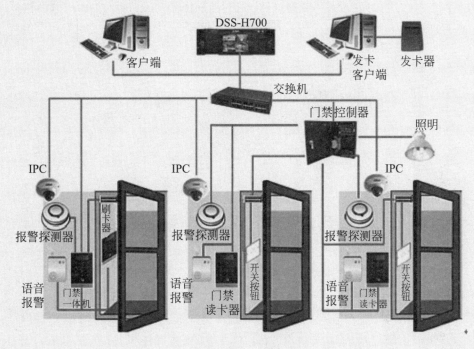

门禁管理系统图示

3.报警系统

报警系统是酒店安防系统中比较常见的系统之一，该系统用于保护区域警情检测与防范，通过报警主机和前端报警检测器组成，前端报警检测器包括红外双鉴、水浸报警器、烟感报警器、燃气泄漏报警器等，通过连接报警主机，当报警器检测到警情发生时，将报警信息传输至报警主机进行报警联动，可联动报警灯、门禁控制器等设备，亦可将报警信息上传中心平台或者110平台。

根据现场具体情况，报警系统前端报警器构成警戒防区，系统可设置一个或者多个防区，分别部署不同种类的报警检测器，将这些报警检测器互联互通，组成具有综合防区功能的防区，最终架构成一套高性能、多功能的报警系统，可广泛应用在酒店重点防范区域，如库房、酒窖、配电室、信息中心机房等区域，达到无人值守、安全防范（见下图）。

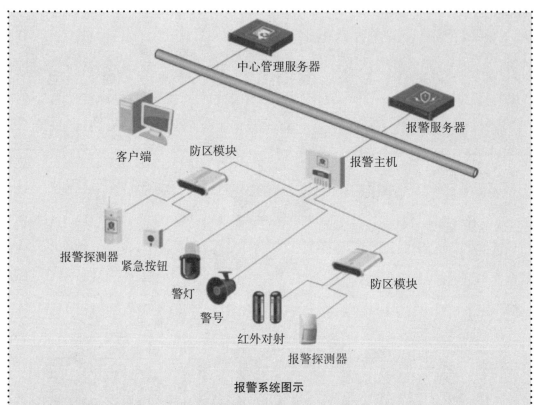

报警系统图示

4.梯控系统

现在酒店基本都有直达楼层的升降电梯，而酒店电梯又是一个通往客房的最常用通道，为保障顾客不受非住宿人员的打扰，同时为保障酒店内部财产安全，有效对电梯使用权限进行授权显得尤为重要。

梯控系统由电梯主控器、梯内刷卡器、IC卡管理系统和授权发卡机组成，客人通过房卡根据客房号授权电梯楼层，客人凭授权后的房卡通过电梯刷卡器进行刷卡使用（见下图）。

梯控系统图示

5.显示大屏系统

酒店会议厅的显示系统大都是通过多台投影仪或者多台显示器组成，投影仪存在老化速度过快、显示效果差等缺点，大型显示器因为吊装原因导致后期维护非常困难，而且采用投影仪和显示器等设备组成的显示系统过于老旧，且不符合高端酒店会议厅的档次，因此建设一套高端、经济、美观的智能显示系统有助于提升会议厅的档次，也能提升客户体验度。同时显示大屏亦可部署监控中心用于视频监控（见下图）。

室内小间距LED屏

视频综合管理平台

显示大屏系统图示

6.酒店智能停车场系统

大部分高级酒店都有地下停车场，传统停车场都是由保安管理，车辆需要人工登记或者开具凭证才能进出，出入口效率低。停车场内视频监控也无法全覆盖，如有地下车辆刮除或者人为破坏后逃逸情况发生，也无法进行事后追踪。针对这些传统停车场存在的问题可采用大华智能停车场系统，该系统由出入口系统、车位引导系统、停车检测系统和反向寻车系统组成。

出入口控制系统在出入口部署摄像机自动抓拍车辆的车牌，对于有效车牌的车辆，自动道闸的闸杆升起放行并将相应的数据存入数据库中。若为无效车牌的车辆，则不给予放行。通过识别车牌进行放行，可达到不停车出入，大大提高进出口效率，同时也提升酒店VIP顾客的客户体验（见下图）。

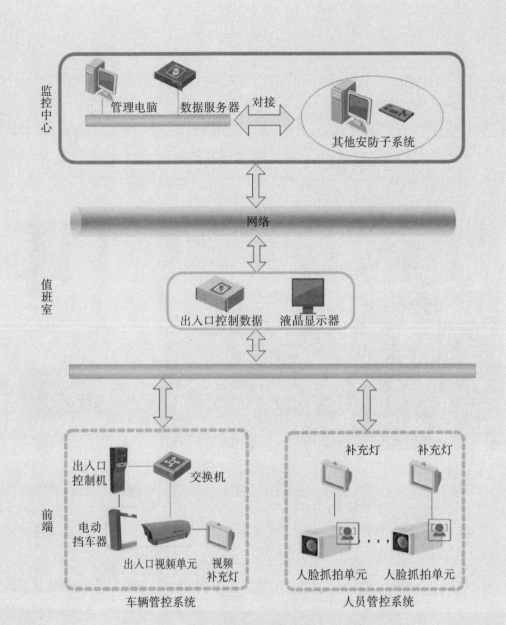

出入口控制系统的组成

  停车场内，车位检测器采用集检测与显示功能一体的高清摄像机，一个摄像机同时检测两个、三个或六个车位。车位检测器通过不同颜色灯显示车位状态，摄像机安装在车位正前上方，有效显示停车场车位使用情况，一目了然，使用户可以快速找到空余车位，提高了停车效率，当泊车后，车位检测器会记录下停车时间、车位号、车牌号、车型号、车颜色等信息保存至中心管理平台，并且对车辆进行实时监控录像。

HAPTER TWO

第2部分

图解酒店之精益管理

第3章

酒店的精益管理

精益管理是在日本丰田公司精益生产的基础上，总结提炼并加以升华的一种高效管理工具。

精益管理的"精"指减少投入、少花时间、少耗资源；"益"指增加效益，提高效率、提升质量。精益管理通过流程再造、降低成本、提升质量、提升效率来提升企业的竞争力。

3.1　精益管理的发展与演变

精益管理的发展经过管理→精细管理→精益管理的过程，如图3-1所示。

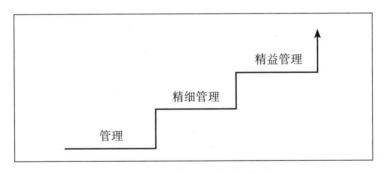

图 3-1　精益管理的发展与演变

3.1.1　管理

管理有多种解释。从管理的职能来理解，"管"是布置任务，"理"是检查结果、调整布置。从管理广义的角度来理解，"管"是协调不同员工的工作，让员工围绕企业目标尽职尽责工作。"理"的第一层意思可以理解为对员工从事的工作进行梳理，让员工对所从事的工作思路清晰，有条不紊地按计划、按流程、按标准推进落实；"理"的第二层意思可以理解为对员工的心理进行梳理，让员工对酒店保持尽责的态度，对同事保持阳光的心态，对工作保持积极向上的激情，对挑战保持永不服输的精神。

3.1.2　精细管理

精细管理可以理解为用精致、细密的思维进行企业管理，通过对目标和流程的研究，对信息量的最大掌握，将企业管理的任务进行精细化分解，形成若干个有效的管理模块，再组合成一个有机的管理体系，实现对过程和结果的精细控制。

3.1.3　精益管理

"精"可以理解为精简、精益求精、出精品；"益"可以理解为有利益、有益处，也可以理解为"溢"，更加的意思。精益可以理解为在精的基础上实现有利益、有益处。

精益管理可以理解为用精益求精的思想、用精益的思维方式、用精益的价值观念、用精益的企业文化，对企业实施精益管理。具体可以理解为精简没有必要的消耗，没有必要的机构设置，没有必要的产业流程，没有必要的工作流程，用精益思维对酒店资源的最大化利用，以最小的成本投入实现企业效益的最大化，企业价值的最大化。

精细管理与精益管理侧重点不同。精细管理摒弃了传统的粗放式管理模式，将具体的量化的标准渗透到管理的各个环节，更加关注每一件小事、每一个细节，解决管理粗放和执行不到位的问题。精益管理中的"精"体现在追求"精简环节""精简消耗""精益求精"，"精"在过程，做到不偏不倚，恰到好处。"益"主要体现在经营活动都要有益有效，用最少的资源消耗，产出最大的效益，"益"在效果和质量。

精益管理是循序渐进的过程，切不能把基础管理、精细管理、精益管理割裂开来。精细管理是在基础管理的基础上，做到精细化、具体化。精益管理是对基础管理、规范管理、标准化管理、精细管理的融合、丰富与提升，精益管理更加重视管理效果，更加重视管理效益。酒店要在推进规范管理、标准化管理、精细管理的过程中实现精益管理。

3.2　精益管理的内涵

精益管理的内涵就是以最少的资源投入创造出更多的价值，如图3-2所示。

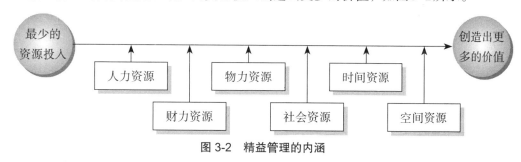

图 3-2　精益管理的内涵

精益管理的"精"除了减少不必要的物质资源消耗外，还要精简不必要的生产环节、销售环节、服务环节、管理环节等，减少人力、时间、空间等消耗，还要精通业务，制造出精品，用精品塑造公司形象，用精品提升公司影响力和用精品提升公司品牌价值。

3.3 推行精益管理关注的焦点

3.3.1 关注流程

质量管理大师戴明说过："员工只需对15%的问题负责，另外85%归咎于制度流程。"什么样的流程就产生什么样的绩效。改进流程要提高总体效益，而不是提高局部的部门效益，为了总体的效益可以牺牲局部的部门效益。

酒店要建立无间断流程，及时完善服务链、业务链，使流程更加完整。将流程中不增值的、无效的节点尽可能压缩，以缩短整个流程，减少不必要的人员消耗、能源消耗、时间消耗，从而以快速的反应适应宾客的需要，以最优的人员配备、最低的能源消耗、最短的时间投入，实现企业效益的最大化。

3.3.2 关注标准

标准化的作用是将酒店中最优秀的做法固定下来，使员工按照标准来做，都可以做得最好，发挥出工作的最大效益和效率。但是标准化也不是一成不变的，标准需要不断地创新和改进，需要做到与时俱进，与酒店的发展相适应，用标准引领企业的发展。

3.3.3 关注质量

质量是制造出来的，不是检验出来的。检验只是一种事后补救措施，不但成本高而且无法保证不出差错。因此，酒店应该将品质内建于思想、规划、设计、流程和制造之中，建立一个不会出错的品质保证系统。

3.3.4 关注文化

文化就是要突出自我反省和现地现物特点。

1.自我反省

自我反省是找出自己的不精益之处，不断地自我改进、自我完善、自我提升。要把"问题当作机会"——当不精益问题发生时，酒店要采取改正措施及时补救，并在企业内部查找同类的不精益现象，让员工从每个不精益问题中受到启示。

2.现地现物

现地现物倡导的是无论职位高低，每个人都要深入现场，这样才有利于干部、员工基于事实进行管理，通过彻底了解流程，掌握实际工作，查找浪费现象，挖掘资源潜力，创造出最大的效益。

3.4 酒店推行精益管理的基础工作

精益管理是系统工程，包括纵向和横向的体系。横向是指酒店所涉及的方方面面；

纵向则是指站在整个系统的高度，全方位地考虑问题，而不是孤立地、片面地强调一个方面的改进，要注重局部优化与整体协调相结合，要注重整体功能的发挥，实现系统内各子系统的协调运转。

　　酒店推行精益管理，首先要从流程和制度的建设抓起，从酒店的各个方面进行梳理，包括各项业务流程力求简化，识别现有运营流程与精益管理要求的差距，找出所有的问题，删减不必要的非增值环节，不断提高企业的创效能力。

　　基于以上分析可以知道，酒店要推行精益管理，必须做好一些基础工作，如确立量化管理的目标、加强内部控制、建立并维护好酒店管理信息系统等。

第4章

图解精益之酒店信息管理系统

酒店经营管理活动包括对外经营和对内管理，涉及预订、接待、询问、客房、餐饮、康乐、电话、人力资源、工资、财务、库房、设备管理等众多环节。但从信息处理的角度看，只有信息的输入、处理、输出三个基本环节。因此，将管理信息系统引入酒店经营管理活动中，必将加快信息处理速度，简化管理，提高酒店经营管理的效率。

4.1 酒店管理信息系统的建立

酒店管理信息系统实质上是对酒店运行过程中人流、物流、资金流、信息流的管理，提高酒店的管理效益及经济效益，提高服务质量、工作效率，完善酒店内部管理机制，提高酒店服务水平等，从而为酒店管理带来作业流程的标准化、服务水平的量化、快捷有效的沟通手段、经验知识的共享、公关信息的传播、客户关系管理、经营成本分析和预警等。

4.1.1 酒店管理信息系统的构成

酒店管理系统由计算机硬件、系统软件及应用软件组成。硬件指电脑设备，系统软件指系统的运行平台，它们一起构成酒店电脑系统的体系结构。

一个酒店管理信息系统从使用者的角度看，软件结构就是酒店管理系统的功能结构，各种功能之间又有各种信息联系，这样就构成了一个有机结合的整体，形成一个完整的软件功能结构。因此，系统一般可分为前台（对客服务）和后台（内部管理）两大部分，另外还可包括对前后台系统的功能补充的扩充系统（有的系统把扩充系统直接包含在前后台系统中），以及各种各样的系统接口。如图4-1所示。

事实上，酒店管理软件可以是一个覆盖整个酒店管理所有方面的非常庞大的系统。对某些酒店来说，这样的功能模块还可增加和完善，如与酒店床头柜的联结接口、与酒店内部寻呼台的联结接口、办公自动化OA系统、预测决策支持系统等，而且各种软件系统之间的功能名称和分法均可不一样。

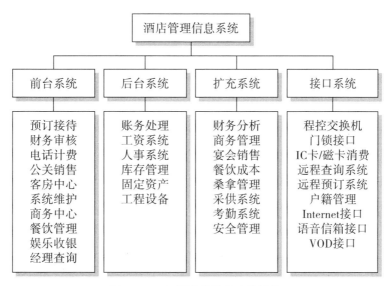

图4-1　一般酒店软件的功能结构

4.1.2　酒店管理信息系统必须具备的功能

酒店管理信息系统，必须具有图4-2所示的几项功能。

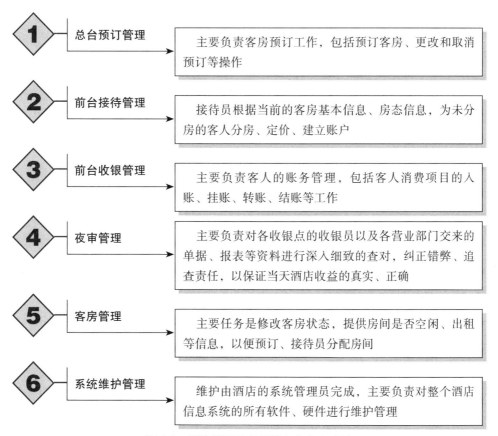

图4-2　酒店管理信息系统必备六大功能

4.1.3　酒店信息管理系统的业务流程分析

通过对酒店业的调查分析，可以得出其各个部门之间的业务流程图（如图4-3所示）。

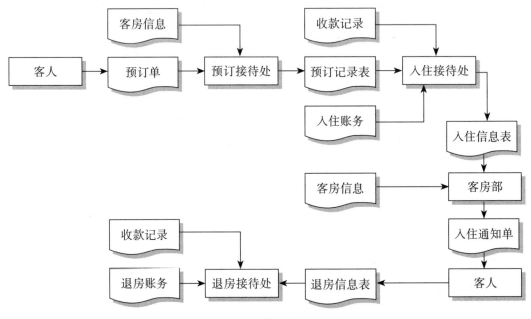

图 4-3　酒店系统主要业务流程

图4-3所示的业务流程为酒店前台子系统各部门之间的业务，属于顶层流程，各个部门还有下层业务流程，在此不作描述。

4.1.4　酒店前台信息系统数据流

1.总的数据流

任何一家酒店中，如果组织结构已经确定，其管理制度、信息传递形式也就相应固定下来了。在酒店管理中主要抓住四个流，即人才流、物质流、资金流和客源流，而归根到底是要抓好信息流。在进行酒店管理的信息分析中，对酒店信息流程的了解是必不可少的环节。酒店从与客人发生联系开始，经预订服务、抵达接待、提供消费项目，到离店结账，构成了客人在酒店的一个完整过程。这一过程中主要的数据流如图4-4所示。

2.预订管理的顶层数据流

总台预订处主要负责客房预订工作，包括预订客房、更改和取消预订等操作。预订的主要目的是提高酒店的入住率，为客人预留房间，并提供良好的服务。手工操作预订是一件很困难的事情，因为客人需要的房间类型在所预订日期内是否能提供，需要很长时间才能查找确定，要保证其准确性就更不容易。所以手工的预订一般只做到三个月以内，而采用计算机预订则可达到3年，还可方便地处理复杂的团队和VIP（贵宾）预订业务。预订管理的顶层数据流如图4-5所示。

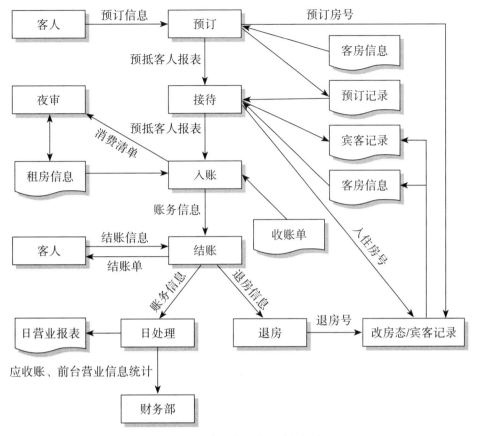

图 4-4　酒店前台信息系统数据流

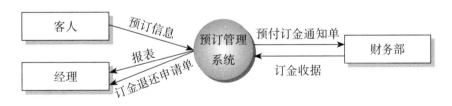

图 4-5　预订管理顶层数据流

3. 接待管理顶层数据流

接待阶段是对客人服务中一个非常重要的环节，接待员根据当前的客房基本信息、房态信息，为未分房的客人分房、定价、建立账户。账户的建立是以客人为依据，而不是以客房为基础。接待系统的主要目标就是以最快的速度为客人开房。如果客人已预订，则其相关信息已存储在计算机中，酒店可在客人到达之前准备好各种服务，把应到客人列表、各种客人的特殊要求列表等转交到相关服务部门。客人到达后，接待员只需在预订单的基础上补充客人信息就可以了。未经预订的客人需要输入的信息内容比较多，为了不让客人久等，接待登记的输入界面使用必须方便、快捷，这一点在进行接待系统设计时要予以充分考虑。接待管理顶层数据流如图 4-6 所示。

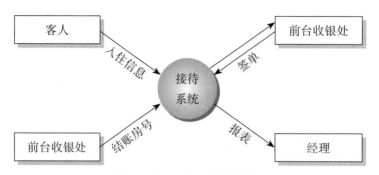

图4-6　接待管理顶层数据流

4.总台收银管理的数据流

前台收银处主要负责客人的账务管理，包括客人消费项目的入账、挂账、转账、结账等工作。

客人入住时，由接待处建立客人账户，其后客人在酒店进行的所有消费均可记入客人的总账单，离开酒店时一次性结清。

客人结账退房是酒店对客人服务的最后一个环节，直接关系着对客人整体服务是否完善，能否给客人留下良好的印象。准确快速的结账是前台收银工作的一项基本要求。

（1）客人要求离店结账时，收银员应立即通知楼层服务员检查客人房间的使用情况。

（2）打印客人的总账单，按客人选定的付款方式结算。

（3）将客户账单记录转入历史账项记录，编制结账房号清单交前台接待处。

总台收银管理的数据流如图4-7所示。

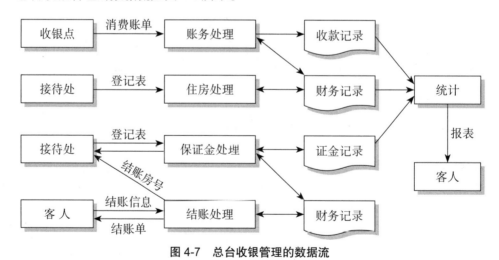

图4-7　总台收银管理的数据流

5.夜审管理数据流

在先进的酒店管理体制中，夜间稽核是控制酒店经营的一个核心部分，其地位相当重要，它和预订、接待、收银四部分组成最基本的前台电脑管理系统。夜审管理的主要内容是对各收银点的收银员以及各部门交来的单据、报表等资料进行深入细致的查对，纠正错误、追查责任，以保证当天酒店收益的真实、正确。夜审的主要工作步骤如图4-8所示。

图 4-8　夜审的主要工作步骤

夜审系统所需存储的数据项组包括：房态审核记录、房价审核记录、其他费用审核记录、职员留言/记事等。

6.客房管理数据流

客房管理的最主要任务是修改客房状态，提供房间是否空闲、出租等信息，以便预订、接待员分配房间。客房管理功能主要包括以下几点。

（1）修改客房状态，即与前台接待处共同维护房态，接待处控制客房的占用与否，客房部控制其清洁、待修等情况，同时还要根据进入房间时看到的房间占用与否，与接待处进行核对。

（2）输入所有房间内发生的费用。

（3）拾遗物品管理。

（4）客房内部管理。

客房管理数据流如图4-9所示。

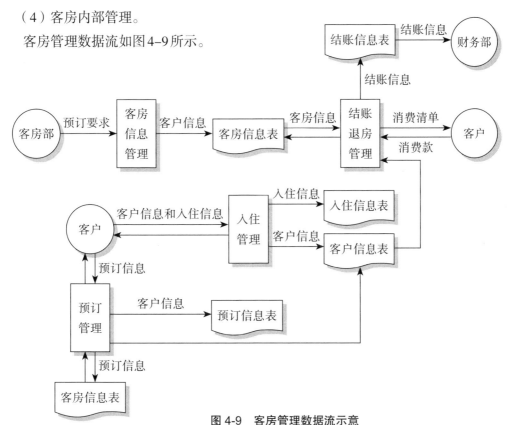

图 4-9　客房管理数据流示意

4.1.5 酒店前台信息系统功能模块

从以上分析可知酒店的前台管理系统主要包括了六大功能，即总台预订、前台接待、前台收银、夜审管理、客房管理和系统管理。这六大功能处理可平行工作，因此从整体上分析可得如下功能模块。

1.酒店前台管理信息系统功能模块（见图4-10）

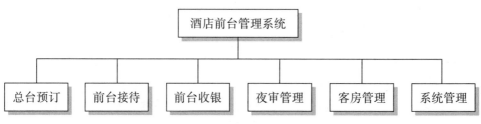

图4-10　酒店前台管理信息系统功能模块

2.总台预订子系统功能模块（见图4-11）

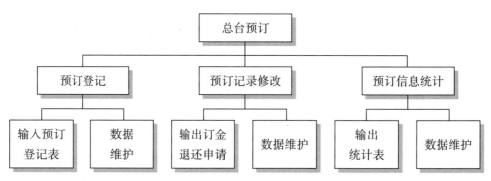

图4-11　总台预订子系统功能模块

3.前台接待子系统功能模块（见图4-12）

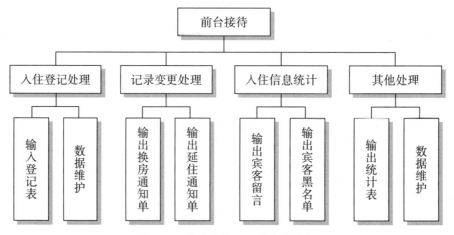

图4-12　前台接待子系统功能模块

4.前台收银子系统功能模块（见图4-13）

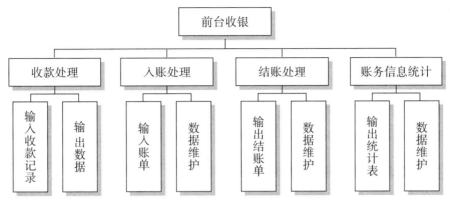

图 4-13 前台收银子系统功能模块

5.总台夜审子系统功能模块（见图4-14）

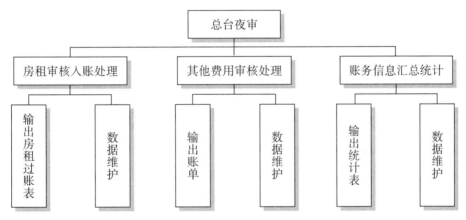

图 4-14 总台夜审子系统功能模块

6.客房管理子系统功能模块（见图4-15）

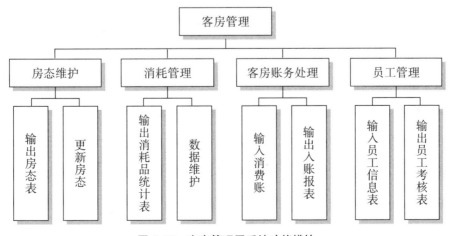

图 4-15 客房管理子系统功能模块

7.系统管理子系统功能模块（见图4-16）

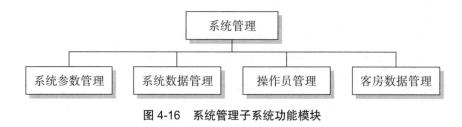

图4-16　系统管理子系统功能模块

4.2　酒店管理信息系统的运行管理

4.2.1　酒店计算机信息管理的组织建设

酒店信息系统运行管理的目的是使酒店信息系统在一个预期的时间内能正常地发挥其应有的作用，产生其应有的效益。为此，酒店管理者必须做好相应的人才队伍和组织机构建设。

1.酒店信息化建设领导小组及职责

在酒店信息化建设领导小组中，应由酒店的"一把手"担任领导小组组长，以便体现"一把手工程"的原则，并体现出酒店领导对信息化工作的高度重视；各小组成员应该包括酒店决策层相关领导、酒店信息化领域知名专家、与酒店信息化有关的二级部门领导以及各主要职能部门的主要业务骨干。

酒店信息化建设领导小组的主要职责包括以下方面。

（1）组织酒店信息化建设中、长期规划的审定。

（2）进行酒店信息化建设重大工程项目实施方案的决策。

（3）进行酒店信息化建设机构相关人员的考核、任免与奖惩等。

2.酒店信息中心及其主要职责

信息系统的运行管理应该命名为信息管理部或信息中心，其主要职责是负责信息资源与信息系统的管理。信息中心除了负责系统的运行管理外，还要承担信息系统的长远发展建设、通过信息的开发与利用推动企业各方面的变革等工作。

具体来讲，其主要职责应该包括以下方面。

（1）负责贯彻酒店信息化领导小组及CIO的相关决定。

（2）负责酒店信息系统的开发、维护与运行管理。

（3）负责为各业务部门提供信息技术服务，包括制订、安排和执行信息化培训计划。

（4）负责对酒店内部重大信息化项目的检查考核。

（5）负责制订和监督执行酒店自主知识产权的软件开发计划。

（6）负责对酒店信息化方面专家的聘任提名及业绩考核等。

3.现代酒店CIO的设置

CIO的英文全称是Chief Information Officer，中文意思是首席信息官或信息主管。CIO是一种新型的信息管理者。他（她）们不同于一般的信息技术部门或信息中心的负责人，而是已经进入公司最高决策层，相当于副总裁或副经理地位的重要官员。在现代酒店中，以CIO为首的信息系统部门有以下职责。

（1）制定系统规划。

（2）负责信息处理的全过程。

（3）信息的综合开发。

（4）搞好信息标准化等基础管理。

（5）负责系统的运行和维护。

4.2.2　酒店信息系统日常运行的管理

1.系统运行情况的记录

系统运行中，必须对系统软、硬件及数据等的运作情况做记录。运行情况有正常、不正常与无法运行等，后两种情况应将所见的现象、发生的时间及可能的原因做尽量详细的记录。

运行情况的记录对系统问题的分析与解决有重要的参考价值。

严格地说，从每天工作站点计算机打开、应用系统进入、功能项选择与执行，到下班前数据备份、存档、关机等，按要求都要做情况记录。

2.系统运行的日常维护

在数据或信息方面，须日常加以维护的有备份、存档、整理及初始化等。

大部分的日常维护应该由专门的软件来处理，但处理功能的选择与控制一般还是由人员来完成。为安全考虑，每天操作完毕后，都要对改动过的或新增加的数据作备份。

在硬件方面，日常维护主要有各种设备的保养与安全管理、简易故障的诊断与排除、易耗品的更换与安装等。硬件的维护应由专人负责。

3.对突发事件的处理

信息系统运行中的突发事件一般是由于操作不当、计算机病毒、突然停电等引起的。发生突发事件时，轻则影响系统功能的运行，重则破坏数据，甚至导致系统的瘫痪。

突发事件应由信息管理机构的专业人员处理，有时要原系统开发人员或软硬件供应商来解决。对发生的现象、造成的损失、引起的原因及解决的方法等必须做详细的记录。

4.2.3　酒店信息系统应用的规章制度

1.中心机房安全运行管理制度

中心机房管理的主要内容包括以下方面。

（1）有权进入机房人员的资格审查。一般来说，系统管理员、操作员、录入员、审核员以及其他系统管理员批准的有关人员可进入机房，系统维护员不能单独入机房。

（2）机房内的各种环境要求。比如机房的卫生要求、防水要求。

（3）机房内的各种环境设备的管理要求。

（4）机房中禁止的活动或行为，例如严禁吸烟、喝水等。

（5）设备和材料进出机房的管理要求等。

2.信息系统的其他管理制度

（1）重要系统软件、应用软件的管理制度。

（2）数据管理制度。

（3）权限管理制度，做到密码专管专用、定期更改，并在失控后立即报告。

（4）网络通信安全管理制度。

（5）防病毒的管理制度，及时查、杀病毒，并备有检测、清除的记录。

（6）人员调离的安全管理制度。

（7）除了以上之外，还必须要有系统定期维护制度、系统运行操作规程、用户使用规程、系统信息的安全保密制度、系统修改规程以及系统运行日志及填写规定等。

4.3 酒店管理信息系统的维护管理

4.3.1 酒店信息系统维护的内容

酒店信息系统维护的内容如图4-17所示。

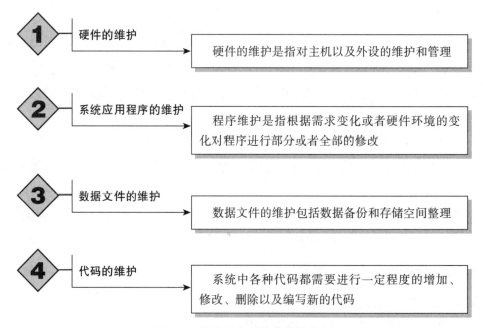

图 4-17 酒店信息系统维护的内容

4.3.2 酒店信息系统维护的类型

酒店信息系统维护的主要工作是系统的软件维护工作，可以划分为表4-1所示四种类型。

表4-1 酒店信息系统维护的类型

序号	维护类型	具体说明
1	正确性维护	由于在系统测试阶段往往不能暴露出系统中所有错误，因此，在系统投入实际运行后，就有可能暴露出系统内隐藏的错误，用户会发现这些错误并将这些问题报告给维护人员。对这类问题的诊断和改正过程就是改正性维护
2	适应性维护	计算机技术发展迅速，操作系统的新版本不断推出，功能更加强大的硬件的出现，必然要求信息系统能够适应新的软硬件环境的变化，以提高系统的性能和运行效率。为了使系统适应环境（包括硬件环境和软件环境）的变化而进行的维护工作，就是适应性维护
3	完善性维护	在系统的使用过程中，用户往往要求修改或增加原有系统的功能，提高其性能。为了满足这些要求而进行的系统维护工作就是完善性维护。完善性维护是系统维护工作的最主要的部分
4	预防性维护	预防性维护是为了提高软件未来的可维护性、可靠性，或为未来的修改与调整奠定更好的基础而修改软件的过程。目前这类维护活动相对较少。根据对多种维护工作的分布情况的统计结果，一般改正性维护占全部维护活动的17%～21%，适应性维护占18%～25%，完善性维护达到50%～66%，而预防性维护仅占4%左右。可见系统维护工作中，一半以上的工作是完善性维护

4.3.3 酒店信息系统维护的管理

从维护申请的提出到维护工作的执行有如图4-18所示的步骤。

图 4-18 酒店信息系统维护的管理步骤

4.4 酒店管理信息系统的安全管理

信息系统的安全是一个系统的概念，它包括了信息系统设备的安全、软件的安全、数据的安全和运行的安全四个部分。

4.4.1 影响酒店信息系统安全的主要因素

影响信息系统安全的因素是多方面的，归纳起来主要有七种，如表4-2所示。

表4-2　影响信息系统安全的相关因素

序号	因素类型	具体说明
1	自然及不可抗拒因素	指地震、火灾、水灾、风暴以及社会暴力或战争等，这些因素将直接地危害信息系统实体的安全
2	硬件及物理因素	指系统硬件及环境的安全可靠性，包括机房设施、计算机主体、存储系统、辅助设备、数据通信设施以及信息存储介质的安全性
3	电磁波因素	计算机系统及其控制的信息和数据传输通道，在工作过程中都会产生电磁波辐射，在一定地理范围内用无线电接收机很容易检测并接收到，这就有可能造成信息通过电磁辐射而泄漏。另外，空间电磁波也可能对系统产生电磁干扰，影响系统的正常运行
4	软件因素	软件的非法删改、复制与窃取将使系统的软件受到损失，并可能造成泄密。计算机网络病毒也是以软件为手段侵入系统进行破坏的
5	数据因素	指数据信息在存储和传递过程中的安全性，这是计算机犯罪的主攻核心，是必须加以安全和保密的重点
6	人为及管理因素	涉及工作人员的素质、责任心以及严密的行政管理制度和法律法规，以防范人为的主动因素直接对系统安全所造成的威胁
7	其他因素	指系统安全一旦出现问题，能将损失降到最小，把产生的影响限制在许可的范围内，保证迅速有效地恢复系统运行的一切因素

4.4.2　加强酒店信息系统安全的主要措施

酒店信息系统安全的主要措施从以下三个层面上开展。

1.技术层面

在技术方面，计算机网络安全技术主要有实时扫描技术、实时监测技术、防火墙、完整性检验保护技术、病毒情况分析报告技术和系统安全管理技术。综合起来，技术层面可以采取以下对策，具体如图4-19所示。

1 建立安全管理制度

提高包括系统管理员和用户在内的人员的技术素质与职业道德修养。对重要部门和信息，严格做好开机查毒，及时备份数据，这是一种简单有效的方法

2 切断传播途径

对被感染的硬盘和计算机进行彻底杀毒处理，不使用来历不明的U盘和程序，不随意下载网络可疑信息

网络访问控制

访问控制是网络安全防范和保护的主要策略。它的主要任务是保证网络资源不被非法使用和访问。它是保证网络安全最重要的核心策略之一。访问控制涉及的技术比较广，包括入网访问控制、网络权限控制、目录级控制以及属性控制等多种手段

数据库的备份与恢复

数据库的备份与恢复是数据库管理员维护数据安全性和完整性的重要操作。备份是恢复数据库最容易和最能防止意外的保证方法。恢复是在意外发生后利用备份来恢复数据的操作。有三种主要备份策略：只备份数据库、备份数据库和事务日志、增量备份

应用密码技术

应用密码技术是信息安全的核心技术，密码手段为信息安全提供了可靠保证。基于密码的数字签名和身份认证是当前保证信息完整性的最主要方法之一，密码技术主要包括古典密码体制、单钥密码体制、公钥密码体制、数字签名以及密钥管理

提高网络反病毒技术能力

通过安装病毒防火墙，进行实时过滤。对网络服务器中的文件进行频繁扫描和监测，在工作站上采用防病毒卡，加强网络目录和文件访问权限的设置。在网络中，限制只能由服务器才允许执行的文件

研发并完善高安全级操作系统

研发具有高安全级操作系统，不给病毒得以滋生的温床才能更安全

图 4-19　技术层面的七大对策

2.管理层面

计算机网络的安全管理，不仅要看所采用的安全技术和防范措施，而且要看它所采取的管理措施和执行计算机安全保护法律、法规的力度。只有将两者紧密结合，才能使计算机网络安全确实有效。管理层面的安全防范措施如图4-20所示。

要对计算机用户不断进行法制教育，包括计算机安全法、计算机犯罪法、保密法、数据保护法等

 明确计算机用户和系统管理人员应履行的权利和义务，自觉遵守合法信息系统原则、合法用户原则、信息公开原则、信息利用原则和资源限制原则，自觉地和一切违法犯罪的行为做斗争，维护计算机及网络系统的安全，维护信息系统的安全

 应教育计算机用户和全体工作人员，自觉遵守酒店为维护系统安全而建立的一切规章制度，包括人员管理制度、运行维护和管理制度、计算机处理的控制和管理制度、各种资料管理制度、机房保卫管理制度、专机专用和严格分工等管理制度

图 4-20　管理层面的安全防范措施

3.物理安全层面

要保证计算机网络系统的安全、可靠，必须保证系统实体有个安全的物理环境条件。这个安全的环境是指机房及其设施，主要包括以下内容，具体如图 4-21 所示。

 计算机系统的环境条件

计算机系统的安全环境条件，包括温度、湿度、空气洁净度、腐蚀度、虫害、振动和冲击、电气干扰等方面，都要有具体的要求和严格的标准

 机房场地环境的选择

计算机系统选择一个合适的安装场所十分重要，它直接影响到系统的安全性和可靠性。选择计算机房场地，要注意其外部环境安全性、地质可靠性、场地抗电磁干扰性，避开强振动源和强噪声源，并避免设在建筑物高层和用水设备的下层或隔壁，还要注意出入口的管理

 机房的安全防护

（1）应考虑物理用访问控制来识别访问用户的身份，并对其合法性进行验证
（2）对来访者必须限定其活动范围
（3）要在计算机系统中心设备外设多层安全防护圈，以防止非法暴力入侵
（4）设备所在的建筑物应具有抵御各种自然灾害的设施

图 4-21　物理安全层面的措施

第5章

图解精益之酒店目标管理

酒店发展过程中有辉煌的成就，也有不足和将来要改进的问题。如何使酒店在将来更好地发展，酒店管理者应该确定经营目标，也就是首先对酒店实施目标管理。实施目标管理无论在经营方面，还是在管理方面都会收效颇丰，营业收入会稳步增长，员工工作会主动热情，各类投诉、事故会明显减少。

5.1　引入目标管理的重要性

在企业里，管理者最烦恼的事情是需要深入到每一项具体事务中去，白天的时间还总是不够；员工太胆小，以致该决策时不决策；员工不明白为什么要做这些工作；员工对谁该做什么和谁该负责有异议；员工给经理提供的重要信息太少；问题发现太晚以致无法阻止它扩大等。而员工也烦恼：不了解他们的工作做得好还是不好；工作完成很好时没有得到认可；没有机会学习新技能；发现上司对自己不满但不知怎么办；自己不能做任何简单的决策；管得过细，喘不过气；缺乏完成工作所需要的资源等。

酒店引入目标管理有以下好处。

（1）可以使管理者避免陷入各种事务中（适当管理）。

（2）帮助员工提高掌控工作和自我决策能力（员工发展）。

（3）减少员工之间因职责不明而效率降低（责权利清晰）。

（4）减少出现当你需要信息时没有信息的局面（改善沟通）。

（5）帮助员工找到错误和低效率的原因（绩效提高）。

5.2　什么是目标管理

目标管理就是指：企业的最高层领导根据企业面临的形势和社会需要，制定出一定时期内企业经营活动所要达到的总目标，然后层层落实，要求下属各部门主管人员乃至每个员工根据上级制定的目标和保证措施，形成一个目标体系，并把目标完成情况作为考核的依据。简而言之，目标管理是让企业的主管人员和员工亲自参加目标的制定，在工作中实行自我控制，并努力完成工作目标的一种制度或方法。

5.3 目标管理的基本程序

目标管理的工作包括以下五个程序，如图5-1所示。

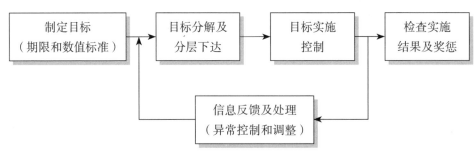

图 5-1 目标管理的基本程序

5.3.1 制定目标

制定目标包括制定企业的总目标、部门目标和个人目标，同时要制定完成目标的标准，以及达到目标的方法和完成这些目标所需要的条件等多方面的内容。

5.3.2 目标分解及分层下达

建立企业的目标网络，形成目标体系，通过目标体系把各个部门的目标信息显示出来，就像看地图一样，任何人一看目标网络图就知道工作目标是什么，遇到问题时需要哪个部门来支持。

5.3.3 目标实施控制

酒店的管理者要经常检查和控制目标的执行情况和完成情况，查看在实施过程中有没有出现偏差。

5.3.4 检查实施结果及奖惩

对目标按照制定的标准进行考核，目标完成的质量可以与个人的升迁挂钩。

5.3.5 信息反馈及处理

在考核之前，还有一个很重要的问题，即在进行目标实施控制的过程中，会出现一些不可预测的问题。如：目标是年初制定的，年尾发生了金融危机，那么年初制定的目标就不能实现。因此，酒店的管理者在实行考核时，要根据实际情况对目标进行调整和反馈。

5.4　目标管理的推行范围和推行方式

5.4.1　目标管理的推行范围

目标管理的推行范围，也称为目标管理推行的深度，就是指目标管理从哪里开始搞起，将它推行到什么部门，推行到哪一个层次。换句话说，就是企业哪些部门搞目标管理，哪些部门不搞目标管理；哪些人执行目标管理，哪些人不执行目标管理。

5.4.2　目标管理的推行方式

目标管理的推行方式有以下两种，如图5-2所示。

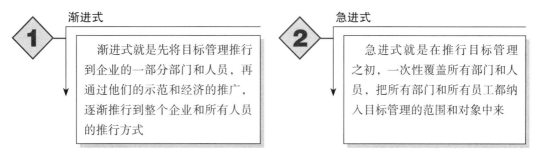

图 5-2　目标管理的推行方式

5.5　目标的制定

5.5.1　目标的层次

目标可以分为以下四个层次，如图5-3所示。

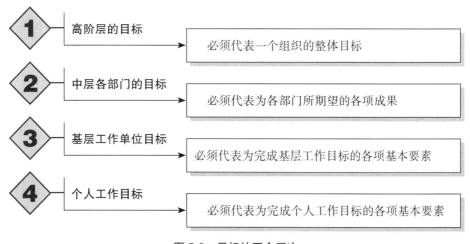

图 5-3　目标的四个层次

结合上面所示的内容还可以从另一个角度把组织目标简化和概括为三个层次。

（1）环境层——社会加于组织的目标，为社会提供所需要的优质产品和服务，并创造出尽可能多的价值。

（2）组织层——作为一个利益共同体和一个系统的整体目标，如企业提高经济效益、增强自我改造和发展的能力、改善员工生活、保障员工的劳动安全。

（3）个人层——组织成员的目标，如经济收入、兴趣爱好等。

企业各管理层在相应的目标上有如图5-4所示的关系。

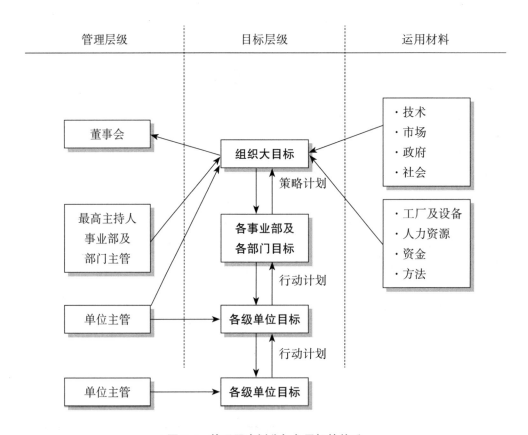

图5-4 管理层次划分与各目标的关系

5.5.2 目标的分类

1.从动态的角度来考虑

从动态的角度来考虑：总目标依计划期间可分为长期计划目标、中期计划目标、短期计划目标和执行目标四种。

2.从组织目标的等级层次看

从组织目标的等级层次看，分类如图5-5所示。

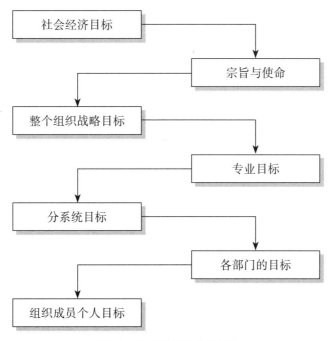

图 5-5 组织目标的等级层次

5.5.3 目标的分解

目标管理需要将组织的整体目标层层分解下去，直到基层员工。目标的分解步骤具体如图5-6所示。

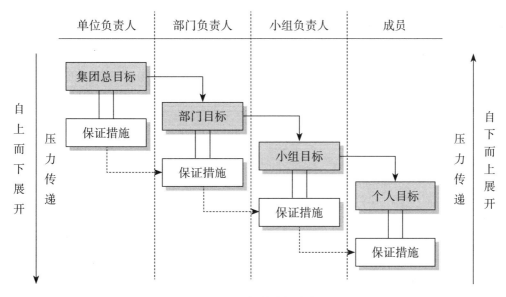

图 5-6 目标的分解步骤

5.5.4 目标的整合

目标整合模型如图5-7所示。

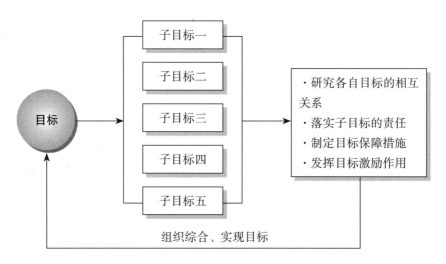

图5-7 目标整合模型

5.6 目标卡的填制与管理

目标卡又称目标管理卡，是目标的书面化、表格化形式，通过把已经制定的年度目标填写在卡片上，签章保存，既形成各方面的契约，又是目标实施和检查的凭证，还方便汇总和保管。因为是证据文件，所以必须严格按要求填写。

5.6.1 目标卡的栏目设计

通过以下两张目标卡，讲解目标卡的栏目设计。

目标卡1

执行人：　　　　　　　　　　　　　　　　　　　　　　　　　　　　　　　年　　月　　日

目　标	完成标准	日　程						考核
		1月	2月	3月	4月	5月	6月	
减少打字错误	打字速度一分钟60个字，无错字							
学习打字	一年内参加各等级的教学班两次							

这张目标卡是关于打字工作的目标管理制度，栏目设计的内容由下面四项构成，各栏目的设计说明如下。

（1）"目标"栏　目标有两项，第一项是减少打字错误；第二项是继续学习打字。

（2）"完成标准"栏　说明目标值、目标展望等具体内容。比如减少打字错误的标准是打字速度一分钟60字，无错字；学习打字的完成标准是一年内参加两次各等级的教学班。

（3）"日程进度"栏　目标一般按半年执行。

（4）"考核"栏　可以按照 1 ~ 60 分的标准进行考核。

目标卡 2

直属上司		目标执行人			
姓名：	服务单位：	姓名：		职位：	

目标次序	目标项目及数值	重要性%	工作计划	进度	月份	工作进度				工作条件	自我检查	领导考评
				当月	计划							
					实绩							
				累计	计划							
					实绩							
				当月	计划							
					实绩							
				累计	计划							
					实绩							
				当月	计划							
					实绩							
				累计	计划							
					实绩							
				当月	计划							
					实绩							
				累计	计划							
					实绩							

这张目标管理工作卡的栏目设计内容由下面八项构成，各项的设计说明如下。

（1）目标次序　按照重要程度排列填写。

（2）目标项目及数值　列明目标的项目名称及量化数值。

（3）重要性　也就是目标所占权重。

（4）工作计划　达成目标需要采取的各种措施。

（5）进度　填写此表期间目标达成的进度情况，在这一栏中要填写实际成果，便于日后检查。

（6）工作条件　达成目标所需要的人力、物力资源。

（7）自我检查　便于后期进行检讨。

（8）领导考核　对员工的成果进行评估，为制定下期目标提供参考。

无论表格形式如何，目标卡内容都应包括上面八项内容。

5.6.2　目标卡的填写

1.填写目标卡的要求

填写目标卡需要注意以下几点。

（1）一行写完。

（2）用条例方式。

（3）具体化和数量化。

（4）简明扼要，少用形容词。

2.填写实例说明

可以参照表5-1所示的内容进行填写。

表5-1　某酒店目标卡

目标	修正意见
[例1]房屋零修、急修及时 [例2]节省费用	目标文字应简短扼要，并有具体数据、时间或绩效，且能明确表示目标的含义，左列目标可修正如下： [例1]房屋零修、急修及时率达到98％以下 [例2]控制维修费用，全年不超过8万元
[例3]监督绿化工作 [例4]促使供电正常	[例3]是工作项目 [例4]是工作目的，不宜列为目标
[例5]按各单位的实际需要办理各项在职训练，提高员工素质	文字太长，可修正为："全年度办理员工在职训练10次"

续表

目标	修正意见
[例6]清洁员目标：每日清洁楼道两次	质量要求是清洁的必要条件，可在工作计划中说明，本例可修正为："每日清洁两次以上且保持过道无灰尘、无水迹"
[例7] 拟订员工训练执行计划，以及工读、实习生名额分配与工作安排	每个项目应为一件独立事件，不可包含两件性质不同的工作，应删除相对不重要的一件工作，或者分别列为两个目标

5.6.3　目标卡的管理

目标卡一般需要印制三份。

（1）员工本人保存一份，便于自己再记录，记录个人检查、汇报和考核。

（2）主管保存一份，主管保存有以下好处：便于主管了解下属的目标是什么，目标的进度是什么，以及员工的自我考评是什么和其他需要掌握的内容。

（3）目标管理的推行单位保存一份，即目标管理的检查部门。到年终时，本年度1～12月份的目标卡执行完毕后，管理者将目标卡收集起来，放进保险柜里存档，便于以后查找，也便于明年再据此制定工作，并根据去年的内容做个重要的参考说明，注意的是只需要保存管理部门的那一份。

5.7　目标管理的具体内容

5.7.1　目标实施办法

1.目标协商与授权

酒店建立了大目标和组织目标之后，第二个步骤应设定各项目管理处的目标。这类目标通常以各项特定职能目标为对象，阐明该项职能应达成的成果，应作为总公司负责有关职能的高级主管的任务。

2.目标实现的方法

酒店负责人制定目标体系时，应通知各有关单位主管参与，倾听各部门的意见，并责成企划部门提供技术协助及汇总各部门目标，目标体系的建立需要所有管理者的参加。

3.责任中心的建立

对各级主管人员的业绩评价，应以其对企业完成目标和计划中的贡献和履行职责中的成绩为依据。他们所主管的部门和单位有不同的职能，按其责任和控制范围的大小，这些责任单位分为成本中心、利润中心和投资中心。

5.7.2 目标管理的控制

1.目标控制系统

为了进行有效的控制，必须建立科学的控制系统。控制系统是由监督、反馈两条线路和分析中心构成的自动控制系统，如图5-8所示。

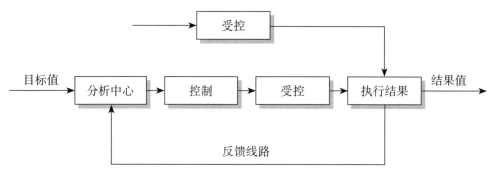

图 5-8 目标控制系统

2.目标管理控制过程

目标管理控制过程如图5-9所示。

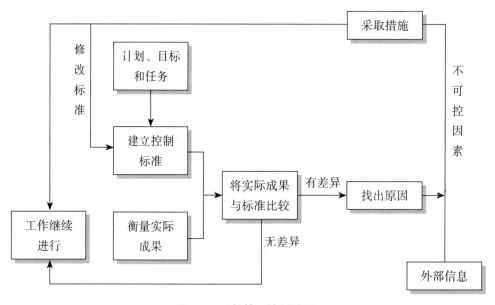

图 5-9 目标管理控制过程

3.目标控制

目标控制过程如图5-10所示。

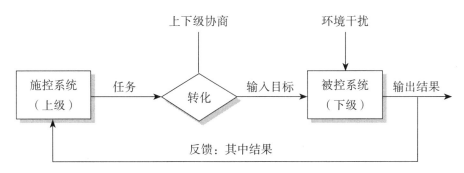

图 5-10　目标控制过程

4.目标实施中的调节

目标实施中的调节如图5-11所示。

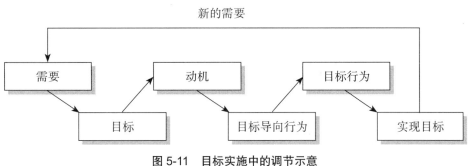

图 5-11　目标实施中的调节示意

5.7.3　目标的激励、检查、考核

1.目标的激励过程

目标的激励过程如图5-12所示。

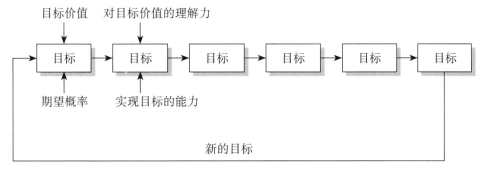

图 5-12　目标的激励过程

2.目标执行检查的内容

目标执行检查的内容有以下方面。

（1）目标实施的进度情况。

（2）目标实施的质量情况。

（3）目标实施的均衡情况。

（4）目标实施的落实情况。

（5）目标对策（措施）的落实情况。

（6）目标管理计划的要求执行情况。

（7）需要检查的其他问题。

（8）目标实施中的检查。

3.目标考核

（1）目标考评制度　分为集体或个人考核标准两类，其内容包括集体或个人承担的目标项目及其他工作项目名称；完成目标与其他工作目标的数量、质量和时限要求；其他相关岗位的协作要求；对成果的评价尺度。

（2）目标考核标准与方法　管理人员应该通过目标管理来自我控制，必须明确目标，这些目标必须规定该人员所管理的单位应该达到的成就，应该规定他在实现自己的目标时能期望其他单位给予什么样的配合，以及规定他和他的单位在帮助其他单位实现目标时应该做出什么贡献。每一个管理人员的目标应该规定自己对实现公司在各个领域的总目标所做出的贡献。

【他山之石01】营销部经营目标管理责任书

营销部经营目标管理责任书

为了保证酒店经营目标的如期实现，增强酒店活力，充分调动部门员工的积极性，强化各项效益指标的考核，现决定实行部门经济效益与员工分配直接挂钩制度。

经协商营销部责任人同意签订如下经营、管理目标责任书。

一、责任期

自＿＿＿＿年＿＿＿月＿＿＿日至＿＿＿＿年＿＿＿月＿＿＿日

二、适用人员

营销部经酒店核定的人员。

三、各项考核指标

（一）任务指标（附指标完成统计表）

1.销售任务指标（万元）（分解图表如下）

销售任务指标

月份	1	2	3	4	5	6	7	8	9	10	11	12	合计
收入（万元）													
其中（房）													
其中（餐）													

2. 分配

（1）营销部销售经理考核办法　实行月薪制，每月工资按70%发放，剩余的30%作为绩效考核（绩效工资）。

按照酒店当月任务指标的完成比例发放绩效工资。比如1月实际完成80万元，完成任务指标的80%，绩效考核工资仅发放80%。

（2）营销部负责人考核办法　每月工资按70%发放，剩余的30%作为绩效考核（绩效工资）。

① 绩效工资的其中10%作为当月管理指标（软指标）进行考核。

② 绩效工资的其中20%作为当月任务指标（硬指标）进行考核，操作办法同销售经理。

（3）部门文员不参与考核，如超额完成任务按超额部分的2%给予部门奖励。

（4）部门责任人由职能部门按月汇总考核业绩情况，如连续两个月未完成任务，酒店给予严重警告，连续三个月未完成任务，酒店有权解聘部门责任人，年终考核未完成任务指标，部门责任人自动解聘，如发生重大违纪行为，按责任扣除相应的担保金。

3. 销售工作的考核和分配

（1）营销部门承担酒店全部销售任务，包括所有协议客户入住及协议在住就餐转房账的客户，会议、团体及其他由营销部联系担保的散客及签单、挂账客户等，餐饮销售需提前2小时以上预订，会议及旅游团队的销售提前4小时预订。

（2）销售任务的确认严格按酒店全员营销方案执行，履行相关手续，分部门认真填写"销售预订单"，并得到营业部门责任人签字认可，月底交财务部汇总。不填不算，徇私舞弊者重罚。

（3）部门对专业销售人员销售任务的完成情况，可逐月进行考核，连续三个月未完成销售任务，营销部责任人有权解聘专业销售人员。

（4）酒店其他部门所介绍会议，统一由营销部接待，算销售任务。

4. 任务指标项目

（1）会议团队、旅游团队住房、用餐、会议室等消费。

（2）协议单位住房、用餐、会议等消费。

（3）签署担保的挂账单位住房、用餐、会议室等消费。

（4）充值卡销售（本部门销售的）、会议提留款。

（二）管理指标（见下表）

营销部管理指标

	考核项目	标准		考核项目	标准
1	服务质量	按四星级标准	12	各种资料宣传档案（季度归档）	1次/季度
2	年宣传品、纪念品费用	_____万元	13	大型活动	亲自组织安排
3	年广告费用	_____万元	14	卫生检查合格率	按四星级标准
4	年环境布置费用	_____万元	15	店内宣传广告（包括大堂、餐厅）	按四星级标准
5	录制酒店资料宣传片	2次/年	16	客源市场分析	1次/季度
6	举办宾客联谊会	2次/年	17	工作总结、计划	1次/月
7	举办各种宣传活动	1次/季度	18	部门培训工作	1次/月
8	节日环境布置合格率	按要求完成	19	销售预测	1次/季度
9	录音、录像、图片资料归档	1次/年	20	提供竞争对象情况	1~2次/月
10	客人投诉率	2%	21	会议安排	按要求程序
11	客户沟通	1次/月	22	部门会议	1次/周

四、营销部及专业销售人员的工作权限

以总经理办公室《关于酒店管理人员折扣权限规定》文件为标准。

五、惩罚及聘用解除

（1）挪用公款者，一律解聘，本酒店并遵循法律途径向本人追究。

（2）与客人串通勾结者，一经查证属实，一律解聘。

（3）做私人生意者，一经查证属实，一律解聘。

（4）凡利用公务外出时，违规操作者一经查证属实，以旷工论处，并记大过一次。

（5）挑拨酒店与员工的感情，或泄漏职务机密者，一经查证属实，记大过一次，情节严重者解聘。

六、消防安全责任

营销部责任人为××大酒店营销部所管辖区域内安全、消防、食品卫生的第一责任人，有进行检查和监督的权力与义务，并承担相应的责任。

酒店负责人（签字）：　　　　　　　　　销售部责任人（签字）：

××酒店管理有限公司（盖章）

_____年___月___日　　　　　　　_____年___月___日

【他山之石02】客房部管理目标责任书

客房部管理目标责任书

为了提高酒店的服务质量和部门的责任心，充分调动员工的积极性，经酒店领导研究决定，对酒店客房部实行目标责任制管理。规定如下。

一、目标责任制管理的范围

酒店主楼、××苑、××轩、××轩、××轩、××轩、××轩共＿＿＿＿间客房、PA、洗衣房及园林。

二、目标责任制管理的时限，自＿＿＿＿年＿＿月＿＿日至＿＿＿＿年＿＿月＿＿日止。

三、目标责任制管理的费用指标（年客房收入＿＿＿＿万元）

（1）人员编制与工资总额

①基本人员编制。管家部人员编制为＿＿＿人，其中经理＿＿＿人、PA主管＿＿＿人、园林主管＿＿＿人，洗衣房主管＿＿＿人、楼层主管＿＿＿人、基层员工＿＿＿人（岗位人数随客房入住率的提高而增多）。

②工资总额。＿＿＿＿万元/月以内，本部门员工的适用、录用、晋升和调资按酒店现行《工资等级制度》执行。

③主管以上员工参加绩效考核（PA、园林主管除外），工资分为基本工资和绩效工资，经理级＿＿＿＿，主管级＿＿＿＿；如部门根据工资制度对员工进行调资，部门的工资总额随之调整，同时工资总额随着酒店经营情况的变动而变动；绩效工资以酒店总的绩效工资为基础计发部门绩效工资。

（2）洗涤费用＿＿＿＿万元/月，年计＿＿＿＿万元。

（3）一次性客用品＿＿＿＿万元/月，年计＿＿＿＿万元。

（4）棉织品＿＿＿＿万元/月，年计＿＿＿＿万元。

（5）绿化肥＿＿＿＿万元/年。

（6）客房印刷费＿＿＿＿万元/年。

（7）设备设施维修费＿＿＿＿万元/年（不含客房维修）。

（8）物料消耗：＿＿＿＿万元/年。

（9）布草消耗：布草损耗率为＿＿＿%，按每月入住率计算；制服损耗率＿＿＿%。制服损耗率为＿＿＿%/月，制服使用期限2年（外围员工使用1年）。

（10）不包括兰花费用和新增花木费用。

（11）以上费用节约部分按30%奖励部门。

四、客房部实行目标责任制之后，酒店现有的库存物品由财务部和客房部共同清点。用完以后，所需物品，财务部和采购部根据客房部申请量和备用量按酒店采购程序

采购库存。

五、目标责任制管理的细则

（1）部门的工作质量、安全、人事、食品等管理按酒店的规章制度要求实行。

（2）人员编制实行弹性定编，即旺季或住房率较高时按满员编制，淡季按编制的80%定员，且由客房部、人力资源部共同商议实施。

（3）员工公共部分培训，如酒店意识、服务质量意识、安全知识由人力资源部负责组织培训，专业业务及技能由部门培训。

（4）由财务部和客房部共同清点部分所属物品，并记录存档。凡属该部门保管使用的物品（含客房新增物品）除自然损坏外，人为损坏、丢失一律由部门负责照价赔偿。

（5）由于部门业务培训不到位，在工作中出现错误，导致客人投诉，并给酒店造成经济损失，由部门负责。

（6）部门维修费，属酒店计划维修，由客房部和工程部共同计划，酒店领导审批，成本不计客房部，正常维修，由客房部填单申请，工程部负责维修，成本计工程部。

（7）部门大的物品更新或采购，由酒店总经理批准同意，成本列入部门。

（8）积极组织部门员工参加酒店的各项活动及消防演练，并有责任杜绝各种事故及消防安全的发生。

（9）洗衣房按《洗衣房目标责任管理书》实行考核。

（10）PA按《PA目标责任管理书》实行考核。

（11）主管级以上管理人员的年终考核结合本年度酒店完成的任务及部门各项指标考核结果，由酒店总经理确定年终奖罚标准。

六、要求

（1）部门必须服从酒店统一管理，无条件接受酒店的工作质量、安全、物价、食品等各项检查。

（2）配合财务部进行成本费用核算工作的辅助工作，如建立台账、填报各种生产经营基础报表。

（3）做好消防安全工作，杜绝一切事故发生。因违规发生事故要分清责任进行处理。

（4）人事管理按酒店人事管理规章实施。

（5）部门主管（含）以上人员须交纳相当于一个月工资作为责任管理风险金。

七、其他

（1）本责任书由总经理办公室负责解释、修订。

（2）本责任书由酒店执行总经理和部门第一负责人签署后即生效，并对双方都具有约束力。

（3）本责任书一式三份，总经理办公室、财务部、客房部各持一份。

酒店总经理（签字）：　　　　　　　　客房部负责人（签字）：

××酒店管理有限公司（盖章）

_____年___月___日　　　　　　　　_____年___月___日

【他山之石03】餐饮部经营管理目标责任书

餐饮部经营管理目标责任书

为充分调动餐饮部经营管理人员的积极性，确保总经理室下达给餐饮部各项经营指标的责任落实与实现目标，加强各部门经营管理的工作责任，共同努力完成_____年的经营任务，做好各项经营管理工作，完善以部门为主体的服务质量工作体系，适应酒店的发展需要，真正树立××酒店的形象，餐饮部与酒店签订以下责任书。

一、_____年度经营管理考核期间

_____年___月___日至_____年___月___日。

二、经营责任职能部门

出品部、中餐楼面部、中餐营业部、客户服务部、西餐楼面部。

三、经营管理目标

服从酒店安排，认真完成_____年的营业收入与经营毛利润任务，并根据酒店的要求，做好经营任务的分解、落实，做到按月指标开展经营管理工作，按季度接受酒店考核奖罚。

（一）经营责任关键考核指标

1.经营毛利润指标

_____年餐饮部全年实现经营毛利润（GOP）目标_____万元（见下表）。

经营毛利润指标表

经营期	GOP指标分解
第一季度	_____万元
第二季度	_____万元
第三季度	_____万元
第四季度	_____万元
合计	_____万元

2.部门的经营任务考核奖罚标准

根据酒店下达的季度GOP指标，以每季度为结算单位，完成并超出部分将给予考核部门奖励；如未完成任务，将根据酒店绩效考核体系对考核责任人进行绩效考核工资的处罚与年度岗位的调整（具体见餐饮部考核奖励方案）。

（二）经营责任辅助考核指标

（1）综合毛利率经营指标　_____年餐饮部每月综合平均毛利率达到55%以上。

（2）重大食品卫生安全事故与重大食品质量投诉发生症候率为0。

重大食品卫生安全事故与重大食品质量投诉指因食品卫生而导致客人饮食中毒、身体产生不适症状并属实者，导致上级行政管理部门介入调查，影响到酒店的正常经营业务活动，并造成酒店经济损失。

（3）年度内发生重大食品卫生安全事故与重大食品质量投诉，影响到酒店正常经营业务活动，并造成酒店经济损失者，将全额扣除考核季度内C级以上人员绩效考核工资部分；如有发放奖励工资，将停止奖励工资的发放，直到整顿后杜绝此类安全事故的发生。

（4）宾客满意度达到90%以上。

①宾客满意度达到90%以上量化的计算方式如下。

$$宾客满意度 = \frac{当月宾客消费有效投诉个案数量}{当月消费总人数}$$

②有效投诉的判断标准见下表。

有效投诉的判断标准

序号	项目	标准说明
1	服务质量	确实由于酒店服务作业流程未按照行业规范、内部标准、个性化服务进行流程化作业，对顾客的现场投诉未进行紧急投诉预案处理，造成顾客重大不满意甚至越级投诉或造成重大利益损失者（拒绝结账或损失赔偿）
2	出品质量	确实由于厨房烹饪出品未按照行业规范与内部标准进行流程化作业，对顾客的现场投诉未进行紧急投诉预案处理，造成顾客重大不满意甚至越级投诉或造成重大利益损失者（拒绝结账或损失赔偿）
3	食品卫生	确实由于厨房烹饪出品未按照行业规范与内部标准进行流程化作业，顾客现场发现食品存在卫生问题，造成顾客不满意进行投诉并属实者
4	硬件设施设备	确实由于硬件设施设备维修、维护、保养不及时，顾客对消费环境与氛围等进行现场投诉，对顾客的现场投诉未进行紧急投诉预案处理，造成顾客重大不满意甚至越级投诉或造成重大利益损失者（拒绝结账或损失赔偿）
5	重复性投诉	顾客进行投诉并进行了紧急投诉预案处理后，重复性地发生相同的投诉个案2次（包括2次）以上，视同有效投诉

所有有效投诉个案的争议将以质检组的调查意见为判断标准，酒店服务质量委员会为服务质量管理核心组织。

（三）管理指标

餐饮部管理指标见下表。

餐饮部管理指标

	考核项目	标准		考核项目	标准
1	部门培训报告	1份/月	12	岗前例会	1次/班
2	员工培训	2小时/周	13	美食节	1次/季度
3	餐饮部经营状况分析报告	1份/季度	14	宾客投诉率	不超过3次/月
4	费用指标 （成本控制）	费用率____%	15	菜式更新	2个菜/周/部门
5	餐具卫生合格率	按四星级标准	16	员工流动率	5~10%
6	环境卫生合格率	按四星级标准	17	总结计划报告	1份/月
7	员工大会	1次/周	18	菜单更换次数	4次/季度
8	厨房部会议	1次/天	19	安全检查 （安全记录）	4次/季度
9	消防知识培训	2次/年	20	建立常客档案	1次/月
10	卫生检查记录	1次/天	21	领班会议	1次/周
11	客源分析	1次/月	22	安全责任达标率	按四星级

四、餐饮部负责人的职责

（1）执行酒店服务质量标准，始终如一地按照制度化、规范化、程序化的要求，开展各岗位的服务接待工作，做到仪表仪容规范，岗位工作程序正确；同时，抓好菜品的创新和推出、成本和利润的控制，使本部门服务质量得到稳步提升，提高客人满意率。

（2）定期推出餐饮活动的创新，每月至少研发并推出3种创新菜式，并落实到厨房出品与顾客消费在一定规模。

（3）立足本部门工作实际，积极开展培训工作，抓好培训的计划制订、组织落实、考核评定三个重要环节，努力为酒店经营管理、服务质量上台阶做出实效；积极配合、协助各部门的工作，尤其要注重培训工作。

（4）对部门辖区内的安全、消防管理工作负责，组织好员工参加各项安全防范活动，执行安全管理制度，落实安全防范措施，维护安全设备、设施及器材，做好自查、自纠，做到年内无火灾、无安全责任事故，确保酒店的安全管理工作达到标准，维护好酒店正常、顺利的经营管理秩序。

（5）认真开展辖区内的卫生、环境整治工作，遵守卫生管理制度，抓好食品安全工作，做到年内无食品安全事故；积极开展环境整治，维护店容店貌的整洁形象。

五、惩罚及聘用解除

（1）部门内如发生安全责任事故，视情况严重程度对经营责任人进行处理。

（2）因内部管理、作业流程基础工作、物资保管不善等原因而发生的原材料丢失与物料毁损，根据其营业收入比例处理，高于报损管理规定比例的，按原价落实赔偿责任人。

（3）挪用公款者，一律解聘，本酒店并遵循法律途径向本人追究。

（4）与客人串通勾结者，一经查证属实，一律解聘。

（5）做私生意者，一经查证属实，一律解聘。

（6）凡利用公务外出时，违规操作者一经查证属实，以旷工论处，并记大过一次。

（7）挑拨酒店与员工的感情，或泄漏职务机密者，一经查证属实，记大过一次，情节严重者解聘。

六、消防安全责任

餐饮部责任人为××大酒店餐饮部所管辖区域内安全、消防、食品卫生的第一责任人，有进行检查和监督的权力与义务，并承担相应的责任。

七、其他

（1）本责任书由总经理办公室负责解释、修订。

（2）本责任书由酒店执行总经理和部门第一负责人签署后即生效，并对双方都具有约束力。

（3）本责任书一式三份，总经理办公室、财务部、餐饮部各持一份。

酒店总经理（签字）：　　　　　　　　　餐饮部责任人（签字）：

××酒店管理有限公司（盖章）

＿＿＿年＿＿月＿＿日　　　　　　　　　＿＿＿年＿＿月＿＿日

【他山之石04】财务部管理目标责任书

财务部管理目标责任书

为充分调动财务部人员的积极性，确保总经理室下达给财务部会计核算与财务管理的责任落实与目标实现。加强各部门经营管理的工作责任，共同努力完成＿＿＿＿＿年的经营任务，保证：（1）会计核算的经济效益与财务管理的信息决策效能；（2）营运资金周转效率；（3）库存物资的安全与完整；（4）成本控制的效益最大化；（5）财务稽核的监察力度等，完善部门为主体的服务质量工作体系，适应酒店的发展需要，真正树立××酒店的形象，财务部与酒店签订以下责任书。

一、责任期

自_____年___月___日至_____年___月___日。

二、适用人员

财务部门经酒店核定定员_____人。

三、经营责任指标考核范围

（一）量化指标考核

（1）经营毛利润指标　财务部奖惩考核与全酒店GOP完成情况挂钩，_____年酒店全年实现经营毛利润（GOP）目标_____万元（见下表）。

经营毛利润指标表

经营期	GOP指标分解
第一季度	_____万元
第二季度	_____万元
第三季度	_____万元
第四季度	_____万元
合计	_____万元

（2）通过收益管理与税务筹划，有效地协助并促进营业收入的增长与经营目标的实现。

（3）通过财务与成本控制精细化管理，实质性地支持与配合餐饮部实现55%毛利率目标。

（4）应付员工薪酬与福利控制指标　协助人力资源部完成_____万元应付薪酬与福利的控制目标。

（5）能源费用控制指标　协助工程部完成_____万元能源费用控制目标。

（6）总控并协助其他部门完成_____年其他直接经营性费用_____万元控制目标。

（二）管理指标

财务部管理指标见下表。

财务部管理指标

	考核项目	标准		考核项目	标准
1	无违反财经制度	100%	14	月报表准确率	100%
2	财务分析	1次/月	15	原始凭证的存档	1年
3	经营情况及费用指标的预测	2次/年	16	成本会计市场价格调查	1次/周
4	采购物品合格率	按要求执行	17	接受上级财务检查的合格率	按要求执行
5	部门会议	1次/月	18	应收账款	控制在___万元之内
6	员工培训	2次/月	19	鉴别拒收假钞率	100%
7	每日巡视	1次/天	20	工资核发的准确率	100%
8	备用金盘查	1次/周	21	给予报销	按财务制度执行
9	财务设施设备完好率	按四星级标准	22	仓库管理达标率	按规范执行
10	环境卫生检查合格率	按四星级标准	23	账库相符率、出入库手续合格率	按程序执行
11	站点故障	接到通知后10分钟赶到现场	24	库房清点	1次/月
12	各站点电脑检查维修	1次/月	25	经营分析	1次/月
13	计算机系统安全运转率	100%	26	总结计划	1份/月

（三）非量化指标

（1）加速营业资金的回收与流动，降低资金成本并提高营运资金的使用效率。

（2）保证物资的安全与完整，加速物资的周转使用效率；建立物资最佳库存量与定额管理体系，降低库存成本。

（3）建立健全坚实的会计核算基础，合理划分经营性支出与非经营性支出的界限，保证会计核算数据的客观性、及时性、明晰性。

（4）采取先进、科学、系统的财务管理手段，提高成本分析与控制水平，充分发挥财务管理信息预测、决策效能。

（5）熟悉各项税收法律、法规，进行税务筹划，有效地降低税务成本。

四、财务部的职责

（1）要积极为一线部门保驾护航，认真负责，提前做好各项准备工作，必须全方位保证酒店各项经营管理活动，做到一切围绕经营，主动承担责任，确保酒店经营管理的顺利开展。

（2）部门年内采购各类物资不得发生假冒伪劣物品入库，如有发生，根据实际责任处理状况扣除部门责任人工资的一定比例，并视情况再作处理。根据使用部门月申购报表购置的物品，因保管不善而发生的物资损坏，根据酒店物资报损管理制度，超出核定的报损比例者，超出部分按一定比例（根据具体责任处理状况）进行赔偿。

（3）有保质期的物品，将在保质期限到期前一定期限内通知采购部与供货商洽谈退货或换货事宜；货物进出以先进先出为原则，参考厨房营业额制定最高、最低存量控制仓库存货量；制作平面图，将仓库以不同颜色划分区域，并标识每种货物的名称、存放位置，悬挂在显著地方；货架以常用和不常用、轻重程度分层摆放。

（4）因内部管理指令、标准化流程规范执行不力，前后台收银人员对客服务礼仪、现场应急处理等基础工作发生差错等直接原因，造成客人投诉或发生服务质量事故，按该客人消费总额的一定比例处罚部门责任人（部门责任人落实个人处罚责任）。

（5）执行酒店服务质量标准，始终如一地按照制度化、规范化、程序化的要求，开展各岗位的服务接待工作，做到仪表仪容规范，岗位工作程序正确；同时，抓好精细化管理与财务管理手段的创新和推出、成本和利润的控制，协助与配合酒店整体收益管理及成本费用控制等项工作，并不断地稳步提升，提高部门满意度与顾客满意度。

（6）立足本部门工作实际，积极开展培训工作，抓好培训计划的制订、组织落实、考核评定三个重要环节，努力为酒店经营管理、服务质量上台阶做出实效；积极配合、协助各部门的工作，尤其要注重培训工作。

（7）对部门辖区内的安全、消防管理工作负责，组织好员工参加各项安全防范活动，执行安全管理制度，落实安全防范措施，维护安全设备、设施及器材，做好自查、自纠，做到年内无火灾、无安全责任事故，确保酒店的安全管理工作上标准，维护好酒店正常、顺利的经营管理秩序。

（8）认真开展辖区内的卫生、环境整治工作，遵守卫生管理制度，抓好消防安全工作，做到年内无重大安全事故；积极开展环境整治，维护店容店貌的整洁形象。

五、目标管理之绩效考核

（1）财务部责任人实行月薪制，奖金额与以上各项指标挂钩，每月工资按70%发放，剩余的30%作为绩效考核（绩效工资）。

①绩效工资其中20%作为当月管理指标（软指标）进行考核。

②绩效工资其中10%作为当月任务指标（硬指标）进行考核，按照酒店当月任务指

标的完成比例发放绩效工资。比如1月完成80万元，完成指标的80%，绩效考核工资仅发放80%。

（2）部门责任人每季度无论是否完成主要经济指标，但在其他考核项目中每两项未达标，责任担保金都下浮10%发放，依此类推。

（3）部门责任人季度考核指标中超过10项未达标，部门的责任人自动解聘，如发生重大违纪行为，按责任扣除相应责任人的责任担保金。

六、惩罚及聘用解除

（1）挪用公款者，一律解聘，本酒店并遵循法律途径向本人追究。

（2）与客人串通勾结者，一经查证属实，一律解聘。

（3）私下做生意者，一经查证属实，一律解聘。

（4）凡利用公务外出时，违规操作者一经查证属实，以旷工论处，并记大过一次。

（5）挑拨酒店与员工的感情，或泄漏职务机密者，一经查证属实，记大过一次，情节严重者解聘。

七、其他

（1）本责任书由总经理办公室负责解释、修订。

（2）本责任书由酒店执行总经理和部门第一负责人签署后即生效，并对双方都具有约束力。

（3）本责任书一式三份，总经理办公室、财务部、客房部各持一份。

酒店总经理（签字）：　　　财务部负责人（签字）：

××酒店管理有限公司（盖章）

_____年____月____日　　_____年____月____日

【他山之石05】工程部管理目标责任书

工程部管理目标责任书

为了保证酒店经营目标的如期实现，增强酒店活力，调动部门员工的积极性，强化各项效益指标的考核，现决定实行部门经济效益与员工分配直接挂钩制度。

经协商工程部责任人同意签订如下经营、管理目标责任书。

一、责任期

自_____年____月____日至_____年____月____日。

二、适用人员

工程部经酒店核定定员_____人（附部门人事架构）。

三、工程部管理目标

（一）经营毛利润指标

工程部奖惩考核与全酒店GOP完成情况挂钩，_____年酒店全年实现经营毛利润（GOP）目标_____万元（见下表）。

经营毛利润指标表

经营期	GOP指标分解
第一季度	_____万元
第二季度	_____万元
第三季度	_____万元
第四季度	_____万元
合计	_____万元

（二）管理指标

工程部管理指标见下表。

工程部管理指标

	考核项目	标准		考核项目	标准
1	设备检修	1次/月	7	专题会议	1次/季度
2	对部门工作的考评	1次/季度	8	设备设施巡查（记录）	2次/天
3	环境卫生	按四星级标准	9	工程维修	准确、及时
4	总结计划报告	1份/月	10	部门例会	1次/周
5	员工培训	2小时/周	11	安全检查（记录）	1次/周
6	部门费用	_____元	12	工作延误率	5%

四、绩效薪资分配

（1）工程部责任人实行月薪制，奖金额与以上各项指标挂钩，每月工资按70%发放，剩余的30%作为绩效考核（绩效工资）。

①绩效工资其中20%作为当月管理指标（软指标）进行考核。

②绩效工资其中10%作为当月任务指标（硬指标）进行考核，按照酒店当月任务指标的完成比例发放绩效工资。比如1月完成80万元，完成指标的80%，绩效考核工资仅发放80%。

（2）部门完成能耗任务指标后，节约指标部分可获得＿＿＿%的节约任务奖，反之给予3%的罚款，部门经理个人考核。

（3）部门责任人每季度无论是否完成主要经济指标，但在其他考核项目中有两项未达标，责任担保金下浮5%发放，依此类推。

（4）部门责任人季度考核指标中超过10项未达标，部门责任人自动解聘，如发生重大违纪行为，按责任扣除相应责任人的责任担保金。

五、工程部负责人岗位职责

（1）坚决贯彻执行酒店总经理的指标，直接对酒店系统运行负责。

（2）负责对工程部所有人员和设备的全权管理，培训和巩固骨干队伍，切实保障动力设备的安全运行和设施的完好，以最低的动力费用开支保持酒店高格调管理水平。

（3）制定部门设备检修保养制度及各岗位的岗位规范与操作规程，并督导下属严格执行。

（4）深入现场，掌握人员和设备状况，每天检查工作如下。

①审核运行报表，掌握能耗规律，发现偏差，发现异常，及时分析原因，采取补救措施。

②审阅各系统运行监视数据，发现偏差，及时纠正。

③巡视各岗位工作状况，及时发现和处理员工违纪行为。

④巡查重点设备运行技术状况，发现隐患及影响营业的重大故障，立即组织力量及时处理。

⑤检查维修工程及增改工作的工作质量与进度，发现失控及时采取措施。

⑥巡查主要工作场所动力设施，发现问题及时组织维修。

（5）审定下属各班组的工作计划，统筹工作安排与人力调配，检查计划执行情况。

（6）负责制定设备更新和改造工程计划、重大维修保养计划、配件购进计划，并组织实施。技术更新所带来的盈利部分，按＿＿＿%奖励，反之按＿＿＿%罚款（以实际发生为准），工程改造，写出书面报告，按市场价格提成30%（工费），大的工程维修中，占用员工不当班时间，应给予加班补助。

（7）根据营业要求，经常征询一线营业部门意见，不断改进原设计缺陷，支持下属进行技术改造，使动力设备性能日益完善。

（8）深入了解下属管理人员和员工的思想状况，及时纠正不良倾向，经常对下属进行职业道德、酒店意识教育，培养员工企业责任感。

（9）编制培训计划，定期对管理人员进行培训，提高管理水平，把工程部建设成为一支高素质、高技术水准、高效率、高服务质量的队伍。

（10）提供各项现有设备的改进或新装设备计划及预算。

（11）呈交每月维修工作摘要及特别修理或事故报告给总经理。

（12）统计及分析各项水、电、冷气、燃油与维修费用，并实施有效的节约方案。

六、其他

（1）本责任书由总经理办公室负责解释、修订。

（2）本责任书由酒店执行总经理和部门第一负责人签署后即生效，并对双方都具有约束力。

（3）本责任书一式三份，总经理办公室、财务部、工程部各持一份。

酒店总经理（签字）：　　　　　　　　　工程部责任人（签字）：

××酒店管理有限公司（盖章）

_____年____月____日　　　　　　　　_____年____月____日

【他山之石06】保安部管理目标责任书

保安部管理目标责任书

为充分调动保安部门员工的积极性，确保总经理室下达给保安部各项经营指标的责任落实与目标实现，加强各部门经营管理的工作责任，共同努力完成_____年的经营任务，维护酒店经营与公共区域的安全，完善以部门为主体的服务质量工作体系，适应酒店的发展需要，真正确立××酒店的形象，保安部与酒店签订以下责任书。

一、考核期间

自_____年____月____日至_____年____月____日。

二、经营责任职能部门

保安部。

三、经营管理目标

保安部服从酒店安排，认真完成_____年的营业收入任务，并根据酒店的要求，做好经营任务的分解、落实，做到按月指标开展经营管理工作，按季度接受酒店考核奖罚。

（一）经营责任关键考核指标

（1）经营毛利润指标　保安部奖惩考核与全酒店GOP完成情况挂钩，_____年酒店全年实现经营毛利润（GOP）目标_____万元（见下表）。

经营毛利润指标表

经营期	GOP指标分解
第一季度	_____万元
第二季度	_____万元
第三季度	_____万元
第四季度	_____万元
合计	_____万元

（2）重大消防安全事故与顾客人身严重伤害及财产重大损失发生率为0。

（3）宾客满意度达到90%以上。

宾客满意度达到90%以上量化的计算方式如下。

$$宾客满意度 = \frac{当月顾客消费有效投诉个案数量}{当月停车场车辆进场数量}$$

有效投诉的判断标准如下表所示。

有效投诉的判断标准

序号	投诉项目	判定标准
1	服务质量	确实由于酒店服务作业流程未按照行业规范与内部标准进行流程化作业，顾客或质检现场督导对外围与经营场所保安措施、礼貌礼节、服务质量、车辆指挥等进行现场投诉，对顾客的现场投诉未进行紧急投诉预案处理，造成顾客重大不满意甚至越级投诉或造成重大利益损失者（拒绝结账或损失赔偿）
2	消防设施设备	确实由于消防设施设备维修、维护、保养不及时，造成严重消防安全隐患（安委会现场检查），或消防安全隐患未得到实质性整改落实
3	重复性投诉	顾客进行投诉并进行了紧急投诉预案处理后，重复性的发生相同的投诉个案2次（包括2次）以上，视同有效投诉

全部有效投诉个案的争议将以质检组的调查意见为判断标准，酒店服务质量委员会为服务质量管理核心组织。

（4）管理指标（见下表）

保安部管理指标

	考核项目	标准		考核项目	标准
1	安全责任达标率	按四星级标准	5	安全专题会议	1次/周
2	保安会议	1次/周	6	卫生检查合格率	按四星级标准
3	安全检查（记录）	1次/天	7	消防知识培训	2次/年
4	总结计划报告	1份/月	8	员工培训	2小时/周

四、薪酬工资分配

（1）保安部责任人实行月薪制，奖金额与以上各项指标挂钩，每月工资按70%发放，剩余的30%作为绩效考核（绩效工资）。

①绩效工资其中20%作为当月管理指标（软指标）进行考核。

②绩效工资其中10%作为当月任务指标（硬指标）进行考核，按照酒店当月任务指标的完成比例发放绩效工资。比如1月完成80万元，完成指标的80%，绩效考核工资仅发放80%。

（2）部门责任人每季度无论是否完成主要经济指标，但在其他考核项目中每两项未达标，责任担保金下浮5%发放，依此类推。

（3）部门责任人季度考核指标中超过10项未达标，部门责任人自动解聘，如发生重大违纪行为，按责任扣除相应责任人的责任担保金。

五、保安部的职责

（1）要积极为一线部门保驾护航，认真负责，提前做好各项准备工作，必须全方位支持酒店的经营活动，做到一切围绕经营，主动承担责任，确保酒店经营管理的顺利开展。

（2）因内部管理指令、标准化流程规范执行不力，对客服务礼仪、现场应急处理等基础工作发生差错等直接原因，造成客人投诉或发生服务质量事故，按该客人消费总额（扣除保险公司理赔部分）的一定比例处罚部门责任人，如公共财产损失、顾客人身安全损失与财务损失、自行车丢失等。

（3）执行酒店服务质量标准，始终如一地按照制度化、规范化、程序化的要求，开展各岗位的服务接待工作，做到仪表仪容规范，岗位工作程序正确；同时，抓好精细化管理与个性化服务的创新和推出、成本和利润的控制，使本部门服务质量得到稳步提升，不断提高顾客满意度。

（4）立足本部门工作实际，积极开展培训工作，抓好培训的计划制订、组织落实、考核评定三个重要环节，努力为酒店经营管理、服务质量上台阶做出实效；积极配合、协助各部门的工作，尤其要注重培训工作。

（5）对部门辖区内的安全、消防管理工作负责，组织好员工参加各项安全防范活动，执行安全管理制度，落实安全防范措施，维护安全设备、设施及器材，做好自查、自纠，做到年内无火灾、无安全责任事故，确保酒店的安全管理工作达到标准，维护好酒店正常、顺利的经营管理秩序。

（6）认真开展辖区内的卫生、环境整治工作，遵守卫生管理制度，抓好食品安全工作，做到年内无食品安全事故；积极开展环境整治，维护店容店貌的整洁形象。

六、其他

（1）本责任书由总经理办公室负责解释、修订。

（2）本责任书由酒店执行总经理和部门第一负责人签署后即生效，并对双方都具有约束力。

（3）本责任书一式三份，总经理办公室、财务部、保安部各持一份。

酒店总经理（签字）：　　　　　　　　保安部责任人（签字）：

××酒店管理有限公司（盖章）

_____年___月___日　　　　　　　　_____年___月___日

【他山之石07】总经办管理目标责任书

总经办管理目标责任书

为了保证酒店经营目标的如期实现，增强酒店活力，充分调动部门员工的积极性，强化各项效益指标的考核，现决定实行部门经济效益与员工分配直接挂钩制度。

经协商总经办责任人同意签订如下经营、管理目标责任书。

一、责任期

自_____年___月___日至_____年___月___日。

二、适用人员

总经办经酒店核定定员_____人（附部门人事架构）。

三、各项管理指标

总经办服从酒店安排，认真完成_____年的营业收入任务，并根据酒店的要求，做好经营任务的分解、落实，做到按月指标开展经营管理工作，按季度接受酒店考核奖罚。

（一）经营毛利润指标

总经办、人力资源部奖惩考核与全酒店GOP完成情况挂钩，_____年酒店全年实现经营毛利润（GOP）目标_____万元（见下表）。

经营毛利润指标表

经营期	GOP指标分解
第一季度	_____万元
第二季度	_____万元
第三季度	_____万元
第四季度	_____万元
合计	_____万元

（二）管理指标

总经办管理指标见下表。

总经办管理指标

	考核项目	标准		考核项目	标准
1	部门费用指标	_____元	6	对部门培训工作	1次/季度
2	办公室会议	1次/周	7	质检巡查（记录）	2次/天
3	对部门工作的考核	按四星级标准	8	办公室工作	规范
4	环境卫生	按四星级标准	9	车辆管理	规范
5	总结计划报告	1份/月	10	宿舍管理和员工餐厅管理	规范

四、薪酬工资分配

（1）总经办部门责任人实行月薪制，奖金额与以上各项指标挂钩，每月工资按70%发放，剩余的30%作为绩效考核（绩效工资）。

①绩效工资其中20%作为当月管理指标（软指标）进行考核。

②绩效工资其中10%作为当月任务指标（硬指标）进行考核，按照酒店当月任务指标的完成比例发放绩效工资。比如1月完成80万元，完成指标的80%，绩效考核工资仅发放80%。

（2）部门责任人每季度无论是否完成主要经济指标，但在其他考核项目中每两项未达标，责任担保金下浮5%发放，依此类推。

（3）部门责任人季度考核指标中超过10项未达标，部门责任人自动解聘，如发生重大违纪行为，按责任扣除相应责任的责任担保金。

五、总经办负责人岗位职责

（1）在董事长、总经理的领导下，负责主持本部门的全面工作，负责办公室各岗位分工并制定工作职责和工作标准，建立部门工作制度，组织并督促本部门人员全面完成本部门职责范围内的各项工作任务。

（2）贯彻落实本岗位责任制和工作标准，密切各部门工作关系，加强协作，配合做好衔接协调工作。

（3）组织收集和了解各部门的工作动态，协助酒店领导协调各部门之间有关的业务工作，掌握酒店主要活动情况，为酒店领导决策提供意见和建议。

（4）负责酒店各种会议的筹备、组织工作，做好会议记录纪要。

（5）负责来文、来电、函件的批处工作，审核各部门以酒店名义起草的重要的文、电、函。

（6）负责组织起草酒店半年、年度工作计划、总结和领导讲话。

（7）负责监督酒店印章的使用；做好公章、合同专用章、行政介绍信的管理和使用，负责酒店各单位行政公章的刻制、启用、回收和销毁工作。

（8）参与酒店发展规划、年度经营计划的编制和酒店重大决策事项的讨论。

（9）负责酒店各种公共关系的建立。

（10）负责组织办公用物资供应计划的制订审核，组织物品的采购工作，做好物品进、出、存统计、核算工作。

（11）负责组织全酒店员工大会工作，开展年度总结评比和表彰工作。

（12）负责做好酒店来宾的接待安排，统一负责对上级主管部门的联系等工作。

（13）负责酒店档案管理工作。

（14）负责酒店车队、员工餐厅、监控室的日常管理工作。

（15）完成酒店领导交办的其他工作任务。

六、其他

（1）本责任书由总经理办公室负责解释、修订。

（2）本责任书由酒店执行总经理和部门第一负责人签署后即生效，并对双方都具有约束力。

（3）本责任书一式二份，总经理办公室、财务部各持一份。

酒店总经理（签字）：　　　　　　　　总经办责任人（签字）：

××酒店管理有限公司（盖章）

_____年___月___日　　　　　　　　_____年___月___日

【他山之石08】人力资源部管理目标责任书

人力资源部管理目标责任书

为了保证酒店经营目标的如期实现，增强酒店活力，调动部门员工的积极性，强化各项效益指标的考核，现决定实行部门经济效益与员工分配直接挂钩制度。

经协商人力资源部责任人_____同意签订如下经营、管理目标责任书。

一、责任期

自_____年___月___日至_____年___月___日。

二、适用人员

人力资源部经酒店核定定员_____人（附部门人事架构）。

三、各项管理指标

人力资源部服从酒店安排，认真完成_____年的营业收入任务，并根据酒店的要求，做好经营任务的分解、落实，做到按月指标开展经营管理工作，按季度接受酒店考核奖罚。

（一）经营毛利润指标

人力资源部奖惩考核与全酒店GOP完成情况挂钩，_____年酒店全年实现经营毛利润（GOP）目标_____万元（见下表）。

经营毛利润指标表

经营期	GOP指标分解
第一季度	_____万元
第二季度	_____万元
第三季度	_____万元
第四季度	_____万元
合计	_____万元

（二）管理指标

人力资源部管理指标见下表。

人力资源部管理指标

	考核项目	标准		考核项目	标准
1	人员流动率	8%～10%	4	对部门工作的考核	按四星级标准
2	员工招聘合格率	按要求标准执行	5	环境卫生	按四星级标准
3	办公室会议	1次/周	6	完成全年培训预算	按计划标准

	考核项目	标准		考核项目	标准
7	全年培训计划的完成	100%	11	质检巡查（记录）	2次/天
8	专题培训	4次/季度	12	办公室工作	规范
9	对各部门培训工作的追踪评估考核	1次/季度	13	部门费用指标	＿＿＿元
10	对员工考勤情况的抽查	1次/周	14	总结计划报告	1份/月

四、薪酬工资分配

（1）部门责任人实行月薪制，奖金额与以上各项指标挂钩，每月工资按70%发放，剩余的30%作为绩效考核（绩效工资）。

①绩效工资其中20%作为当月管理指标（软指标）进行考核。

②绩效工资其中10%作为当月任务指标（硬指标）进行考核，按照酒店当月任务指标的完成比例发放绩效工资。比如1月完成80万元，完成指标的80%，绩效考核工资仅发放80%。

（2）部门责任人每季度无论是否完成主要经济指标，但在其他考核项目中每两项未达标，责任担保金都下浮5%发放，依此类推。

（3）部门责任人季度考核指标中超过10项未达标，部门的责任人自动解聘，如发生重大违纪行为，按责任扣除相应责任的责任担保金。

五、人力资源部负责人岗位职责

（1）根据国家劳动人事有关政策和酒店实际情况，制定各项劳动人事管理制度。

（2）全面负责酒店员工的招聘、培训、考核、调整、奖惩、工资、劳保等工作。

（3）负责酒店人员编制、工资奖金方案的实施。

（4）熟悉掌握酒店员工情况，合理安排、选拔人员，做到人尽其才。

（5）协助各部门有效地管理员工，督导服务质量。

（6）审查、签批各种人事表格、报告等。

（7）检查监督《员工手册》的执行情况。

（8）负责酒店各类员工的各种定级考核工作。

（9）制定各种培训政策，建立并完善酒店、部门、班组三级培训体系。

（10）负责主持重要的培训活动。

（11）负责酒店人事培训档案的建设和管理。

（12）对人力资源部工作人员进行考核评估，并提出奖惩意见。

（13）完成总经理交办的其他工作。

六、其他

（1）本责任书由总经理办公室负责解释、修订。

（2）本责任书由酒店执行总经理和部门第一负责人签署后即生效，并对双方都具有约束力。

（3）本责任书一式三份，总经理办公室、财务部、人力资源部各持一份。

酒店总经理（签字）：　　　　　　　　人力资源部责任人（签字）：

××酒店管理有限公司（盖章）

_____年____月____日　　　　　　　_____年____月____日

【他山之石09】康乐部经营目标责任书

康乐部经营目标责任书

为了确保集团下达给酒店月度经营目标的实现，酒店管理当局（以下简称甲方）授权给以_____为第一责任人的酒店娱乐部（以下简称乙方）负责该部门的经营管理。

按照责、权、利对等的原则，双方在平等的基础上签订_____年经营目标责任书，以明确双方的责任、权利和义务，本责任书一经签字即对双方具有法律约束力，甲乙双方应共同遵守。

一、目的

在完善××国际酒店董事会领导下总经理负责制的经营管理机制的基础上，在充分调动酒店经营管理人员积极性的同时，建立酒店对娱乐部的经营目标责任考核体系，以加强酒店对部门的有效监控，同时推动酒店经营管理工作逐步向理性、科学、精细和规范的方向发展。通过推行目标责任体系，用科学的指标评价体系替代粗线条的考评，将有力地推动酒店管理手段和经营风格的转变，增强酒店管理层的抗风险意识和能力。

二、考核期间

_____年____月____日至_____年____月____日。

三、双方的权利和义务

（一）甲方的权利和义务

（1）甲方有权对乙方的经营活动进行检查和监督，并提出改进意见。

（2）甲方有义务为乙方在经营过程中提供必要的服务和支持。

（3）甲方有权在乙方生产经营活动出现失控和重大失误时，对本责任书提出修订或决定终止本责任书的执行。

（二）乙方的权利和义务

（1）乙方应严格遵守国家各项法律、法规及酒店制定的各项经营政策和管理规定。

（2）乙方享有在酒店授权范围内开展经营管理活动，进行正常的经营决策的权利。

（3）乙方应在市场竞争中积极拓展经营范围，加强内部管理，降低营运成本，加强市场体系建设，提升营销管理水平，提高市场占有率，增强行业市场地位，提高盈利能力。

（4）乙方必须保障经营资产的安全与完整，不得使经营资产遭受损失。

（5）乙方必须定期或不定期地按甲方要求报送（提交）与经营活动有关的各项文件和资料，包括①月度的经营计划及任务分配；②月度销售政策；③奖金的分配方案的报批；④月度计划完成情况的汇总及进展报告。

四、经营责任考核指标

经营责任考核指标包括主要指标（毛利率、销售收入），以及相关修正指标（包括安全、员工流失率、不良资产及其他方面）。

营业总收入：_____万元。

完成目标值的奖罚办法为：部门负责人提取基本工资的20%作为绩效工资，完成营业收入指标发放基本工资，完不成发放基本工资的80%，各项任务完成奖励营业指标超额部分的_____%。员工确保基本工资。

（注：此任务不包括技师提成。）

五、修正指标及其考核细则

（1）安全　执行部门在考核中加强员工安全教育工作及安全管理工作，若发生不安全事故实行一票否决制。

（2）员工流失率　10%以内。

（3）不良资产损失　对于经营上的严重失误及非正常因素造成的损失，追究责任人及主管领导责任并给予相应处罚。参照资产损失评估情况扣减考核奖金或薪资。

六、其他

（1）本责任书由总经理办公室负责解释、修订。

（2）本责任书由酒店执行总经理和部门第一负责人签署后即生效，并对双方都具有约束力。

（3）本责任书一式三份，总经理办公室、财务部、康乐部各持一份。

酒店总经理（签字）：　　　　　　　康乐部经理责任人（签字）：

××酒店管理有限公司（盖章）

_____年____月____日　　　　　　_____年____月____日

【他山之石10】洗衣房目标管理责任书

洗衣房目标管理责任书

为了加强管理，提高员工的工作积极性和责任感，根据酒店的统一要求，制定目标责任书。

一、营业指标

每个月完成平均洗涤收入_____万元，收入包括对外接收的布草洗涤收入、洗衣店营业收入和酒店客衣收入。按照淡季和旺季分月确定收入指标。

二、人员与工资

洗衣房核定领班1人，工资_____元。小组长_____人，工资_____元。洗衣员工_____人，工资_____元。布草员_____人，工资_____元。洗衣店布草员_____人，工资_____元。业务员_____人，工资_____元。共计_____人，工资标准_____元。

工资分基本工资和效益工资。基本工资每月领取，效益工资按照酒店目标责任纳入考核。按季度兑现。领班基本工资_____元，效益工资_____元。业务员基本工资_____元，效益工资_____元。小组长基本工资_____元，效益工资_____元。其他员工基本工资_____元，效益工资_____元。

三、挂钩方式

洗衣房总收入与工资总额挂钩，收入增长___%，工资总额增长___%，同比例减少。收入增减越多，工资增减越多。增加人员不增加收入目标和工资总额，减少人员不减少收入目标和工资总额。效益工资由洗衣房安排发放，酒店不予干涉。

负责分管后勤和洗衣房的酒店领导根据员工收入比例增加一倍比例增减。

四、成本控制指标

洗衣房洗涤物品分为九大类，平均成本如下表所示。

洗衣房洗涤物品平均成本

类别	成本	类别	成本
床单类	0.5元/千克	毛巾类	0.8元/千克
枕套类	0.7元/千克	台布类	0.9元/千克
厨衣类	1.0元/千克	客衣工装类	0.8元/千克
消毒浴衣	0.4元/千克	窗帘椅套类	0.5元/千克
耗电量	每千克0.09元		

洗衣房清洗布草用料核算表（略）。

布草单位重量及用料价格表（略）。

用料数量由洗衣房根据洗涤程序控制，用料产品、质量、价格等由采购和洗衣房共同确定，但以实际使用部门的意见为主。节约用料成本奖励40%，浪费用料成本扣罚40%。奖罚部分增加或者减少洗衣房的效益工资。

五、工作指标

主要考核以下主要内容，根据工作完成质量、对酒店造成的影响和酒店的奖罚措施进行奖惩。每次奖惩1～10分，一分_____元。

（1）设备运转率98%。

（2）人为操作故障率0.1‰。

（3）布草质量用户满意率95%。

（4）严格执行公司各项规章制度及岗位标准。

（5）加强消防工作，消除安全隐患，杜绝事故发生。

（6）禁止偷拿公司任何财产，一旦发现，偷一罚十。

（7）配合工程部做好设备的维护保养工作。

（8）做好员工的培训工作。

（9）团结协作，搞好精神文明建设工作。

（10）按时完成公司下达的临时任务。

（11）配合各部门的临时清洗、熨烫工作。

六、安全指标

由于主观原因、工作不到位、工作失误造成安全事故，从效益工资中扣除酒店损失部分。洗衣店对具体责任人进行处罚。重大安全事故实行一票否决，扣除全部效益工资，还要追究责任，由责任人承担全部损失。

七、考核期间

本责任书从_____年____月____日开始执行，考核至_____年____月____日结束。一经签订不得变动，但可以根据酒店工作要求和实际情况补充考核内容。

酒店总经理：　　　　　　　　　　　　　洗衣房负责人及员工：

_____年____月____日　　　　　　　　_____年____月____日

【他山之石11】PA部目标管理责任书

PA部目标管理责任书

为了充分调动PA部工作人员的工作积极性，增强责任感，保障酒店公共区域卫生质量达到标准和要求，对PA部实行目标责任管理，内容如下。

一、责任标准管理范围

（1）酒店内的公共区域、停车场、公共地面、休闲区域和公共走道、大堂、外围玻璃与门窗。

（2）酒店行政办区域、会议（宴会）厅、公共卫生间、过道、楼梯。

（3）各区域的地毯、木地板、地面清洁。

（4）酒店公共物品、雕塑、壁画、家私等。

（5）不含房内日常清洁和外包单位的清洁。

二、目标责任管理时间

_____年___月___日至_____年___月___日。

三、目标责任管理的各项经济指标

（1）月工资总额与PA部人员编制

①总编制_____人，其中PA主管1名，领班_____人，PA员_____人。

②工资总额：_____元/月；领班以下人员的工资标准由PA负责人根据员工的表现灵活调整并报人事行政部同意。同时部门在对员工进行调资时，工资总额随之相应变动；本部门员工的使用、录用、晋升和调资按酒店现行《工资等级制度》执行。

③PA部不参加绩效工资考核，以质量标准为考核依据。

（2）年清洁器材维修费用_____万元。

（3）月物料费（包括消毒剂、去污剂、去锈剂、保养蜡、垃圾袋、空气清新剂、抛光垫、玻璃刮、铲刀、伸缩杆、卷纸、扫把、拖把等普通清洁工具）控制在_____万元以内。

（4）以上费用节约部门按30%奖励。

四、责任目标管理标准

（1）PA部必须依照酒店的《PA岗位标准与工作程序》认真完成每项清洁工作任务，确保达到酒店的卫生质量标准。

（2）PA部必须按照酒店的建筑物和装饰材料的特性来使用清洁工具和清洁剂，不得为省工时或瞬间提高光亮度而使用带有极具腐烂性和破坏性的清洁工具和清洁剂。

（3）对酒店大堂、大堂吧等主要面客区域的地面、墙壁、立柱、玻璃、灯具不间断进行清洗，确保酒店良好形象；地毯、木地板以部门通知为准进行清洗；其他区域随脏随洗。

（4）外围高层建筑，应做好周期计划卫生，必要时，应服从酒店领导临时安排进行清洗。

（5）如遇突发性的自然灾害事故，PA部应立即组织人员对所管辖的区域及时进行清理，并在酒店指定的工作时间内完成。

（6）在政府部门例行检查、酒店评星工作中，PA部应全力以赴，凡属目标管理范围之内的工作，必须按照清洁卫生质量标准，做好清洁卫生。

五、清洁工具保养与使用

（1）在PA部实行责任目标管理后，酒店将现有的设备数量、质量、名称、性能等进行清点造册，转交给PA部代为保管。

（2）PA部应对设备进行定期维护与保养、对人为的毁坏由部门承担赔偿责任。

（3）PA部不得将代为保管的清洁工具转借给其他单位使用或从事其他盈利的活动。

六、管理细则

（1）PA部为固定人员、固定经济指标，所以按照经济指标增幅计算工资，人员按照工资定额，少人补齐，少员不奖（按实际人员计发工资）。

（2）PA部应熟知各种清洁工具（机器设备）的特性，熟练掌握清洁工具（机器设备）的使用方法，加强清洁工具（机器设备）的维修保养，延长清洁工具（机器设备）的使用寿命。各种清洁工具（机器设备）保养与使用年限见下表。

各种清洁工具（机器设备）保养与使用年限

名称	使用年限	已使用时间	待使用时间	维修次数（每年）	年维修费用	备注
洗地机两台	3～5年	3年	2年	3～6次	5000元	
抛光机一台	3～5年	3年				已坏
吸水机一台	3～5年	3年	2年	5～7次	4000元	
高压水枪一台	3～5年	3年	2年	2～4次	1000元	
吹风机一台	3～5年	3年				已坏
吸尘机一台	3～5年	3年	2年	2～4次	1000元	

在上述待使用年限内，维修费用超过使用预算的，PA部负责人承担使用超过部分_____%的维修费用；在待使用年限内，上述清洁工具（机器设备）报废不能维修的，扣除PA部目标管理责任人当月工资的50%。

（3）PA部应合理使用和保管各种清洁所用的物料品，坚决杜绝浪费，在保证清洁卫生的情况下，月物料品消耗量控制在_____万元以内。超过预算经济指标的，部门承担____%的超支费用。

（4）PA部应熟悉酒店不同材质的墙面、地面、家私、玻璃清洁程序，并按其材质的特性，科学使用相应的清洁工具和清洁剂，避免建筑材料和装饰材料失去光泽或受到腐蚀。如果因清洁剂使用不当或过量，造成建筑材料和装饰材料失去光泽或受到腐蚀的，部门应对损失承担＿＿＿%的经济责任。

（5）PA部应对其他部门下达的周期保养和清洁任务及时受理，并在3天之内做出合理安排；对在酒店迎接新的重要检查、重要接待、重要会议来临之前临时下达的清洁任务应立即予以受理，并按指定的时间和要求完成。上述工作安排不到位，造成其他部门一般性投诉的，每发生一起处罚部门＿＿＿＿元；给酒店造成一定负面影响的，每发生一起处罚部门＿＿＿＿元。

（6）酒店对PA部的工作质量，纳入酒店例行的质量检查工作中，即实行周检和月检，对存在的清洁卫生质量问题，按《质检制度》规定的处罚措施执行。

（7）PA负责人必须交纳相当于一个月的工资作为风险保证金。

酒店总经理：　　　　　　　　　　　　PA部经理：
＿＿＿＿年＿＿＿月＿＿＿日　　　　　　＿＿＿＿年＿＿＿月＿＿＿日

第6章

图解精益之酒店量化管理

量化管理是精益管理的重要手段之一。在酒店服务的过程中，管理者常常会碰到一些达不到规范的事情，经过再三要求，依然无法达到理想的标准，给管理带来较大的不便，也使服务质量下降。在酒店进行服务量化管理，可以有效地评估员工的工作质量，提高工作效率，更加合理地安排员工工作量，使原有工作规范化、程序化、标准化。

6.1 什么是酒店服务量化

服务量化就是把酒店所有员工的日常工作内容，经过长时间反复实践的工作经验进行分解，根据酒店现有的实际情况，制定一套具有岗位相关性、实践可行性、结果时限性、内容具体性的服务标准。简单地说，就是将酒店员工的工作从开始到结束，用时间进行分解，在规定的时限内完成公司要求的各项工作。

6.2 酒店服务量化的具备条件

酒店服务量化必须具备四大条件，如图6-1所示。

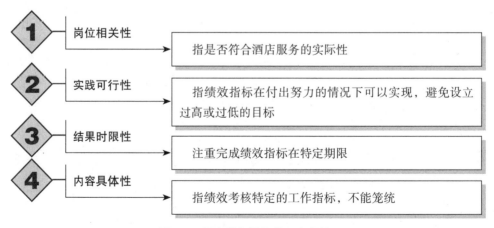

1	岗位相关性	指是否符合酒店服务的实际性
2	实践可行性	指绩效指标在付出努力的情况下可以实现，避免设立过高或过低的目标
3	结果时限性	注重完成绩效指标在特定期限
4	内容具体性	指绩效考核特定的工作指标，不能笼统

图6-1 酒店服务量化的四大条件

6.3　酒店服务量化的范围

酒店服务量化的范围涵盖酒店员工的日常工作内容。

6.4　酒店服务量化的特点

酒店服务量化具备三大特点，如图6-2所示。

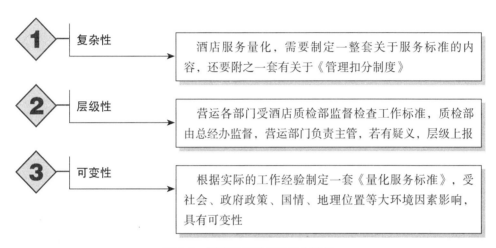

1 复杂性　　酒店服务量化，需要制定一整套关于服务标准的内容，还要附之一套有关于《管理扣分制度》

2 层级性　　营运各部门受酒店质检部监督检查工作标准，质检部由总经办监督，营运部门负责主管，若有疑义，层级上报

3 可变性　　根据实际的工作经验制定一套《量化服务标准》，受社会、政府政策、国情、地理位置等大环境因素影响，具有可变性

图 6-2　酒店服务量化的三大特点

6.5　酒店服务量化的要素

6.5.1　时间的量化

时间上的量化，主要是规定完成某项工作的时间量。时间上的量化要求工作的时间以一个清晰的数字体现，不能采取模糊的概念。比如客人步入餐厅1分钟内将菜单递上，而不能说"客人步入餐厅后尽快将菜单递上"。

如果管理者在服务管理上将时间计算得越精确，酒店的管理将会越规范，质量也将明显提高。

6.5.2　空间的量化

为使客人饮食起居便利，并使客人的直观产生美感，酒店在为宾客提供各种服务中还需对长度、宽度、高度、厚度、角度、间距等空间尺寸予以量化。就拿餐厅来说，铺台时台布要求平挺，四角下垂长度相等，餐具放于客人座位正中，碟、碗、筷、匙之间均成等距离，碟筷与台边距一指宽，公筷、牙签盅、纸巾碟应在转盘上固定位置，整个大厅各桌之间铺台标准也应保持一致，白酒杯倒酒应7分满，红酒杯应倒1/4满，茶杯应倒8分满。整理与打扫客房时也有尺寸的定量，如做床时，床单、被套、枕套之间距离应每张床都达到一致，被套悬垂下与地面距离也应等高，卫生间所放的卫浴用品应定位并间距相等，各酒店可根据本酒店的实际情况制定统一标准。一些大型的国际酒店管理公司其酒店所有设备设施都做相同规范，让客人无论在哪一个国家或哪一个城市，只要入住此品牌的酒店，都能随手拿到他想要的东西，让客人有家的感觉。空间量化的规范中还包括平整、匀称、对齐、对称和正中等要求。表6-1为某酒店客房内物品摆放的量化标准。

表6-1　某酒店客房内物品摆放的量化标准

序号	物品	量化标准
1	衣架	西装衣架放左边；裙架、衬衣架放右边
2	衣刷	挂在衣架杆左边靠柜壁
3	擦鞋篮	13～17F放到隔层的最下层把手朝外靠紧挂衣架，篮边离柜边15厘米；8～11F放在衬衣与裙架下靠近柜壁，离柜边5厘米
4	被子	12～16F两床并排放到衣柜上方；8～11F及17F两床并排放到衣柜下方，开口朝外
5	行李柜	离墙5厘米
6	电视机柜	离墙5厘米，对准两床的正中间，离行李柜5厘米
7	电视机转盘	离柜边2厘米。居中摆放
8	有线	T字型，一头插墙上，直头插电视机上
9	垃圾桶	房间的垃圾桶放在电视机柜旁边，离电视柜5厘米，柜边5厘米，卫生间的垃圾桶靠卫生间墙壁，距离马桶5厘米
10	茶几围椅	茶几与围椅呈直角摆放，相距2厘米，靠墙的围椅离墙5厘米，靠窗的围椅离窗台20厘米
11	落地灯	与墙角、茶几线呈一条直线，距墙角15厘米，与落地灯杆呈一条直线。火柴放于烟缸正前方，火柴字样朝向客人
12	窗帘	空房拉上纱帘与厚帘，住房只拉纱帘，两边厚帘对称拉至窗边
13	书报架	放于书桌上靠床的一边，边距2厘米
14	便纸	放于靠书桌的床头柜上，距下边2厘米，搭电视机指南左下角2厘米
15	电脑桌	键盘放于显示屏下方居中，鼠标垫布放于靠近电脑抽屉的上方居中，距书桌边2厘米，鼠标放置于垫布中间（电脑使用提示台卡，有电脑的房间放于鼠标旁，无电脑的房间放于数据线接口正前方，离书桌边上1厘米）
16	黄页等	按《××手册》，黄页、蓝页叠放于左边抽屉内
17	洗衣袋	每间房放一个，三折叠成口袋大小，有绳的一头折于内，字正朝上，放于书桌右边的抽屉内靠右摆放

续表

序号	物品	量化标准
18	服务指南	放于书桌上，两抽屉缝的正上方，离桌边5厘米
19	书桌椅	以两抽屉缝为中间点，椅距书桌边2厘米，椅口朝向床45度角，椅角与书桌边呈一条直线
20	遥控器与架	放于靠近书桌的床头柜上，靠近书桌，距床头柜上边2厘米
21	电话	放于床头柜靠床一侧，距床侧边5厘米，离床头上边2厘米
22	晚安卡	放于靠近卫生间的床头柜上，离电话机2厘米，离床头上边5厘米
23	清洁卡	房间里清洁卡放于晚安卡旁边，相距2厘米，边与晚安卡对齐呈45度角，卫生间清洁卡放于方巾篮边2厘米处，靠近面盆的一边，与方巾篮边平齐，角度一致
24	桑拿按摩台卡	放于晚安卡与清洁卡后方，角度一致，距晚安卡与清洁卡5厘米
25	电视指南	放于靠近书桌内的床头柜上，离遥控器2厘米，距床头柜上边2厘米
26	拖鞋	放于床头柜内。拖鞋居中摆放，距柜边5厘米
27	茶杯	杯把正直朝外，两杯平行，相距2厘米
28	凉水壶	把手正直朝外，放于两杯正上方与杯呈品字型，距茶杯5厘米
29	电热水壶	放置于有电源插座的一边，把手朝外离边5厘米
30	毛巾筐	靠房间过道墙放，超出洗漱台5厘米
31	小商品架	放于方巾架旁边，靠近墙的一边，离方巾架2厘米，角度与方巾架一致，边与方巾架平齐
32	方巾架	与一次性用品篮对称，摆成45度角
33	一次性用品篮	放于毛巾架下台面上，摆成45度角
34	烟灰缸	卫生间烟灰缸放于一次性用品篮边离左右各1厘米，离台边1厘米
35	卷纸	纸边折成三角形，三角边朝上放于卷纸盒内
36	香皂碟	放于洗漱台龙头的右边，离龙头5厘米，扇形边朝外，香皂放于皂碟内，摆放居中字面朝上
37	浴巾、毛巾	折成三叠，开口对应，摆放居中，毛巾两边与浴巾两边对齐
38	方巾	折成三叠，开口朝里，摆放居中

6.5.3　其他的量化

　　度量的概念除时间、空间外，还包括温度、湿度、频度、角度和速度等内容，酒店的服务质量与这些内容同样息息相关，因此好的服务规范必然也包含这些方面的量化。如客房部一天两次查房，清理房间每天也应两次，早晚班各一次，服务员进门应敲三次，抹柜、门、窗应湿布一次干布一次，泳池水质须符合国际卫生标准，次氯酸钠含量应控制在0.5 ~ 1毫克/升，pH值在7 ~ 8之间，温泉水的调配也应有数字上的比例，并达到每天的浓度一致。

6.6 酒店服务量化的推进

酒店要想保持并提高服务质量，必须让每个管理者与服务员心中都有度的概念，根据酒店实际情况分析对"量"的要求，总结出一套切实可行的量化标准，一旦公布，各部门应严格执行，质检部根据标准，按此要求进行检查和监督，最终达到服务质量的提高和稳定。

【他山之石01】酒店管理工作定额量化标准

	酒店管理工作定额量化标准		
岗位	任务	定额	说明
经理	查VC房	5间/天	指当日经过领班/主管/值班经理/店助检查的VC房
	查O房	1间/周	
	查工程保养房	1间/周	
	酒店全面巡视（查卫生、服务、仪容举止）	6次/周	
	查工作间及物料发放	1次/周	
	抽查洗涤质量	1次/月	
	总台现场指导示范	6小时/周	高峰时间
	员工谈心	1人/天	
	查员工餐质量和员工宿舍设施	1次/月	
	巡视设备间	3次/周	
	外出拜访客户	1次/周	
	自助早餐现场征询意见	2次/周	
	抽查工程保养和维修质量	1次/周	
	抽查夜班纪律和安全	1次/月	
	组织消防演习	1次/年	
	组织安全大检查	3次/年	
经理助理	查待查房卫生（VC房待检查），房态改VC	5间/天	当日租房完成清洁待查
	查VC房	3间/天	指当日经过领班/主管或值班经理检查的VC房

续表

岗位	任务	定额	说明
经理助理	查O房	2间/周	
	查工程保养房	1间/天	
	酒店全面巡视（查卫生、服务、仪容举止）	6次/周	
	抽查工作间及物料发放	1间/周	
	抽查洗涤质量	1次/周	
	检查并监督报损布件	1次/周	
	总台现场指导示范	6小时/周	高峰时间
	查公共区域卫生	1次/天	
	查总台电话规范	1次/周	
	测试总台电话预订服务	1次/周	
	抽查夜班纪律和安全	1次/月	
	查每日工程循环保养	1次/天	
	原料市场询价	1次/月	
	餐饮原料盘点	1次/月	
	参与盘点	1次/月	抽查一个品种
	审校值班经理报表，抽查值班经理工作定额	1次/月	
值班经理	查待查房卫生（VC房待检查），房态改VC	20间/天	当日退房完成清洁待查
	查夜班完成的待查房（VC房待检查），房态改VC	100%	
	查O房卫生	2间/天	
	查所有设备间	2次/天	
	查总台夜班卫生	1次/天	
	查当日所有RC单、宾客变更单	1次/天	夜班值班经理
	查所有当班预订单（值班经理联系夹）	1次/班	当班值班经理
	查所有当班冲调账（值班经理联系夹）	1次/班	当班值班经理
	查总台表单库存	1次/天	夜班值班经理
	查交接班和班结账	1次/班	当班值班经理
	监督收银封包投款	1次/班	当班值班经理

续表

岗位	任务	定额	说明
值班经理	抽查工作间及物料发放	50%/天	
	抽查清洁工具配备	1次/天	
	抽查洗涤质量	2次/周	
	总台现场指导示范和培训	4小时/天	高峰时间
	日班酒店全面巡视（查卫生、服务、仪容举止）	2次/天	
	查总台表式规范	1次/天	
	测试总台电话预订服务	1次/天	
	查行李房和行李寄存手续	1次/天	
	查保管和贵重物品寄存程序	1次/天	
	盘2#钥匙箱	1次/班	
	抽查1#钥匙箱	1次/天	夜班值班经理
	查自助早餐质量和现场服务	2小时/天	当班经理或夜班经理
	征询宾客意见	3人次/天	
	组织分管班组培训	1次/周	
	服务用语测试	1人次/天	
	参与盘点	1次/月	
	餐饮原料盘点	1次/月	
	工程材料盘点、申购	1次/月	
	原料市场询价	1次/天	
	查厨房餐厅收市卫生和安全事项	1次/天	日班值班经理
	夜班全面巡视	1次/天	
	查监控录像	1次/月	
	打印审核巡更记录	1次/天	
	审核消防报警记录	1次/周	
	总台服务员绩效评比	1次/月	
	总台申购计划	1次/月	指定值班经理

续表

岗位	任务	定额	说明
客房主管/领班	查待查房卫生（VC房待检查），房态改VC	40~60间/天	当日退房完成清洁待查
	查O房	5间/天	
	验收工程保养房	2间/天	
	验收工程循环保养项目	1次/天	
	公共区域装修及设备总查，开报修单	1次/周	
	组织冬夏被轮晒	1次/年	
	查VC房工作单准确率	1间/天	
	查布件洗涤质量	1次/天	
	整理报损布件，请店助审核批准，实施报损	1次/周	
	查夜班保安卫生工作	1次/天	
	查公共区域单项卫生	1次/天	
	查工作间、工作车、吸尘器下班前卫生	1次/天	
	查杯具消毒和保洁	1次/天	
	校对工作单，回收物料，按标准发次日物料	1次/天	
	收发核对客衣	1次/天	可视情况授权指定服务员处理
	布件物料盘点	1次/月	
	客房服务员P/A绩效评比	1次/月	
	客房申购计划	1次/月	

【他山之石02】周期维护量化标准

周期维护量化标准				
岗位	任务	标准值	单位	说明
客房服务员	客房玻璃窗清洁（内面）	7	天	
	客房玻璃窗清洁（外面）	30	天	
	客房窗槽清洁	7	天	

续表

岗位	任务	标准值	单位	说明
	客房厚窗帘轮洗	120	天	或按需送洗
	客房纱帘轮洗	90	天	或按需送洗
	客房窗帘架（轨道）清洁	15	天	
	客房地毯吸尘	1	天	
	客房地板清洁	1	天	
	客房墙角和脚线清洁	3.5	天	1周2次
	客房顶面清洁	30	天	
	客房墙面清洁	7	天	
	客房灯具清洁	7	天	
	客房及公共区域电视机	1	天	干布
	客房液晶电视屏幕	7	天	专用工具
	客房分体空调内机及滤网（春秋两季）；客房分体空调内机及滤网（冬夏两季）	30/15	天	
客房服务员	客房电话消毒	7	天	
	客房木家具保养	30	天	去除污垢，上家具蜡
	客房床垫清洁	30	天	
	客房床垫翻转	90	天	
	客房床护垫轮洗	60	天	
	客房及卫生间硅胶	30	天	
	客房油画除尘	15	天	
	卫生间花洒	3.5	天	1周2次
	卫生间瓷砖缝清洁	30	天	84清洁剂
	卫生间顶面	30	天	
	卫生间排风口内	30	天	
	卫生间便器水箱	30	天	
	卫生间不锈钢饰面上光	90	天	
	卫生间地漏喷药	30	天	
	卫生间面台上下水管道清洁	90	天	

续表

岗位	任务	标准值	单位	说明
客房服务员	卫生间防滑垫消毒	1	天	
	卫生间防滑垫轮洗	7	天	
	客房走道吸尘清洁	0.5	天	1天2次
	客房走道墙面清洁	3.5	天	1周2次
	客房走道管弄井配电间地面除尘	3.5	天	1周2次
	客房走道工作间、消毒间清洁	0.5	天	1天2次
	客房走道顶面灯具清洁	15	天	
	客房走道不锈钢防撞条清洁抛光	15	天	
	客房走道油画除尘	1	天	
	客房走道指示牌除尘	1	天	
	客房走道消防门清洁	3.5	天	1周2次
	客房走道窗清洁	1	天	
	工作车清洁	1	天	含轮、物料格、布件袋
	吸尘器清洁	1	天	
PA／保安	绿化保养	3.5	天	清洁叶面，修剪枯叶
	内消防楼梯扶手清洁	1	天	
	内消防楼梯台阶清洁	12	小时	
	外消防楼梯清洁	7	天	
	公共区域窗台	1	天	
	公共区域烟筒检查清洁	2	小时	
	公共区域烟缸检查清洁	2	小时	
	公共卫生间日常清洁	2	小时	6:00～23:00
	尘推清洁	1	天	换尘推垫，脏垫洗净晾干
	公共区域玻璃窗	7	天	
总台接待	宾客台面（及物品）清洁	12	小时	
	工作台面清洁	12	小时	
	清洗糖缸	1	天	夜班
	总台内地面	12	天	
	总台内纸篓	12	小时	

岗位	任务	标准值	单位	说明
总台接待	房价牌、挂钟、油画框、门、门框除尘，油画掸尘	7	天	
	电脑屏幕和主机、电线清洁	7	天	注意用电安全
	借用物品清洁	7	天	
	抽屉、橱柜内、保管箱清洁	7	天	
	总台内墙面、顶面、开关面板清洁	3.5	天	注意用电安全
	总台内外立面清洁，除鞋印	3.5	天	1周2次
	鲜花除尘，花瓶换水，总台台面物品清洁	3.5	天	1周2次
保安	大堂及会所电视和电脑屏幕	7	天	安保夜班、专业工具
	大堂会所空调表面清洁和过滤网消毒	15	天	
	消火栓大清洁和检查	30	天	
	灭火器清洁和检查	30	天	
	正门内外地毯吸尘	12	小时	安保夜班
	正门、门楣、玻璃墙清洁	1	天	安保夜班天亮时
	正门内外地毯下及掩盖地面清洁	1	天	安保夜班
	大堂及食所墙角擦尘一周	1	天	安保夜班
	公共区域绿化花盆及垫盆	1	天	安保夜班
	会所书架、书、工艺品清洁	1	无	安保夜班
	公共区域间大清洁	1	天	安保夜班
	会所电脑主机箱、电脑台（椅）	1	天	安保夜班
餐厅服务员	餐厅地面	1	天	
	餐厅墙面	3.5	天	1周2次
	餐厅顶面和灯具	15	天	
	餐厅家具	1	天	
	餐厅艺术品和油画	7	天	
	餐厅自助餐炉清洁和上光	1	天	
	餐厅电视机清洁	3.5	天	专用干布
	餐厅空调表面清洁和过滤网消毒	15	天	

续表

岗位	任务	标准值	单位	说明
厨师	厨房墙、地面	1	天	
	厨房顶灯	90	天	
	烟罩、排油烟机表面	1	天	
	烟罩、排油烟机风道	30	天	
	灶具清洁	1	天	
	算油池清捞	180	天	
	冰箱表面清洁	3.5	天	1周2次
	冰箱内清洁和化霜	7	天	
	操作台保洁橱表面清洁	1	天	
	操作台保洁橱内部清洁	3.5	天	1周2次
	冰箱保洁橱顶部清洁	15	天	
	消防器材清洁	15	天	
	货架清洁	3.5	天	1周2次
	水斗清洁	1	天	
	垃圾桶清空和清洗	1	天	
	清洁窗	3.5	天	1周2次
	清洁门	3.5	天	1周2次
	清洁调料盘、调料缸、调料瓶	1	天	
	砧板刀具消毒	4	小时	开市收市必消毒
	抹布消毒	1	天	
后场	员工餐厅大清洁	3.5	天	1周2次
	设备间	3.5	天	1周2次
	仓库清洁	3.5	天	1周2次
	屋顶	3.5	天	1周2次

酒店须将上述周期性工作，落实到具体实施日期，以书面计划下达。

【他山之石03】前厅部工作时间量化标准

前厅部工作时间量化标准

区域	时间	内容	区域	时间	内容
大堂副理	7:50	接班、阅交班本	商务中心	8:00	阅交班本、做卫生
	8:30	检查各区域员工仪容仪表		9:30	检查机器设备
	9:00	检查大堂卫生、规范物品摆放		11:00	查询火车票、飞机票情况
	13:00	巡查各区域、防止消防隐患		13:30	打印各部文件
	15:50	点到，传达会议内容，交代前厅各班组注意的事项		14:30	检查消防隐患
	18:50	调节大堂各处灯光		15:30	写交班本
	20:00	协助前台开房		16:00	中班阅交班本
	23:00	调节大堂各灯光		19:00	做当天内、外部账目
	2:30	巡查各岗在岗情况和酒店各区域		22:00	做卫生
	6:50	核总台报表		24:00	关电源
总台	8:30	看交班本和预订单	行李房	8:00	阅交班本
	9:30	退房、收房卡、扯水排		9:30	打开水、分报纸
	11:00	在电脑中删除退房客人的资料		11:00	送报纸
	13:00	做总台卫生		13:30	做卫生
	14:30	对进客房间客人的资料数据上传		14:30	检查消防隐患
	15:30	写交班本		15:30	写交班本
	16:00	中班看交班本和订单		16:00	为各部服务
	19:00	开房高峰期		19:00	做卫生
	22:00	对所开房客人资料数据上传		22:00	为各部服务
	24:00	与晚班交班		24:00	关电源
	5:30	做报表、做卫生			

【他山之石04】前厅部服务时效量化标准

前厅部服务时效量化标准

一、前台接待

序号	工作事项	时效量化标准
1	客人到前台	3米之内问候
2	电话铃声	3声之内接听
3	无预订客人办理入住，其中包括对客推销、办理手续、介绍服务项目和发房卡	时间不超过3分钟
	有预订客人办理入住，其中包括办理手续、介绍服务项目和发房卡	时间不超过2分钟
4	旅游团队接待和办理入住登记手续	15分钟内完成（有预订的）
5	在接待客人过程中使用客人姓氏称呼客人	3次以上
6	输单时间	不超过1分钟
7	帮客人延房	在1分钟内完成（非现金）
8	现金付款	2分钟
9	帮客人换房	在2分钟内完成
10	为客人办理查询	不超过20秒
11	查询住客资料	30秒
12	查询预订客人资料	30秒
13	查询离店客人资料	30秒
14	查询客人历史档案资料	30秒
15	查询团队资料	30秒

二、礼宾部

序号	工作事项	时效量化标准
1	旅游团队进出店行李服务	时间不超过15分钟
2	入店团队行李件数	在2分钟之内点完
3	入店团队行李送入房间	在客人进入房间后10分钟内送到房
4	迎接VIP客人	提前15分钟在酒店门口迎接
5	散客进出店行李服务	时间不超过5分钟

续表

序号	工作事项	时效量化标准
6	客人行李寄存及领取	时间不超过2分钟，隔夜行李不超过4分钟
7	为客人递送邮件、留言条、EMS、传真	时间不超过10分钟
8	所有出车	提前15分钟候客
9	为客人叫出租车	在3秒内完成
10	为客人开车门	在2秒内完成
11	寄存与领取雨伞的	时间不超过20秒
12	转交及领取物品	时间不超过2分钟，隔夜的不超过4分钟

三、总机

序号	工作事项	时效量化标准
1	电话铃响	铃响3声内接听
2	回答客人查询	时间3秒内
	查询部门电话	2秒内
3	查询经理手机号码	5秒内
4	转接电话	时间不超过10秒
5	回答客人查询市内星级酒店电话号码	时间不超过10秒
6	查询世界主要城市时差	时间不超过20秒
7	查询主要城市邮政编码	时间不超过15秒
8	查询国内主要城市区号	时间不超过10秒
9	查询天气情况	时间不超过10秒
10	查询电话费率	时间不超过10秒
11	查询房价	时间不超过30秒
12	设置电话转移	时间不超过10秒
13	设置叫醒	时间不超过5秒
14	书面留言及递送	时间不超过20秒
15	为客人开通国际长途	不超过5秒
16	为客人开通国内长途	不超过5秒

四、商务中心

序号	工作事项	时效量化标准
1	发传真，包括拨号、接听、发出	时间不超过2分钟/页
2	收传真（从收传真到送到客人房间）	时间不超过5分钟
3	商务中心文员打字	中文打字100字/分钟，英文打字150字/分钟
4	复印，包括接待和设置复印参数	时间不超过30秒/页
5	为客人发邮件	时间不超过5分钟
6	为客人装订文件	10分钟/100页
7	为客人办理快件邮递手续	不超过10分钟

【他山之石05】客房部服务时效量化标准

客房部服务时效量化标准

一、房务中心

序号	工作事项	时效量化标准
1	电话铃响	3声内接听
2	查询客人数据	在30秒内完成
3	要传达的信息	在20秒内通知到相应楼层及有关人员

二、楼层

序号	工作事项	时效量化标准
1	接到VIP到达通知，服务员迎接客人	在3分钟内到电梯口迎接客人
2	楼层为客人整理床铺	中式小床在3分30秒内完成，中式大床在4分30秒内完成
3	借物、送物（日用品）	5分钟之内完成
4	送欢迎茶	5分钟之内完成
5	送香巾盅	5分钟之内完成
6	需要加椅、加茶	加椅5分钟之内送到客房，加茶在5分钟之内送到客房
7	客人借用插线板、充电器、网线等物品	5分钟之内送到客人房间

续表

序号	工作事项	时效量化标准
8	做住房（标准间）	20分钟/间
9	退房、小整理	退房25分钟/间，小整理8分钟/间
10	整理空房	5分钟/间
11	查退房报前台	2分钟/间
12	为客人办理加床服务	10分钟之内完成
13	到房间收取客衣	每天2次
14	管理者查房	5分钟/间
15	客房主管每天查房间数	30间以上
16	客房副总监每日查房间数	30间以上
17	客房总监每日查房间数	10间以上
18	开夜床服务	8分钟内完成（以标准间为例）
19	擦鞋服务从收鞋到送回	6分钟内完成
20	夜班服务员巡楼	必须每30分钟巡一次楼
21	楼层公共区域大清洁	每周1次大清洁

三、洗衣房

序号	工作事项	时效量化标准
1	正常服务	中午12点钟以前送洗，当日下午5点30分以前送回；12点钟以后送洗，次日下午5点30分以前送回
2	加急服务	4小时之内送回，收取衣物时间为7:00~18:00
3	特快服务	2小时之内送回，收取衣物时间为7:00~18:00

四、PA部

序号	工作事项	时效量化标准
1	接到紧急通知	必须在5分钟之内到达现场
2	清洁卫生间	必须在5分钟之内完成
3	接到清洁通知	必须在5分钟之内到达现场
4	电梯保洁工作	5分钟/1台
5	清洁地毯	轻度污染5分钟/平方米，重度污染15分钟/平方米

五、会议室

序号	工作事项	时效量化标准
1	会议开始前服务员迎接客人入座	在30秒之内
2	会议室的安排、布局（音响、灯光、座椅、横幅等设备设施）	在会议开始前90分钟之内安排好
3	会议摆台	每两人摆放1个烟灰缸
4	会议进行中加茶水服务	每隔20分钟进行1次
5	客人杯中的茶水、饮料添加	剩1/2杯时须添加
6	从客人要求结账到结账完毕	不超过5分钟

【他山之石06】餐饮部服务时效量化标准

餐饮部服务时效量化标准

一、中餐厅

序号	工作事项	时效量化标准
1	电话铃响	3声内接听
2	客人到达餐厅门口，迎宾员接待	在5秒内接待客人
3	迎宾员因故离岗	1分钟内补位
4	迎宾员引领客人进入包房就座后，服务员为客人上香巾	在3分钟之内
5	客人落座之后为客人上好茶水、饮料（鲜榨果汁除外）	在3分钟内
6	客人预订包房后，服务员准备好酒水、香巾	在客人到达前30分钟准备好
7	零点客人的冷菜送菜	在5分钟之内送到
8	大型宴会与预订客人联系	提前15天
9	中小型宴会与预订客人联系	提前5天
10	大型宴会在宴会前休息室及茶壶、茶叶及开水的准备	提前1小时准备好
11	大型宴会取出相应的酒品饮料并摆放在服务台上	提前1小时按宴会标准
12	对宴会准备工作进行最后一次检查	宴会开始前30分钟

续表

序号	工作事项	时效量化标准
13	楼面服务员站立在各自岗位上,准备迎接客人的到来	宴会开始前15分钟
14	客人入座后为客人打开餐巾,脱下筷子套	1分钟内
15	客人在用餐时,如餐具不慎掉地,补上干净餐具	20秒内
16	宴会上凉菜	宴会开始前10分钟内
17	中餐宴会当中应提供香巾的次数	3次以上
18	宴会上菜服务	通知起菜后第一道菜须在8分钟内送上桌,并且每道菜之间的间隔不超过5分钟(特殊菜式除外)
19	点好菜后,下单送到备餐间	时间不超过3分钟
20	客人点完菜后推上凉菜车(在大厅内)	在1分钟内
21	客人点海鲜后,服务员把海鲜送到包房给客人核对确认后,方可送到厨房	应在6分钟之内
22	为客人点菜的时间	不可超过6分钟
23	零点餐厅上菜	上第一道菜的时间不可超过8分钟,整桌菜上完在30分钟以内
24	为客人开红酒	1分钟内完成
25	为客人开啤酒	30秒内完成
26	斟续酒	10秒/人
27	高档菜出品	在16分钟内出品
28	备餐间员工送菜	在同一楼层3分钟内送到包房;不在同一楼层4分钟内送到包房
29	高档宴会分菜	服务员必须在3分钟内完成一道菜(10人台为标准)
30	剔鱼刺	3分钟内完成
31	如点了需要配佐料或工具的菜时,应上齐所有佐料和工具	在上菜前5分钟之内
32	客人拿出香烟,服务员为客人点上	在5秒内
33	烟缸更换	有3个烟头就必须更换
34	换烟缸或骨碟	35秒之内换一个烟缸或骨碟
35	骨碟内有烟灰、骨头等杂物时更换	在5秒内

续表

序号	工作事项	时效量化标准
36	客人来用餐需要重新摆台,服务员完成所有准备工作(散餐)	在5秒内
37	从包房到吧台	来回4分钟
38	客人对服务员提出服务要求时,服务员应答客人	应在3秒内
39	用餐途中加点酒水(包括下单、送单)	时间不超过4分钟
40	如用餐客人要求加位	必须在1分钟之内完成
41	掉在地上的纸屑、杂物	必须在5秒内捡起
42	客人用餐完毕后,清理台面,送水果	在3分钟内
43	从客人要求结账到结账完毕	不超过5分钟
44	客人走后服务员清场至复台	4~6人台15分钟;7~10人台20分钟;11~14人台30分钟
45	用餐过程中菜式出现质量问题,客人要求更换时,上好客人所需菜式(除特殊菜式之外)	在8分钟之内
46	为客人斟白酒	1分钟内完成10杯
47	客人要求更换包房时,为客人安排好更换	必须在3分钟内
48	用餐过程中客人需要酒店没有的物品时	应立即向客人讲明,在3分钟内给予答复

二、西餐厅

序号	工作事项	时效量化标准
1	电话铃响	3声内接听
2	客人到达餐厅让客人就座	1分钟内
3	当迎宾员引客入座时服务员前来点酒水、饮料	应在10秒内
4	客人落座后呈送菜单、酒单	1分钟内
5	客人点零点时,为客人点单	时间不得超过3分钟/位
6	送单至厨房	不超过2分钟
7	客人点的酒水、饮料上好	须在3分钟内上好(鲜榨果汁8分钟)
8	为客人开红酒	在1分钟内完成

续表

序号	工作事项	时效量化标准
9	为客人开啤酒、斟酒	1分钟内完成
10	客人用完餐的空碟	须在1分钟内撤走
11	从客人拿出香烟,服务员送上火源	不得超过3秒
12	为客人添加酒水、饮料	当客人杯中的酒水、饮料只剩1/3时应添加
13	为客人临时拼台	应在2分钟内完成(8人位以内)
14	客人点完零点后,撤换用餐餐具	时间控制在1分钟/位完成
15	客人点餐前饮料	2分钟内完成
16	客人落座后,服务员为客人上好冰水	在2分钟内
17	客人点好菜,服务员为客人上好面包	在2分钟内
18	客人点沙拉	10分钟送到餐桌
19	客人点比萨	15分钟送到餐桌
20	客人点牛扒	12分钟送到餐桌
21	客人点意粉	8分钟送到餐桌
22	客人点汉堡	8分钟送到餐桌
23	客人点甜品	10分钟送到餐桌
24	为客人煎鸡蛋	在5分钟内完成
25	为客人煎蛋卷	在3分钟内完成
26	早餐点米粉	在3分钟内完成
27	零点点米粉	在5分钟内完成
28	客人餐桌烟灰缸更换	有3个烟头要更换
29	从客人要求结账到结账完毕	不超过5分钟
30	客人用餐完毕后,服务员重新摆台	在4分钟之内

三、传菜部

序号	工作事项	时效量化标准
1	下单至西厨房	3分钟内完成
2	下单至一楼厨房	4分钟内完成

续表

序号	工作事项	时效量化标准
3	送餐服务	6道菜以内在25分钟内完成，7~10道菜在30分钟内完成
4	早餐客人要的送餐服务	10分钟内送到
5	中、晚餐客人要的送餐服务	25分钟内送到
6	结账时间	挂账3分钟、付现5分钟
7	摆位时间	餐车2分钟、托盘1分钟
8	接客人通知收餐电话后，赶到房间	5分钟内
9	电话点单	不超过4分钟
10	用保鲜膜包菜	每道菜5秒钟
11	送餐到客房后拆保鲜膜	时间为每道菜5秒钟
12	客人要求加餐具	5分钟内送到房间

四、大堂吧、咖啡厅

序号	工作事项	时效量化标准
1	客人在咖啡厅（大堂吧）就座后，服务员前来接待客人	在30秒内
2	客人在咖啡厅（大堂吧）点酒水、饮料，服务员送到	在3分钟之内
3	为客人加好位	30秒内
4	添水	当客人水杯的水只剩下1/3时添加
5	为客人更换烟灰缸	有3个烟头时
6	整理台面	2分钟内整理好1张台面
7	客人点西厨出品的小吃	从客人点单至为客人送上的时间不得超过12分钟
8	上一杯鲜榨果汁	5分钟内完成
9	上一杯现磨咖啡	6分钟内完成
10	上一杯冲泡咖啡	4分钟内完成
11	从客人要求结账到结账完毕	不超过3分钟
12	客人结账离开后重新摆台	在3分钟内

五、酒吧

序号	工作事项	时效量化标准
1	酒吧服务员对任何一款无须调制的酒水	在3分钟内完成
2	酒吧服务员调制好一种鸡尾酒	在5分钟内完成
3	酒吧服务员榨一杯果汁	在5分钟内完成
4	酒吧服务员榨一扎果汁	在8分钟内完成
5	现磨一杯咖啡	在6分钟内完成
6	冲泡一杯咖啡	在3分钟内完成
7	完成果盘	一份小份果盘4分钟，中份5分钟，大份6分钟
8	为客人更换烟灰缸	有3个烟头时
9	从客人要求结账到结账完毕	时间不超过3分钟

【他山之石07】休闲中心服务时效量化标准

休闲中心服务时效量化标准

一、棋牌室

序号	工作事项	时效量化标准
1	电话铃响	3声之内接听
2	服务员接待客人，带入房间	必须在30秒内
3	服务员为客人介绍服务设施及收费标准	在2分钟之内
4	客人落座后送麻将	必须在3分钟内送到
5	送茶水	必须在4分钟内送到
6	送客人所点饮料	在5分钟内送到
7	添加茶水	每隔20分钟至房间添加茶水1次
8	房间小整卫生	每隔30分钟至房间小整卫生1次
9	客人拿出香烟，服务员送上火源	必须在3秒内
10	送餐服务	必须在25分钟内送到

二、美容美发

序号	工作事项	时效量化标准
1	洗、吹头发按摩	90分钟完成
2	吹、洗、剪	90分钟内完成
3	全套护理	在90~120分钟之内完成
4	焗油、倒膜	在90~180分钟之内完成
5	修面	5分钟
6	洗面	60~80分钟
7	清洁皮肤	5分钟
8	修眉	10分钟
9	修甲	10~15分钟
10	上茶水	3分钟
11	接待客人入座	1分钟
12	向客人介绍产品	5分钟
13	上色、烫发	在120~150分钟内完成
14	客人要求结账到结账完毕	不能超过5分钟

三、保健中心服务

序号	工作事项	时效量化标准
1	电话铃响	3声之内接听
2	迎宾向客人介绍项目、收费标准	3分钟内完成
3	送茶水	必须在3分钟内送到
4	客人拿出香烟，服务员送上火源	必须在3秒钟内
5	擦鞋服务	从收鞋到送回6分钟内完成
6	客人要求结账到结账完毕	不能超过5分钟
7	清理贵宾房卫生	客人离开后3分钟内
8	打扫一间贵宾房	10分钟内完成

【他山之石08】行政办公服务时效量化标准

行政办公服务时效量化标准

一、总经理办公室

序号	工作事项	时效量化标准
1	电话铃响	3声之内接听
2	排出下月值班经理名单	每月30日
3	将值班本交行政总值人员	每日下午5点
4	领导外出用车	在5分钟内通知到有关部门
5	在接到VIP客人接待通知后通知酒店领导	5分钟内
6	组织相关人员到酒店大堂迎接	在VIP客人抵店前15分钟
7	制定酒店文件	在1个工作日内完成
8	总经理批示后的紧急文件	在5分钟内下发到各部门
9	接到总经理下达的指令并执行	在接到指令后1分钟内执行，执行完毕后立即回复
10	传达总经理下达的指示	在3分钟内传达到相关部门
11	整理好总经理办公室，并整理好各种报表	每天8:00前
12	经考察，报酒店领导批准同意的相关人员任免	在1个工作日内下发任免备忘录
13	接到部门需要帮助通知并落实	1小时之内联系相关部门给予落实

二、员工餐厅

序号	工作事项	时效量化标准
1	准备好用餐餐具	开餐前30分钟
2	将当天菜谱写在告示板上	开餐前30分钟
3	将所有菜品上齐	开餐前5分钟
4	食品将用完前，准备出品	提前10分钟
5	清理桌面	每5分钟清理一次桌面，并清洁干净
6	员工用餐	在20分钟之内完毕

【他山之石09】人力资源部服务时效量化标准

人力资源部服务时效量化标准

序号	工作事项	时效量化标准
1	电话铃响	3声之内接听
2	接待人员微笑服务	必须保持微笑、站立，并露出8颗牙齿
3	查询人员资料	在5分钟之内完成
4	办理入职手续	15分钟之内完成
5	办理内部调动	1个工作日内完成
6	给员工做工牌	在5分钟内完成
7	部门提出的试用期满签合同的	必须在1个工作日内完成
8	各类竞聘考核成绩出结果后，经酒店领导批准同意后出公函	在1小时之内出相关的公函
9	办理员工离店手续	10分钟
10	将考勤表报财务部	次月5日
11	做下月员工生日名单	每月20日
12	开展入职培训课	零散入职员工达10人即开展
13	员工宿舍为新员工发放物品	10分钟内完成
14	员工宿舍办理入住、退房手续	10分钟内完成
15	部门培训员会议	每月召开1次
16	培训资料	每月定期出培训资料一期
17	出质检报告	每周一出
18	培训讲师到达课室	在上课前10分钟
19	新员工培训考核后，出培训评估报告	在3个工作日内
20	新员工到岗，通知布草房准备制服	提前1个工作日
21	新员工到岗，通知相关部门做好接应工作	提前1个工作日

【他山之石10】工程部服务时效量化标准

工程部服务时效量化标准

一、总原则

序号	工作事项	时效量化标准
1	总值班室值班	总值班室不能离人，零点班有事须告知大堂副理后才可离开
2	接到维修通知后	5分钟之内赶到维修现场

二、空调班

序号	工作事项	时效量化标准
1	更换排气扇	15分钟
2	更换盘管风机	1小时
3	更换电磁阀电机	30分钟
4	修复因制冷系统堵塞导致冰箱、冰柜不制冷	4小时
5	制冷剂泄漏维修	2小时
6	更换冷凝器电机、蒸发器电机	1小时
7	空调柜机、新风机、抽风机、电机洗油	30分钟
8	水泵电机洗油、更换轴承、线路检查	1小时
9	修复制冰机不制冷	2小时
10	更换冰箱、冰柜门轴、拉手	20分钟
11	更换冰箱门封条	20分钟
12	修复空调系统漏水	1小时
13	楼层新风机噪声大	5分钟
14	盘管风机冷凝水堵塞	5分钟
15	空调柜机冷凝水堵塞	5分钟
16	检查冷却塔水位	5分钟
17	调节冷却塔风机皮带	20分钟
18	更换冷冻泵机油	10分钟
19	更换冷冻泵缓冲垫	10分钟

续表

序号	工作事项	时效量化标准
20	蒸汽阀门加填料	20分钟
21	更换冰柜冷凝风扇电机	15分钟
22	更换冰柜蒸收器风扇电机	20分钟
23	更换冰柜电源开关	5分钟
24	更换冰柜温控器	10分钟

三、水木班

序号	工作事项	时效量化标准
1	餐饮更换星盘龙头	20分钟
2	客房三大件（马桶、浴缸、面盆）打胶	30分钟
3	马桶维修	10分钟
4	拆下水管	10分钟
5	换面盆龙头芯	5分钟
6	浴缸、面盆活塞维修	5分钟
7	公共区大便器延时阀更换	5分钟
8	维修开水器漏水	15分钟
9	淋浴龙头维修	5分钟
10	卫生间三大件堵塞	5分钟
11	窗帘换绳、蝴蝶结	5分钟
12	窗帘换滑轮	10分钟
13	电视柜铰链维修	10分钟
14	门不自闭	5分钟
15	闭门器换弹片	5分钟
16	床脚维修	10分钟
17	抽屉维修	15分钟
18	抽屉换锁	5分钟
19	挂衣架维修	10分钟

四、大修班

序号	工作事项	时效量化标准
1	清理炉灶、炉芯、通油管	10分钟
2	更换炉灶油阀	10分钟
3	蒸柜门换密封条	30分钟
4	烘干机更换轴承、焊散热器	4小时
5	水洗机更换轴承、密封圈	1小时
6	夹机维修	1小时
7	干洗机清洗油泵、冷却器、散热器	2小时
8	折叠机更换皮带	30分钟/根
9	大烫机换毯	2小时
10	洗衣房小维修	5分钟
11	地面砖维修	大修24小时，一般修3小时，小修30分钟

五、万能班

序号	工作事项	时效量化标准
1	墙纸维修	1小时/间
2	地毯维修	大修1小时，一般修15分钟，小修10分钟
3	天花维修	2小时
4	门锁维修	15分钟
5	玻璃维修	难度大维修12小时，一般性维修40分钟，小维修30分钟
6	窗帘维修	5分钟
7	布草车轮	换装底板2小时，一般性维修3分钟
8	油漆	小维修3天，一般性维修3小时
9	打玻璃胶	10分钟
10	维修卷纸架	15分钟
11	门碰	10分钟
12	换锁	20分钟
13	部门送返的需维修设备	1天内完成
14	开保险箱	5分钟
15	保险箱无电池的情况下开锁	2分钟

六、通信班

序号	工作事项	时效量化标准
1	电话机更换	2分钟
2	排除电话线路故障	10分钟
3	电视调试	2分钟
4	电视机更换	8分钟
5	电话到班组内维修	30分钟
6	电视机到班组内维修	1小时
7	安装分支线路	30分钟
8	背景音乐维修	5分钟

七、电工班

序号	工作事项	时效量化标准
1	更换一个灯泡	30秒
2	更换灯泡高空作业	3分钟
3	维修一盏日光灯	8分钟
4	客房卫生间日光灯更换镇流器	3分钟
5	客房主机损坏更换	1分钟
6	客房主机死机恢复	1分钟
7	客房电源跳闸恢复	1分钟
8	换客房风机盘管电机	25分钟
9	维修客房卫生间风机	10分钟
10	复杂性（房灯、衣柜、卫生间灯、保险箱、门铃、面板开关、插座、插线板、床头控制柜、换灯具灯头、镇流器、变压器）、吸尘器、电热壶	30分钟
11	开水器、PA清洗机器、烤炉、炉灶、咖啡炉、卷闸门	1小时
12	洗衣机、旋转门维修	2小时
13	电梯救人外呼器有显示	3分钟
14	配电机电源转换	30秒
15	解救电梯困人	2分钟

续表

序号	工作事项	时效量化标准
16	有准备的发电机供电	5秒
17	无准备的发电机供电	15秒
18	发电	接到停电通知后30秒之内
19	双向电源人工切换	15秒
20	双向电源切换	10秒
21	更换插座面板	2分钟
22	电器线路检修	20分钟

八、弱电班

序号	工作事项	时效量化标准
1	更换小便器电池	5分钟
2	更换电话（电视）面板	5分钟
3	装一套简单音响设备（功放、音响、碟机）	30分钟
4	更换电视机	10分钟
5	更换电话机	2分钟
6	做一根带水晶线头	1分钟
7	客房装碟机	5分钟
8	接收机复位	10分钟
9	计算器卡纸处理	小维修10分钟，大维修30分钟
10	做一根电视天线	5分钟

【他山之石11】保安部服务时效量化标准

保安部服务时效量化标准		
序号	工作事项	时效量化标准
1	指挥车辆停放	不超过1分钟
2	行军礼	距离客人车辆3米内行军礼，行军礼时间为3秒
3	为客人开车门	2秒内

续表

序号	工作事项	时效量化标准
4	接到火警，所有消防员到位	3分钟内
5	接到治安案件报告，巡逻员、主管到位	3分钟内
6	接上级指示需录像时录像	30秒内完成切换，1分钟之内开始录像
7	对营业场所的消防清场检查	在20分钟内完成
8	安全隐患整改通知书发到部门	在20分钟内
9	监控火警电话	在1声之内接听
10	发现可疑人员时报告	在1分钟内报告
11	办理出入证	在5分钟之内完成
12	签发出门条	在3分钟内完成
13	处理车辆碰撞事件和交通要道堵塞情况	10分钟内处理完毕

【他山之石12】公关营销部服务时效量化标准

公关营销部服务时效量化标准

序号	工作事项	时效量化标准
1	接到客人预订传真后回复	须在3分钟之内回复
2	接待上门咨询的客人	2秒内起身问候并接待客人
3	当客人抵店参观时，迎接客人	应提前10分钟到酒店大堂
4	带客参观	30分钟内全部参观完毕
5	会议前现场检查准备工作	会议接待前1小时
6	会议接待中到现场查看会议情况	每30分钟到现场查看1次
7	会议结束后的回访	1天内进行回访工作
8	给客户打电话	每人每天必须给5位以上客户打电话，并记录在案
9	协议客户的电话问候和拜访	需每周进行2次以上电话问候，每月进行2次以上拜访

续表

序号	工作事项	时效量化标准
10	所有大型活动向各部门发相关备忘录	提前3天以上
11	大型活动策划出方案报酒店领导	提前30天
12	所有电话接听，并使用礼貌用语	在2声内
13	会议结束后对会议效果向客户进行回访	2天以内
14	提前4小时下的美工单	在客人要求的1小时以前按要求完成
15	酒店内客梯广告更换	每两月更换一次
16	提前一个月预订、签约的团队，和对方核对	在客人抵达前至少和对方核对3次以上
17	相关会议单下至使用部门（临时预订除外）	须提前3天以上
18	大型（会议）团队到来前，检查所有准备工作是否到位	团队抵达前4小时
19	所有美工制作品（横幅、喷绘等）悬挂	在会议开始前3小时悬挂完毕（特殊情况除外）
20	通报下月预订情况，并对市场状况进行分析总结	每月28日
21	当团队领队和会议协调人将意见和建议反馈给销售代表后的答复	30分钟内给予答复

【他山之石13】财务部服务时效量化标准

财务部服务时效量化标准

一、前台收银

序号	工作事项	时效量化标准
1	接听电话	电话铃响3声内接听
2	办理退房手续	散客3分钟，团队5分钟（20间以下）
3	办理保险箱业务	在3分钟之内完成
4	收款	人民币150张/分钟，信用卡1张/分钟，挂账20秒，房账1分钟
5	打印账单	不超过1分钟

续表

序号	工作事项	时效量化标准
6	开发票	1分钟
7	找零钱	30秒
8	交接班，包括清点备用金、交接注意事项等	10分钟

二、日审、夜审

1.餐厅娱乐审核

序号	工作事项	时效量化标准
1	茶座	账单审核1分钟/张，报表1分钟/张
2	康体、娱乐	账单、报表2分钟/张
3	餐厅	账单2分钟/张，报表3分钟/张
4	宴会及OC报表	2分钟/张
5	香烟报表	1分钟/1张
6	餐券	1分钟/张
7	其他账单	1分钟/张
8	折扣报表	2分钟/张

2.前台审核

序号	工作事项	时效量化标准
1	现金收入账单	1分钟/张
1	现金支出账单	2分钟/张
2	信用卡账单	3分钟/张
2	挂账账单	4分钟/张
3	收银报表	3分钟/张
4	迷你吧报表	2分钟/张
5	杂项报表	2分钟/张
6	商务中心报表	3分钟/张
7	洗衣报表	3分钟/张
8	商场报表	2分钟/张
9	总机报表	3分钟/张
10	其他报表	2分钟/张

三、餐厅收银

序号	工作事项	时效量化标准
1	接听电话	电话铃响2声内接听
2	开发票	1分钟
3	找零钱	30秒
4	输入单个账单	20秒
5	输入中餐菜单	3分钟/份
6	输入西餐菜单	2分钟/份
7	分单	不超过5分钟
8	输入茶座账单	1分钟
9	中餐厅报表	35分钟
10	西餐厅报表	30分钟
11	茶座报表	20分钟
12	交接班,包括清点备用金、香烟、交接注意事项等	10分钟
13	查询前台收银是否允许挂账	1分钟
14	收款	人民币150张/分钟,信用卡1张/分钟,挂账20秒、房账1分钟

四、信贷

序号	工作事项	时效量化标准
1	客人对账单有疑问给予正确、合理解释	3分钟内
2	整理账单	10分钟/次消费

五、应收账处理

序号	工作事项	时效量化标准
1	录入挂账、佣金凭证	5分钟
2	填写信用卡账单	1分钟/张
3	填写信用卡汇计单	30秒/张
4	发放工资	每月8日
5	出上月财务报表	每月10日前

续表

序号	工作事项	时效量化标准
6	完整填写一张支票	在2分钟内完成
7	装订凭证	8分钟内/本
8	录入凭证	速度保持在3分钟/5条分录
9	录入一个部门预算及修改报表公式	在10分钟内完成
10	按单位整理一天的食品酒水入库单	在6分钟内完成

六、成本核算

序号	工作事项	时效量化标准
1	手工计算盘点表	48个品种（不用查价格）3分钟
2	手工审核1张收货记录（包括审核申请部门、供货单位、品名、数量及计算总金额）	1分钟
3	上交报表给财务	每月3日

七、仓库

序号	工作事项	时效量化标准
1	一张领料单据在同一仓库10种货物	10分钟内完成
2	一张领料单据10种货物输入计算机	5分钟内完成
3	物品进库（包括检查物品质量）	20分钟

八、收货

序号	工作事项	时效量化标准
1	手工做一张收货记录，包括查价（12个品种）	5分钟
2	计算机输入一张收货记录（12个品种）	8分钟
3	所有当天的食品单据	当天做完

九、电脑部

序号	工作事项	时效量化标准
1	换门锁电池	5分钟
2	换门锁程序	25分钟

续表

序号	工作事项	时效量化标准
3	换打印机色带	8分钟
4	换硒鼓、墨盒	3分钟
5	处理打印机故障	20分钟
6	处理客人上网问题	5分钟

【他山之石14】采购部服务时效量化标准

采购部服务时效量化标准		
序号	工作事项	时效量化标准
1	接听电话	电话铃响3声之内接听
2	客房一次性用品采购	报批后8天内采购完
3	清洁用品采购	报批后1天内采购完
4	洗衣房用品采购	报批后1天采购完
5	名片、印刷品印刷	报批3天印刷完
6	客房、餐饮布草采购	报批后10天内（外省）采购完
7	工程用品采购	报批后市内3小时，外省3天采购完
8	干货调料采购	部门下单后市内1天，市外3天采购完
9	餐饮食品采购	部门下单后市内2小时，市外2天采购完
10	杂品类采购	报批后1天采购完毕

第7章

图解精益之酒店内部控制

酒店提供的产品主要表现是服务，服务的实现方式呈现多样化、多环节、不确定性的特点，最易产生管理上的漏洞。而内部控制则是一种揭露错弊、堵塞漏洞、保护财产以及对整个经营过程进行检查、调整、制约的自动机制，也是实现精益管理的主要手段之一。

7.1 销售与收款内部控制

7.1.1 销售与收款控制的总思路

销售与收款控制的总思路如图7-1所示。

建立适当的职责分离

（1）接受客户订单的人员不能同时是负责最后核准付款条件的人员。付款条件必须同时获得部门和专门追踪与分析客户信用情况的信贷部门(或会计部门下的信贷小组)的批准

（2）销售人员、服务人员及收款人员相互独立

（3）填制发票人员不能同时担任发票的复核工作

（4）办理退货实物验收工作的人员必须同退货账务记录分离

（5）应收账款的记账人员不能同时成为应收账款的核实人员

建立正确的授权审批制度

（1）在销售发生之前，赊销业务经正当审批

（2）非经正当审批，仓库不得发出货物

（3）销售价格、销售条件、运费的支出等必须经过审批

图 7-1

完善凭证和记录

（1）凭证与记录需预先连续编号

（2）应检查全部有编号凭证与记录是否按规定处理

健全内部核查程序

由内部审计人员或其他独立人员核查销货业务的处理和记录

图 7-1　销售与收款控制的总思路

7.1.2　销售与收款内部控制的关键环节

销售与收款内部控制的关键环节如图7-2所示。

消费信息的传递

营业部门每天发生的账单（凭证）应及时准确地传递到前台结账处；客人的消费账单（凭证）可采取多种传递方式传递到前台：人工传递、电话传递、计算机联网等

建立完善的客人账务管理系统

（1）客人在入住酒店时，酒店要为其开立专门的账户，建立专门的消费账号，作为区别每一位客人消费的标志

（2）客人的每一项消费，都要及时准确地入数，并经常核对，以免出现差错，影响客人的结账

（3）从账户的开立，到记账、核对，再到结账，每一环节都要确保记账准确、走账迅速、结账清楚

应收账款的管理与回收

按权责发生制原则，客人住店期间的赊账消费，酒店应作为应收款处理，客人所欠款在离店时结算。酒店对这类应收款要进行妥善的管理，在收款工作中要注意：什么样的客人可以享受住店赊销，离店时付清账款；什么样的客人经批准，在离店时可以将账单寄到其所在单位；客人住店期间的最高欠款额是多少等

各业务流程的内部会计控制制度

内部会计控制制度的内容很多，其中比较重要的一部分是建立收入稽核制度，按照其工作时间和工作内容的不同，可以将其分为夜间稽核和日间稽核

图 7-2　销售与收款内部控制的四大关键环节

7.1.3　客房收入内部控制的基本程序和内容

客房收入的内部控制业务流程如图7-3所示。

图 7-3　客房收入内部控制业务流程

1.预订控制

（1）散客预订的基本程序　散客的预订过程如图7-4所示。

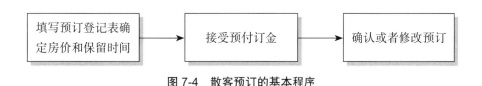

图 7-4　散客预订的基本程序

通常客人通过电话、传真、信函或者亲自到酒店总台提出预订请求，酒店获取客人的基本信息和住房要求后，根据客人的时间安排、房间要求及其他要求确定房价，并要求客人预付一定的订金。在这一过程中应注意几点：第一，要为客人的第一个预订要求建立记录文件，供以后修改或客人到达确认预订房间时查询；第二，在确认房价时还要明确是否与酒店签有协议，或该客人是否为酒店协议单位的客人，如有协议，应根据协议确认房价。上述过程可以用图7-5描述。

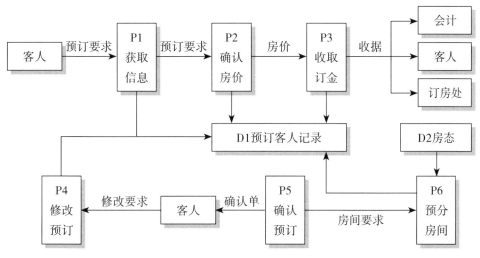

图 7-5　散客预订控制流程

散客预订控制流程说明如表7-1所示。

表7-1　散客预订控制流程说明

编码	具体说明
P1	酒店要获取的信息通常包括：客人姓名、国籍、人数、预订房间类型和房间数、预计到达时间、预计离店时间、预订者姓名和联系方法、单位名称以及其他要求等
P2	房价要根据酒店的规定和顾客的要求进行确定
P3	预收订金的数额由预订部和财务部根据订房时间及酒店规定确定，确保客人未按时入住的情况下，不会给酒店带来损失
P4	修改预订
P5	确认预订
P6	预分房间，是根据客人后来提出的要求在某一时间进行的
D1	预订客人记录中，包括客房预订单、客房预订变更取消单、客人原始订房资料（信函，电报、传真等）、预订确认书、客人交付订金的收据、客户档案卡等。有关客人的上述资料必须装订在一起，并将最新的资料排列在最上面，以利于查用
D2	保存着酒店所有房间的信息，包括房号、房间类型、标准价格、状态等，酒店根据这些信息安排客人的房间

（2）团队预订的基本程序　酒店接待的团队主要有旅游团队、会议团体、特殊团体。

酒店在接待团队客人之前，往往会预先与组织单位、接团单位或者会议机构签订房价协议，因此，预订人员在接受预订时，一般只需要查阅房价协议就可以确定房价。团队订房数量众多，一旦不能如约而至将会给酒店带来重大的损失，所以团队预订的订金要进行重点管理。团体一般人数众多，服务项目复杂多样，不仅涉及客房部门，还涉及酒店的餐饮等各个部门，因此，酒店管理者应做好其他服务安排。

团体预订控制流程如图7-6所示。

2.登记控制

获取酒店营业信息的速度和准确度是十分关键的环节，是酒店营业收入管理的主要基础。因为接待零散客人和团队客人的区别很大，因此，接待员在登记上也要区别对待。

（1）散客登记程序　散客入住的登记程序，主要由以下五部分组成，如图7-7所示。

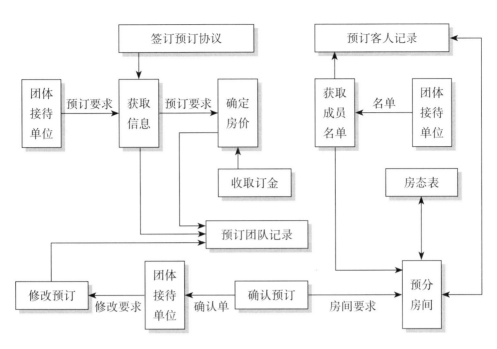

图 7-6 团体预订控制流程

 入住登记记录

> 对于预订客人，在客人抵店时，找出客人预先登记表，经过核对证件，由其签名确认即可。对于未经预订的客人，则请客人填写空白的登记表，并请其出示证件核对相关内容，以确保信用和安全

 确认房间、房价及付款方式

> 接待员根据客人的要求确定客房的种类。依据酒店的信用政策条文给予客人定价，并确认客人的付款方式

 预收押金

> 押金收取的金额应根据客人住店的天数和酒店的规定确定，收取保证金时，应开立押金收据，一式三联，一联交给客人，一联存放在账夹内，另一联与其他原始凭证一起交给当天的稽核人员审核然后给会计入账。收到的押金现款与当日收到的其他款项一起投到保险箱内

图 7-7

分配房间，完成入住登记手续

接待员应请客人在准备好的房卡上签字，房卡起着证实住客身份的作用，客人在餐后或享受其他服务后转账时需出示此卡。然后将客用钥匙交给客人

建立相关表格资料

这里的表格资料主要包括：五联卡、客房状况卡、客人账单。五联卡主要是将客人入住的信息尽快传递给相关部门——问讯处、电话总机、大厅服务处、客房中心等。客房状况卡条显示每个房间的客人姓名、房号、抵离日期以及应给与的特殊服务。客人账单将与结账有关的事项，如客人所享受的折扣率、信用卡号码、享受免费日期、付款方式等，详细记录在账单的备注栏内。对于转账结算和持有订房凭证的客人，要制作两份转账款项及付款单位名称；另一份是记录客人自理款项的账单

图 7-7　散客入住登记主要程序

散客登记控制流程如图7-8所示。

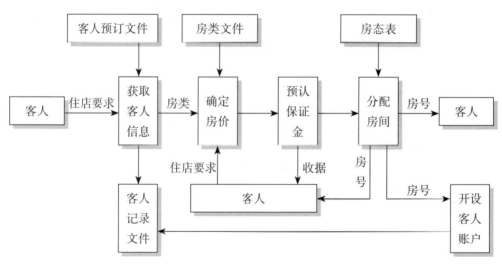

图 7-8　散客登记控制流程

（2）团队登记程序　团队入住客人的特点是人数多、入住时间集中、服务量大。因此，有许多工作要做，团队登记的工作要点如表7-2所示。

表7-2　团队登记的工作要点

序号	时间	工作要点
1	团队抵店前	（1）提前接到预订部团队通知单，根据团队用房要求进行排房，编制团队用房分配表 （2）根据团队用房情况，制作团队信封（信封内放有客房钥匙、房卡、餐券等）将信封按照团队抵店入住的时间顺序排列 （3）制作团队客房状况卡条，插入显示架，并输入电脑，预留客房
2	团队抵店后	（1）领班与团队领队确认订房和排房情况，由领队负责排定每位团队成员的房号 （2）领班将钥匙信封发放给客人 （3）从团队领队处取得"团队排名名单"、团体签证等 （4）接待员制作团队总账单，请团队领队在团队总账单上签字，一份交前台，另一份接待处保存。如有需要，须制作团队分账单，用来记录由客人自己承担的消费

团队登记控制流程如图7-9所示。

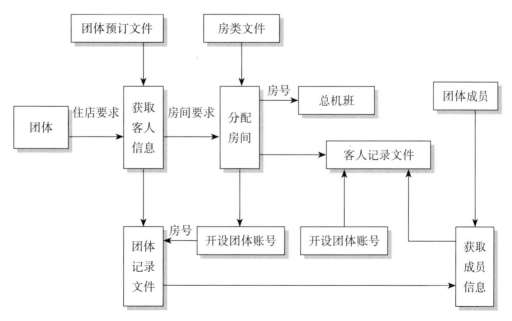

图 7-9　团队登记控制流程

对于团队的结账方式，要注意以下几点，如图7-10所示。

按照团队与酒店所订协议执行，如果协议没有规定，则可视具体情况收取一定的保证金或者不收取保证金

但如果团体属于初次入住酒店，为了防止坏账的发生，则要求按规定收取一定的保证金

如果团队中的个人要求在住店期间进行挂账消费，则应对其开立单独的账户，并按照散客的标准收取一定数量的保证金

图 7-10　团队结账方式的注意要点

3.记账控制

由于客人在一天中的任何时候都有可能要求结账，并要求有一份准确的交易记录，因此，准确、及时地记录客人的费用和付款对维持准确的财务记录、确保客房收入的准确无误很重要。记账控制的三大要点如图7-11所示。

开设客人住店期间的消费账号

为客人开设唯一的识别账号，以区别对待每一位客人的消费

入数——及时入账

（1）入数不仅要准确，而且要及时，酒店已实行计算机联网，相关人员应在第一时间把消费信息输入电脑，及时准确地传递到前台收银处

（2）客人要求签单时，收银员应核对客人的姓名房号、签字等，对于有协议的客人要由主管人员预先核对客人的协议，并检查客人的消费是否在信用限额之内，检查相符后由会计部门及时通知收银员做好相关记录（包括签单人、有效期、最高限额等）

入数与收款相分离

入数的原则是客人在什么地方消费就由什么地方负责入数，而前台收银处只负责最后结算的复核和收款

图 7-11　记账控制的三大要点

4.结账控制

（1）处理清查最新费用　收银员根据接待员制作的预计离店客人一览表，从账单存放架中抽出当日预离店的客人的账单进行审核、检查，确保账目准确无误，并处理查清最新费用。

（2）查房结账　查房结账的四大要点如图7-12所示。

客人提出结账请求时，收银员应查询电脑并确认客人的身份和房号，以免结错账

客人向总台交还钥匙时，收银员向其他部门及时传达客人要离店的情况，通知客房部查房，锁好房间内的国际国内长途电话

在客房部查房期间，收银员把客人房间账卡里的登记表、入数单据等资料全部取出，进行核对检查，以免发生错误和遗漏。特别要注意检查取出的账卡资料里有无附着其他应办事项的纸条或写在登记表上、打在电脑上的备注说明等应跟进办理事项。例如，另一个房间的住客账款由他支付或他的账款由某人支付等

客房部查完后，收银员为客人打印消费明细清单请客人查阅，若客人认可，便开出总账单请客人签字，并按照预订的付款方式向客人收取消费款

图 7-12　查房结账的四大要点

（3）结算

①现金结算。现金结算的四大要点如图7-13所示。

收银员对收到的钞票一定要验证真伪，以防收到假钞

客人如用外币结算时，必须先为客人兑换后方可结算

客人预交现金抵押的，收银员在结账时，根据客人的消费情况多退少补，有余额的要填写"现金支出单据"，收回"保证金收据"客人联，并请客人在支出单据上签收

如果客人将押金单据丢失，必须请客人在现金支出单据上签字证明"押金单据丢失，作废"字样，由大堂副理签字证明

图 7-13　现金结算的四大要点

② 信用卡结算。信用卡结算的要点如图7-14所示。

 首先检查信用卡是否为酒店认可接纳的范围，并查看其有效期

 查看签名处是否被涂改，核对客人身份证姓名是否同信用卡上拼音相符，核对注销名单，然后压印销售单据，如号码不清楚要重复压印

 填写销售单据，请客人签单，并核对客人签名是否同信用卡的一致

 结账后将信用卡单据客人联交还给客人，商户联订在账单上备查，银行联同现金等装投款袋上交

图 7-14　信用卡结算的要点

③ 挂账结算。挂账结算的要点如图7-15所示。

 使用贵宾卡要认真核对客人签名是否同卡上签名相符，核对贵宾卡的有效期，并将卡号压印在账单上，并且辨认是否为挂账贵宾卡

 有协议的客户，一定要核对客人协议书确认的有效签字人，只有有效签字人签字才能有效，如有效签字人不能及时签字的，要有相关部门人员做"临时挂账表"担保

 所有挂账结算的房间，在电脑中退出之前，一定要在客人的资料里打上相应的应收账号，方便通过电脑的联网获取应收账的资料

 特殊挂账的，如电信局、财政、政府部门等的消费，检查签字是否有效，项目消费是否全价

图 7-15　挂账结算的要点

④ 支票结账。支票结账的要点如图7-16所示。

 酒店应只接受大单位的支票或和酒店有业务关系、是酒店协议客户的支票；拒绝那些陌生的或小单位的支票

 客人一定要使用支票结算的，服务人员或收银员应建议客人寻找熟识的酒店管理人员出面担保（填写支票担保书，如该支票不能兑付，由该担保人负责追讨）

收银员收到支票时，要验证支票上证件是否齐全，日期等填写是否正确，是否有涂改，是否有过期，是否有酒店人员担保使用，在支票背面记录客人的电话和地址，并请客人签名，同时设立支票登记簿，将有关资料登记入册以便备查。将支票存根部分填写后交于客人

图7-16　支票结账的要点

⑤ 免费房。收银员在给免费房结账时，对房间内的餐饮消费和迷你吧消费等店用餐饮记录表不计收入，其他话费、洗衣费等填写调整单予以调整，由大堂副理签署证明，同时附账单转审计部门。

（5）汇总归档　前台收银员将客人的登记卡、结账单等各种材料汇总归类存档，方便夜间审核。客房部接到通知后，应及时组织清理房间以待再售，并通知前台，改变客房状况。结账业务流程如图7-17所示。

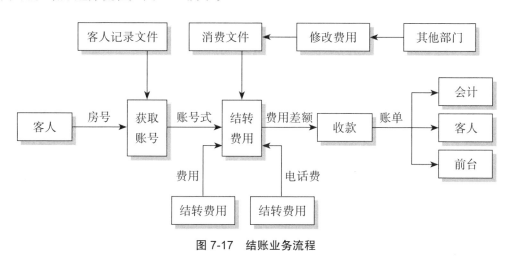

图7-17　结账业务流程

5.稽核控制

（1）夜间稽核　夜间稽核的工作要点如图7-18所示。

 接管前台收银工作

（1）夜间稽核人员接替前台收银工作，为客人办理入住或结账的收银手续

（2）夜间稽核人员在与前台收银员交接班时，应注意接管和清点找换的零钱，以备需要找换时用

图7-18

检查前台收银工作

（1）检查所有出勤的前台收银员是否已全部交来收银报告及账单，将前台收银员一天所处理的账单和单据进行归依、分类

（2）从前台电脑系统打印出当天已离店客人名单，与当天所有的离店客人账单进行核对

前台房租过账及核查房间状态

（1）核对房租过账概述报表内容与收银处各个房间账卡里的入住登记表、账单

（2）与前台接待处、客房部核对客房租住明细表，保证每间客房租用状态的正确性

（3）核对客房租住明细表与房间账卡，确保电脑里记载的每间出租客房有关资料的可靠性

（4）完成并更正核对出来的错漏以后，便可以确认电脑里的客房租住资料是否正确、可靠

（5）在电脑里将新一天房租自动计入各房间住客的账户

（6）房租过账后，打印一份房租过账概述报表，并抽查各个出租客房及其服务费的数额是否正确，对一些做了更改的客户尤其应当注意

核对、结算其他各营业部门的账目

（1）核查其他营业部门的收费单据的收费计算是否正确，并分类汇总各部门单据，与收入部门提供的部门营业报表核对

（2）查看收费单据是否输入电脑，各部门单据还要与前台电脑系统打出的部门单据明细表核对，检查有无入错数、重复入数或漏入数等

（3）如有出入，则将该部门单据明细过账报表打出，每项账目与第一张单据核对，直到找出差错的原因

（4）核对各收入部门交来的单据，汇总后与收银报表总数核对

准备夜间稽核报告

（1）夜间稽核报告包括：每日的营业报表、销售分析摘要、每日试算表、客人结数日志、房租报表、收款概述报表及酒店每日收入报表等

（2）制表人和领班签名后，分派给各相关部门总监、经理

记录稽核事项

夜间稽核人员在工作过程中以及全部工作完成之后，都要注意填写夜审留言簿，将一些需要留意及跟进的事项记录下来，以方便日间稽核人员进一步的审查

图 7-18　夜间稽核的工作要点

（2）日间稽核　日间稽核的工作要点如图7-19所示。

看阅夜审留言簿 ┄┄┄ 将要处理及注意的问题尽快解决，并跟进夜间稽核人员遗留的问题

 房租的审核

（1）根据夜审打印的日结报表，复核离店客人的账单，查看是否齐全

（2）检查账单上所收房租与客人登记卡上的房租是否一致，有折扣的房租是否符合审批权限的规定

（3）检查收取半日租的账单是否手续齐全

（4）免费房是否有总经理签批的免费单

 审核其他营业部门的收入情况

（1）审核洗衣单、商务中心、美容中心等营业部门的单据是否都入到客人账上或交入酒店收入

（2）单据使用是否连号，是否与昨日尾班的号码连续，并做好记录。确保单据无遗失，如有遗漏，应立即查找原因并向上司汇报

（3）将客房部送来的迷你吧汇总报表与每张迷你吧单进行核对，并与前台过账的总数进行核对，保证每张吧单都已全部记入账内，检查有无跑单和是否有作假行为，或吧单重复

（4）将所有的单据与其相对应的单据入账控制表进行核对，确保所有的单据都已入账，审核押金单据的总数是否与控制表上的总数一致

 核对营业收入

（1）应收、总出纳核对每日的信用卡和现金总收入上交数是否一致

（2）如有不符，查找出具体原因，查明收银员少交或多交的，然后汇报给经理协调解决

 审核所有离店客人的账单

确保所有的离店账单要与所附的明细单、单据相符，特别是挂账和信用卡结算的账单

图 7-19　日间稽核的工作要点

7.1.4 餐饮收入内部控制的基本程序和内容

餐饮收入控制的业务流程如图7-20所示。

预订 → 点菜 → 结账 → 编制报表及交款 → 稽核

图 7-20 餐饮收入控制的业务流程

1.预订控制

（1）散客预订 散客预订的控制要点如图7-21所示。

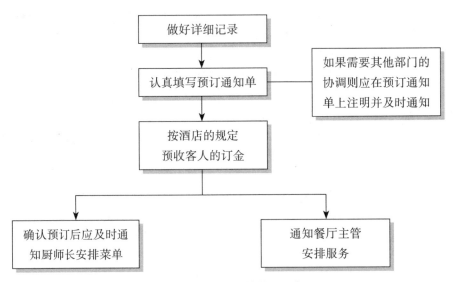

图 7-21 散客预订的控制要点

（2）团队预订 团队预订一般是由销售部联系的大型的宴会或接待型会议，这种预订要使用专门的"宴会通知单"，酒店内部的预订除了客房的送餐服务预订以外，须持有由酒店行政部门签字的"宴会通知单"方能生效，预订确认后应及时与宴会部联系，安排大型的接待任务，保证接待任务的圆满完成。

（3）送餐预订 送餐预订的流程如图7-22所示。

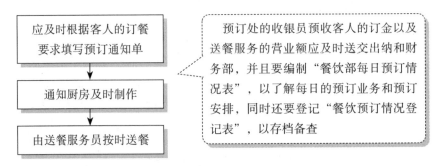

图 7-22 送餐预订的流程

2.点菜控制

点菜控制主要通过点菜单来完成。

点菜单牵制着分管钱、单、物三个方面：收银员、服务员和厨师。营业结束后，收银台的留存联和厨师的厨房联要进行核对，收银联和现金也要进行核对，以保证收入的准确性。这是一种"三线两点"的控制程序，即钱、单、物分离成三条相互独立的线进行，在三条传递线的终端设置两个核对点，以联络三线进行控制。

（1）物品传递线　餐饮物品的传递是自厨房取出开始，送经餐柜到客人消费结束为止。控制步骤如图7-23所示。

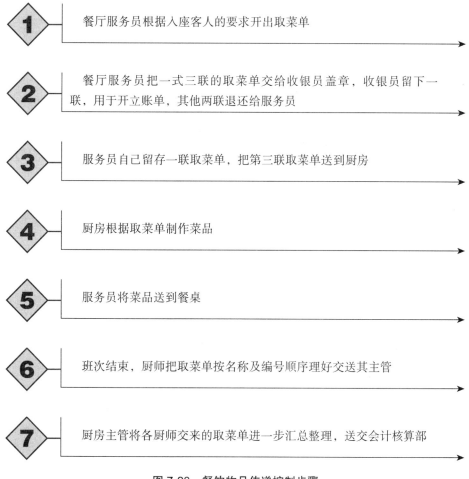

图7-23　餐饮物品传递控制步骤

（2）账单传递线　账单传递的业务流程如图7-24所示。

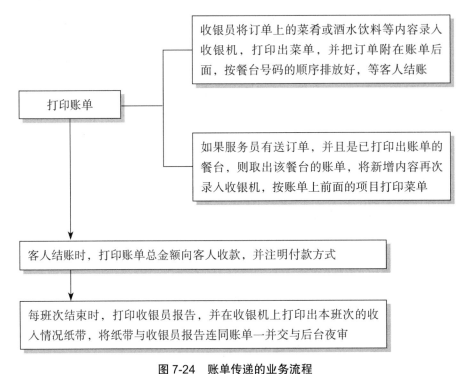

图 7-24　账单传递的业务流程

（3）货币传递线　货币传递的业务流程如图7-25所示。

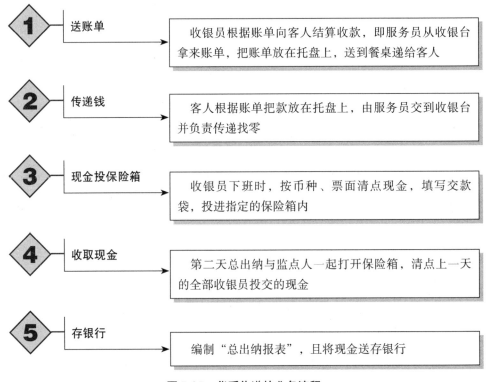

图 7-25　货币传递的业务流程

上述三条传递线，最后形成三个终端。在三条传递线的终端设置两个核对点，从而将三条传递线对接起来控制。这两个核对点的核对要点如图7-26所示。

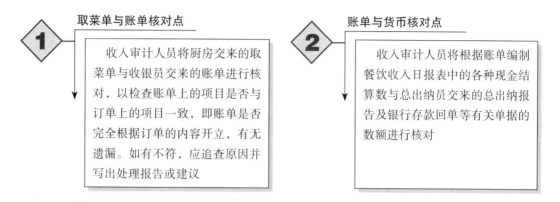

取菜单与账单核对点

1 收入审计人员将厨房交来的取菜单与收银员交来的账单进行核对，以检查账单上的项目是否与订单上的项目一致，即账单是否完全根据订单的内容开立，有无遗漏。如有不符，应追查原因并写出处理报告或建议

账单与货币核对点

2 收入审计人员将根据账单编制餐饮收入日报表中的各种现金结算数与总出纳员交来的总出纳报告及银行存款回单等有关单据的数额进行核对

图7-26 取菜单、账单、货币相对接的核对要点

上述两个核对点是整个收入程序的关键控制点。核对订单与账单是保证单单相符，揭露走单、走数的关键，核对账单与货币是保证账款相符、揭露现金短缺的重要环节，两者缺一不可。

点菜控制的具体流程总结如图7-27所示。

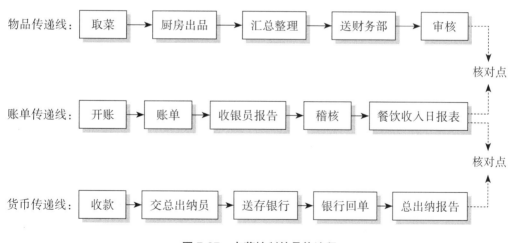

物品传递线： 取菜 → 厨房出品 → 汇总整理 → 送财务部 → 审核

核对点

账单传递线： 开账 → 账单 → 收银员报告 → 稽核 → 餐饮收入日报表

核对点

货币传递线： 收款 → 交总出纳员 → 送存银行 → 银行回单 → 总出纳报告

图7-27 点菜控制的具体流程

3.结账控制

结账控制的流程如图7-28所示。

结账过程中，餐饮账单的填制、款项和收取、账单的传递与处理以及服务人员的管理等各项工作都要严格控制，结账过程中的四大注意点如图7-29所示。

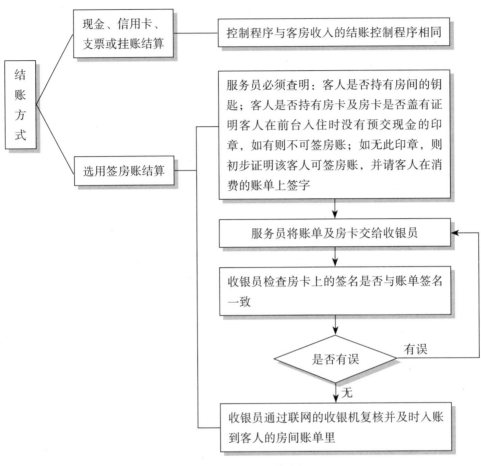

图7-28　结账控制的流程

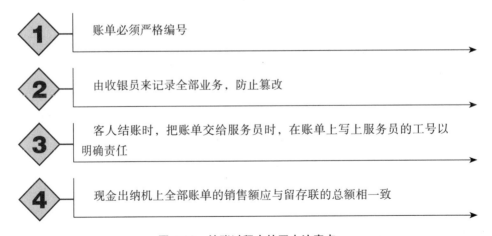

图7-29　结账过程中的四大注意点

4.编制报表及交款控制

编制报表及交款控制要点如图7-30所示。

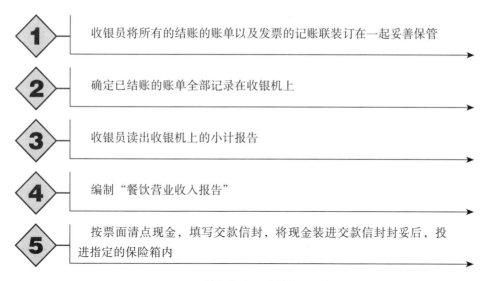

图 7-30 编制报表及交款控制要点

5.稽核控制

（1）夜间稽核

①餐饮账单与点菜单核对。

——从各餐厅的柜内拿出账单及收银报告。

——检查每个餐厅账单的使用情况，审查是否有账单遗漏，将餐馆账单与账单后附的点菜单进行核对，价格、数量、项目输入是否相符、是否正确。

——对存在的问题要做好记录。

——次日由日审跟进复核及采取进一步的行动。

②餐饮账单与收银报告核对。餐饮账单与收银报告核对的步骤与要求如图7-31所示。

③收银报告与收银机报告的核对，并打印相关项目报表。

④检查所有餐厅收银机是否都已结束，在确保各收银机出机后，进行餐厅收银系统的备份、索引和日结。

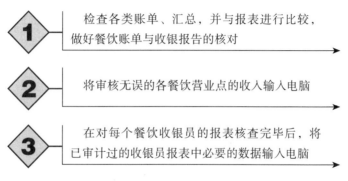

图 7-31

 编制每日食品、饮品收入报表，以便于准确总分类报表

报表包括以下各项目：人数、食品、饮品、香烟、杂项、服务费、现金、信用卡、挂账、住店客人和酒店应酬

 上述报表必须与餐厅收入分类报表、餐厅结算分类报表进行核对，再次检查每日食品、饮品收入报表

看是否达到以下指标：收入分类总额与结算分类总额相符；现金、信用卡、挂账、住店客人和酒店应酬等账目与所有餐厅总账单相符

图7-31 餐饮账单与收银报告核对的步骤与要求

⑤根据重新编制的餐厅每日营业报表，与前台营业报表一起交于日审人员，由日间稽核人员审核完成后，分发于各部门。

⑥填写夜审留言簿，将一些需要留意及跟进的事项记录下来。

（2）日间稽核 日间稽核的要点如图7-32所示。

 根据夜审所做的每日食品、饮品收入报表，复核餐厅收银收入报表及账单

 审核账单使用是否连号，并做好登记，检查账单启用的号码是否与昨日尾班的号码相连续，检查账单是否都入账，对于收银员漏打的项目做好记录

 取消项目是否有餐厅经理签字，折扣是否符合签批权限

 对夜审工作进行更正并检查夜审的更正是否正确，如有处理不当的应将其调整更正，检查夜审工作有无遗漏

 对于宴会的用餐账单是否符合规定，做好差异的情况记录

 与电脑打印的报表核对，检查食品、饮品、香烟等项目总数是否与餐饮营业收入总数相符

 与各厨房清点厨房点菜单，并与账单后附的记账联菜单进行核对，对双方发生的短缺都要追查到底

 审核完毕后转交成本部

根据账目的调整重新制作餐饮食品、饮品收入报表

定期对餐厅账单的领用及回收使用情况进行集中清理，追查遗失账单的原因，核查账单使用的连续性，保证账单的完整性

图 7-32　日间稽核的要点

7.1.5　应收账款的控制程序和内容

为了吸引客人入住从而提高销售收入，酒店通常允许客人在住店期间进行赊账消费，在离店时由客人结账或由旅行团转账结账，另外，还有一些大客户或协议单位在酒店进行挂账消费，定期付款。因此，那些不能及时结清的账项在一段时间内表现为酒店的应收款。酒店的应收账款在资产项目中通常占有很大的比重，为提高资金的使用效率，保证正常的运转，应加强对应收账款的控制，其控制要点如图7-33所示。

制定信用政策

　　酒店的信用政策包括信用标准和信用条件。宽松的信用政策会扩大销售额，但同时应收账款占用资金的机会成本、管理成本、坏账成本也会增加。严格的信用政策可以减少上述成本，但同时会减少销售额。因此，酒店应根据自身情况并充分考虑外部环境制定出合理的信用政策

客户信用评估

　　酒店需对其客户进行信用评估，通常是通过"五C"系统来进行的。"五C"即品质（Character）、能力（Capacity）、资本（Capital）、抵押（Collateral）、条件（Conditions）

收账管理

　　（1）酒店应对应收账款实施严密的监督，随时掌握回收情况，并及时发现那些可能影响客户信用度的不良信息，及时采取相应的措施
　　（2）酒店应编制"应收账款账龄分析表"和"大客应收账款分析表"
　　（3）合理制定收账政策。对于未过付款期的应收账款，应定期寄发对账单，确保金额的准确；对于已过付款期的应收账款，应及时向客户寄发付款通知书和账单；对于客户恶意拖欠的应收账款，可以采取更为严肃的信件、由经理打电话催收或派专人登门催收，必要时可以委托收账机构处理或向法院提出起诉

图 7-33　应收账款的控制要点

7.2 酒店采购与付款内部控制

7.2.1 采购与付款内部控制的设计思路

采购与付款内部控制设计思路如图7-34所示。

实现适当的职责分离

（1）酒店对原材料、物品和商品的需要必须由使用或销售部门提出，采购部门采购

（2）付款审批人和付款执行人不能同时办理寻求供应商和询价业务

（3）酒店商品的采购不能同时担任商品的验收工作

（4）酒店商品的采购、存储和使用人不能同时担任财务的记录工作

（5）酒店接受各种劳务的部门或主管这些业务的人员应恰当的同账簿记录人分离

（6）酒店审核付款的人员应同付款的人员分离；酒店记录应付账款的人员不能同时担任付款业务

建立正确的授权审批制度

（1）酒店的使用部门一般会根据顾客订单或者对销售预测和存货需求的分析来决定使用授权

（2）资本支出，企业通常会要求做特别授权，只允许特定人员提出请购

（3）采购合同的签订需经有关授权人员审批

（4）采购款项的支付应经有关授权人员审批

充分的凭证与记录

应付账款是酒店因在正常的经营活动过程中接受商品和劳务而产生的未予以付款的负债。已经验收的商品和劳务若未予以入账，将直接影响应付账款余额，从而低估酒店的负债。酒店所有的购货业务应准确、及时地登记入账

图 7-34 采购与付款内部控制设计思路

7.2.2 采购与付款内部控制的关键环节

采购与付款内部控制的关键环节如图7-35所示。

7.2.3 采购与付款内部控制的要领

采购与付款内部控制的要领如图7-36所示。

采购审批的控制

（1）由使用部门或库房管理者根据需要提出采购物品的申请
（2）采购申请应按不同的用品和原料进行申请
（3）由财务经理或采购经理从全局考虑对采购申请给予批准或部分批准

 采购价格的控制

采购价格控制的目标是防止有关人员从中徇私舞弊，保证采购物品价格的合理性

 事后监督

当酒店采购工作完成后，还需要有关部门对所购物资进行监督检查，了解物资的流向、事后价格的查询等，以防止出现采购前酒店重视，采购后放任自流的现象发生

 付款的审核与授权批准

付款时应认真审核原始凭证和财务记录，防止出现重复付款和超额付款的发生；认真检查付款凭证是否经授权人批准，任何付款必须经财务总监签字批准

图 7-35　采购与付款内部控制的关键环节

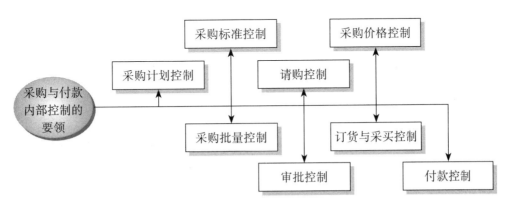

图 7-36　采购与付款内部控制的要领

1.采购计划控制

计划采购是酒店根据经营项目和前期经营状况以及未来营业量预测做出的原料与物品的采购计划。

采购计划分年度计划、季度计划和月度计划。采购计划应包括采购物品的详细规格、采购数量、采购频率、采购批量、计划采购时间、采购理想价格及资金需要量等内容。

采购计划的编制程序如图7-37所示。

使用部门提出物品需求计划

使用部门根据计划年度、季、月度营业额预算，以及以往物品耗用量，提出计划期需求品种及需求数量，上报酒店采购部门和仓库

仓库提出采购计划

仓库根据物品结存量和使用部门需求量，提出一定时期的计划采购量，上报酒店采购部门

采购部门编制采购计划

采购部门汇总使用部门和仓库上报的需要量与采购量，编制采购计划，报财务审核

财务部审核

各业务部门对物品的需求及采购部门的采购行为都要受到酒店资金状况约束，财务部权衡酒店资金需求量和供应量的关系，并与有关部门充分协商后确定酒店一定时期的采购资金需求计划，报总经理审批

总经理审批

必要时召开部门经理协调会，综合平衡整个采购计划，然后付诸实施

图 7-37　采购计划的编制程序

需注意的是，并不是所有的采购都能事先计划，酒店通常存在以下两种采购类型，如图7-38所示。

即时采购

即时采购是指酒店在经营过程中根据实际情况变化提出的超过计划采购范围的采购申请。它适用于突然增加新产品或新项目，如客人有预订特别菜肴时，就必须对特殊原料进行即时采购，又称临时采购

鲜活原材料采购

即厨房根据鲜活原料的需求量每天提出的采购申请，也叫日采购。前一天提出第二天的采购，第二天分两次采购。上午10点以前采购出中午用量和晚上预订量，下午2点之前再根据午餐消耗量和晚餐预订量提出一个晚餐用的原料采购单，下午4点以前必须采购完毕并送到厨房

图 7-38 酒店经常出现的两种采购类型

2.采购标准控制

采购标准是酒店根据自身经营特色和原料供应状况确定的原料等级、规格、产地、质量、价格等要素标准。采购标准控制的要领如图7-39所示。

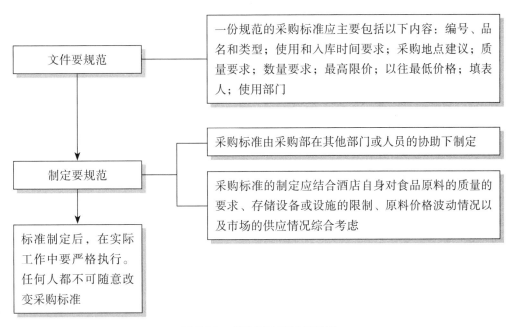

图 7-39 采购标准控制的要领

3.采购批量控制

确定采购批量应结合菜肴销售数量、菜肴成本、存储量、供货单位的最低送货量和每次订货成本等综合考虑。

（1）计划采购的采购批量的确定　计划采购的采购批量可以利用经济订货量的计算方法确定，经济订货量是指使存储成本和订货成本之和最小的订货量。

$$Q = \sqrt{\dfrac{2KD}{Kc}}$$

式中　Q——经济订货量；

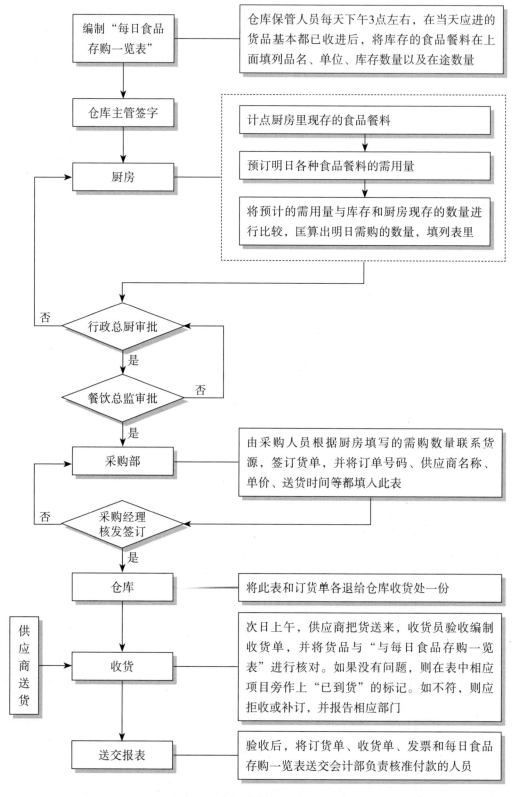

图 7-40　鲜活原料的采购控制程序

D——全年需要总量；

K——每次固定订货成本；

Kc——单位储存成本。

（2）鲜活原料采购批量的确定　鲜活原料需用量大，储存期限短，进货间隔也短，尤其是蔬菜、鲜肉、海鲜等餐料几乎每天都要购进。因此，其采购活动有着自己的特点。对鲜活原料的采购控制程序如图7-40所示。

4.请购控制

使用部门根据自己的需求或者仓库部门根据库存情况提出物品采购申请，填写"请购单"，请购单一式四联。

只有在物品库存量到达最低界限时才能填写"请购单"。库存量最低界限也称采购线，是酒店为保证供应、减少资金积压确定的订货点的库存量，它主要根据各种物品的每日消耗量、保存期限、进货难易以及送货时间等因素一一确定。

5.审批控制

填好的请购单经请购部门主管签字后须交仓库核签。仓库人员主要核查仓库里有无该种物品或有无可代用的物品，如有，则从仓库直接领用，如无，则核签后报财务总监和总经理审批。这个程序中，应注意如图7-41所示的环节。

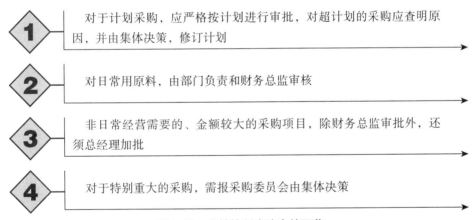

1 对于计划采购，应严格按计划进行审批，对超计划的采购应查明原因，并由集体决策，修订计划

2 对日常用原料，由部门负责和财务总监审核

3 非日常经营需要的、金额较大的采购项目，除财务总监审批外，还须总经理加批

4 对于特别重大的采购，需报采购委员会由集体决策

图7-41　审批控制应注意的环节

6.采购价格控制

（1）建立价格控制制度　理想的采购价格是指在保证质量的前提下的最低采购价格。根据自身采购的特点，酒店应当建立如表7-3所示的控制制度。

表7-3　采购价格控制制度说明

序号	制度名称	控制方式/要点
1	集体控制制度	（1）酒店应当成立专门的采购委员会，采购委员会的成员一般由总经理、分管副总、财务总监、餐饮总监、工程总监、行政管家、行政总厨和采购经理等人组成

序号	制度名称	控制方式/要点
1	集体控制制度	（2）在酒店的日常经营中，凡大额的、超过一定限额的物品采购，都必须上报采购委员会审定。审核时，由采购委员会的成员共同研究讨论，根据物品的标准对报价进行评价，最后决定一个最终可接受的价格或价格区间 （3）为解决委员会成员各持己见、议而不决、僵持不下的问题。采购委员会可采用表决的方法或指定负责人，在意见不一时做出最终决定 （4）委员会成员要保证经常地了解市场动态，避免脱离实际，给采购人员造成不必要的麻烦 （5）适合于定额采购或者储备采购
2	三方报价控制制度	三方报价的控制制度，即在订货前，均须征询三个或者三个以上的供货商的送货价格，然后确定选用哪家供货商的商品，具体做法如下 （1）采购部按照采购申请单的要求搜集信息，填制采购申请单前，向有关供货商询价并填制报价单，内容包括所需要的物品名称、规格、数量、包装、质量标准以及交货时间，要求供货商填写价格并签名退回 （2）由财务总监、总经理或采购委员会根据采购部提供的有关报价资料，参考采购部意见，对几个供应商的物品价格及质量、信誉等进行评估，选择一家质量信誉好、价格低廉的供应商 （3）选定好供应商后，由采购部门根据审批完的采购申请单签署采购订单，向供应商订货 （4）如果所要采购的属于日常耗用量大、进货周期较短的鲜活物品，应根据具体情况实行3天或5天一定价的制度 （5）采购部门要定期派采购人员到市场上视察、询价，以保证供应商的报价准确 （6）用三方报价的方式选定供应商后，采购部应将所选定的价格汇总整理，打印成一式多份的价格表，送交有关部门和人员做稽核价格及成本分析之用
3	三方或多方询价制度	三方或多方询价制度是指建立财务、采购、使用部门或者其他相关部门联合询价制度。各部门在同一时间，分别针对相同的商品进行询价，各部门在询价时是独立于其他部门的，询价结束后，各个部门制定报价单，然后集中审批，看哪个部门的价格和质量比最合理，由采购委员会进行评估，选择一家供货商进行采购
4	即时价格的控制制度	即时采购的情况下，最容易出现徇私舞弊，但是鉴于即时采购的特殊性，又不得不赋予采购人员特殊的权利。因此事后控制成了对即时采购价格进行控制的必要程序和主要手段。采购人员完成采购后，要将采购物品的质量、数量、价格以及供货商的具体情况上报给财务总监、总经理或采购委员会，由其对采购过程及采购价格的合理性进行审核

（2）建立价格信息中心 酒店可以专门建立一个价格信息中心，对各种商品的采购价格提供信息。价格信息中心的运作原理如图7-42所示。

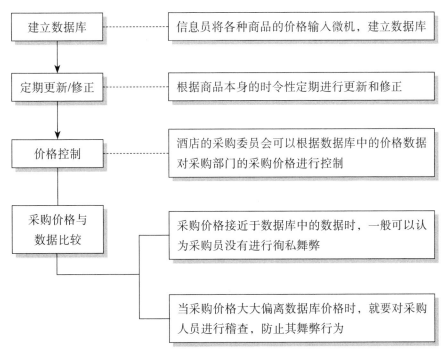

图 7-42 价格信息中心的运作原理

7.订货与采买控制

采购部门根据经审批的请购单，根据上述的程序和制度选择好合适的供应商和价格后，签订订货单或合同，报财务总监和总经理审批后，安排采购事宜。订货与采买的控制点在订货单上，订货单通常应为四联单，具体涉及部门与业务如图7-43所示。

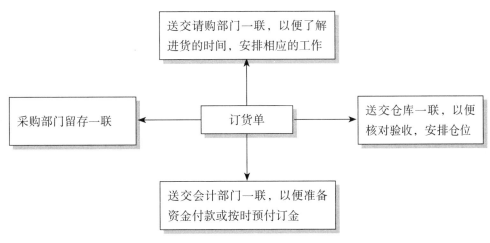

图 7-43 订货单涉及的部门和业务

8.付款控制

付款控制的三大要点如图7-44所示。

制订付款计划

（1）月初会计部应会同采购部门、成本控制部门做好本月的付款计划
（2）采购部门应主要考虑供应商的重要程度
（3）成本控制部门要关心是否有退货及货物是否有质量问题
（4）会计部门则主要考虑账上的资金情况及合同的规定

核对账单

（1）会计部门应当及时核对请购单、订购单、验收单、发票等单据，检查其真实性、合法性及合规性
（2）四单核对一致后才能付款

授权批准

（1）酒店会计部门应当加强应付账款的管理，由专人按照付款日期、折扣条件等合同规定管理应付款项
（2）已到期的应付账款须经会计主管、财务总监和总经理等授权人员审批后，方可办理结算与支付
（3）对于预付账款和支付订金，必须严格审查合同，严格执行授权审批制度，金额大的必须经总经理批准
（4）必须严格执行国家有关现金管理办法，除零星采购外，不允许以现金支付货款

图 7-44 付款控制的三大要点

综上所述，可知采购与付款会计控制系统流程如图7-45所示。

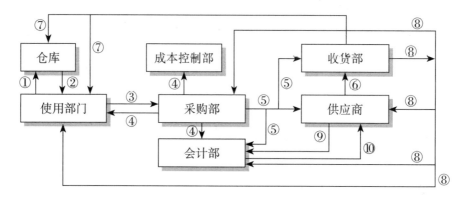

图 7-45 采购与付款会计控制系统流程

流程说明：

编号	编码的意义	编号	编码的意义
①	申请领货	⑥	送货过程
②	仓库发货	⑦	货物验收入库或直送使用部门
③	申请采购	⑧	收货记录的传递过程
④	请购单的传递	⑨	供应商要求付款
⑤	采购订单的传递	⑩	支付货款

7.3 酒店成本费用内部控制

7.3.1 酒店成本费用内部控制的设计思路

酒店成本费用内部控制的设计思路如图 7-46 所示。

合理制定成本费用定额及预算

酒店通过成本费用定额与预算的编制，合理地估计存货的实际耗费水平，以便科学地进行成本决策，合理地估计存货价值，从而反映企业真实的财务状况

建立成本费用预测与决策制度

星级酒店及时提供成本信息，为企业管理部门控制生产费用提供资料，以了解成本变化动态，进行经济决策，如制定销售价格等

建立成本费用控制制度

酒店应该有效控制成本开支，对于不符合规定的支出或超出开支标准的各项费用进行控制

建立成本目标责任制度

建立成本责任制，把目标成本落实到各个部门、个人，建立成本责任中心，对不同成本中心的责任分别进行考核。把各责任单位的实际可控成本与目标成本进行比较，及时揭示差异，寻找差异原因，挖掘降低成本的潜力

图 7-46 酒店成本费用内部控制的设计思路

7.3.2 酒店成本费用会计控制的关键环节

酒店成本费用会计控制的关键环节如图7-47所示。

存货验收、领用和盘存的控制

严格的验收、领用及盘存控制制度，能保证存货质量，降低营业成本，防止舞弊、被盗或浪费现象的发生

成本费用的预算控制

制定准确、合理的成本费用预算并严格执行，能有效地控制成本费用，实现企业的目标

费用的审批控制

严格的报销和审批制度是防止贪污浪费、降低费用的关键

图 7-47 酒店成本费用会计控制的关键环节

7.3.3 成本控制的基本程序和内容

1.客房成本的预算控制

（1）客房成本的组成 从理论上讲，酒店客房成本由三部分组成，如图7-48所示。

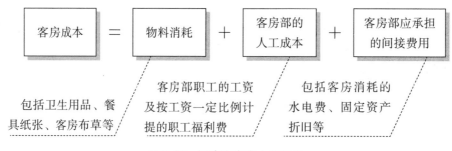

图 7-48 酒店客房成本的组成

（2）客房成本的预算 由于酒店客房具有一次性投资较大、日常经营中耗费较小，各类经营业务间相互交叉，直接费用和间接费用不易划分等特点，造成了计算酒店客房营业成本的困难。因此，现行会计制度规定，酒店客户营业中发生的各项费用都通过"营业费用""管理费用"账户来核算，不单独计算客房成本。但从责任会计角度来说，可以把客房部与前台部合为一体看作一个利润中心，其收入主要来源于前台部，成本主

要发生在客房部；也可以直接对客房部进行控制，应计算其责任成本，主要包括物料消耗、水电消耗、人工费用、布草消耗和外洗费用（重点项目的预算见表7-4）。进行预算控制时重点也应放在这几个项目的耗费上。

表7-4　重点项目的预算

预算项目	计算公式
水电费	$水电费预算 = \sum \left(客房数量 \times 每间客房床位数量 \times 预算天数 \times 客房出租率 \times 每位客人消耗水电的平均金额 \right)$
卫生用品、客房布草等物料用品的消耗	$物料消耗预算 = \sum \left(客房数量 \times 每间客房床位数量 \times 预算天数 \times 客房出租率 \times 某类消耗品每间 \times 消耗品平均单价 \right)$
人工费用	$客房部服务员的工资 = 每个服务员工作小时预算数 \times 每小时工资数 \times 服务员人数$ $客房部人员工资的预算数 = 客房部服务员的工资预算数 + 客房部管理人员的工资预算数$

（3）进行差异分析　每期期末酒店还应进行差异分析，差异的分析过程主要是确定造成差异的原因。酒店管理人员应根据实际情况分析差异产生的原因并采取改进措施。差异分析的步骤如图7-49所示。

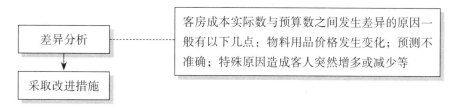

图 7-49　差异分析的步骤

2.餐饮成本的预算控制

对餐饮成本进行预算控制一般采用标准成本控制的方法，可以分为以下几步，如图7-50所示。

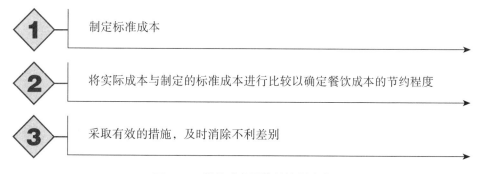

图 7-50　餐饮成本预算的控制步骤

（1）标准成本的制定　要确定餐饮的标准成本，首先要确定标准分量或标准配方，即用文字将菜肴实际食品成本和面食的烹饪规定下来，列明生产某一菜肴和面食时所需的各种原料的名称、数量、操作方法、标准分量、装盘工具和添饰的配菜以及其他必要的信息。酒店可以根据自己的实际情况，分别用以下两种方法制定标准成本，如表7-5所示。

表7-5　标准成本的制定方法

制定方法	说明	适用范围
公式法	$$每份的标准成本 = 每单位食品原料采购价格 \div 每单位食品原料中生产份数$$	（1）适用于仅含一两种食品原料的简单菜肴 （2）早餐供应的果汁、面包、黄油、鸡蛋、咖啡等 （3）午餐和晚餐中提供的一些简易食品，即已经经过半加工的食品 （4）采购时都标有分量和购价
标准配方卡法	（1）标准配方卡应在餐饮部经理会同厨师长确定餐厅经营的菜品后，由厨师长根据实际用量填列 （2）在填列前，一定要经过烹调试验，观察原料的用量及菜肴的色、香、味、形 （3）厨师长应将填列完整的标准配方卡及时送交财务部门，由成本会计根据确定的用料名称、数量计算出成本金额，并作为控制成本的标准	对于制作工艺较复杂的菜肴

（2）实际成本与标准成本比较　根据上述内容，可以分别计算出实际的食品成本和食品成本率以及标准食品成本与成本率。如果直接采用实际食品成本与标准食品成本进行比较，由于二者对应的营业可能不同，比较的结果可能毫无意义，因此，一般采用实际食品成本率与标准食品成本率相对比的方法，进行比较分析。

实际食品成本率与标准食品成本率之间存在差异，并不能说明酒店内部管理一定存在问题，应根据具体情况，对产生的差异进行具体的分析。差异可分为合理差异和不合理差异两大类。成本差异的分类与处理方法如图7-51所示。

3.存货的控制

（1）存货的验收控制

①专设收货部。原料物品的验收工作，是仓库验收部门的职责。酒店经理人员应在财会部门下专设收货部，负责原料物品的验收工作。验收员应有与采购人员、餐饮经理及其他经营管理人员交往时所拥有的自主权。收货部应有必备的设备和工具，各种工具都应定期校准和检查，以保持精确度。

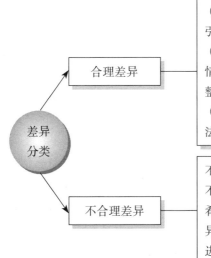

（1）销售品种构成发生变化所引起的差异。这种情况引起的差异，经管人员应尽快确定新品种的标准成本
（2）食品原料价格突然大幅度变化引起的差异。这种情况下，酒店经管人员应重新计算菜单成本，并相应调整菜肴的售价
（3）酒店改变会计核算程序、报表编制方法、收款方法等引起的差异

不合理的差异有：原材料进货过多、验收不严格、保管不妥、未严格执行领料制度、浪费、职工偷盗，每份菜肴分量不正确，未按标准配方进行生产等。对于这种差异，酒店经管人员应通过深入调查，查明问题，采取改进措施，缩小差异

图 7-51　成本差异的分类与处理方法

②验收控制。验收的控制要点如表7–6所示。

表 7-6　验收的控制要点

验收过程	控制要点	备注
验货单	检验采购订单手续是否齐全，即是否有经办人员签字和采购经理签字，证明验收货物是经过一定程序并被批准执行的	验货前，检查发货票上的价格是否控制在报价单价格之下。报价单由采购部经理、餐饮部主厨、成本控制部经理签字，3天报价一次或一周、10天报价一次，超过报价应拒绝收货
验货	（1）根据采购订单检查货物数量，确保数量正确。验收人员必须严格执行制度，对所有到货进行数量盘点。根据采购规格检查货物质量 （2）核对采购订单与发货票上的价格是否一致。验收人员如发现采购订单与发货票上的价格不一致，应拒绝接收或详细做出记录 （3）验货人员在发货票上签名，接收货物，填写收货记录 （4）如果到货数量不足或质量不符合要求，应填写供方通知单，并要求送货人员签名 （5）如果到货无发货票，应填写无购货发票收货单，一式数联，分别由采购部、供应商、收货部门签字盖章方可生效	（1）发货票应由供货商开出，一式两联，送货人要求验收员在发货票上签名，将第二联还给送货人以示购货单位收到货物，第一联交与会计部，由会计部付款 （2）收货记录一式三联，由送货人、收货人及验收人员签名后，第一联留存；第二联交会计部登记应付账；第三联交给仓库，登记仓库账

续表

验收过程	控制要点	备注
验货	（6）如果属于紧急购货（即无采购订单的购货），应着重做出记录，并要求使用部门尽快补齐购货手续，紧急购货的成本往往较高 （7）验收员在收到货物后，应立即将货送到仓库。一般来说，容易变质的食品原料应储藏在靠近厨房或销售点，称为直拨原料	（3）不易变质的食品原料通常也应送到靠近厨房的仓库里，以便减少拿取原料时间。其他物品也应及时入库，以防丢失或损坏，送入仓库的原料称为入库存原料
验货后	（1）验收员应根据收货记录分别填写一张列明每天收到的所有餐饮原料的表格和一张列明每天收到一般物料的表格，统称收货日报表 （2）仓库管理员应凭收货记录及时登记仓库账 （3）将所有发货票、收货记录送到会计部，由财务人员核对和记录金额，登记总账和日记账	收货日报通常按供应商分类，以验收的顺序排列，填写时要做到货物、数量、金额无误。收货日报有以下作用；计算各类成本，包括食品、饮料、烟草等；计算直拨原料总额，为计算每日成本提供资料

③建立稽核制度。为了控制原料物品的收、发、存，实现账账相符，必须建立稽核制度，由会计部门指派稽核人员定期进行稽核，其工作包括对仓库保管的收、发、存记录与原始单据核对；仓库账与会计账进行核对，以保证仓库账与会计账相符，并因此实现对仓库管理人员的牵制，防止其舞弊偷盗行为。

（2）存货的领发料控制　发料工作是从仓储的存货中发出原料物品供生产部门或使用部门使用的过程。对原料物品的领发料进行控制不仅可以确保领料得到批准，还可以为成本的入账提供资料。

原料物品领发料的基本程序和内容如图7-52所示。

（3）存货的盘存控制　常见的存货盘存制度有两种：永续盘存制和实地盘存制。

①永续盘存制。永续盘存制是一种逐笔记录存货数量和金额增减变化的存货控制制度，它要求设置专门的库管员负责存货的分发和保持存货记录，使用"永续盘存表"在原料物品入库后和发料后记录存货数量与金额的变化情况。永续盘存表每种物料使用一张，一般应由库管员负责记录。

②实地盘存制。实地盘存制是通过实际观察，即点数、称重或计量确定存货数量的一种盘存制度。实地盘存控制要点如图7-53所示。

另外，鉴于酒店存货特别是食品原料的特殊性，许多酒店存在大量库外存货，即存放于仓库以外的存货，包括存放在厨房冰箱、货架中的食品原料；已领用尚未使用的食品原料；厨房里正在制作的菜品的食品原料以及在餐厅、咖啡厅、宴会厅等处的调味品、酱品、酒水饮料等。为了加强控制，每月月底也应对库外存货的价值进行计算。盘点时，

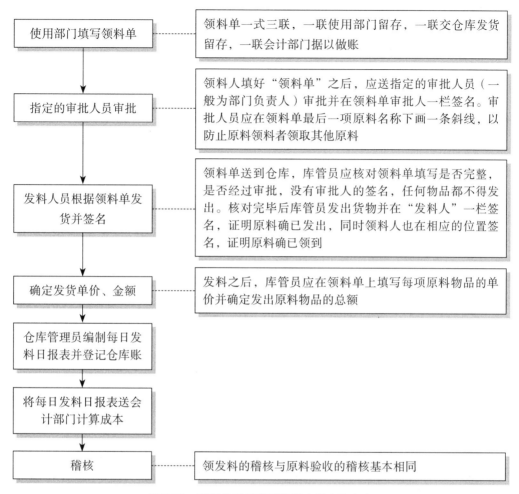

图 7-52　原料物品领发料的基本程序和内容

 为了保证存货账实一致，酒店每月至少应进行一次实地盘存

 各个月实地盘存的原料物品可采用抽查的办法，但事先不应告知负责保管、记录永续盘存表的人员，实地盘存时，上述人员也不应参加，以达到控制目的

 为了减少账实差异的可能性，盘存工作应在当天入库存和领发料工作结束之后进行

 实地盘存应由非保管人员参与，一般由财会部门负责。盘存工作要有两名职工把永续盘存表上的结存数和实际数进行核对，并负责记录，提高盘存的效率。如果实际数和结存数不同，应核对有关发货票、领料单和明细账，找出原因，并以实际数量调整结存数量

 酒店每次进行实地盘点后，如发现账实不一致的情况，仓管员就填写"存货盘点短缺（溢余）报告单"，并由参加盘点的人员签字，以示负责

图 7-53　实地盘存控制要点

每样东西都应该清点、计值，并计入食品原料库盘点清单。如果某种产品已做成半成品，如汤、酱汁等，确定其成本有困难，可以请厨师帮助估价。

7.3.4 费用控制的基本程序和内容

1.人工成本的预算控制

（1）制定预算　制定人工成本预算的程序如图7-54所示。

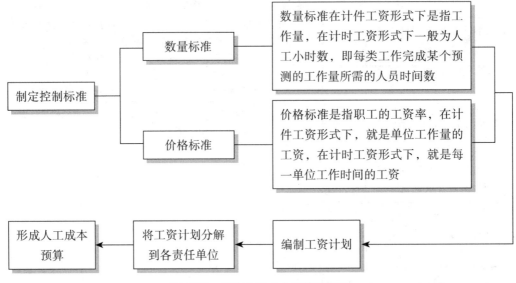

图 7-54　制定人工成本预算的程序

（2）制定预算报告　为了确定实际数与预算数之间的差异，酒店必须编制实际数与预算数的比较分析报告，即预算报告。另外，酒店总经理和财务总监应制定一个适合本酒店的确认标准，据以确认哪些是巨大差异。一般来说，酒店可以比较以下几个指标：人工成本率、人工小时数、每人工小时接待的顾客数。

（3）定期进行差异分析及预算调整　差异的分析过程主要是确定造成差异的原因：人工成本实际数与预测不准确；职工工作班次安排不当；特殊原因造成顾客突然增多或减少等。酒店管理人员要根据实际情况分析差异产生的原因并调整预算。

2.费用的预算控制

费用预算是酒店经营支出的限额目标。预算控制，就是以分项目、分阶段的预算指标数据来实现费用控制。其具体做法为：以报告期实际发生的各项费用的总额及单项发生额与相应的预算数据相比较，在业务量不变的情况下，费用不应超过预算。具体操作步骤如图7-55所示。

3.费用的审批控制

对于费用，应通过建立严格的报销和审批制度来控制。一般的费用报销程序如图7-56所示。

编制费用预算

　　酒店必须在每个经营期开始之前编制费用预算。一般来说，先由各部门拟定部门预算，报财务部门审查，经反复研究、逐级汇总、修订平衡后，报总经理审核，最后由董事会批准

 在预算执行过程中不断对预算执行情况进行检查

　　由财务部门提供各项费用实际执行结果的数据，管理人员把这些数据逐项与预算进行对比、分析，查找产生差异的原因，并要求有关部门对差异做出解释，以便找出下一步预算控制和重点方向

 费用修订和调整

　　如果酒店的经营环境发生了重大变化或出现了影响费用预算顺利执行的新情况，应及时按照原预算编制审批程序对预算进行修订和调整

图 7-55　费用的预算控制步骤

 　费用开支前必须经部门经理批准，开支内容和开支金额应在部门费用预算范围之内

 　费用开支后，报销人须在报销单上按要求填好报销日期、所属部门、单据张数、报销人

 　原始凭证须由经手人签字、部门经理及财务经理签字后可报销

图 7-56　费用报销程序

　　所有费用类开支，酒店均应规定其审批的权限。费用发生当时应索取正规发票，不得以虚假发票入账。酒店费用的控制具体又可分为现金费用的控制和非现金费用的控制两类。

　　（1）现金费用的控制　现金费用，不单单指库存现金，而是包括银行存款在内的一切货币款项。酒店以现金支付的费用很多，除了要支付日常零星开支外，还包括定期支付的水、电、燃料、楼宇保养维修费用和广告宣传费、购建固定资产的费用等。对于不同的费用项目，控制方法也不尽相同，下面以酒店消耗较多的几项费用为例介绍以下几种费用的控制方法。

　　①能源费用的控制。能源费用包括燃料消耗和水、电、风、热的消耗，是酒店期间费用的重要组成部分。对能源费用的控制，应分两个方面进行，如图7-57所示。

对能源供应部门总额控制，即预算控制

制定预算时，将能源费用划分为基础费用（固定费用）和变动费用两部分，按照酒店经营的业务量（如客房入住人数、餐厅就餐人数等）核定变动费用，再加上基础费用，即为能源费用的预算总额。定期以实际发生的能源费用与预算数进行对比、分析、考核

健全对能源费用的计量

在各使用部门都安装测量能源消耗的计量仪表，分清经济责任，使能源费用的高低和责任单位的能源节约相挂钩

图 7-57　能源费用的控制

②差旅费和交际应酬费的控制。酒店发生的差旅费和交际应酬费有两种情况，如图 7-58 所示。

租用自己酒店的出租车发生的差旅费和在自己餐厅开支的交际应酬费，这种情况下发生的费用属于非现金费用

有些酒店为了招待方便，节省开支，规定应酬客户只能在本酒店进行招待

在外面发生的直接以现金支出的差旅费和交际应酬费，这种费用属于现金费用

对属于现金费用的差旅费和交际应酬费应通过审批制度和权限来进行控制。应规定各个级别人员可报销的最高标准，如有超额的开支则需要自己承担

图 7-58　差旅费和交际应酬费的控制

③广告宣传费的控制。广告宣传费在酒店期间费用中也占有较大的比重，因此要加强控制，控制要点如图 7-59 所示。

销售部应在每个广告投放期开始前，制定出本期的广告投放计划，并报财务经理、总经理、董事会批准同意

进行广告宣传时，还要与广告公司签订详尽的广告合同，经上述部门审批后，按照合同规定的金额支付广告费

图 7-59　广告宣传费的控制要点

（2）非现金费用的控制　非现金费用是指那些不需要直接支付现金而是由酒店为自己提供服务的一种费用支出形式。对非现金费用支出的控制，要制定严格的控制程序，如图7-60所示。

批准

　　对非现金费用的控制，一般要求在其发生之前得到批准，但有时可能来不及呈报批准，如临时做出招待某业务团体的决定而来不及遵循一定的程序上报审批等，但必须事后补报。不管是事前，还是事后，都必须填报"费用支出申请单"，事由、支出额等填写清楚，报给总经理审批

支出

　　（1）费用支出批准后，即可按照批准的内容执行，在执行发生的费用时应像对外营业一样计价

　　（2）发生费用支出的人员应把批准的"申请单"交给收银员，暂没有批准"申请单"的，应在账单上注明此项费用的性质，以便收银员正确处理结算事宜

稽核

　　（1）收入稽核人员对各收银员交来的本店费用支出的账单进行审核。审核的要点是：是否附有已批准的"申请单"，如果没有，应通知有关人员迅速补上，否则，不能作为本店的费用支出，而是将其费用额计入有关人员的私人账户，从工资中扣除；账单的数额是否超出"申请单"批准数额，如果超出，应让有关人员解释原因，并补充文字说明，连同账单、申请单一同报总经理审批

　　（2）这些费用支出的账单、经稽核人员审批无误后，送交成本处计算成本，列入费用账

图 7-60　非现金费用的控制程序

第8章

图解精益之酒店岗位说明书

岗位说明书作为酒店规范化管理的一个基础文件，要求每个岗位的从业人员都要依据岗位说明书所描述的职责、要求有针对性地做工作。同时，不论是管理岗位还是基层岗位的员工都要清楚，认真工作、履行职责才能达成自己的目标、升到什么职位，或多久才能达到任职条件。

8.1 岗位说明书

岗位说明书有六大作用，具体如图8-1所示。

为员工晋升与开发提供依据　　　　　为招聘、录用员工提供依据

为员工教育与培训提供依据　　　　　对员工进行目标管理

为企业制定薪酬政策提供依据　　　　是绩效考核的基本依据

图8-1　岗位说明书的六大作用

1.为招聘、录用员工提供依据

岗位说明书为招聘、录用员工提供依据，体现在三个方面，具体如图8-2所示。

1 确定岗位的任职条件

在岗位说明书中对这个岗位的任职条件都有非常清楚的说明。所以，任职条件是招聘工作的基础，招聘工作需要依照任职条件来挑选人员，不满足任职条件的人，不能录用。如果企业一定要录用，也只能降格使用，例如工资等级要下降，或者职务要略微下降

岗位说明书将作为签订劳动合同的附件

岗位说明书将作为员工录用以后签订劳动合同的附件。企业决定录用员工后，这名员工应该承担什么样的责任，以及要负责到何种程度，这些问题也已经事先在岗位说明书里约定好了，企业不需要对员工重复说明

作为入职培训的教材

新员工在被录用以后，一般企业要进行一次入职培训，岗位说明书可以作为入职培训的教材

图 8-2 岗位说明书为招聘、录用员工提供依据

2.对员工进行目标管理

企业在对员工进行目标管理设计的时候，依据岗位说明书所规定的职责，通过岗位说明书可以很清晰、明确地给员工下达目标，同时也便于设计目标，具体体现在以下两个方面，如图8-3所示。

岗位说明书是给员工下达目标的凭证

目标管理是现代企业管理的一种最有效的办法。给员工下达目标的凭据就是岗位说明书里面规定的职责。例如给人力资源部的培训专员下达的目标是培训的指标，而不能下达薪酬管理的指标。由此可见，岗位说明书是目标管理的一个基本依据

依据岗位说明书可清晰设计目标

在岗位说明书中，具体某个项目有几项职责，目标应该下达给谁，都有非常清楚的说明。因此，负责目标管理的主管应该随时查阅岗位说明书，以便更明确、有效地对员工进行目标管理

图 8-3 岗位说明书对目标管理的体现

3.是绩效考核的基本依据

岗位说明书是绩效考核的基本依据，具体体现在以下几个方面，如图8-4所示。

4.为企业制定薪酬政策提供依据

直接决定薪酬的是岗位评价，所以岗位说明书所提供的依据评价是间接的。岗位评价是企业薪酬政策的基本依据，整个薪酬体系需要以岗位评价为支撑性资料。而岗位评价的基础是岗位分析和岗位说明书，如果没有岗位说明书、岗位内涵分析、员工工作能力分析等资料，就无法进行岗位评价。因此，从根本上说，岗位说明书为企业制定薪酬

1 岗位说明书确定了岗位职责

在绩效考核的时候，只有通过考察岗位说明书，才会知道只有这个岗位才有这个职责，才能去考核这个岗位上工作的员工是不是尽职尽责，是不是完成了工作目标。假如在岗位说明书中根本就没有这个职责，就不能拿这个要求考核该员工，因为该员工不需要承担这样的责任。所以，岗位说明书在工作目标管理和绩效考核工作中起很大的作用

2 岗位说明书确定了职责范围

岗位说明书确定了某一项职责的范围，是全责、部分还是支持，很清楚地划分了员工的职责。当某一项工作没有完成或出现问题时，责任十分清楚

3 岗位说明书确定了考核内容

岗位说明书还规定了考核评价内容。绩效考核的标准应该是一致的，不能是岗位说明书写的是一个样，考核标准又是另一个样

图 8-4 岗位说明书对绩效考核的体现

政策提供了重要的依据。缺少了岗位说明书，企业制定薪酬政策将是很困难的。

5.为员工教育与培训提供依据

对员工进行培训是为了满足岗位职务的需要，有针对性地对具有一定文化素质的员工进行岗位专业知识和实际技能的培训，完备上岗任职资格，提高员工胜任本岗本职工作的能力。根据岗位说明书的具体要求，对一些任职条件不足，但其他方面优秀、符合公司急需人才要求的员工进行教育和培训，提升员工的素质，最后使其达到岗位说明书的任职要求。

6.为员工晋升与开发提供依据

人力资源管理中一项非常重要的工作是人力资源开发，就是通过一些手段使员工的素质和积极性不断提高，最大限度地发挥员工的潜能，为企业做出更大的贡献。员工的晋升与开发，离不开人事考核。人事考核是以员工为对象，以岗位说明书的要求为考核依据，通过对员工德、能、勤、绩等方面的综合评价，判断他们是否称职，并以此作为任免、奖罚、报酬、培训的依据，促进"人适其位"。因此，岗位说明书也为这项工作提供了一个依据。

员工大都愿意在一家企业长期工作，并不愿意来回跳槽。员工愿意长期为企业效力主要是看有没有发展的空间，例如现在是销售员，以后有没有可能做销售经理或销售总

监。所以，企业依据岗位说明书，有针对性地做工作，要根据岗位说明书制定员工晋升通道图，作为规范化管理的一个基础文件，使每一位员工都清楚，只要好好地工作将来就能升到什么职位，或几年才能达到任职条件。

8.2　岗位说明书编制的前期工作——岗位工作分析

岗位工作分析也就是岗位分析，即是指对某工作进行完整的描述或说明，以便为人力资源管理活动提供有关岗位方面的信息，从而进行一系列岗位信息收集、分析和综合的人力资源管理的基础性活动，岗位分析与岗位说明书的关系如图8-5所示。

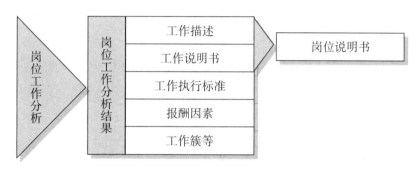

图8-5　岗位分析与岗位说明书的关系

岗位分析要从图8-6所示的八个要素开始着手进行分析，即7W1H。

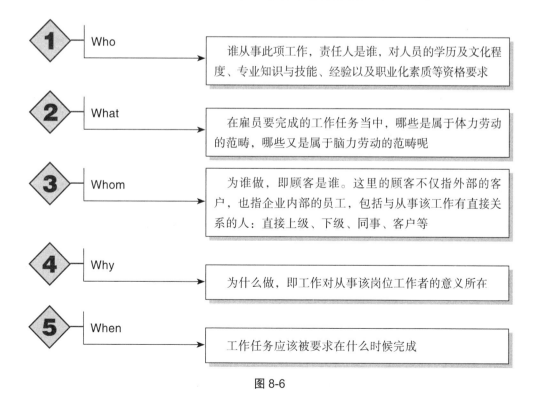

图8-6

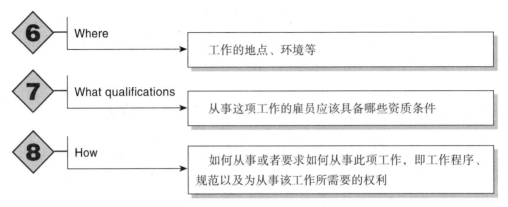

图 8-6　岗位分析的八要素——7W1H

　　岗位工作分析是一项复杂的系统工程，企业进行岗位工作分析，必须统筹规划，分阶段、按步骤地进行。进行岗位工作分析通常使用的方法有：问卷调查、总结分析、员工记录、直接面谈、观察法等方法。有了岗位工作分析的结果以后，就可以着手制定岗位工作说明书了。

8.3　岗位说明书的内容与形式

　　岗位说明书，是表明企业期望员工做些什么、员工应该做些什么、应该怎么做和在什么样的情况下履行职责的总汇。岗位说明书最好是根据公司的具体情况进行制定，而且在编制时，要注意文字简单明了，并使用浅显易懂的文字填写；内容要越具体越好，避免形式化、书面化。

8.3.1　岗位说明书的内容

　　岗位说明书通常应该包括表8-1所示的主要内容。

表8-1　岗位说明书的内容

序号	栏目	具体说明
1	岗位基本资料	包括岗位名称、岗位工作编号、汇报关系、直属主管、所属部门、工资等级、工资标准、所辖人数、工作性质、工作地点、岗位分析日期、岗位分析人等
2	岗位分析日期	目的是为了避免使用过期的岗位说明书
3	岗位工作概述	简要说明岗位工作的内容，并逐项加以说明岗位工作活动的内容，以及各活动内容所占时间百分比、活动内容的权限、执行的依据等
4	岗位工作责任	包括直接责任与领导责任（非管理岗位则没有此项内容），要逐项列出任职者工作职责
5	岗位资格	即从事该项岗位工作所必须具备的基本资格条件，主要包括学历、个性特点、体力要求以及其他方面的要求

岗位工作说明书的内容，可依据岗位工作分析的目标加以调整，内容可繁可简。

另外，在实际工作当中，随着公司规模的不断扩大，岗位说明书在制定之后，还要在一定的时间内，有必要给予一定程度的修正和补充，以便与公司的实际发展状况保持同步。

8.3.2 岗位说明书的形式

岗位说明书的外在形式，是根据一项工作编制一份书面材料，可用表格显示，也可用文字叙述。

8.4 岗位说明书的填写

岗位说明书制定的原则是直接上级为下属制定岗位说明书。岗位说明书实际上是传递了上级对下级的期望和要求，并且职位说明也要定期根据公司业务和战略的变化而不断更新和修订，所以说为下级制定岗位说明书也是管理者的一项职责，同时也有利于规范管理。

岗位说明书包括职位名称、所在部门、报告关系、职位基薪等级、职位编号、编制日期、职位概要、职位位置、职责要求、关键绩效指标（KPI，Key Performance Indicator）、任职资格（资历、所需资格证书、知识技能要求、能力要求、素质要求）、工作联系、职业通道等栏目。

8.4.1 如何填写"职位名称"

职位名称是对工作名称的进一步明确，规范职位的名称有利于进行职位管理。

8.4.2 如何填写"所在部门"

所在部门是指该职位所属的机构或部门；繁简程度要根据企业具体情况来定，原则是应该写到该职位所属的最小组织细胞。一般会有图8-7所示的几种情况。

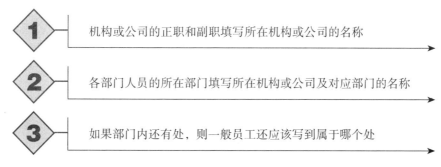

1 机构或公司的正职和副职填写所在机构或公司的名称

2 各部门人员的所在部门填写所在机构或公司及对应部门的名称

3 如果部门内还有处，则一般员工还应该写到属于哪个处

图 8-7 所在部门填写的几种情况

例如：某一般规模子公司人力资源部员工，填"子公司名称＋人力资源部"；如果部门很大，还分有各处，则招聘处的员工填"公司名称＋人力资源部招聘处"

8.4.3　如何填写"报告关系"

报告关系指该职位的直接上级，一般会有图8-8所示的几种情况。

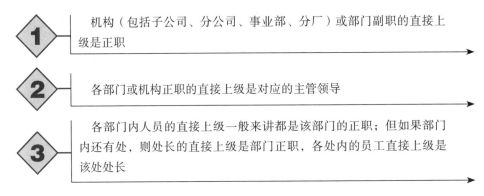

图8-8　报告关系的填写情况

8.4.4　如何填写"职位薪资等级"

职位薪资等级是指该职位经过职位评估和薪酬设计后的薪资与级别的位置。

8.4.5　如何填写"职位编号"

职位编号是指职位的代码，组织中的每个职位都应当能有一个代码；编码的繁简程度视企业具体需要而定；职位编号的目的是为了便于快速查找所有的职位。职位编码的步骤如图8-9所示。

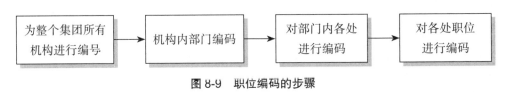

图8-9　职位编码的步骤

这一栏将在全公司岗位说明书编制完成后由人力资源部为全公司所有岗位说明书统一编号并填补上。

8.4.6　如何填写"编制日期"

编制日期是指岗位说明书的具体编写日期是什么时间；这一栏可以暂时不填，将在岗位说明书出台时由人力资源部统一填补上。

8.4.7　如何填写"职位概要"

职位概要也就是职位设置的目的，应该用一句话简单地概括工作的主要功能，简短而准确地表述该职位为什么存在；机构整体目的的哪一部分由该职位完成；该职位对机构的独特贡献是什么；如果该职位不存在，会有什么工作完不成；企业为什么需要这一职位。

职位设置的目的部分还应当描述工作的总体性质，因此只列出其主要功能或活动即可。

8.4.8 如何填写"职位位置"

职位位置表明本职位在整个组织中所处的层级和位置。

图8-10是某公司招聘主管的职位位置。

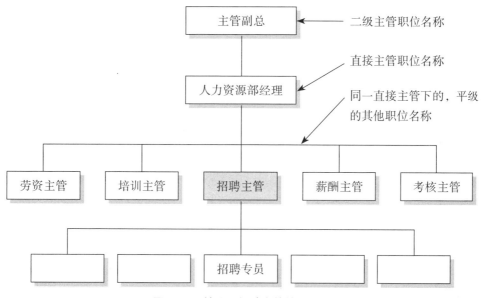

图 8-10 某公司招聘主管的职位位置

8.4.9 如何填写"职责要求"

在编写职责时，首先应该将本职位职责的几个大块找出来，将本职位应该做哪几个方面的事情，然后对每块事情进行具体描述；在具体描述时，每一条职责，都应尽量以流程的形式描述，尽量讲清楚每件事的输入与输出，描述的格式为："动词＋名词宾语＋进一步描述任务的词语"。

在职位职责的描述中，重要的是清楚地界定每一职责上的权限，应该用精心选择的动词恰当地描述权限范围。在岗位说明书的编制过程中，经常会碰到下面这些情况，如图8-11所示。

例如：在编制某一文件的过程中，部门负责人组织拟订文件，一般文员可能只是按部门内主管的要求收集一些资料，然后主管草拟文件，主管副总审核文件并提出意见，总经理最终批准文件。这些动词清楚、准确地表明了相应职位在流程中的权限。

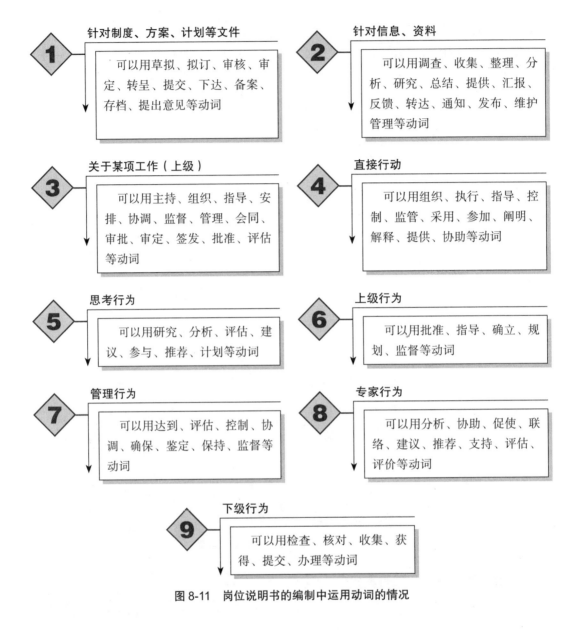

图 8-11 岗位说明书的编制中运用动词的情况

8.4.10 如何填写"关键业绩指标"

绩效指标是指从哪些方面、以什么标准去评价该职位工作的效果。

绩效可以体现在两个方面,一个是工作的结果,另一个是在工作过程中高绩效的行为。因此绩效指标也分为结果界定和行为界定。岗位说明书中的考核指标只需到考核方面即可,在考核制度中将会对考核指标进行标准分级的描述。

8.4.11 如何填写"任职资格"

任职资格是决定职位价值、招募、培训等的重要依据。任职资格是对应聘者的要求,不是针对现有人员的要求。任职资格包括表8-2所示的这些项目。

表8-2　任职资格的填写要求

序号	项目	填写要求
1	资历	资历包括学历（学位）、所学专业（或接受何种培训）、职称和工作经验（包括一般工作经验和特殊工作经验）
2	所需资格证书	所需资格证书不是职称，而是指从事本工作所必需的证照。例如：出纳必须有会计证才能上岗；维修电工需要特种作业操作证、国家电工进网许可证、职业资格证书
3	知识要求	知识要求包括业务知识和管理知识，这些知识都应区分其广博程度和精通程度，例如：广博程度可以用系统级的还是子系统级等词，或者能区分出知识广博程度的词加以区别；精通程度可以用知晓、熟悉、精通等词加以区别
4	技能要求	技能包括基本技能和业务技能，这些技能都应区分其熟练程度。对于外语和计算机的应用等技能可以参照国家统一规定的级别来区分。例如：英语四级、计算机三级；对于没有国家统一规定的技能可以用行业标准或本所标准来加以区分。基本技能是指完成各种工作时都需要具备的通用的操作技术，通常指"写作能力、外语能力和计算机能力"。业务技能是指运用所掌握的业务完成业务工作的能力
5	能力要求	能力要求是指完成工作应具备的一些能力方面的要求。这些要求包括需要什么能力及其级别；能力要求是指该职位对任职者最需要的能力要求；能力要求一般不宜多，3～5个即可
6	素质要求	素质是指一个人的潜在特质，与生俱来，一般不宜改变；素质要求是指该职位对任职者最需要的个性或特质的要求；素质要求一般不宜多，1～2个即可

8.4.12　如何填写"工作联系"

工作联系是指与本职位有较多工作沟通的组织内、外部沟通对象。

8.4.13　如何填写"职业通道"

岗位说明书中的建议职业通道仅仅从专业的角度提出参考性的意见，说明晋升或者轮换的方向，具体某个人的职业成长需要结合具体情况而定。

图8-12是某公司物流岗位员工的职业通道。

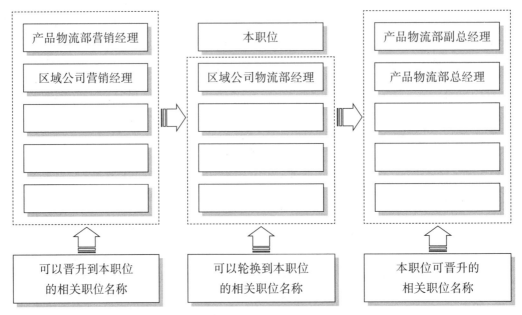

图 8-12 某公司物流岗位的职业通道

【他山之石01】人力资源部岗位说明书

人力资源部岗位说明书

一、人力资源部经理

人力资源部经理岗位说明书如下表所示。

人力资源部经理岗位说明书

部门	人力资源部	岗位	人力资源部经理
直接上级	副总经理、总经理	直接下级	人力资源部副经理
岗位 说明	1.全面负责人力资源部工作，掌握业务范围，拟订本部门的工作计划，定期召开例会，布置、检查、总结工作 2.对分配给本部门的工作，定期进行检查考核，表扬先进，带动后进，搞好本部门管理人员队伍的建设 3.组织制定、修改、充实各项人力资源规章制度，做到管理规范化、科学化 4.根据用工计划组织招聘工作，负责如招聘、招收、辞退、辞职、晋升、降级、调出的审核，负责员工内部调配的审核 5.负责对各级管理人员的德、勤、绩、效的考核，并鉴定归档 6.负责定岗定编，制定劳动定员编制方案，年度人员的编制报表 7.制定酒店培训计划方案和部门预算 8.组织与实施酒店督导工作，检查服务质量，提出加强管理和提高服务水平的建议 9.解决员工有关劳动方面的争议和投诉、纠纷		

续表

岗位说明	10.制定本酒店工资、奖金、劳保、福利标准，报领导审核批准，负责工资、奖金、劳保、福利、加班费、夜班费及各种津贴报表的审核 11.按制度负责审批办理各类休假的期限
任职要求	1.大学本科以上学历，经济、管理等相关专业，MBA优先 2.5年以上的人力资源管理从业经验 3.沟通协调能力强，思维敏捷，具备较强的开拓能力

二、劳资主管

劳资主管岗位说明书如下表所示。

劳资主管岗位说明书

部门	人力资源部	岗位	劳资主管
直接上级	人力资源部经理	直接下级	人事专员、劳资专员
岗位说明	1.拟订酒店年度人力资源发展规划，向人力资源部经理提出合理化建议 2.制定招聘、劳动合同、培训、薪资、社保、绩效考核、员工关系管理、员工职业生涯规划等管理制度，明确相应的操作程序 3.负责酒店员工入职/离职与任用、员工报酬、员工培训与教育、社保处理、员工的绩效评估、处理员工咨询和劳动争议等 4.贯彻执行集团各类人事管理决定，根据集团有关规定，按时定期向集团报送各类人事、劳资、培训等相关方案和报表 5.合理营造企业自身的文化和精神，提高团队进取协作精神		
任职要求	1.大学专科以上学历，经济、管理等相关专业 2.3年以上的人力资源管理从业经验，沟通协调能力强，具备良好的团队素质		

三、人事专员

人事专员岗位说明书如下表所示。

人事专员岗位说明书

部门	人力资源部	岗位	人事专员
直接上级	劳资主管	直接下级	
岗位说明	1.负责所有员工的入职、辞职、人事变动、解聘等情况记录整理归类存档，并妥善保管随时待查。每月统计酒店人员变动情况上报酒店领导 2.负责酒店人员入职、离职所需的一切手续 3.负责员工工号牌的制作、发放与管理 4.根据集团及酒店领导意见并结合酒店各部门实际情况，负责制作酒店各部门人员编制机构图，并根据编制，每月上报集团及酒店领导 5.负责对人力资源部各类文件进行收发、传递、登记、存档 6.处理办公室日常事务性工作		
任职要求	1.中专以上学历，经济、管理等相关专业 2.1年以上的人力资源管理从业经验，沟通协调能力强，具备良好的团队素质		

四、劳资专员

劳资专员岗位说明书如下表所示。

劳资专员岗位说明书

部门		人力资源部	岗位	劳资专员
直接上级		劳资主管	直接下级	
岗位说明		1.负责酒店人员每月工资发放的计算工作和离店员工的工资结算，并做好各种社会保险的交纳和扣除工作 2.负责办理酒店员工正式聘用后的工资兑现工作，按月统计全店工资总额，记好月工资总账 3.负责酒店员工养老保险、医疗保险、失业保险等各项保险的建立、填写、管理和转移工作 4.负责核对酒店对员工的考核情况 5.负责酒店员工各项福利费用的造册发放工作 6.负责工资、奖金及各项福利费用的月报、季报、年报的制作上报工作 7.按时参加年度工资联审，并根据酒店定岗编制和到位情况进行人力资源成本的年度预算拟订工作，为酒店经营核算提供准确的数字统计依据		
任职要求		1.中专以上学历，经济、管理等相关专业 2.1年以上人力资源管理从业经验，沟通协调能力强，具备良好的团队素质		

五、培训质检主管

培训质检主管岗位说明书如下表所示。

培训质检主管岗位说明书

部门		人力资源部	岗位	培训质检主管
直接上级		人力资源部经理	直接下级	督导员
岗位说明		1.制定并完善酒店内训与外训管理制度，明确内训与外训管理程序 2.贯彻执行集团各类培训工作的方针、政策与决定，并予以落实 3.根据酒店年度目标，收集各部门的培训需求，制订酒店年度培训计划 4.组织并实施酒店具体培训工作并对培训效果进行相应评估 5.组织并实施各类外训工作 6.根据员工的培训效果提出相应的人事建议 7.对各类培训资料进行归档工作		
任职要求		1.大专以上学历，经济、管理等相关专业 2.2年以上的人力资源管理从业经验，沟通协调能力强，具备良好的团队素质		

六、督导员

督导员岗位说明书如下表所示。

督导员岗位说明书

部门	人力资源部	岗位	督导员
直接上级	培训质检主管	直接下级	
岗位说明	1.制定并完善酒店内训与外训管理制度，明确内训与外训管理程序 2.贯彻执行集团各类培训工作的方针、政策与决定，并予以落实 3.根据酒店年度目标，收集各部门的培训需求，制订酒店年度培训计划 4.组织并实施酒店具体培训工作并对培训效果进行相应评估 5.组织并实施各类外训工作 6.根据员工的培训效果提出相应的人事建议 7.对各类培训资料进行归档工作		
任职要求	1.中专以上学历，经济、管理等相关专业 2.1年以上的人力资源管理从业经验 3.沟通协调能力强，具备良好的团队素质		

七、事务主管

事务主管岗位说明书如下表所示。

事务主管岗位说明书

部门	人力资源部	岗位	事务主管
直接上级	人力资源部经理、副经理	直接下级	事务专员
岗位说明	1.全面负责部门内部工作，积极沟通协调好部门内部及相关部门之间的关系，充分发挥团队的积极性，创造良好的工作环境，保证各项工作顺利开展 2.负责酒店外包单位的收款、催缴、结算工作。协调处理外包单位出现的相关问题 3.检查外包单位工作、服务质量、卫生清洁，及时传达酒店信息，召集工作协调会 4.负责员工宿舍及食堂管理，加强巡查，定期向主任报告工作，听取指示 5.负责本部门员工的评估，本着公平、公正、公开的原则根据下属的表现给予绩效考核 6.负责本部门的卫生、安全和消防工作		
任职要求	1.大学专科以上学历，经济、管理等相关专业 2.3年以上的综合事务管理从业经验 3.沟通协调能力强，具备良好的团队素质		

八、事务专员

事务专员岗位说明书如下表所示。

事务专员岗位说明书

部门	人力资源部	岗位	事务专员
直接上级	事务主管	直接下级	
岗位说明	1.负责本部门文件收发、物品领用管理，处理好日常事务。及时传达酒店文件及信息，负责向集团企划部上报酒店各类通讯报道 2.负责办理宿舍及更衣室相关手续，编造员工宿舍和员工更衣室花名册，保证其准确性、时效性 3.负责员工宿舍、员工食堂、员工更衣室各项工作，严格执行各项管理规定，合理安排并检查宿舍卫生工作，以保证卫生情况处于良好状态 4.经常巡查，制止并处理员工不文明行为，及时上报工程问题。组织各宿舍长做好每月员工宿舍卫生检查评比工作		
任职要求	1.中专以上学历，经济、管理等相关专业 2.1年以上的人力资源管理从业经验，沟通协调能力强，具备良好的团队素质		

九、总办秘书

总办秘书岗位说明书如下表所示。

总办秘书岗位说明书

部门	人力资源部	岗位	总办秘书
直接上级	人力资源部经理、副经理	直接下级	
岗位说明	1.负责部门相关的文书工作 2.负责文件存档、上传下达 3.负责相关的接待工作，如：安排经理与客人的会见、处理客人投诉等 4.会议安排，并做好相关记录、整理归档 5.处理日常的行政事务		
任职要求	1.大专以上学历，文秘等相关专业 2.具有一定的英语基础，1年以上的人力资源管理从业经验 3.沟通协调能力强，具备良好的团队素质		

十、食品检验员

食品检验员岗位说明书如下表所示。

食品检验员岗位说明书

部门	人力资源部	岗位	食品检验员
直接上级	人力资源部经理、副经理	直接下级	
岗位 说明	1.负责酒店各餐饮营业场所、厨房、员工食堂的食品取样化验工作 2.依照《中华人民共和国食品卫生法》要求对食品货源、餐饮从业人员进行卫生监督，随时抽查各餐饮场所卫生状况，纠正不规范行为，上报现场检查记录 3.对食品所使用的工具、餐具进行涂抹化验 4.负责大型宴会的留样检验，做好存档工作，必要时送检验样品到卫生防疫部门 5.认真填写结果报告，提出整改建议，及时上报酒店领导		
任职 要求	1.中专以上学历，经济、管理等相关专业 2.1年以上的人力资源管理从业经验 3.沟通协调能力强，具备良好的团队素质		

十一、医务室护士

医务室护士岗位说明书如下表所示。

医务室护士岗位说明书

部门	人力资源部	岗位	医务室护士
直接上级	人力资源部经理、副经理	直接下级	
岗位 说明	1.主动为病人服务，如遇病重者，及时上报转送医院，杜绝医疗事故的发生 2.对每一个就诊病人做好病历、用药登记，保存好病人病历 3.配合人力资源部，负责组织好酒店员工体检工作 4.配合酒店相关部门做好消毒工作，防止各种传染病的发生 5.对购入药品严格履行验收、入库、登记、盘店工作 6.根据需要保证药品正常供应，计划周全		
任职 要求	1.中专以上学历，经济、管理等相关专业 2.1年以上的人力资源管理从业经验 3.沟通协调能力强，具备良好的团队素质		

十二、司机

司机岗位说明书如下表所示。

司机岗位说明书

部门	人力资源部	岗位	司机
直接上级	人力资源部副经理	直接下级	
岗位说明	1.严格按酒店派车单出车，无单出车必须有酒店副总级以上领导批准方可出车，服从酒店调度 2.遵守行车安全制度，严禁酒后驾车 3.定期检查车辆，严格按规定会同相关部门进行车辆保养，保证车辆正常运行 4.做好车辆卫生清洁工作，保持车内外整洁美观 5.出车前例行检查油料、车况、轮胎是否正常，路单、票证是否齐全 6.严守保密制度，不得传播乘车者讲话内容		
任职要求	1.中专以上学历，经济、管理等相关专业 2.3年以上的驾驶经验，熟悉本市路况 3.服从安排，沟通协调能力强，具备良好的团队素质		

【他山之石02】市场销售部岗位说明书

市场销售部岗位说明书

一、销售部经理

销售部经理岗位说明书如下表所示。

销售部经理岗位说明书

部门	市场销售部	岗位	销售部经理
直接上级	市场营业总监	直接下级	销售部副经理
岗位说明	1.在市场营业总监的领导下，制订销售计划，带领部门的销售人员完成酒店销售任务 2.根据酒店的目标市场及顾客的潜在要求，制定对重要客户及潜在客源的销售策略和工作计划 3.协助落实各项工作计划和经营预算，有步骤地开发潜在的客源市场 4.提供参考预算方案，提出销售目标建议 5.收集整理市场信息，提出销售目标建议 6.负责重要客户及潜在重要客户的资料收集、归纳和分析的实际操作工作 7.督导销售人员的日常工作，完成具体的销售指标，明确不同时期的销售重点 8.定期对下属进行绩效评估，按照奖惩制度实施奖惩，并组织实施培训，提高销售人员的素质 9.处理销售部日常事务，完成市场营业总监交办的其他工作		

任职要求	1.大学专科以上学历，市场营销、营销管理等相关专业 2.2年以上的市场营销从业经验，并从事过酒店前厅部的工作 3.沟通协调能力强，具备良好的团队素质 4.具备较强的开拓市场能力，具有敏锐的市场观察和洞悉力

二、销售部副经理

销售部副经理岗位说明书如下表所示。

销售部副经理岗位说明书

部门	市场销售部	岗位	销售部副经理
直接上级	销售部经理	直接下级	销售主管
岗位说明	1.调查与分析竞争对手状况，掌握有关竞争对手的产品、价格及推销活动情况 2.协助总监制订年度营销计划，并按季度对计划进行调整，负责控制计划的实施 3.组织销售人员一起设计销售促销活动及酒店的产品组合 4.对一些重要客户，特别是主要旅行社、航空公司、使馆和重要的公司进行有关鉴定销售合同方面的销售访问 5.检查每月客户产量并调查无产量客户的原因 6.解决、协调客户对酒店提出的任何意见 7.与各相关部门保持良好协作关系，并使得内部信息流畅 8.检查每位销售人员的精神面貌及仪容仪表，以达到一名专业的酒店销售人员的仪表标准 9.注意收集客户对酒店的反馈意见，并及时传达给各有关部门，以不断提高酒店服务质量 10.组织内部员工定期培训，使每位销售人员了解、掌握自身工作的不足		
任职要求	1.大学专科以上学历，市场营销、营销管理等相关专业 2.2年以上的市场营销从业经验，沟通协调能力强，具备较强的开拓市场能力 3.有多年丰富的销售经验，熟悉各类文档的管理及部门办公室的所有业务，对酒店的了解和认识有一定的深度，并且熟悉周边客户群和酒店市场		

三、销售主管

销售主管岗位说明书如下表所示。

销售主管岗位说明书

部门	市场销售部	岗位	销售主管
直接上级	销售部副经理	直接下级	销售代表
岗位说明	1.根据部门总体市场策略编制自己分管市场的销售计划 2.组织本组组员对新市场进行开发 3.管理开发好自己的客户 4.负责组织销售计划的审定及落实，并进行督查		

岗位说明	5.掌握每位销售人员每日销售接待活动，并审核销售记录卡 6.每天早晨组织销售员召开晨会，布置当日工作重点。晚上参加部门销售会议，汇报当日工作进行情况及次日工作重点 7.根据工作需要对小组人员配备提出意见并编制本组培训计划，及督导培训计划的落实 8.每周组织销售员参加部门周例会，每周对本市场状况进行一次分析总结，找出工作存在的不足并提出解决方案，且对下周市场状况进行分析预测 9.带领销售员完成酒店下达的经营指标 10.根据每位销售人员特点及客户的特点对本市场客户进行合理分配 11.审核上交种类报告并提出处理意见 12.协助销售员做好大型团队、特殊客户的接待服务工作 13.参加市场经营分析会及年、月、度的市场经营计划会
任职要求	1.中专以上学历，市场营销等相关专业 2.1年以上的市场营销从业经验 3.沟通协调能力强，具备良好的团队素质 4.具备较强的开拓市场能力

四、销售代表

销售代表岗位说明书如下表所示。

销售代表岗位说明书

部门	市场销售部	岗位	销售代表
直接上级	销售主管	直接下级	
岗位说明	1.根据本组市场开发计划，制订个人销售活动计划 2.向高级销售经理汇报市场信息，包括本市场状况、竞争对手情况、客户反馈意见等 3.熟练掌握酒店产品知识，安排客户参观酒店 4.及时处理客户的来电、来函 5.协调安排自己所辖客户在酒店的大型活动及VIP的接待工作 6.随时关注客户的变化，分析原因并向高级销售经理提出建议与意见 7.参加部门组织的大型促销活动 8.关注市场信息，不断开发新客户 9.对本市场中的客源大户要熟悉他们的基本情况，随时关注其变化并做出应对		
任职要求	1.中专以上学历 2.1年以上的市场营销从业经验 3.沟通协调能力强，具备良好的团队素质		

五、预订领班

预订领班岗位说明书如下表所示。

预订领班岗位说明书

部门	市场销售部	岗位	预订领班
直接上级	销售主管	直接下级	预订员
岗位 说明	1.督促检查本部门员工的个人仪表整洁，督促员工保持预订部的整洁有序 2.负责本部门的排班和考勤，并对员工的工作做出评估 3.向下属分配工作，监督检查工作的完成情况，具体地做好预订工作，及时发现并纠正本部门工作的误差和事故，处理工作中的难题，与有关部门协调 4.检查本部门工作用品及设备情况，及时补充并申请维修 5.准确掌握客房出租及预订情况以及客流量，并做出具体的工作安排		
任职 要求	1.中专以上学历 2.1年以上的预订部从业经验 3.沟通协调能力强，具备良好的团队素质		

六、预订员

预订员岗位说明书如下表所示。

预订员岗位说明书

部门	市场销售部	岗位	预订员
直接上级	预订领班	直接下级	
岗位 说明	1.准时到岗，阅读交接班记录及有关事宜 2.维持工作环境的清洁和卫生 3.耐心地接听客人的电话，按客人的要求，为客人预订房间 4.及时地汇报工作中遇到的各类问题 5.了解酒店的房间类型和分布、朝向以及各种服务设施，以保证让每一位客人能预订到自己满意的房间 6.积极协调好与各部门员工的工作关系，协助销售人员做好酒店的预订及销售工作		
任职 要求	1.中专以上学历 2.沟通协调能力强，具备良好的团队素质		

七、公关经理

公关经理岗位说明书如下表所示。

公关经理岗位说明书

部门	市场销售部	岗位	公关经理
直接上级	销售部经理	直接下级	美工主管
岗位说明	1.负责各部门下达美工单的确认 2.认真完成各部门下达美工任务，并进行监督检查 3.对酒店各项大事进行照相、录像 4.负责酒店各项宣传工作的美工工作 5.每月出具各部门美工费用成本 6.认真完成上级领导分配的其他工作任务 7.根据美工日常需要，合理申购美工用品 8.负责文、图、声、像广告的策划与版面设计 9.对由广告商经手的大型项目提出建议与之磋商，保证达到要求 10.按上级要求完成酒店内外雕塑、绘画、标牌、标语等美术装潢设计和定做，根据酒店格调、环境特点和营业需要，进行设计制作建设，不断改善酒店内外装潢		
任职要求	1.中专以上学历 2.1年以上的美工从业经验 3.沟通协调能力强，具备良好的团队素质		

八、美工主管

美工主管岗位说明书如下表所示。

美工主管岗位说明书

部门	市场销售部	岗位	美工主管
直接上级	公关经理	直接下级	美工
岗位说明	1.严格遵守美工室各项规章制度 2.认真完成各部门下达的美工任务 3.负责会议、餐饮、节庆及大型活动的美术设计和制作 4.负责酒店的所有服务用品和印刷宣传品的美术设计与监制		
任职要求	1.中专以上学历，经济、管理等相关专业 2.沟通协调能力强，具备良好的团队素质		

九、美工

美工岗位说明书如下表所示。

美工岗位说明书

部门	市场销售部	岗位	美工
直接上级	美工主管	直接下级	
岗位说明	1.与高级美工密切配合，根据酒店经营活动的需要进行各种设计和制作活动 2.设计制作店内、外广告，包括铜牌广告、户外广告、告示牌，横幅、雕塑、每月宣传页和其他印刷物品，保证制品质量 3.协助餐饮部完成重大美术设计制作任务，如重大宴会与活动的场地布置，及相关物品的设计制作 4.负责将最后完成的美术作品或广告画放置在指定的地点（对于类似酒店顶楼的标志和霓虹灯等设施，将由工程部负责） 5.每日检查所有酒店广告是否摆放合适、位置正确 6.能够制出效果图以便被批准和制成成品，能够简单使用电脑及美工设备，有能力在接受任务后从最初的设计直到最后完成 7.妥善保管、节约使用各种美工工具、颜料、材料，保持工作场地的整洁		
任职要求	1.熟悉美工设计的系统软件应用 2.按要求完成酒店内外雕塑、绘画、标牌和标语等美术装潢设计和定做 3.沟通协调能力强，具备良好的团队素质 4.严格遵守工作程序和工作纪律，按照酒店的规章制度办事		

【他山之石03】前厅部岗位说明书

前厅部岗位说明书

一、前厅部经理

前厅部经理岗位说明书如下表所示。

前厅部经理岗位说明书

部门	前厅部	岗位	前厅部经理
直接上级	酒店总经理、分管副总经理	直接下级	前厅部副经理、接待部主管、商务主管、礼宾部主管、大堂副理
岗位说明	1.对各分部主管下达工作任务并指导、落实、检查、协调 2.负责本部门的人力调度，确保前厅部各营业岗位的运行顺利。按照奖惩条例对各岗员工进行定期评估 3.检查前厅部各岗人员的仪容、仪表、仪态、工作程序、工作效率，保证对客热情有礼、服务周到		

岗位说明	4.负责做好客房出租率预测，确保房间出租情况、订房情况、到店和离店情况以及房账收入和其他一些由管理部门要求的统计情况的准确性 5.控制前厅部劳务费用，保证前厅部合理人员配备及每人的合理劳动强度 6.控制前厅部营业费用，制定预算，量化消耗，合理使用物料用品 7.负责客人对客房和其他服务区域的投诉 8.负责前厅部的安全和消防工作 9.确保前厅部与酒店各部门、社会团体及与酒店业务有关的企业、公司、商社、机构的良好公共关系，以便保证酒店有一个宽松的经营环境 10.组织参与VIP客人的接待入住、迎送工作 11.主持召开部门会议、业务会议、例会等，提出工作疑难、工作计划、工作建议等
任职要求	1.大学本科毕业或同等学力以上，酒店管理相关专业 2.曾在同档星级酒店前厅任经理职务，熟悉前厅部运作及管理规范 3.国语流利及有较强的英语口语表达能力

二、前厅部副经理

前厅部副经理岗位说明书如下表所示。

前厅部副经理岗位说明书

部门	前厅部	岗位	前厅部副经理
直接上级	前厅部经理	直接下级	接待部主管、商务主管、礼宾部主管、大堂副理
岗位说明	1.直接参与所负责部门每天的日常接待工作 2.直接督导总台及各部门主管工作，深入了解员工事务、服务态度及工作质量，及时向前厅部经理汇报，解决各种工作问题 3.负责培训所负责分部员工的业务技能、服务标准、礼仪规范、外语等 4.检查前厅部各岗人员的仪容、仪表、仪态、工作程序、工作效率，保证对客热情有理、服务周到 5.掌握当天客情及预订情况 6.制订本部门的物资设备供应计划 7.参加主管例会，了解员工的思想状况 8.检查、负责本部门的安全、防火工作		
任职要求	1.大学本科毕业或同等学力以上，酒店管理相关专业 2.曾在同档星级酒店前厅部任经理职务，熟悉前厅部运作及管理程序 3.国语流利及有较强的英语口语表达能力		

三、接待部主管

接待部主管岗位说明书如下表所示。

接待部主管岗位说明书

部门	前厅部	岗位	接待部主管
直接上级	前厅部经理、副经理	直接下级	接待部领班、接待部员工
岗位说明	1.主持总台全面工作，上传下达，与有关部门协调、沟通、密切合作 2.指导总台班组的日常运转，向客人提供最佳服务，与客人建立起良好的顾客关系 3.制订培训计划，编写培训教材，组织实施培训 4.收集各种宾客的意见，及时反馈 5.与其他主管及时沟通，协调处理总台问题 6.记录当日工作中存在的问题、建议并及时向部门经理汇报，将上级指示及时传达给每一位员工 7.做好总台的安全、消防工作及各项清洁卫生的检查工作			
任职要求	1.大学专科以上学历 2.具有3年以上的同档星级酒店接待工作经验，2年以上的管理经验 3.国语流利及有较强的英语或其他外语的口语表达能力			

四、接待部领班

接待部领班岗位说明书如下表所示。

接待部领班岗位说明书

部门	前厅部	岗位	接待部领班
直接上级	接待部主管	直接下级	接待部员工
岗位说明	1.负责有关住房、房价、酒店服务设施的查询和推销工作 2.检查、督导员工履行工作职责，严格按照工作程序为客人服务 3.重视客人的投诉，要尽最大努力答复，遇不能解决的问题及时报告主管 4.及时、详细、准确地办理入住手续（登记、输入电脑），符合有关部门的规定 5.督促总台全体员工为宾客提供迅速、准确、礼貌的服务 6.详细记录交班事项，如有重要事件必须下一班继续完成的都应详细记录 7.在熟悉业务知识的基础上，协助主管培训新员工，担当培训者的职责 8.注意检查员工的仪容、仪表及精神面貌，确保为客人提供优质服务 9.对工作中发生的重要问题及时向上级汇报，完成主管交办的其他事项			
任职要求	1.中专或高中以上学历 2.具有2年以上的同档星级酒店总台接待工作经验，1年以上的管理经验 3.国语流利及有较强的英语或其他外语的口语表达能力			

五、接待部员工

接待部员工岗位说明书如下表所示。

接待部员工岗位说明书

部门	前厅部	岗位	接待部员工
直接上级	接待部领班	直接下级	
岗位说明	1.接待住店、来访客人（包括团体客人、散客），为客人办理入住登记手续 2.做好VIP客人入住的准备工作，高规格地为VIP宾客办理登记入住手续 3.为客人排房（包括预先排房）和确定房价，并做好有关客人资料的档案工作 4.正确地显示客房的实时房态，协调对客服务，保持与相关部门的沟通联系 5.接待投诉客人，解决不了的问题及时上报领班或主管 6.制作客房营业日报表等表格 7.迅速、准确地回答客人的问讯（包括介绍店内服务信息、市内观光、交通情况等） 8.处理客人留言以及分发、回收钥匙，保管客人寄存的物品 9.提供查询、寻人服务		
任职要求	1.中专或高中以上学历 2.具有1年以上的同档星级酒店同类工作经验 3.国语流利及有较强的英语或其他外语的口语表达能力		

六、商务主管

商务主管岗位说明书如下表所示。

商务主管岗位说明书

部门	前厅部	岗位	商务主管
直接上级	前厅部经理、副经理	直接下级	总机领班、总机话务员、商务中心领班、商务文员
岗位说明	1.检查每天的交接班记录，检查员工的仪容、仪表及各班出勤情况 2.检查总机房、商务中心工作用品情况，及时申领补充，保证工作正常进行 3.督导话务员准确、迅速、耐心、周到的服务和保持良好的语音、语调，确保总机房和商务中心的各项服务符合标准和规范 4.确保各班良好的工作秩序和环境的清洁卫生 5.处理电话业务中和商务服务中的意外事件和特殊情况 6.在业务繁忙时参与电话服务工作和商务中心服务工作 7.熟悉常、长住客，重要客人的姓名及特殊服务要求，熟悉酒店当日的重大接待活动及要求，及时布置、跟办有关事宜 8.月底打印酒店各部门话单和商务中心公关费用并送交财务部 9.每周进行工作小结，每年进行年终总结		
任职要求	1.大学专科以上学历 2.具有3年以上的同档星级酒店商务中心、总机工作经验，2年以上管理经验 3.国语流利及有较强的英语或其他外语的口语表达能力		

七、总机领班

总机领班岗位说明书如下表所示。

总机领班岗位说明书

部门	前厅部	岗位	总机领班
直接上级	商务主管	直接下级	总机话务员
岗位说明	1.直接参与电话服务工作 2.掌握总机房机器设备的功能、操作使用和注意事项 3.热情、耐心解答客人的各种问讯 4.处理客人的投诉电话和无理取闹电话，并及时向上一级请示汇报 5.熟悉常、长住客，重要客人的姓名及特殊服务要求，熟悉酒店当日的重大接待活动及要求，处理本班组接线生发生的问题 6.当班结束时，与下一班次交接清楚		
任职要求	1.中专或高中以上学历 2.具有2年以上的同档星级酒店同类工作经验，1年以上管理经验 3.国语流利及有较强的英语或其他外语的口语表达能力		

八、总机话务员

总机话务员岗位说明书如下表所示。

总机话务员岗位说明书

部门	前厅部	岗位	总机话务员
直接上级	商务主管、总机领班	直接下级	
岗位说明	1.迅速、准确地接转每一个通过交换台的电话 2.注意接班后 MORNING CALL、电话转移及 IDD&DDD 情况 3.遇到投诉及其他问题及时向领班汇报 4.保持总机房内清洁卫生 5.认真填写交班日记，注意交接事项，如：VIP、住房情况、叫醒服务情况、电话留言情况等 6.合理使用、保养机房设备，遇到机器故障应立即联系相关人员予以维修 7.在日常工作中不断收集新信息、资料，做好记录，以便话务工作更完善		
任职要求	1.中专或高中以上学历 2.具有1年以上的同档星级酒店同类工作经验 3.国语流利及有较强的英语或其他外语的口语表达能力		

九、商务中心领班

商务中心领班岗位说明书如下表所示。

商务中心领班岗位说明书

部门	前厅部	岗位	商务中心领班
直接上级	商务主管	直接下级	商务中心文员
岗位说明	1.当值时负责商务中心、商务总台的各项服务 2.每天检查员工的仪容仪表，安排、督促员工的工作 3.每天检查、清洁商务中心及商务总台的各种设备设施 4.负责保持商务中心和商务总台工作环境的整洁 5.收集并为宾客提供本市商务、贸易等方面的最新信息 6.帮助员工了解工作中遇到的难题，处理工作差错和事故 7.掌握客情和预订资料，并做好客人的资料登记，督促并检查电脑输入人员输入资料的准确性 8.负责商务中心和商务总台各种文件、资料的整理归档工作 9.做好每天的工作日志记录		
任职要求	1.中专或高中以上学历 2.具有2年以上的同档星级酒店商务中心工作经验，1年以上的管理经验 3.国语流利及有较强的英语或其他外语的口语表达能力		

十、商务中心文员

商务中心文员岗位说明书如下表所示。

商务中心文员岗位说明书

部门	前厅部	岗位	商务中心文员
直接上级	商务主管、商务中心领班	直接下级	
岗位说明	1.做好VIP宾客入住的准备工作，高规格地为宾客办理入住登记手续 2.处理宾客的各种问询与要求，为其提供有关旅游、购物等方面的最新信息 3.负责接受宾客的换房业务 4.每天早班上班及晚班下班前都应认真进行检查，确保设施设备处于良好状态 5.为宾客提供各种最新商务信息 6.自觉参加各级、各类培训，不断提高服务水准 7.随时向商务中心主管、领班报告工作发现的各种问题，接受上级的督导 8.记好每个班次的工作日记		
任职要求	1.中专或高中以上学历 2.具有1年以上的同档星级酒店同类工作经验		

十一、礼宾部主管

礼宾部主管岗位说明书如下表所示。

礼宾部主管岗位说明书

部门	前厅部	岗位	礼宾部主管
直接上级	前厅部经理、副经理	直接下级	礼宾部领班、礼宾部行李员、礼宾部迎宾员
岗位说明	1.负责督导大厅行李员及迎宾员最大限度地为客人提供满意的服务，合理安排散客和团队行李 2.调查并处理涉及本组工作的客人的投诉，并整理成案例分析，进行留档 3.与相关部门保持密切联系，确保优质服务 4.督促行李员在仪容仪表、行为举止、服务用语等方面达到酒店要求 5.培训及考核本部领班和员工 6.做好考勤工作，合理安排人员 7.管理监督行李房、行李员休息室及服务台的卫生工作 8.定时检查核对行李房行李的库存情况 9.做好本班组的安全、消防工作 10.做好每日的工作日志记录，把工作情况汇报给经理，并将经理指示传达给各员工 11.制订班组计划和培训工作		
任职要求	1.大专以上学历 2.具有3年以上的同档星级酒店行李部工作经验，2年以上的管理经验 3.国语流利及有较强的英语或其他外语的口语表达能力		

十二、礼宾部领班

礼宾部领班岗位说明书如下表所示。

礼宾部领班岗位说明书

部门	前厅部	岗位	礼宾部领班
直接上级	礼宾部主管	直接下级	行李员、迎宾员
岗位说明	1.负责本班次行李员及迎宾员最大限度地为客人提供满意的服务，合理安排散客和团队行李 2.及时协调解决服务中的突发事件和疑难问题 3.与相关部门保持密切联系，确保优质服务 4.督促行李员在仪容仪表、行为举止、服务用语等方面达到酒店要求 5.协助主管完成本部门培训任务 6.做好考勤工作，合理安排人员 7.管理监督行李房、行李员休息室及服务台的卫生工作 8.定时检查核对行李房行李的库存情况 9.做好本班组的安全、消防工作 10.做好每日的工作日志记录，定时汇报工作情况，并且把经理指示传达给员工		
任职要求	1.大专以上学历 2.具有2年以上的同档星级酒店行李部工作经验，1年以上的管理经验 3.国语流利及有较强的英语或其他外语的口语表达能力		

十三、行李员（迎宾员）

行李员（迎宾员）岗位说明书如下表所示。

行李员（迎宾员）岗位说明书

部门	前厅部	岗位	行李员（迎宾员）
直接上级	礼宾部领班	直接下级	
岗位说明	1.迎送客人，为进出酒店的客人开车门 2.宾客到达时通知行李员搬运行李，在行李未抵达前帮助照看客人的行李 3.为客人指引方向，回答客人的问询 4.雨天负责客人的雨具寄存服务 5.为客人安排出租车，为进出店的客人运送行李，为客人提供订车服务 6.协助保安做好车辆疏通工作 7.为坐出租车进店客人提供车号服务（以便客人遗失物品时可以查找） 8.递送宾客邮件、酒店报表和报纸等，完成客人的委托代办业务 9.为宾客提供问询服务，为客人提供寄存行李业务 10.为客人开店门，为客提供店内寻人服务 11.提供出借自行车、雨伞服务 12.完成交接班本内容并协同领班做好行李盘点工作 13.保持岗位区域内的清洁工作		
任职要求	1.中专或高中以上学历，具有1年以上的同档星级酒店同类工作经验 2.国语流利及有较强的英语或其他外语的口语表达能力		

十四、大堂副理

大堂副理岗位说明书如下表所示。

大堂副理岗位说明书

部门	前厅部	岗位	大堂副理
直接上级	前厅部经理、副经理	直接下级	宾客关系主任
岗位说明	1.掌握酒店各项设施功能及营业时间 2.保证本部门各分部与酒店其他相关部门保持良好的沟通及协调 3.及时、准确、认真地处理宾客投诉、记录反馈，事后做好案例分析，并在酒店宾客档案"REMARK"处突出，进行有针对性的工作 4.每日征询宾客对酒店的建议，拨打"COURTESY CALL"，并将记录反馈给管理层 5.大堂副理各班次必须做好当日值班记录工作，并将需要"FOLLOW UP"的重要事项标明，并与下班次明确交代		

续表

岗位说明	6.如遇有宾客生病应及时协助处理，向上级及时汇报，并做好事后慰问工作
	7.及时处理宾客遗留在酒店的物品，主动帮助宾客联系查找
	8.督导前台工作，协助前台主管、领班做好宾客的接待工作
	9.处理外电、外访的酒店总经理等领导接待工作，并代表总经理迎送VIP宾客
	10.负责大堂各岗位运作情况：员工仪容仪表、劳动纪律、服务质量，以及公共区域清洁卫生、秩序、设备完好情况
	11.配合保安部做好安全、消防工作，以及检查前台工作人员对外籍宾客户籍录入和发送情况
	12.遇突发事件，及时上报，并积极与相关部门主管协调处理，事后做好记录
任职要求	1.大学专科以上学历，酒店管理相关专业毕业
	2.2年以上四星级酒店前厅部工作经验，熟悉酒店各个部门的工作性质和工作职责
	3.熟练掌握一门以上外语，听、说能力较强

十五、宾客关系主任

宾客关系主任岗位说明书如下表所示。

宾客关系主任岗位说明书

部门	前厅部		岗位	宾客关系主任
直接上级	大堂副理		直接下级	
岗位说明	1.掌握酒店各项设施功能及营业时间			
	2.协调本部门和其他部门之间的工作沟通			
	3.及时、准确地引导进店宾客，协助大堂副经理解决宾客投诉			
	4.每日征询宾客对酒店的建议，修订成册			
	5.协助进店团队宾客的入住登记工作			
	6.如遇有宾客生病应及时协助处理，向上级及时汇报，并做好事后慰问工作			
	7.及时处理宾客遗留在酒店的物品，主动帮助宾客联系查找			
	8.协助本部门各个岗位的日常工作，及时补充岗位空缺			
	9.协助上级领导对VIP的迎送工作和VIP在店期间的事务处理			
	10.负责大堂各岗位运作情况：员工仪容仪表、劳动纪律、服务质量，以及公共区域清洁卫生、秩序、设备完好情况			
任职要求	1.大学专科以上学历，酒店管理相关专业毕业			
	2.1年以上的四星级酒店前厅部工作经验，熟悉酒店各个部门的工作性质和工作职责			
	3.熟练掌握一门以上外语，听、说能力较强			

【他山之石04】客房部岗位说明书

客房部岗位说明书

一、客房部经理

客房部经理岗位说明书如下表所示。

客房部经理岗位说明书

部门	客房部	岗位	客房部经理
直接上级	分管副总经理	直接下级	客房部副经理
岗位说明	1.负责编制本部门的经营工作计划和人员编制情况 2.维护部门正常工作秩序，检查卫生质量和服务质量、设备设施的完好情况，控制好物料和费用成本 3.审核主管、领班及员工奖金的评定工作 4.审核并签署部门报表、请示、报告等文件 5.接待同行来访人员，了解酒店业发展趋势，提出客房设施改造和服务质量改善的合理化建议 6.参与重要接待任务，检查VIP房间，拜访长住客人，探访生病客人 7.处理客人投诉及意外事件，组织例行安全、卫生、消防检查 8.分析部门营业周期情况		
任职要求	1.具有大学本科毕业学历或同等以上文化程度 2.有5年以上的同星级客房管理工作经验 3.熟悉本部门专业知识，熟练使用电脑，持有客房部经理上岗证，持有酒店英语初级证书 4.受过专业培训，参加过集团管理人员的培训且成绩合格		

二、客房部副经理

客房部副经理岗位说明书如下表所示。

客房部副经理岗位说明书

部门	客房部	岗位	客房部副经理
直接上级	部门经理	直接下级	各区域主管
岗位说明	1.每天检查各区域日常工作并向部门经理汇报 2.检查各区域主管制订的工作计划 3.掌握住客情况和房态，抽查客房，检查VIP房间，不定期拜访长住客人，探访生病客人。处理客人投诉和意外事项		

续表

岗位 说明	4.检查所有公共区域的卫生,并保证干净和工作正常 5.负责所有可租房随时保持最佳状态 6.接受部门经理布置的额外工作,并组织部门主管进行卫生检查,做好检查记录 7.监督楼面和客房中心的盘点工作,协调洗衣房做好布草的盘点工作 8.处理楼层、公共区域及管理人员的问题,以保证工作有效的实施 9.处理各班次留下的交班工作
任职 要求	1.具有大学专科毕业学历或同等以上文化程度 2.有5年以上的客房管理工作经验或3年以上同星级酒店客房管理工作经验 3.熟悉本部门专业知识,熟练使用电脑,持有客房部经理上岗证,持有酒店英语初级证书 4.受过专业培训,参加过集团管理人员的培训且成绩合格者

三、客房中心主管

客房中心主管岗位说明书如下表所示。

客房中心主管岗位说明书

部门	客房部	岗位	客房中心主管
直接上级	客房部经理、副经理	直接下级	客房中心联络员
岗位 说明	1.负责客房中心员工的排班、考勤,并将考勤资料按规定时间送交人力资源部门 2.与总台密切配合,核实客房状况,严格控制待修房数量 3.培训员工,督导客房中心员工房卡发放的准确无误 4.检查办公室与客房中心的安全防火设施,物品的合理放置及清洁卫生状况,做好消防安全工作 5.审核对客服务用品的项目和数量 6.定期向部门填报酒水销售、工程报修项目反馈信息、每日出房量信息等统计资料 7.督导员工规范操作,保证客房中心信息的准确无误 8.完成客房中心每月盘点工作 9.根据部门的统一安排,与洗衣房做好床罩、窗帘、薄床垫、毛毯等用品的周期性更换或清洁的联络工作		
任职 要求	1.具有中专毕业学历或同等以上文化程度 2.有2年以上客房中心工作经验,熟悉客房服务流程、标准,会使用酒店管理系统 3.有良好的文字及语言表达能力,熟练使用电脑,持有酒店英语中级证书,能解决客人提出的问题 4.参加过集团管理人员的培训且成绩合格者		

四、客房中心联络员

客房中心联络员岗位说明书如下表所示。

客房中心联络员岗位说明书

部门	客房部	岗位	客房中心联络员
直接上级	客房中心主管	直接下级	
岗位说明	1.负责与其他部门的信息收发传递 2.负责管理房卡，呼机的分发 3.负责员工的签到考勤 4.妥善保管客房中心的客用品，协助客人借还客用品 5.按程序登记客人的遗留物品 6.向工程部提出维修的请求，及时维修客房故障 7.做好各项工作交接及明确记录		
任职要求	1.具有高中学历或同等以上文化程度 2.有1年以上客房工作经验 3.持有酒店英语中级证书，熟悉酒店客房专业知识，可合理地为客人解决问题 4.参加过相关专业培训		

五、二级库仓管员

二级库仓管员岗位说明书如下表所示。

二级库仓管员岗位说明书

部门	客房部	岗位	二级库仓管员
直接上级	客房中心主管	直接下级	
岗位说明	1.负责部门所有物品的申领、保管、发放和盘点工作 2.负责酒水的报损和更换工作 3.依照财务部要求定期对部门使用的固定资产、客用物品、工具设备进行检查和统计 4.经常查看物资的有效日期，防止虫害、霉变，发现问题及时解决 5.每月盘点一次楼层的易耗品、劳动用品及贵重物品的数量 6.严格按规定存放易燃物品，做好防火安全工作，保持库房的清洁和整洁 7.下班前检查灯具、电源等是否关闭		
任职要求	1.具有中专毕业学历或同等以上文化程度 2.有2年以上库房工作经验 3.持有酒店英语初级证书，有一定财务知识，会使用电脑 4.参加过相关专业培训，参加过集团管理人员的培训且成绩合格者		

六、行政楼层主管

行政楼层主管岗位说明书如下表所示。

行政楼层主管岗位说明书

部门	客房部		岗位	行政楼层主管
直接上级	客房部副经理		直接下级	行政管家
岗位说明	1.全面管理行政楼层的服务工作，做好行政管家培训和考核工作 2.检查行政管家的仪容仪表、礼节礼貌，严格考勤，严格执行服务程序与规范 3.掌握贵宾楼层的房态、宾客的情况和必要的信息 4.迎接并送行每一位VIP客人，拜访行政楼层客人，反馈客人意见与建议 5.与相关部联系并协调工作，确保服务的快捷与效率 6.及时阅读并处理客人与行政楼层之间的信函，发现问题及时向经理报告，及时得到妥善处理 7.保证行政客房的清洁水平，督导行政管家做好客史档案工作 8.阅读并填写交接班日记，定期总结工作，分析各种数据并上报			
任职要求	1.具有大专毕业学历或同等以上文化程度 2.有3年以上五星级客房管理工作经验或2年以上五星级行政楼层工作经验，熟悉客房服务流程、标准，会使用酒店管理系统 3.持有酒店英语高级证书或英语四级以上水平，善于与客人沟通，有较强的协调组织能力，可合理地为客人解决问题 4.参加过集团管理人员的培训且成绩合格者			

七、行政楼层行政管家

行政楼层行政管家岗位说明书如下表所示。

行政楼层行政管家岗位说明书

部门	客房部		岗位	行政楼层行政管家
直接上级	行政楼层主管		直接下级	
岗位说明	1.按规定的服务程序与标准向贵宾提供最佳的服务 2.掌握实时房态，掌握行政楼层以及VIP宾客的情况及必要的信息，做好服务准备，并负责来访客人的参观、接待工作 3.检查自己的仪容仪表和行为规范 4.与前厅部、餐饮部、工程部、财务部协调工作，为贵宾提供一流的服务 5.检查VIP的房间，对住店生病的客人或残疾人予以慰问、关照，并协调有关部门予以特殊服务			

岗位说明	6.高效地为贵宾提供以下服务：分配房间、入住登记、离店结账、建立宾客档案、协助订餐、确认机票和预订房间、文件的传递、行政酒廊会议接待与服务等，帮助贵宾解决各种需求
	7.及时有效地解决客人投诉，每日拜访不同类型的宾客，征求客人意见，做好记录
	8.认真做好每天工作日志和交接班记录
	9.统计相关信息和数据工作
	10.迅速准确回答客人的问讯，包括店内各种服务信息、市内观光、天气、交通情况等。了解酒店当天餐饮会议等活动
任职要求	1.具有大专毕业学历或同等以上文化程度
	2.有2年以上客房工作经验
	3.持有酒店英语中级证书，熟悉酒店专业知识，可合理地为客人解决问题
	4.参加过相关专业培训

八、客房主管（早班）

客房主管（早班）岗位说明书如下表所示。

客房主管（早班）岗位说明书

部门	客房部	岗位	客房主管（早班）
直接上级	客房部副经理	直接下级	客房领班
岗位说明	1.具体实施对所辖区域客房的管理工作		
	2.每日根据房间出租情况，督促和控制人员安排计划		
	3.安排定期的清洁工作，如：地毯清洗、沙发的清洁及清洗窗帘和床上用品工作。确保客房及公共区域保持在一个较高的清洁水平		
	4.督促、检查客房部员工的出勤情况及检查、制定排班表		
	5.处理紧急事故、客人投诉及一些突发情况		
	6.每日检查预订贵宾或已住店的VIP房、长住客及抽查员工的工作情况，发现后随时更正		
	7.密切协助、配合前厅经理及工程部经理在必要的情况下将一些客房封闭进行维修或油漆家具工作		
	8.完成每期棉织品和易耗品盘点工作		
任职要求	1.具有大专毕业学历或同等以上文化程度		
	2.有3年以上客房领班管理工作经验		
	3.持有酒店英语初级证书，持有客房高级管理证书，熟悉酒店客房管理专业知识，可合理地为客人解决问题		
	4.参加过相关专业培训，参加过集团管理人员的培训且成绩合格者		

九、客房主管（中班）

客房主管（中班）岗位说明书如下表所示。

客房主管（中班）岗位说明书

部门	客房部		岗位	客房主管（中班）
直接上级	部门副经理		直接下级	客房中班领班
岗位说明	1.及时与白班主管做好沟通、协调工作，监督员工的出勤 2.负责中班的夜床卫生清洁服务规程的完成和效率 3.传达部门工作布置及早班工作交接 4.检查VIP房，监督重要团体到达的接待工作 5.处理客人投诉，协调相关部门解决楼层出现的问题 6.负责处理与解决和其他部门发生的信息传递情况反馈 7.对发生问题的起因和处理结果负责，解决方式要用文字记录，并交接给下一班 8.与前厅部接待紧密配合，核实有疑问的房态 9.检查服务员对客情的掌握，发现非法留宿或住宅有异常举动要立即报告大堂副理、客房部值班经理和保安部 10.负责监督房卡、店内寻呼发放和使用工作，加强部门安全管理，做好本区范围内的防火、防盗及安全工作			
任职要求	1.具有大专毕业学历或同等以上文化程度 2.有3年以上的客房领班管理工作经验 3.持有酒店英语初级证书，持有客房高级管理证书，熟悉酒店客房管理专业知识 4.参加过相关专业培训，参加过集团管理人员的培训且成绩合格者			

十、客房领班（早班）

客房领班（早班）岗位说明书如下表所示。

客房领班（早班）岗位说明书

部门	客房部		岗位	客房领班（早班）
直接上级	客房主管		直接下级	客房服务员
岗位说明	1.负责督导和处理楼层各项服务工作、卫生工作 2.每日主持班组例会，传达部门工作布置及夜班工作交接 3.负责所属服务员的岗上业务培训工作 4.督促所属员工执行楼层万能钥匙、房卡的使用管理规定，落实各项安全制度 5.认真如实地填写每日工作记录、查房表，检查服务员工作表的填写情况 6.负责管理、检查客房小酒吧饮料的报损、领取和补充工作以及结账单的保管工作 7.执行每日棉织品的抽查盘点工作，负责楼层物品正常消耗和损耗的盘点核查工作 8.检查服务员仪容仪表、行为规范及出勤情况			

续表

任职要求	1.具有职高以上学历
	2.有2年以上五星级客房工作经验或2年以上客房相关管理经验
	3.持有酒店英语初级证书，持有客房服务中级证书
	4.参加过相关专业培训，参加过集团管理人员的培训且成绩合格者

十一、客房领班（中班）

客房领班（中班）岗位说明书如下表所示。

客房领班（中班）岗位说明书

部门	客房部	岗位	客房领班（中班）
直接上级	客房主管	直接下级	客房服务员
岗位说明	1.负责督导和处理中班各项服务工作，检查楼层公共区域各项卫生工作 2.每日主持中班班组例会，传达部门工作布置及早班工作交接 3.负责所属服务员的岗上业务培训工作 4.督促所属员工执行楼层万能钥匙、房卡的使用管理规定，落实各项安全制度 5.认真如实地填写每日工作记录、查房表，监督检查服务员工作表的填写情况 6.负责检查客房小酒吧饮料补充工作以及结账单的填写情况 7.检查服务员开夜床的质量及离店房的清洁水平 8.检查服务员仪容仪表，行为规范及出勤情况		
任职要求	1.有职高以上学历 2.2年以上的五星级客房工作经验或2年以上客房相关管理经验 3.持有酒店英语初级证书，持有客房服务中级证书 4.参加过相关专业培训，参加过集团管理人员的培训且成绩合格者		

十二、客房领班（夜班）

客房领班（夜班）岗位说明书如下表所示。

客房领班（夜班）岗位说明书

部门	客房部	岗位	客房领班（夜班）
直接上级	客房主管	直接下级	客房服务员
岗位说明	1.负责督导和处理楼层夜班各项服务工作 2.每日主持班组例会，传达部门工作布置及中班工作交接		

岗位 说明	3.督导检查夜班巡视工作确保楼层区域安全 4.督促所属员工执行楼层万能钥匙、房卡和店内对讲机的使用管理规定 5.认真如实地填写每日工作日志和交接记录 6.负责监督楼层物品和棉织品的正常使用工作 7.检查服务员仪容仪表、行为规范及出勤情况 8.检查离店房的卫生
任职 要求	1.有职高以上学历 2.有2年以上的五星级客房工作经验 3.持有酒店英语初级证书，持有客房服务中级证书 4.参加过相关专业培训，参加过集团管理人员的培训且成绩合格者

十三、客房服务员（早班）

客房服务员（早班）岗位说明书如下表所示。

客房服务员（早班）岗位说明书

部门	客房部	岗位	客房服务员（早班）
直接上级	客房领班	直接下级	
岗位 说明	1.掌握所负责楼层的住客状况，提供对客服务 2.管理好楼层的定额物品，严格控制客用品的消耗，做好废品回收 3.严格执行安全制度，确保客房安全 4.负责对结账房间的查房工作 5.负责查收客人洗衣、酒水的送回和补充工作 6.负责楼层公共区域卫生的清洁工作和部分房间的清洁工作 7.负责杯具的清洁与消毒工作 8.负责脏布草的收集、更换与新布草的折叠、摆放工作 9.完成易耗品的每期盘点工作		
任职 要求	1.具有职高以上学历，有1年以上的客房工作经验 2.持有酒店英语初级证书，可合理地为客人解决问题 3.接受过正规客房服务工作培训		

十四、客房服务员（中班）

客房服务员（中班）岗位说明书如下表所示。

客房服务员（中班）岗位说明书

部门	客房部	岗位	客房服务员（中班）
直接上级	客房领班	直接下级	
岗位说明	1.负责楼层公共区域清洁和计划卫生工作 2.负责客房开夜床服务，负责对结账房的查房和清洁工作 3.负责对客服务工作 4.负责协助工程部人员开门维修和楼层安全工作 5.负责杯具的清洁与消毒工作 6.负责脏布草的收集、更换与新布草的折叠、摆放工作		
任职要求	1.有职高以上学历，有1年以上的客房工作经验 2.酒店英语初级证书，可合理地为客人解决问题，受过正规客房服务工作培训		

十五、客房服务员（夜班）

客房服务员（夜班）岗位说明书如下表所示。

客房服务员（夜班）岗位说明书

部门	客房部	岗位	客房服务员（夜班）
直接上级	客房领班	直接下级	
岗位说明	1.负责楼层区域安全巡视工作 2.负责对客服务工作 3.负责对结账房的检查及卫生清洁工作 4.负责收取早餐菜单工作 5.负责收取客人洗衣工作 6.负责计划卫生的清洁工作		
任职要求	1.具有职高以上学历，有1年以上客房工作经验 2.持有酒店英语初级证书，可合理地为客人解决问题 3.接受过正规客房服务工作培训		

十六、客房卫生员

客房卫生员岗位说明书如下表所示。

客房卫生员岗位说明书

部门	客房部	岗位	客房卫生员
直接上级	客房领班	直接下级	
岗位说明	1.按照酒店规程清扫客房，及时补充客房用品，控制物料消耗 2.发现房间设备损坏，地毯、墙纸污迹应做好记录，及时通知客房中心 3.严格执行安全制度，确保客房安全 4.及时反馈客人的信息和意见 5.在早班不在时协助楼层完成对客服务工作和相关后勤保障工作		
任职要求	1.具有初中以上学历，有1年以上的客房工作经验或相关经验 2.能进行简单英文对话，接受过正规客房服务培训		

十七、公共区域主管

公共区域主管岗位说明书如下表所示。

公共区域主管岗位说明书

部门	客房部	岗位	公共区域主管
直接上级	客房部经理、副经理	直接下级	公共区域领班
岗位说明	1.负责对公共区域清洁卫生的管理工作 2.制定并落实公共区域各岗位员工的工作安排、调配、培训、考核工作 3.负责公共区域清洁卫生质量，地毯保养、鱼池放养、庭园绿化、花卉布置等工作 4.安排公共区域大清洁计划，制订培训计划，检查公共区域安全工作 5.督导下属领班及员工的工作，加强与其他部门的联系、互相沟通 6.控制清洁剂、清洁用品的消耗，负责每期盘点工作		
任职要求	1.具有中专毕业以上学历或同等文化程度 2.有3年以上的公共区域领班管理工作经验 3.持有酒店英语初级证书，熟悉酒店公共区域管理专业知识及保养常识 4.参加过相关专业培训，参加过集团管理人员的培训且成绩合格者		

十八、公共区域领班

公共区域领班岗位说明书如下表所示。

公共区域领班岗位说明书

部门	客房部	岗位	公共区域领班
直接上级	公共区域主管	直接下级	
岗位说明	1.制订每月公共区域清洁计划 2.检查下属仪容仪表、行为规范及出勤状况 3.每月检查并报告公共区域内设施、设备、用品的损坏情况 4.控制清洁剂和清洁物品的耗量及设备工具的保养 5.培训和督导下属员工工作 6.定期对下属进行评估,向上级提出奖惩建议 7.完成每期盘点工作		
任职要求	1.具有职高以上学历 2.有2年以上的相关工作经验 3.持有酒店英语初级证书 4.参加过相关专业培训,参加过集团管理人员的培训且成绩合格者		

十九、公共区域巡理员

公共区域巡理员岗位说明书如下表所示。

公共区域巡理员岗位说明书

部门	客房部	岗位	公共区域巡理员
直接上级	公共区域领班	直接下级	
岗位说明	1.正确使用清洁剂及清洁工具 2.负责营业区域的清洁 3.保证客用卫生间的清洁水平 4.保证会议区域和办公区域的清洁 5.负责店外区域和员工通道的清洁 6.严格执行安全操作规程,防止意外事故的发生		
任职要求	1.具有初中以上学历 2.有1年以上的相关工作经验 3.能进行简单英文对话 4.接受过正规客房服务培训		

二十、公共区域打理员

公共区域打理员岗位说明书如下表所示。

公共区域打理员岗位说明书

部门	客房部	岗位	公共区域打理员
直接上级	公共区域领班	直接下级	
岗位说明	1.熟悉且掌握工作范围及清洁剂的性能和使用方法 2.负责酒店公共区域的地毯、云石地面、沙发的清洁、保养工作 3.负责楼层及客房区域地毯的巡视检查清洗工作 4.负责公共区域地毯的翻犁式吸尘工作 5.负责客房布面家具清洗及卫生间地面打磨工作 6.负责对清洁、清洗设备的维护、保养工作 7.严格执行安全制度，防止意外事故的发生		
任职要求	1.有1年以上的酒店相关工作经验 2.英语初级水平，熟悉酒店清洁专业知识，会使用清洁机器设备 3.接受过地毯洗涤、结晶处理等相关专业培训		

二十一、公共区域绿化员

公共区域绿化员岗位说明书如下表所示。

公共区域绿化员岗位说明书

部门	客房部	岗位	公共区域绿化员
直接上级	公共区域领班	直接下级	
岗位说明	1.负责全酒店室内、室外植物的修剪、浇水、施肥、清洁工作 2.保持室内外植物处于良好的状态 3.完成领导交办的其他工作任务		
任职要求	1.有1年以上的花卉或园林管理经验 2.熟知花卉和植物保养常识 3.参加过相关专业培训		

二十二、洗衣部副经理

洗衣部副经理岗位说明书如下表所示。

洗衣部副经理岗位说明书

部门	客房部	岗位	洗衣部副经理
直接上级	客房部经理	直接下级	洗衣部主管
岗位说明	1.在客房部经理的领导下，全面负责洗衣部工作 2.每日参加例会，酒店工作计划及要求，协调好与各部门之间的关系 3.负责编制本部门的经营工作计划和人员编制情况 4.检查主管、领班的工作（审核主管、领班和员工的资金评定工作） 5.有效进行成本控制，制定价格，保持平衡，注意洗涤剂的消耗控制，并按计划补库存 6.处理客人投诉的意外事件 7.与设备维修商、工程部联合商谈有关机器的保养与修理问题 8.分析部门营业周期情况		
任职要求	1.具有高中以上学历或同等文化程度 2.有5年以上的同星级洗衣部管理工作经验 3.熟悉本部门专业知识，持有高级洗衣师证书，持有经理上岗证 4.受过专业培训，参加过集团管理人员培训班且成绩合格者		

二十三、洗衣部主管

洗衣部主管岗位说明书如下表所示。

洗衣部主管岗位说明书

部门	客房部	岗位	洗衣部主管
直接上级	客房部经理	直接下级	客衣组领班
岗位说明	1.合理调配人力，安排生产，提高服务意识，检查仪表、仪容、礼仪礼貌 2.掌握机器设备的情况，合理安排维护保养，检查员工对安全操作规程的落实，加强设备管理 3.督导员工保证安全生产，按工作程序与质量标准进行工作并随时检查员工的工作质量 4.指导员工正确投放各种洗涤原料，控制洗涤成本，每日对洗涤原料进行盘点，负责原料的出入库工作 5.处理客人一般投诉，遇有较大投诉上报部门经理 6.检查洗衣房内是否有消防及其他安全隐患，检查安全制度的落实，检查区域卫生和设备擦拭维护 7.每日填写工作记录，上报部门经理		
任职要求	1.职高以上学历 2.5年以上洗衣房管理工作经验 3.熟悉部门专业知识，熟悉洗涤设备的使用与保养，持有高级洗衣师证，有一定英语基础 4.受过专业培训，参加过集团管理人员培训班且成绩合格者		

二十四、客衣组领班

客衣组领班岗位说明书如下表所示。

客衣组领班岗位说明书

部门	客房部		岗位	客衣组领班
直接上级	洗衣部主管		直接下级	客衣组员工
岗位 说明	1.检查本组工作和岗位责任制的落实，合理安排工作任务 2.督导本组员工严格按工作程序与质量标准完成检查、分类、打号、核对、包装、入账及取送客衣的工作 3.保证"VIP"及快件服务按客人要求按时、保质、保量完成 4.认真检查和记录客人的要求，并及时通知水洗组、干洗组，保证衣服按客人要求标准完成 5.申领和控制各类客用品及工作用具，并保证工作环境及各类用具清洁卫生 6.熟悉和掌握各类织物的性能、洗涤标识和洗涤物品的收费标准			
任职 要求	1.职高以上学历 2.3年以上的洗衣房管理工作经验 3.熟悉本岗位专业知识，持有洗衣师证书，有一定的英语基础 4.受过专业培训，参加过集团管理人员培训班且成绩合格者			

二十五、水洗客衣、干洗、烫衣组领班

水洗客衣、干洗、烫衣组领班岗位说明书如下表所示。

水洗客衣、干洗、烫衣组领班岗位说明书

部门	客房部		岗位	水洗客衣、干洗、烫衣组领班
直接上级	洗衣部主管		直接下级	本组员工
岗位 说明	1.督导员工严格按工作程序与标准工作，确保客衣工作及其他布草的洗涤，保证熨烫质量，保证客衣服务的准时完成与及时送回 2.熟悉各种机器设备的使用方法，督导员工按规定操作机器，确保人身与设备的安全 3.督导员工工作结束后认真做好机器设备的清洁维护工作，保持工作区域的卫生清洁、整齐 4.检查工作区域内消防及其他影响安全生产的隐患，发现问题及时处理上报 5.申领所需物品，并控制使用，增强成本意识 6.负责与其他班组沟通，搞好工作协调，培养团队精神 7.做好生产记录和每日工作记录并上报经理			
任职 要求	1.职高以上学历 2.3年以上的同星级酒店洗衣房管理工作经验 3.熟悉本岗位专业知识，持有洗衣师证书，有一定的英语基础 4.受过专业培训，参加过集团管理人员培训班且成绩合格者			

二十六、水洗组领班

水洗组领班岗位说明书如下表所示。

水洗组领班岗位说明书

部门	客房部	岗位	水洗组领班
直接上级	洗衣部主管	直接下级	水洗组员工，压平组员工，布草室员工
岗位说明	1.督导员工严格按照规定的洗涤程序与加料标准进行棉织品洗涤工作 2.计划、安排好本组工作，合理排班，保证布草及时洗涤 3.申领洗涤用品，保证供应，控制消耗，降低成本 4.按规定的程序与标准，检查员工的各项工作，确保工作质量 5.监督员工安全生产，执行机器安全操作规程，做好工作区域清洁工作，检查消防工作 6.做好生产记录和工作记录		
任职要求	1.职高以上学历 2.3年以上的同星级酒店洗衣房管理工作经验 3.熟悉本岗位专业知识，持有洗衣师证书，有一定的英语基础 4.受过专业培训，参加过集团管理人员培训班且成绩合格者		

二十七、制服室领班

制服室领班岗位说明书如下表所示。

制服室领班岗位说明书

部门	客房部	岗位	制服室领班
直接上级	洗衣部主管	直接下级	制服室员工
岗位说明	1.严格按照人力资源部下发的人事变动单进行制服的发放与回收 2.严格执行制服换洗时间，热心为酒店员工服务 3.更换制服时要检查制服是否完好，如有问题要通知领班并要让员工认可 4.发放洗好制服时要检查洗熨质量、完好情况，如有破损及时修补 5.做好制服的收发记录，保证当日工作当日清 6.严格按部门区域存放工服，搞好部门清洁卫生 7.做好与洗衣房的交接记录，并及时送洗，保证各部员工服供应 8.及时检查、发现、修补有问题的工服，保证员工形象		
任职要求	1.具有职高以上学历或同等文化程度 2.具有3年以上的同星级酒店工作经验 3.具有本岗位专业知识，持有洗衣师证书 4.受过专业培训，确保为酒店员工提供干净、整洁的工服		

二十八、制服收发员

制服收发员岗位说明书如下表所示。

制服收发员岗位说明书

部门	客房部	岗位	制服收发员
直接上级	制服室领班	直接下级	
岗位说明	1.负责酒店员工制服的收发和保管工作 2.严格执行制服规定换洗时间，热心为酒店员工服务 3.在制服换洗过程中，注意检查制服的破损情况，并及时进行修补，发现污损或有意损坏等情况，应及时向领班汇报 4.发放制服之前，注意检查制服的洗涤质量，发现问题及时上报领班 5.负责工服破损、开线等修复工作，保证发放给员工的制服平整、无损 6.保持制服室内卫生整洁，做好防火工作 7.检查制服架及衣服的流失情况，发现异常或管理漏洞及时上报本部领班 8.尽可能地满足员工提出的合理要求，若属本部无法解决的服务项目，及时报领班、主管或部门经理		
任职要求	1.职高以上学历 2.2年以上的洗衣房制服室工作经验 3.熟悉本岗位专业知识，掌握缝纫技术		

二十九、客衣组员

客衣组员岗位说明书如下表所示。

客衣组员岗位说明书

部门	客房部	岗位	客衣组员
直接上级	客衣组领班	直接下级	
岗位说明	1.做好取送客衣的电话记录和一切有关工作记录 2.按要求到楼层收取需洗客衣，并核对房号做好鉴收交接 3.负责客衣的清点、分类、核对和记录工作，按标准打号 4.认真检查衣物，记录破损、搭色、掉色、少扣、少饰物等情况，及时与楼层领班联系，经客人认可后洗涤 5.把衣物按干洗、水洗、熨衣分类放入车内送下道工序，并负责转达客人的特殊要求 6.对洗烫好的衣物要认真检查质量，如有不合格的衣物退回有关班组 7.检查核对件数、物品、房号和质量完全符合标准再包装送回楼层 8.对当日不能送回的衣物，填好记录并通知客房中心，以防客人查找 9.每日清扫工作区域，保证卫生		
任职要求	1.职高以上学历 2.2年以上洗衣房工作经验 3.参加过相关专业培训，熟悉本岗位专业知识，有中级洗衣师证书，英语基础以上水平		

三十、干洗工

干洗工岗位说明书如下表所示。

干洗工岗位说明书

部门	客房部	岗位	干洗工
直接上级	干洗，熨衣领班	直接下级	
岗位说明	1.准备工作，按工作程序开启、操作机器设备 2.按规定的程序与标准做好客衣的检查、分类、洗前去污、干洗和干洗后的补洗工作 3.正确使用和掌握保养方法，定期做好设备的维护保养工作 4.密切注意干洗机工作期间各部门的工作状况，出现故障及时停机报修 5.定期清理过滤器、蒸馏器，打扫工作区域卫生 6.对于出现的洗衣质量问题，应及时向领班、主管汇报，并做好案例分析，采取适当措施补救 7.工作完毕后，必须切断水、电气和各开关，填写工作记录		
任职要求	1.职高以上学历 2.参加过相关专业培训 3.2年以上的洗衣房工作经验 4.熟悉本岗位专业知识，有中级洗衣师证书		

三十一、熨衣工

熨衣工岗位说明书如下表所示。

烫衣工岗位说明书

部门	客房部	岗位	熨衣工
直接上级	干洗，熨衣领班	直接下级	
岗位说明	1.每天负责熨烫客衣的各衣物和工服 2.按工作程序和标准做好设备使用前的各项准备工作 3.能操作各种类型的熨衣机，并根据实际情况进行熨烫 4.熨烫衣物时，发现未洗干净的衣物，送回洗涤组回洗 5.掌握机器性能，做好机器保养和工作区域卫生情况 6.每天工作结束后必须切断电源，关闭蒸汽阀门，填写工作记录		
任职要求	1.职高以上学历 2.参加过相关专业培训 3.2年以上的洗衣房熨衣工作经验 4.熟悉本岗位专业知识，持有熨衣证书		

三十二、水洗工

水洗工岗位说明书如下表所示。

水洗工岗位说明书

部门	客房部	岗位	水洗工
直接上级	水洗领班	直接下级	
岗位说明	1.每日做好班前准备工作，按工作程序开启、操作、关闭设备 2.按工作程序及标准做好客衣、工服和棉织品的洗涤及烘干工作 3.严格按洗涤标准定时加放洗涤原料，确保洗涤物品的质量 4.定期做好水洗机、烘干机的维护和每日清洁工作 5.工作期间应随时查看机器的运转情况，发现故障及时报修，机器运转中不得离岗 6.对于出现的洗涤质量问题，应及时向领班、主管汇报，并分析原因，采取适当补救措施 7.工作结束后关闭设备，切断水、电气开关，填写工作记录，打扫区域卫生		
任职要求	1.职高以上学历 2.参加过相关专业培训 3.2年以上的洗衣房工作经验 4.熟悉本岗位专业知识，有中级洗衣师证书		

三十三、布巾室组员

布巾室组员岗位说明书如下表所示。

布巾室组员岗位说明书

部门	客房部	岗位	布巾室组员
直接上级	水洗领班	直接下级	
岗位说明	1.做好布巾的整理、码放和数量登记，保持布巾室卫生整洁 2.及时为楼层送上所需布草，同时收回用过的布草，做好登记及交接 3.每日要对布巾室存放布巾过数，做到回清、月清 4.随时掌握布草数量，发现严重污渍或需报废的布草及时上报领班、主管 5.每月协助主管做好布草的盘点		
任职要求	1.具有初中文化 2.参加过相关专业培训 3.熟悉本岗位说明书和操作规程		

三十四、分检取送员

分检取送员岗位说明书如下表所示。

分检取送员岗位说明书

部门	客房部	岗位	分检取送员
直接上级	干洗领班	直接下级	
岗位说明	1.按要求准时到楼层收取待洗的客衣并核对房号 2.负责客衣的清点、分类、核对和记录工作,按标准打号 3.认真检查衣物,记录破损、搭色、样色、少扣、饰物不全等情况,及时与客房服务员取得联系,经认可方可洗涤。如发现客人遗忘在衣物内的钱、物必须登记,并交到办公室由主管与客房中心联系送还给客人 4.把衣物按水洗、干洗、熨烫分类放入车内送下一道工序,并负责转达客人的特殊要求 5.对洗、烫好的衣物要检查质量,如有不合格的衣物退回有关班组,并检查核对件数、物品、房号和质量完全符合标准后再包装送回楼层 6.每日清扫工作区域卫生			
任职要求	1.职高以上学历 2.参加过相关专业的培训 3.熟悉本岗位专业知识,有一定英语基础水平			

【他山之石05】餐饮部岗位说明书

餐饮部岗位说明书

一、餐饮部经理

餐饮部经理岗位说明书如下表所示。

餐饮部经理岗位说明书

部门	餐饮部	岗位	餐饮部经理
直接上级	总经理	直接下级	餐饮部副经理
岗位说明	1.负责制订餐饮部营销计划、长短期经营预算,带领全体员工积极完成和超额完成经营指标 2.定期深入各部门听取汇报并检查工作情况,控制餐饮部各项收支,制定餐饮价格,监督采购和盘点工作,进行有效的成本控制 3.定期同餐饮部副经理、行政总厨研究新菜点、推出新菜单,并有针对性地进行各项促销活动 4.负责下属部门负责人的任用及其管理工作的日常督导,定期对下属进行绩效评估 5.组织和实施餐饮部员工的服务技术和烹饪技术培训工作			

续表

岗位说明	6.主动征求客人对餐饮的意见和建议，积极认真地处理宾客的投诉，保证最大限度地满足宾客的餐饮需求，提高餐饮服务质量 7.开展经常性的安全保卫、防火教育，确保宾客安全和餐厅、厨房及库房的安全 8.做好餐饮部与其他各部门之间的沟通、协调和配合工作
任职要求	1.具有大专以上的学历，受过系统的餐饮管理培训，有8年以上的餐饮管理经历 2.具有丰富的餐饮服务、成本控制、烹饪技术、设施设备维护、市场营销、食品营养卫生等餐饮专业知识 3.有强烈的事业心和责任感，忠于企业，工作认真，讲究效率，坚持原则，不谋私利，处事公正，知人善任 4.具有较强的组织管理能力，能科学地制订各项餐饮计划，有效地控制餐饮成本

二、餐饮部副经理

餐饮部副经理岗位说明书如下表所示。

餐饮部副经理岗位说明书

部门	餐饮部	岗位	餐饮部副经理
直接上级	餐饮部经理	直接下级	餐饮部主管
岗位说明	1.负责餐饮部员工的岗位业务培训，督促餐饮部各岗位有计划地抓好培训工作，提高全员业务素质 2.负责督促前厅及厨房员工纪律，倡导民主管理气氛，提高管理效能 3.检查低值易耗品控制情况及瓷器各类用具的破损丢失情况，并努力将各项易耗品费用降到最低点 4.督促厨师长做好食品卫生成本核算、食品价格等工作，定期研究新菜加以推广，提高食品的出成率及边角料的利用率，最大限度地赢得利润 5.发展良好的客户关系，满足客人特殊需求，处理下级棘手的客户投诉 6.参加餐饮部经理交代的部门例会，提出合理化建议，汇报餐厅经营情况 7.在部门经理离店期间或休息时，代行部门经理职责		
任职要求	1.具有大学以上学历或同等文化程度 2.有5年以上的酒店管理经验，掌握餐饮各部门的岗位说明书和工作程序，能够根据市场变化和客人的需求，及时调整餐饮经营策略，善于组织和开展各种食品展销活动，并具有酒店预算管理知识，能编制餐饮预算		

三、宴会协调员

宴会协调员岗位说明书如下表所示。

宴会协调员岗位说明书

部门	餐饮部	岗位	宴会协调员
直接上级	餐饮部经理	直接下级	
岗位 说明	1.负责餐饮部文书工作和内务处理 2.负责餐饮部的会议记录，起草整理部门通知、报告并负责通知、报告的存档、分发和呈送工作。处理餐饮部信函、电传、电报、电话，接待来访 3.为餐饮经理准备好需审计和审批的文件资料及各种报表 4.负责餐饮部一切来往公文的收发、登记、整理和保管工作，收集和整理有关餐饮资料并存档 5.制定工作备忘录，并提醒经理及时做出安排 6.负责餐饮部员工月考勤表的制作和收取、汇总工作以及员工福利用品的领发工作		
任职 要求	1.懂得餐饮管理基础知识，并具有丰富的文秘知识 2.具有一定的语言文字表达能力，能草拟有关文件、工作总结、业务报告等，能熟练使用中、英文打字或电脑等各类办公用具 3.具有高中以上文化程度或同等学力，并有2年以上餐饮服务工作经历		

四、中（西）餐厅主管

中（西）餐厅主管岗位说明书如下表所示。

中（西）餐主管岗位说明书

部门	餐饮部	岗位	中（西）餐厅主管
直接上级	餐饮部副经理	直接下级	中西餐厅领班
岗位 说明	1.了解客情，根据客情编排员工班次及休息日 2.负责与相关部门的工作协调，处理各种突发事件 3.与厨师长保持良好的合作关系，及时将客人对菜肴的建议和意见转告厨师长，供厨师长在研究制定菜单时作为参考 4.在开餐期间负责整个餐厅的督导、巡查工作，迎送重要客人，并在服务中予以特殊关注，认真处理客人的投诉，并将客人的投诉意见及时向上级报告 5.出席餐饮部召开的会议，主持中餐厅内部会议 6.签署餐厅各种用品的领用单、设备维修单、损耗报告单等，保证餐厅的正常运行 7.管好餐厅的各种物品 8.督导员工正确使用餐厅的各项设备和用品，做好清洁保养工作，控制餐具损耗		
任职 要求	1.具有大专以上学历或同等学力，具有2年以上本岗位工作经验 2.通晓餐厅管理和服务方面的知识，具有熟练的服务技能 3.有一定的外语会话能力和处理餐厅突发事件的应变能力		

五、宴会厅主管

宴会厅主管岗位说明书如下表所示。

宴会厅主管岗位说明书

部门	餐饮部	岗位	宴会厅主管
直接上级	餐饮部经理	直接下级	宴会厅领班
岗位说明	1.制定安排领班和服务员班次，督导领班的日常工作 2.参与宴会厅的人事安排及人员评估，按奖惩制度实施 3.督导本部门员工的培训工作，协助本部门做好宴会的培训工作 4.适时将宴会厅的经营状况及特殊事件向本部门经理汇报 5.了解每次宴会、会议活动的内容，检查准备工作情况，熟知宴会协调单		
任职要求	1.具有旅游专业大专以上文化程度，具有餐饮管理、市场营销等方面知识，具有中级英语水平 2.有5年以上的餐厅管理经验，掌握餐厅服务的标准和要求，了解宴会、会议服务程序，善于处理各类客人的实际问题 3.具有很强的语言表达能力，善于评估员工、培训员工并激励下属员工工作		

六、酒水部主管

酒水部主管岗位说明书如下表所示。

酒水部主管岗位说明书

部门	餐饮部	岗位	酒水部主管
直接上级	餐饮部经理	直接下级	酒水部领班
岗位说明	1.营业期间经理不在时，负责处理解决营业中出现的问题，并及时上报 2.做好上传下达工作，并督导领班日常工作安排 3.认真做好各吧台营业情况记录、分析 4.做好每次宴会酒水服务 5.检查各吧台酒水服务		
任职要求	1.具有旅游专业大专以上文化程度，具有餐饮管理、市场营销等方面知识，具有高级英语水平 2.具有3年以上的酒吧工作经验，掌握餐厅服务的标准和要求，了解餐厅服务程序，善于处理各类客人的实际问题 3.具有很强的语言表达能力，善于评估员工、培训员工并激励下属员工工作		

七、管事部主管

管事部主管岗位说明书如下表所示。

管事部主管岗位说明书

部门	餐饮部	岗位	管事部主管
直接上级	餐饮部经理	直接下级	管事部领班
岗位说明			

部门	餐饮部	岗位	管事部主管
直接上级	餐饮部经理	直接下级	管事部领班
岗位说明	1.负责编制餐饮部所需餐具和用具的年度预算 2.根据各餐厅餐具的盘点情况，负责与采购部门沟通，提出器具购置计划，保证及时补充餐具用具 3.检查和管理各点餐具的使用情况，分析造成损耗的原因，提出降低损耗的建议 4.负责安排管事部员工的工作班次 5.负责做好餐具用具的保管、发放、回收工作，负责厨房区域的环境卫生 6.负责对下属员工的考勤考核工作，督导员工做好安全工作		
任职要求	1.具有高中以上的文化程度或同等学力 2.熟悉各种餐具用具的牌号、产地、特性及价格，懂得餐具用具的分类和保管方法 3.熟悉各种洗涤剂和清洁剂的使用方法，熟悉常用的餐具洗涤设备及其操作方法，了解它们的维修保养方法		

八、中（西）餐厅领班

中（西）餐厅领班岗位说明书如下表所示。

中（西）餐厅领班岗位说明书

部门	餐饮部	岗位	中（西）餐厅领班
直接上级	中（西）餐厅主管	直接下级	中（西）餐厅员工
岗位说明	1.根据营业情况给本班组服务员分配工作任务，检查本班组的对客服务工作，保证提供优秀服务 2.了解当日厨房特荐及供应情况，开餐时负责与厨房协调，保证按时出菜 3.随时注意餐厅动态，进行现场指挥，遇有重要客人要亲自服务，以确保服务的高水准 4.填写餐厅的"意见反馈表"和"交接班本"，以便各领班间的沟通 5.督促服务员做好餐厅安全和清洁卫生工作，保证达到酒店的规定标准 6.妥善处理餐厅服务工作中发生的问题和客人的投诉，了解客人的各种饮食习惯并征询客人意见，同客人建立良好关系，并将结果及时向餐厅主管汇报 7.与客人和厨房保持良好的工作关系，及时向餐厅主管和厨师长反馈客人对食品、服务方面的信息，不断提高餐饮产品质量和服务质量 8.定期检查清点餐厅设备、餐具、布草等物品，并将结果及时报主管		
任职要求	1.具有高中以上学历或同等学力，具有2年以上本岗位工作经验 2.掌握一定的菜肴、食品、酒水、烹饪等方面的知识 3.具有熟练的服务技能和技巧，能胜任餐厅各种接待服务工作		

九、宴会厅领班

宴会厅领班岗位说明书如下表所示。

宴会厅领班岗位说明书

部门	餐饮部	岗位	宴会厅领班
直接上级	宴会厅主管	直接下级	服务员
岗位说明	1.检查服务员的仪表仪容及出勤情况 2.督导本级员工为客人提供优质高效服务 3.了解当日宴会、会议活动安排情况并向本班人员传达布置任务 4.带领本班员工完成餐前各项准备工作，布置摆台并检查、准备用具 5.控制本区域客人会议用餐情况，及时解决出现的问题 6.负责本区域内设备的维修保养、清洁 7.做好交接班工作及收尾工作		
任职要求	1.具有旅游专业中专以上文化程度，具有中级英语水平 2.有2年以上的餐厅工作经验，掌握餐厅服务的标准和要求，了解宴会和会议服务程序，善于处理各类客人的实际问题 3.能够督导服务员按服务标准进行工作，反应灵敏，机智灵活		

十、酒水部领班

酒水部领班岗位说明书如下表所示。

酒水部领班岗位说明书

部门	餐饮部	岗位	酒水部领班
直接上级	酒水部主管	直接下级	酒水部吧员
岗位说明	1.掌握酒水部日常工作内容，协助主管做好每日人员安排及物品的检查补充 2.保证酒水部的出品质量，熟悉各种酒水服务程序、酒水价格 3.做好酒水的盘点和安全管理工作 4.做好宴会酒水准备服务工作		
任职要求	1.具有大专以上文化程度，具有高级英语水平 2.有1年以上的酒吧工作经验 3.能够督导服务员按服务标准进行工作，反应灵敏，机智灵活，熟记酒单，掌握调酒技术		

十一、大堂酒廊服务员

大堂酒廊服务员岗位说明书如下表所示。

大堂酒廊服务员岗位说明书

部门	餐饮部	岗位	大堂酒廊服务员
直接上级	酒水部领班	直接下级	
岗位说明	1.熟悉酒廊日常工作内容，做好卫生打扫及备品的准备工作 2.掌握酒单知识，能够为客人提供规范化、标准化的服务 3.爱护酒廊的设施设备，出现隐患及时上报 4.检查交接酒廊服务用品，做好每月盘点工作 5.做好宾客档案，积极与宾客沟通		
任职要求	1.具有大专以上文化程度，具有高级英语水平 2.有1年以上的工作经验 3.能够按服务标准进行工作，反应灵敏，机智灵活		

十二、管事部领班

管事部领班岗位说明书如下表所示。

管事部领班岗位说明书

部门	餐饮部	岗位	管事部领班
直接上级	餐饮部经理	直接下级	管事部员工
岗位说明	1.负责检查员工的出勤情况和仪容仪表 2.合理安排员工的工作岗位，监督和指导员工按正确的程序操作，减少瓷器的破损，避免意外事故的发生 3.经常检查洗碗机，维护其正常运行，保证洗出的碗具干净 4.检查工作区内的卫生情况，发现问题及时解决 5.负责好本部门员工的排班及考勤工作 6.认真解决下属提出的困难和建议，不能解决的及时向上级汇报 7.做好本部门与其他部门之间的沟通协调工作 8.负责对新老员工的培训及考核工作		
任职要求	具有初中或相关以上学历及相关工作经验		

十三、迎宾员

迎宾员岗位说明书如下表所示。

迎宾员岗位说明书

部门	餐饮部	岗位	迎宾员
直接上级	餐厅领班	直接下级	
岗位说明	1.每日准时参加班前会并听取领班布置的任务，了解当日预订情况，并做好准备工作 2.餐前检查灯光照明设备、空调、背景音乐运作状态，发现问题及时报修，确保正常运营 3.营业时间，热情主动地迎送宾客，引领客人到预订台位或客人满意的台位 4.营业高峰期做好宾客疏导工作，或将客人带到其他的餐厅，并做好解释工作，随时与餐厅服务员沟通，密切合作，尽快让客人用餐 5.解答客人提出的有关饮食、酒店设施方面的问题，收集客人的意见及投诉，并及时向领班汇报 6.做好就餐人数、营业收入的统计工作和交接班工作 7.参加餐前准备工作和餐后收尾工作，并做好本岗位清洁卫生工作 8.掌握客情，接受客人的预订，安排留台		
任职要求	1.具有高中以上文化程度，并能用一门外语对客服务 2.熟悉餐厅特色，了解酒店餐饮服务设施，具有一定的公关和社交知识 3.具有较好的语言表达能力，讲话口齿清楚，反应灵敏，有较强的沟通技巧		

十四、餐厅吧台服务员

餐厅吧台服务员岗位说明书如下表所示。

餐厅吧台服务员岗位说明书

部门	餐饮部	岗位	餐厅吧台服务员
直接上级	餐厅领班	直接下级	
岗位说明	1.每天上班清洁桌面、台面，保持各种杯具、用具的清洁，并将台面用具摆放整齐 2.将营业中各种物品及酒水补充齐全 3.负责吧台的酒水服务工作 4.负责吧台内的清洁卫生工作，并达到酒店规定的标准 5.负责吧台内设备用品的维护保养工作 6.妥善保存订单，以便事后复查，审查、盘点各类酒水并做好详细记录 7.在吧台范围内招呼客人，并提供微笑服务 8.妥善处理服务中的突发事件，并及时向领班汇报		
任职要求	1.具有高中及以上学历 2.具有一定的酒水知识和服务知识 3.具有熟练的酒水服务技能和技巧		

十五、餐厅服务员

餐厅服务员岗位说明书如下表所示。

餐厅服务员岗位说明书

部门	餐饮部		岗位	餐厅服务员
直接上级	餐厅领班		直接下级	
岗位说明	1.每日准时到岗参加班前会，听取领班布置开餐任务，以及对重要宴会情况进行了解 2.负责开餐前的准备工作，按照规格要求，布置餐厅和餐桌，摆台及补充各种物品 3.了解当日厨房特荐及供应情况，做好菜肴、酒水的推销 4.主动征询客人对菜肴和服务的意见，及时解决客人提出的问题，并将投诉报上级领班 5.开餐过程中严格按照中餐服务程序及标准为客人提供高质量、高效率的服务 6.负责餐厅环境、家具台面、地面清洁卫生和安全防火工作 7.开餐结束，做好收尾工作，保证餐厅处于开餐状态，以便和下一班次做好交接工作			
任职要求	1.高中毕业或以上学历，经过餐饮服务培训，有一定的日常外语会话能力 2.有熟练的服务技能技巧和一定的应变能力，能妥善处理服务中出现的一般性问题 3.掌握餐厅服务规程，了解餐厅各种菜肴的基本特点和简单的烹制方法			

十六、管事部员工

管事部员工岗位说明书如下表所示。

管事部员工岗位说明书

部门	餐饮部		岗位	管事部员工
直接上级	管事部领班		直接下级	
岗位说明	1.全面做好厨房内地面、墙面、地沟、隔油池、炉灶、铁板、烤箱、冰箱及蒸柜外壳的卫生清洁工作 2.严格按照日常工作、周工作的要求做好计划卫生 3.及时洗涤撤下的厨具，按流程操作，并分类归放、存放好餐具 4.熟悉掌握洗碗机及各机械的使用方法，做好保养工作，发现问题及时上报 5.操作轻拿轻放，减少餐具破损，协助领班做好每月盘点工作 6.做好收尾工作，接受领班检查			
任职要求	具有初中或以上学历及相关工作经验			

十七、厨师长

厨师长岗位说明书如下表所示。

厨师长岗位说明书

部门	餐饮部	岗位	厨师长
直接上级	餐饮经理	直接下级	副厨师长
岗位说明	1.全面负责厨房生产、组织工作，每天上班查阅报表，掌握分析昨天接待人次，确保原料需要量，签发当日的领货单 2.检查各部生产情况，落实生产任务，发现问题并及时纠正 3.参加例会汇报工作情况，听取上级命令，结合厨房实际情况组织贯彻落实 4.正式开餐前督促各部主管做好食品材料的准备工作，检查食品的出成率，保证食品的质量和成本控制及生产需要 5.保持与餐厅、采购、库房、餐饮办公室及财务成本核算员的联系，保证厨房生产协调开展 6.开餐结束后检查各部原料消耗情况和剩余数量及保管措施，检查炊具厨具的清理工作，保证下一餐的生产需要 7.每日下班前做工作总结，了解餐厅的销售情况，制定次日工作安排		
任职要求	有10年的厨房工作经历，4年以上的管理经验，30岁以上		

十八、厨师

厨师岗位说明书如下表所示。

厨师岗位说明书

部门	餐饮部	岗位	厨师
直接上级	厨师长	直接下级	
岗位说明	1.负责菜品的烹制，根据食品的不同风味严格进行多样化烹制，保证菜肴的质量 2.同时承担各种汤料、酱汁的熬制，斤两准确，实行统一化、标准化、规范化操作 3.检查调味、酱汁汤料及器皿，督促打荷厨师做好开餐前工作准备 4.组织打荷厨师研究菜品的烹调操作及装盘摆饰，互相了解、加强沟通，确保在工作中能相互密切配合		
任职要求	4年以上的厨师工作经验		

【他山之石06】财务部岗位说明书

财务部岗位说明书

一、财务部经理

财务部经理岗位说明书如下表所示。

财务部经理岗位说明书

部门	财务部	岗位	财务部经理
直接上级	副总经理（财务）	直接下级	会计主管、仓库主管、收银主管、审计领班、出纳
岗位说明	1.编制和执行预算、财务收支计划，开辟资金源，有效地使用资金 2.进行成本费用预测、计划、控制、核算、分析和考核，督促本公司有关部门降低消耗、节约费用、提高经济效益 3.建立健全经济核算制度，利用财务会计资料进行经济活动分析 4.负责对本单位财会机构设置和会计人员配备、会计专业职务的设置和聘任提出方案 5.组织会计人员的业务培训和考核，支持会计人员依法行使职权 6.对违反国家财经法律、法规、方针、政策、制度和有可能在经济上造成损失、浪费的行为，有权制止或者纠正。制止或者纠正无效时，提请单位主要行政领导人处理 7.执行财务审批制度，行使授权内的财务审批权限，监督财务收支 8.对会计人员的任用、晋升、调动、奖惩，提出考核意见，依照有关规定审批			
任职要求	1.取得会计师任职资格后，主管一个单位或者单位内一个重要方面的财务会计工作时间不少于3年 2.熟悉国家财经法律、法规、方针、政策和制度，掌握现代化管理的有关知识 3.具备本行业的基本业务知识，熟悉行业情况，有较强的组织领导能力			

二、会计主管

会计主管岗位说明书如下表所示。

会计主管岗位说明书

部门	财务部	岗位	会计主管
直接上级	财务部副经理	直接下级	各岗位会计、出纳
岗位说明	1.负责总账管理、财务分析和档案管理工作 2.检查每张凭证的借贷方金额及科目使用情况，保证原始凭证真实、合法、有效 3.认真审核各类明细账及总账，保证账务分析合理正确 4.做好月报、季报、半年报和年度会计决算工作，编写好说明和科目分析，按时、按质、正确地编报决算报表 5.每月提供财务月报和经营情况表，做到数字准确、书面分析说明清楚 6.对部门内的文书材料、会计凭证、账册及报表等的整理、归档、保管情况进行检查，督促相关人员在公司档案管理制度规定的期限内及时将会计档案登记造册			

任职要求	1.有助理会计师以上职称，主管一个单位或者单位内一个重要方面的财务会计工作时间不少于2年 2.熟悉国家财经法律、法规、方针、政策和制度，掌握酒店管理的有关知识 3.具有独立计算各项财务指标和综合分析公司经营业务情况的能力，具有分析有关各项财务指标和运算知识的能力，并具有用电脑操作和调用各项数据的能力

三、收入会计

收入会计岗位说明书如下表所示。

收入会计岗位说明书

部门	财务部	岗位	收入会计
直接上级	会计主管	直接下级	
岗位说明	1.负责收入账户的核算，根据企业会计准则"收入"的规定，分清收益、收入等的界限，正确确认收入 2.每日审核日报表和相关收入单据，及时入账核算 3.对往来账及时进行对账工作，要求及时挂账、挂对账，记账内容必须正确、清楚反映业务往来关系 4.每月月底根据往来账上的未了款项进行清单 5.因业务问题而造成账款收不回来，配合有关人员对此作出分析，报请领导，使企业往来账款能及时、完整地收回 6.对每月的收入结构变动情况进行分析		
任职要求	1.有助理会计师以上职称，2年以上的工作经验 2.熟悉国家财经法律、法规、方针、政策和制度，掌握酒店的有关知识 3.具有分析有关各项财务指标和运算知识的能力，并具有用电脑操作和调用各项数据的能力		

四、成本会计

成本会计岗位说明书如下表所示。

成本会计岗位说明书

部门	财务部	岗位	成本会计
直接上级	会计主管	直接下级	
岗位说明	1.负责进货付款和库存账务的工作 2.收到采购部发来的申购单，核查申购单内容是否齐全，编号保管，以备查阅 3.对供应商的发票、入库单、申购单、直拨单、出库单等认真审核		

岗位说明	4.对无事前申购手续的报销，要严格把关，在手续不齐备情况下，拒绝办理付款手续 5.每月编制餐饮成本分析报表，并附详细的文字说明 6.每月与往来单位进行对账，清理预付账款和应付账款，确保账务反映真实、完整、准确
任职要求	1.有助理会计师以上职称，2年以上的工作经验 2.熟悉国家财经法律、法规、方针、政策和制度，掌握酒店的有关知识 3.具有分析有关各项财务指标和运算知识的能力，并具有用电脑操作和调用各项数据的能力

五、费用会计

费用会计岗位说明书如下表所示。

费用会计岗位说明书

部门	财务部		岗位	费用会计
直接上级	会计主管		直接下级	
岗位说明	1.认真审核各种费用单据，授权审批人和经手人签字齐全，原始单据数字清楚，业务情况反映明确 2.收到费用单据及时填制记账凭证，金额和摘要清楚，按照规定分清各部门和各项费用的小细目，制单和复核手续齐全 3.每月应按权责发生制原则将有关费用预结入账 4.对各内部营业口的对内服务费用进行分配。负责每月工资的审核 5.和往来及时进行对账 6.月末编制部门费用汇总表，与预算进行对比分析，对每月的费用进行预警，对超当月预算的费用，提请各部门关注 7.对预算的执行进行总体跟踪和控制，保证在预算控制范围内开支，对异常费用做专项分析，编制相关的管理报表			
任职要求	1.有助理会计师以上职称，2年以上的工作经验 2.熟悉国家财经法律、法规、方针、政策和制度，掌握酒店的有关知识 3.具有独立划清两类资金界限和商品流通费与非商品流通费界限的能力，具有正确地进行会计财务处理、能用电脑操作和调用各项数据的能力			

六、应收账款人员

应收账款人员岗位说明书如下表所示。

应收账款人员岗位说明书

部门	财务部	岗位	应收账款人员
直接上级	会计主管	直接下级	
岗位说明	1.负责保管并办理集团或酒店发行的各种贵宾卡、储值卡 2.负责与集团各酒店间消费卡余额的对账、清算工作，确保挂账正确、账面余额正确 3.固定时间做好电脑信用卡到账的清转工作 4.负责有关协议合同单位的月对账、催收工作，对工作中出现的疑难问题应及时汇报 5.做好各类挂账消费客人账单的整理、保管工作，随时应客人的要求不定期地配合对账 6.月末与收入会计对账，做应收报表 7.负责各订房中心与酒店业务的定期核对、确认工作，并将有关资料存档备查 8.协助销售人员对客房做好资信评估工作，保证信用额度范围的应收账款质量		
任职要求	1.有助理会计师以上职称，2年以上的工作经验 2.熟悉国家财经法律、法规、方针、政策和制度 3.具有正确地进行会计财务处理、用电脑操作和调用各项数据进行管理报表设计的能力		

七、总出纳

总出纳岗位说明书如下表所示。

总出纳岗位说明书

部门	财务部	岗位	总出纳
直接上级	会计主管	直接下级	
岗位说明	1.在经理、主管领导下，认真进行货币资金的收付工作 2.负责库存现金的安全，超出银行核定的金额必须当日送存银行 3.根据合法、有效的付款凭证，进行每日的现金付款业务 4.每日将各项收支原始凭证及时送交会计入账 5.每日登记现金、银行存款日记账。每日报送现金、银行存款日报表 6.严格执行现金盘点制度，每日核对库存现金，做到账款相符 7.及时取回银行回单，每月3日前做好上月银行存款余额调节表，未达款项应查明原因 8.保管好空白支票等银行单据、部门印章及收据 9.每天核对收入出纳交接的现金、支票，确保各种收入安全、完整、及时地收回		
任职要求	1.中专以上文化程度，有会计资格证书，年龄在20～30岁 2.责任心强，工作细致、认真，有良好的职业道德 3.具有1年以上的出纳工作经验，对酒店财务运作系统有一定了解		

八、收入出纳

收入出纳岗位说明书如下表所示。

收入出纳岗位说明书

部门	财务部	岗位	收入出纳
直接上级	会计主管	直接下级	
岗位说明	1.负责酒店货币资金收入的审核、汇总 2.在主管或领班的监督下，打开保险箱，清点各收款员交来的交款袋，与签名本核对是否相符 3.逐一打开"交款袋"（不能与其他袋相混），清点现金、支票、信用卡和其他有价证券 4.与大夜营业报表核对 5.对收款当中出现的异常情况及时上报经理 6.清点外币现金、旅行支票，审核汇率和水单填写的完整 7.核查、登记信用卡手续费的扣缴情况 8.设置支票、信用卡备查簿，每日检查支票、信用卡到账情况，到账单据及时入账，未到的要及时报收入会计和主管，并尽快催收 9.将信用卡分类后填写汇结单送存银行 10.当天及时将开箱收入及时送交总出纳		
任职要求	1.中专以上文化程度，有会计资格证书，年龄在20～30岁 2.具有1年以上的出纳工作经验，对酒店财务运作系统有一定了解		

九、收银主管

收银主管岗位说明书如下表所示。

收银主管岗位说明书

部门	财务部	岗位	收银主管
直接上级	财务部副经理	直接下级	前台收银领班、餐厅收银领班
岗位说明	1.负责收银员的日常排班、考勤，针对不同的营业状况，对收银员的班次进行灵活调整 2.负责检查各收银员的办公环境及卫生情况，负责检查所属员工的仪容仪表、服务态度和工服、工号牌的穿戴情况 3.负责现场监督、指导各组领班的工作，与相关营业点协调，及时处理、解决工作中发现的问题，保证收银结账工作顺利进行 4.检查、考核收银人员的工作情况，提出对收银的奖惩意见，最大限度地调动、发挥班组人员的工作积极性 5.配合会计人员、应收人员核查应收账款的回收情况，及时跟踪 6.对突发事件在与大堂值班经理协商后，按照规定的权限金额予以处理，事后上报财务经理		

续表

任职要求	1.中专以上文化程度，年龄在25～35岁 2.英语四级以上，有较强的外语语言表达能力。具有2年以上的酒店收银工作经验，了解酒店收银运转系统 3.熟悉国家财经法律、法规、方针、政策和制度，掌握酒店管理的有关知识

十、前台收银领班

前台收银领班岗位说明书如下表所示。

前台收银领班岗位说明书

部门	财务部	岗位	前台收银领班
直接上级	收银主管	直接下级	前台收银员
岗位说明	1.现场指导当班的工作，及时处理、解决工作中发现的问题，帮助下属员工处理疑难问题，协助处理客人的账目解释工作，保证收银结账工作顺利进行 2.临时顶替因病、事假缺席员工的工作 3.负责检查各收银员的办公环境及卫生情况，负责检查所属员工的仪容仪表、服务态度和工服、工号牌的穿戴情况 4.定期、不定时地抽查收银员、兑换员的备用金，并书面报告主管 5.定期检查保险箱寄存情况 6.协助收银员做好交接班工作 7.定期整理协议单位、VIP的协议书、长包房协议，并随时抽查收银员掌握的情况，并作为业务评估的标准之一		
任职要求	1.中专以上文化程度，年龄在20～30岁 2.有较强的语言能力，能用一种以上外语进行对客服务 3.具有1年以上的酒店收银工作经验，熟练掌握酒店前台收银、兑换、记账等业务流程，掌握酒店管理的有关知识		

十一、前台收银员

前台收银员岗位说明书如下表所示。

前台收银员岗位说明书

部门	财务部	岗位	前台收银员
直接上级	前台收银领班	直接下级	
岗位说明	1.与本班组和相关部门密切配合，需要时，为客人提供问讯等服务 2.熟练掌握前台收银管理系统的操作，在规定时间内为客人结完账 3.做好班前准备工作 4.保证每笔账款结算快速、准确、有条不紊 5.保证备用金完整		

续表

岗位说明	6.跟办上一班未尽事宜 7.做好班次交接工作，每班结束，编制"收银员收入明细表"等内部账表 8.负责各银行终端机的签到及结账，保证机器正常运作
任职要求	1.有较强的语言能力，能用一种以上外语进行对客服务，国语标准流利 2.熟练掌握酒店前台收银、兑换、记账等业务流程，掌握酒店管理的有关知识 3.具有独立处理业务的能力

十二、餐厅收银领班

餐厅收银领班岗位说明书如下表所示。

餐厅收银领班岗位说明书

部门	财务部	岗位	餐厅收银领班
直接上级	收银主管	直接下级	餐厅收银员
岗位说明	1.现场指导当班的工作，及时处理、解决工作中发现的问题，帮助下属员工处理疑难问题，保证收银结账工作顺利进行 2.编排各餐饮营业点收银员班次，临时顶替因病、事假缺席员工的工作，帮助较忙营业网点的营收工作 3.负责检查各收银员的办公环境及卫生情况，负责检查所属员工的仪容仪表、服务态度和工服、工号牌的穿戴情况 4.定期或不定期地抽查收银员的备用金，并书面报告主管 5.负责各营业点收银员业务培训工作 6.协助收银员做好交接班工作，对餐厅未处理完的事情进行跟踪解决 7.负责领取、管理发票和各种账单 8.定期整理协议单位、VIP的协议书，并随时抽查收银员掌握的情况，并作为业务评估的标准之一		
任职要求	1.有较强的语言能力，能用一种以上外语进行对客服务 2.具有1年以上的酒店收银工作经验，熟练掌握酒店收银、记账等业务流程，掌握酒店管理的有关知识 3.具有独立处理现场事件的能力		

十三、餐厅收银员

餐厅收银员岗位说明书如下表所示。

餐厅收银员岗位说明书

部门	财务部	岗位	餐厅收银员
直接上级	餐厅收银领班	直接下级	
岗位说明	1.熟练掌握餐厅收银管理系统的操作，在规定时间内为客人结完账 2.做好班前准备工作 3.负责各银行终端机的签到及结账，保证机器的正常运作 4.核收餐厅服务员开出的点菜单，并盖章，根据点菜单将各项内容准确无误入电脑账，保证每笔账款结算快速、准确、有条不紊 5.严格审核减免、打折情况，熟记酒店各种折扣 6.跟办上一班未尽事宜 7.与营业点员工密切配合，保证各账款及时、完整地收回 8.做好班次交接工作，每班结束后，编制"收银员收入明细表"等内部账表。经审计复核，及时将营业款投入保险柜，并做好"投币记录"		
任职要求	1.有较强的语言能力，能用一种以上外语进行对客服务，国语流利 2.熟练掌握酒店餐厅的收银、记账等业务流程，掌握酒店管理的有关知识 3.具有独立处理业务的能力		

十四、审计领班

审计领班岗位说明书如下表所示。

审计领班岗位说明书

部门	财务部	岗位	审计领班
直接上级	财务部副经理	直接下级	审计员
岗位说明	1.复核前一天晚上审核的房租报表，以及试算平衡报告等，检查夜间审核工作 2.复核夜审编制的营业日报表，保证每天清晨8点半前报送总经理及有关部门经理 3.审核稽核报告并处理遗留问题，对重大问题应报告上级，一日内未解决的进行登记并报告上级 4.整理并妥善保管好审计所涉及的账单、凭证、报表等档案资料或其他备查资料：如夜审资料、电脑报表、EO单、VIP卡明细表等 5.安排、检查日间稽核情况，并给予必要的指导 6.负责审计员业务培训及其日常管理考核，为工作绩效考评提供依据 7.定期对酒店营业情况进行重点审核、统计，如客房吧的丢失跑账情况的统计分析、特殊团队接待的专项统计工作等		
任职要求	1.有较强的逻辑思维能力，有职业敏感性，做事认真细致 2.具有1年以上的酒店收银工作经验，熟练掌握酒店前台和餐厅收银、兑换、记账等业务流程，掌握酒店管理的有关知识，熟练使用酒店管理系统软件进行账务审计 3.具有一定的协调能力和独立处理现场事件的能力		

十五、审计员

审计员岗位说明书如下表所示。

审计员岗位说明书

部门	财务部	岗位	审计员
直接上级	审计领班	直接下级	
岗位说明	1.每天审核各班次收银员送审的账单、原始单据，核查数据是否准确，并核对该班次营业报表 2.审查各收银点的转账账单，是否按所列的单位账号入账 3.审核餐厅、小酒吧、商务中心、网球场、车队及其他营业点的收入情况，核查各营业点所输入电脑的挂账数据与账单是否相符，房号是否相符，宾客的姓名是否一致，以保证客人结账时准确无误 4.审核打折、修改房价、减免收入的签批权限 5.对各收银点送来的营业收入明细表进行审核，汇总做出当天营业收入日报表、餐厅日报表、应收账日报表以及各种收入分析表 6.对每天审查出的待查事项，以及未按规定办理的事项，应做出详细的审计报告，报上级处理 7.核查前台账单、RC单、餐厅账单、发票、点菜单、酒水单及其他营业点的账务有效单据的规范使用情况，以上单据需做连号使用，异常情况应查明原因及时上报 8.对免费房券、酒店发行的贵宾卡及其他卡类销售产品做好统计，及时交与会计，以便后台及时与相关单位进行往来账核对 9.负责与收入相关的一部分付款的审核、入账工作，包括佣金、返款、退款、提成等		
任职要求	1.有较强的逻辑思维能力，有职业敏感性，做事认真细致 2.具有1年以上的酒店收银工作经验，熟练掌握酒店前台和餐厅收银、兑换、记账等业务流程，掌握酒店管理的有关知识，熟练使用酒店管理系统软件进行账务审计 3.具有独立处理特殊事件的能力		

【他山之石07】采购部岗位说明书

采购部岗位说明书

一、采购部经理

采购部经理岗位说明书如下表所示。

采购部经理岗位说明书

部门	采购部	岗位	采购部经理
直接上级	总经理、副总经理	直接下级	采购组主管、仓库组主管
岗位说明	1.直接对分管领导、酒店负责，全面主持采购部工作，确保各项任务的顺利完成 2.审核年度采购计划、采购项目，审查各部门领用物资数量，合理控制，减少损耗 3.全面主持大宗商品订购的业务洽谈，督促下属仓库负责人把好进货的验收及质量关，保证物资供应和仓储正常 4.教育下属员工在工作中要遵纪守法，对工作认真负责，不贪污、不受贿。按酒店计划完成各类物资采购及安全保管任务，尽可能在预算范围内做到节支降耗 5.督促采购组、仓库组负责人加强对下属员工素质培训，不断提高员工的业务水平和工作能力		
任职要求	1.具有大专以上学历，从事酒店物资管理5年以上经验，具有丰富的物资、财务管理知识 2.掌握国内、国外有关货源情况，了解市场行情，熟悉各种商品知识 3.精通采购业务，熟悉仓库管理业务		

二、采购主管

采购主管岗位说明书如下表所示。

采购主管岗位说明书

部门	采购部	岗位	采购主管
直接上级	采购部经理	直接下级	采购员
岗位说明	1.提出年度采购计划，统筹策划和确定采购内容 2.熟悉和掌握酒店所需各类物资的名称、型号、规格、单价、用途和产地。检查购进物资是否符合质量要求，对酒店的物资采购要求和质量负责。确保酒店物资的正常供应 3.主持中小宗商品订货的业务洽谈，检查合同的执行和落实情况 4.按计划完成酒店各类物资的采购任务，并在预算内尽量做到节省开支		
任职要求	1.具有高中以上文化程度，从事酒店物资管理和采购工作3年以上，具有丰富的采购知识和经验 2.熟练掌握采购程序和酒店内部控制程序 3.拥有各类物资供应商，并与他们建立牢固、良好的业务关系		

三、仓库主管

仓库主管岗位说明书如下表所示。

仓库主管岗位说明书

部门	采购部	岗位	仓库主管
直接上级	采购部经理	直接下级	仓管员
岗位说明	1.检查班组的出勤及工作情况，注意发挥和调动下属员工的积极性，增强员工的责任感 2.协助经理对下属员工进行业务培训 3.经常检查工作进度，完成酒店各部门的物资补给项目，绝不能造成短缺 4.审核控制各部门领用物资的计划和数量，严格把关，开源节流 5.督促保管员每月月底做好月报表上报工作 6.配合财务部做好盘点工作，及时调整账务，做到账实相符		
任职要求	1.具有高中毕业以上文化程度，从事仓库物资管理工作3年以上，具有丰富的仓储实践经验 2.掌握酒店库存要求，熟练掌握验货、入库、发货各环节工作程序 3.懂基础英语		

四、采购员

采购员岗位说明书如下表所示。

采购员岗位说明书

部门	采购部	岗位	采购员
直接上级	采购主管	直接下级	
岗位说明	1.常到使用部门了解物资使用情况及请购物资的规格、型号、数量，避免错购 2.对各部门所需物资按"急先缓后"原则安排采购，经常积极地与供货单位取得联系 3.严格遵守财务制度，购进的一切货物首先办理进仓手续 4.与仓库联系，落实当天物资实际到货的品种、规格、数量，把好质量关，然后通知申购部门，及时办理手续 5.尽量做到单据（或发票）随货同行，交仓管员验收（托收除外），如因外地物资不能单据随货同行，应预先根据合同数量，通知仓管员做好收货准备 6.下班前，做好当天工作情况记录和明天工作计划		
任职要求	1.全面掌握酒店的基础知识和采购专业知识，提高对物资的鉴别能力。懂得基本电脑操作，以便网上查询价格和购物 2.有健康的身体、充沛的精力，勤跑市场，对个人所负责采购的物资性能、特征、用途、价格等全面熟悉了解 3.具有"后台为前台服务、急前台之所急"的强烈服务意识		

五、仓管员

仓管员岗位说明书如下表所示。

仓管员岗位说明书

部门	采购部		岗位	仓管员
直接上级	仓库主管		直接下级	
岗位说明	1.收货时，要严格把好数量、质量关 2.物品要按性质、特点、类别堆放整齐，对易串味物品要分开存放 3.要控制好常用物品的库存量 4.要定期或不定期地检查物品保质期 5.做好每天物品出、入库手续，并及时将出、入库单据录入电脑 6.每月2日前报送上月仓库收发存报表 7.月底应配合财务部清盘库存			
任职要求	1.掌握酒店的基础知识和物资验收、保管知识，懂得基本的电脑实际操作，对物资的进出仓得心应手地在电脑上录入 2.养成对库存物资熟记的习惯，时刻做到心中有数 3.懂基础英语			

【他山之石08】工程部岗位说明书

工程部岗位说明书

一、工程部经理

工程部经理岗位说明书如下表所示。

工程部经理岗位说明书

部门	工程部		岗位	工程部经理
直接上级	副总经理、总经理		直接下级	值班工程师、电脑中心主任
岗位说明	1.负责对工程部所有人员的调配和管理，并按有关制度做好考勤、考核及奖惩工作 2.做好资料档案管理，制定好备件申购、保管使用等各项规章制度并监督实施 3.深入现场，掌握人员和设备状况，坚持每天做如下检查 （1）审核运行报表，掌握能耗规律，发现异常，分析原因，及时采取措施 （2）现场巡查下属岗位纪律和工作状况，了解员工思想，发现不良倾向及时纠正 （3）现场巡查重点设备运行状况及公共场所的动力设施，发现隐患，立即与有关值班工程师、专业工程师联系，及时组织力量消除，发生影响营业的重大障碍立即组织人员尽快处理，并及时通知有关部门，事后做好事故分析报告并存档 4.组织部门技术骨干开展各项技术攻关，保障设备安全运行。尽最大努力，用最低的能源费用、维修成本来保障酒店高水准服务			

续表

任职要求	1.中专以上学历，有工程师职称或高级电工职称，会用英语阅读书籍，计算机在二级以上，会用CAD设计绘图，以工程管理专业优先 2.6年以上的酒店工程管理从业经验 3.沟通协调能力强，具备良好的团队素质

二、工程部副经理

工程部副经理岗位说明书如下表所示。

工程部副经理岗位说明书

部门	工程部	岗位	工程部副经理
直接上级	总经理、副总经理、 工程部经理	直接下级	值班工程师、电脑中心主任
岗位说明	1.制定下属主管、领班工作班次表，制订工作计划及工作进程表 2.负责检查下属员工岗位纪律，严格执行安全操作规程，并做好设备维修、保养，在工作中发现不良现象及时纠正 3.负责制订所管辖系统设备月度、年度维修保养计划和备件、备品采购计划，并组织安排实施 4.每天负责巡视检查下属人员完成的日间工作情况，包括工作质量、工作效率及服务质量 5.每天巡检所属系统主要设备的运行控制状态，发现设备故障隐患及时组织人员处理，把好技术关		
任职要求	1.中专以上学历，有工程师职称或高级电工职称，计算机在二级以上，会用CAD设计绘图，以工程管理专业优先 2.3年以上的酒店工程管理从业经验 3.沟通协调能力强，具备良好的团队素质		

三、值班工程师（主管级）

值班工程师（主管级）岗位说明书如下表所示。

值班工程师（主管级）岗位说明书

部门	工程部	岗位	值班工程师（主管级）
直接上级	工程部经理、工程部副经理	直接下级	专业工程师、弱电运行工
岗位说明	1.负责完成部门下达的各项任务、工作计划，安排指挥调度部门日常维修、维保工作 2.审阅运行报表，掌握各系统当天能耗状况，发现异常，分析原因，及时杜绝能源浪费现象		

岗位说明	3.设备发生故障后及时组织检修，发现隐患及时排除，做好技术把关工作，保证系统设备经常处于优良的技术状态。当重要设备发生故障或影响正常营业时，迅速到现场组织处理，并及时将原因和处理的结果向经理报告 4.做好日常工作安排，维修迅速、及时，保证质量，不留问题，保证酒店的正常营业 5.负责分配班组员工的各项工作，对员工进行考评，做好班组质检工作，并向经理提出员工奖惩意见 6.把好申购备品备件入库质量关，负责审查员工对完成维修及安装等各项工作中材料的使用情况，时时检查员工当班记录和交接班记录，核对数据，发现重大失误应及时向经理报告
任职要求	1.中专以上学历，有中级以上技术等级职称，有一定的英语和计算机基础 2.3～5年以上的酒店工程管理从业经验，弱电和空调专业优先 3.沟通协调能力强，具备良好的团队素质和高度责任心

四、专业工程师（领班级）

专业工程师（领班级）岗位说明书如下表所示。

专业工程师（领班级）岗位说明书

部门	工程部	岗位	专业工程师（领班级）
直接上级	值班工程师	直接下级	运行工和维修工
岗位说明	1.负责分管系统设施设备的维修保养工作，确保所管各种设备系统正常运行，了解当班期间系统主要设备的运行状况，发现问题立即组织处理并做好善后工作 2.做好专业设备运行、维修、故障排除、更换零部件的统计工作，每日按时交值班工程师审阅 3.管好用好各种备品备件和工具，使账物相符，提出备品备件采购要求 4.认真贯彻落实岗位责任制，督导员工坚持周而复始的设备维修保养制度，按三干净（设备干净、机房干净、工作场地干净）、四不漏（不漏水、不漏电、不漏气、不漏油）、五良好（使用性良好、密封良好、润滑良好、紧固良好、调整良好）的标准严格检查督导员工工作 5.认真推广技术，改造不合理的设备，完善设计和施工遗留的缺陷。对重大改造工程参与设计，提出可行性方案，监督施工，验收施工质量		
任职要求	1.中专以上学历，专业技术职称，有上岗证和操作证 2.3年以上的酒店设备维修经验，并有一定的设备管理经验 3.沟通协调能力强，具备良好的团队素质和责任心		

五、维修工

维修工岗位说明书如下表所示。

维修工岗位说明书

部门	工程部	岗位	维修工
直接上级	专业工程师、分管主管	直接下级	
岗位说明	1.负责酒店的裙楼区域及与之配套的设施设备维修保养工作，确保设备的正常运行 2.处理故障要及时快捷，不能及时处理的要反馈到使用部门和部门领导，并与使用部门解释原因，让部门组织力量维修 3.时时检查各个配电间、管道间、空调机房、污水泵等运行情况，善于发现隐患，以便及时处理		
任职要求	1.有专业等级证和上岗证、电工证等 2.2年以上的工程工作经验和相关的安全基础知识 3.1年以上的酒店设备维修经验，并有一定的设备管理经验		

六、客房维修工

客房维修工岗位说明书如下表所示。

客房维修工岗位说明书

部门	工程部	岗位	客房维修工
直接上级	专业工程师、分管主管	直接下级	
岗位说明	1.负责酒店客房内、公共走道、管井、工作间的设施设备维修保养工作 2.对VIP客房要做到入住前检修，入住中巡检；报修项目要迅速到场、认真检查、及时维修，并要向客人致歉，得到确认后退场 3.服从上级领导安排调配，做好每日维修记录，下班时交房务部审核后报值班工程师审阅		
任职要求	1.有专业等级证和上岗证、电工证等 2.2年以上的工程工作经验和相关的安全基础知识 3.1年以上的客房维修经验和较强的服务意识		

七、电梯运行工

电梯运行工岗位说明书如下表所示。

电梯运行工岗位说明书

部门	工程部	岗位	电梯运行工
直接上级	值班工程师	直接下级	
岗位说明	1.负责酒店所有电梯的运行管理 2.负责酒店所有电梯及附属设备的维修保养和故障检修工作 3.负责各电梯轿厢(不包括厢内)、井道及井道底、各梯机房、控制柜的清洁 4.负责各电梯照明及内选外呼指示的巡查和修理		
任职要求	1.有电梯运行安全操作证等相关证件 2.3年以上的电梯维修保养经验,责任心强 3.沟通协调能力强,具备良好的团队素质		

八、电脑中心主任（主管级）

电脑中心主任（主管级）岗位说明书如下表所示。

电脑中心主任（主管级）岗位说明书

部门	工程部	岗位	电脑中心主任（主管级）
直接上级	工程部经理、工程部副经理	直接下级	电脑维护员
岗位说明	1.督促各技术人员严格执行电脑管理规定和操作程序,保证电脑主机、各终端打印机的正常使用 2.完善电脑软件的功能与程序,并培训终端操作人员 3.检查各电脑的零配件储备,做好随时维护升级的准备 4.做好酒店网站的维护工作,防止恶意攻击 5.掌握各终端机操作人员使用工号,控制各功能操作密码 6.对使用电脑终端违反操作规定的人员予以干预,并做出记录,提出处理意见,并向上级领导汇报 7.对酒店电脑各大系统的维护保养制订出详细计划,并督促员工执行		
任职要求	1.具有大专以上的学历,计算机以及相关专业 2.从事计算机行业2~3年工作经验 3.沟通协调能力强,具备良好的团队素质和一定的管理经验		

九、电脑维护员

电脑维护员岗位说明书如下表所示。

电脑维护员岗位说明书

部门	工程部	岗位	电脑维护员
直接上级	电脑中心主任	直接下级	
岗位说明	1.对电脑系统各部位、各机组进行日常性的维护保养工作，保障电脑中心的电脑主机、各部门的终端机正常运转，操作正常 2.对电脑系统和收银机进行维护保养，遇各机出现故障，应立即排除 3.对电脑使用部门的有关程序，逐步实行消化改进 4.培训和辅导各部门使用电脑的人员熟悉电脑操作程序，利用电脑进行业务管理与账务结算 5.协助有关部门编排相关软件 6.做好酒店网站的维护工作，防止恶意攻击		
任职要求	1.具有大专以上的学历，计算机以及相关专业 2.从事过计算机或相关行业工作，具有良好的英语基础，身体健康，责任心强 3.沟通协调能力强，具备良好的团队素质		

【他山之石09】保安部岗位说明书

保安部岗位说明书

一、保安部经理

保安部经理岗位说明书如下表所示。

保安部经理岗位说明书

部门	保安部	岗位	保安部经理
直接上级	总经理	直接下级	保安部副经理
岗位说明	1.组织制定安全管理制度、消防预案、突发事件应急预案和本部门的工作规程及其他规章制度，并督促检查和组织演练 2.组织开展"防火、防盗、防破坏、防爆、防突发事件"为中心的"五防"安全教育、法制教育 3.坚持定期对重大节日、大型重要接待任务期间的安全工作进行检查，及时发现并消除安全隐患，做好重大活动的现场安全指挥工作		

续表

岗位说明	4.维护酒店内部治安秩序，经常巡视酒店各重要部位的设备，监督保安人员工作，确保设备处于良好状态 5.督促酒店各部门落实安全管理岗位责任制，分析存在问题，及时提出改进意见，促使各部门加强管理，保障员工和宾客的生命安全，注重对酒店经营部位和要害部位的安全管理 6.加强请示汇报，保持与当地公安部门、国家安全部门等联系，配合他们工作，收集整理安全信息，及时传达贯彻有关指示、通知、通报，协助查控和侦破案件
任职要求	1.大专以上文化程度或具有同等学力，懂得有关安全保卫侦破消防等职务知识 2.有一定的外语水平，精力充沛，能连续工作 3.具有1年以上的工作经验

二、保安部副经理

保安部副经理岗位说明书如下表所示。

保安部副经理岗位说明书

部门	保安部	岗位	保安部副经理
直接上级	保安部经理	直接下级	保安部主管
岗位说明	1.执行和落实酒店及部门所做好的一切决定 2.协助部门经理监督检查属下工作，做好分管工作的计划、安排 3.处理当值期间的客人投诉，并及时报告部门经理 4.熟悉酒店内的所有消防器材及安全设施，编排、调动当值保安员的出勤及工作岗位 5.配合大堂经理处理当值期间的突发事件 6.巡逻检查各岗位的工作情况，检查当值保安的仪容仪表、礼貌服务等，讲究工作效率 7.部门经理不在期间，经授权代理部门经理行使职权		
任职要求	1.中专以上或受过中等教育，有一定的法律知识，有一定的管理经验 2.有同档酒店保安工作3年以上经验，接受过酒店保安培训，有一定的管理经验 3.普通话、方言流利，英语达到中级水平		

三、保安部主管

保安部主管岗位说明书如下表所示。

保安部主管岗位说明书

部门	保安部	岗位	保安部主管
直接上级	保安部副经理	直接下级	保安领班保安员
岗位说明	1.督导各级领班及保安员履行其职责，具体检查各项保安措施的落实，指导开展群众性安全防范工作 2.具体处理当值期间发生的顾客或员工违法乱纪问题，并负责分管本部门员工的培训和考核 3.针对下属员工的思想状况，制订培训计划，辅导新招的见习保安员，经常对下属员工进行职业道德、竞争意识方面的教育，提高保安部的整体素质 4.负责本部人员的考勤、考核工作，并负责消防检查布置工作		
任职要求	1.熟悉有关安全保卫工作知识，有较强理解与判断能力，头脑清醒，办事敏捷，具有语言组织能力，善表达 2.具有一定的文字功底，有简单的英语对话能力		

四、保安部领班

保安部领班岗位说明书如下表所示。

保安部领班岗位说明书

部门	保安部	岗位	保安部领班
直接上级	保安部主管	直接下级	保安员
岗位说明	1.负责本班的安全保卫工作，安排在岗值勤人员的岗位，主持班前、班后会，根据上一班交接，交代注意事项，布置下属工作，检查仪容仪表，讲评当班值勤情况 2.负责处理涉及客人生命财产和酒店安全方面的调查，具体调查犯案事实经过，并呈报主管或经理 3.负责对重要案件及事故进行立案调查、核实情节、发现线索、组织追查、及时整理结果，提出处理意见，上报主管或部门经理 4.与客房部门联系，对违反客房须知的宾客进行有效的劝说和制止，重大问题报上级领导 5.不断巡查督促各岗位，及时纠正违章违纪行为，做好处理登记，并及时上报 6.经常检查各项防火安全措施，负责消防器材和防范措施的检查落实工作。重点巡查防范有关的薄弱环节，确保酒店的安全 7.负责检查督促本班各岗位设备、器材的使用和保管工作，确保完好无损		
任职要求	1.具有高中或同等学力，具有一定组织协调能力 2.懂得有关安全保卫知识，责任心强，处事机警、果断，具有简单英语会话能力		

五、落车道保安

落车道保安岗位说明书如下表所示。

落车道保安岗位说明书

部门	保安部	岗位	落车道保安
直接上级	保安部领班	直接下级	
岗位说明	1.疏导过往车辆，保障大堂门前过往车辆、行人的安全，使门前畅通无阻 2.见客主动问好，对乘车客人要协助迎宾员照料客人下车 3.热情、礼貌、周到地回答客人问询，做到有礼有节，使客人称心满意 4.有大型团队入店时，在客人抵达酒店10分钟前疏通车辆和停车位置，保持好与大门岗及停车场岗位的联系，使车辆有序出入停放 5.对离店客人要表示欢迎下次光临，帮助行李员将行李搬上车 6.发现可疑人员要有礼貌地询问，并及时与监控联系，向上级汇报，发现一般性纠纷和事故立即按程序处理，并及时请示汇报 7.对深夜24:00以后的出入车辆、人员要加倍注意，提高警惕，及时与大门岗、大堂保安员保持联系			
任职要求	具有较好的协调能力，懂得一定的安全保卫知识，处理事情要迅速、果断、准确。具有初中以上文化程度			

六、大堂岗保安

大堂岗保安岗位说明书如下表所示。

大堂岗保安岗位说明书

部门	保安部	岗位	大堂岗保安
直接上级	保安部领班	直接下级	
岗位说明	1.注意大堂出入客人的动向，细心观察，保证酒店和客人的生命财产安全 2.协助前台办理入住或离店，防止客人的行李丢失 3.维护大堂的秩序，对在大堂发生争吵、大声呼叫、到处乱串的客人要立即上前婉言劝说和制止，使大堂保持高雅宁静 4.注意保护大堂的公共设施，劝阻客人勿随意敲击和损坏财物或躺在大堂宾客休息沙发上，以保持大堂文明的环境 5.要防止客人在大堂乱丢、乱吐、乱蹲、乱坐，发现此情况应立即委婉劝阻 6.有小孩在大堂追逐打闹、玩耍，或衣冠不整的客人进入大堂时，要及时劝阻 7.夜深时要加倍警惕，注意警戒，对24:00以后进入大堂的客人要认真观察，发现可疑人员应上前询问			
任职要求	有在酒店或服务行业做保安工作经历，对酒店保安工作熟悉或服过兵役，有组织纪律性，责任心强，具有高中学历或经过相当于高中以上教育			

七、员工通道岗

员工通道岗岗位说明书如下表所示。

员工通道岗岗位说明书

部门	保安部	岗位	员工通道岗
直接上级	保安部领班	直接下级	
岗位说明	1.对出入员工进行仪表仪容检查，发现衣冠不整或不穿工服进入营业区者要立即纠正、劝阻 2.密切监视员工打卡情况，发现代替打卡者要立即予以制止 3.认真执行查包制度，严防酒店物品被带出酒店 4.值班过程中防止非酒店员工进入员工通道，如有特殊情况必经批准后方可允许进入，并做好登记 5.保持岗位清洁卫生，监督员工不得乱丢杂物，不得在楼道大声喧哗 6.随时保持通信畅通，积极与其他岗位密切配合		
任职要求	责任心强，坚持原则，作风正派，有一定的沟通与表达能力，具有初中以上的文化水平		

八、消控中心保安

消控中心保安岗位说明书如下表所示。

消控中心保安岗位说明书

部门	保安部	岗位	消控中心保安
直接上级	保安部领班	直接下级	
岗位说明	1.当班时严守工作岗位，认真观察各种设备的运转情况 2.一旦出现报警，立即与消防员或领班联系，迅速查清报警原因并做好记录 3.一旦酒店发生火灾应立即报警，按火灾处理程序向有关人员进行报告 4.爱护仪器设备，发现小故障立即排除，如出现较大故障，立即请工程部技术员进行修复 5.每班认真填写"消防监控系统运行情况记录" 6.保持消控中心室内卫生，每日早班人员必须清扫一次地面及机械设备的灰尘，不得在设备内存放任何物品 7.认真履行交接班制度，仔细保存打印记录		
任职要求	具有一定的酒店消防工作经验，有较强的组织纪律性，责任心强，了解消控中心的设施设备，身体健康，反应灵敏，具有高中或高中以上的文化水平，受过专业培训		

九、监控中心保安

监控中心保安岗位说明书如下表所示。

监控中心保安岗位说明书

部门	保安部		岗位	监控中心保安
直接上级	保安部领班		直接下级	
岗位说明	1.当班时严守工作岗位，认真观察各种设备的运转情况 2.一旦发现可疑情况，立即与内保巡逻人员联系，迅速查清情况原因并做好记录 3.爱护仪器设备，发现小故障立即排除，如出现较大故障立即请工程部技术员进行修复 4.分清监控屏幕上的区域及代表的区域范围 5.每班认真填写"监控系统运行情况记录" 6.保持监控中心室内卫生，每日早班人员必须清扫一次地面及机械设备的灰尘，不得在设备上存放任何物品 7.认真履行交接班制度，保存好录像资料			
任职要求	对治安防范工作有一定程度的了解，受过专业训练，熟悉酒店消防工作规范，品貌端庄，身体健康，具有高中或高中以上文化程度，工作细致，责任心强			

十、巡逻岗保安

巡逻岗保安岗位说明书如下表所示。

巡逻岗保安岗位说明书

部门	保安部		岗位	巡逻岗保安
直接上级	保安部领班		直接下级	
岗位说明	1.加强对重要区域的巡逻，发现可疑情况，应视情况处理或及时向上级报告 2.在楼层巡逻时要检查客房安全管理情况，是否有不安全因素，楼层通道、电插座、墙护板等是否安全 3.对违反酒店规定，在楼层或客房闹事、斗殴、损坏客房设施者，要对其进行劝阻或将其带到保安部酌情处理 4.楼层若发生事故，如火警、盗警、凶杀、爆炸等，要迅速组织客人疏散，并保护好现场，防止事态扩大 5.对非住店客人进入酒店区域应注意其行踪，对参观游人应当友好解答客人提问，给予适当帮助 6.加强各岗的配合，发现可疑迹象及时通知监控进行录像跟踪，必要时就近寻呼附近岗位或领班予以支援			
任职要求	身体健康，品貌端庄，有较强的责任心，工作细致，作风正派，懂得一定安全保卫方面的知识，具有一定的语言表达能力，能用英语解答客人的简单提问			

十一、车库保安

车库保安岗位说明书如下表所示。

车库保安岗位说明书

部门	保安部		岗位	车库保安
直接上级	保安部领班		直接下级	
岗位说明	1.认真检查车库进出车辆的安全情况，发现异常如：车身有刮痕、车胎漏气、车身漏油等及时提醒客人，如客人不在，汇报上级，并做好登记、交接 2.认真执勤。对进出车库的车辆指挥到位，做到一车一位，并看管好车辆，保证安全，防止各类事故的发生 3.疏导进出车辆，指挥汽车、摩托车、送货车辆按指定地点停好，确保车道畅通，防止堵塞 4.严格控制货物进出和垃圾清运的时间 5.禁止客人带易燃、易爆等危险品进入康乐中心 6.要不定时巡查辖区的公共物品看有无损坏，确保辖区公共物品完好无损及正常运作			
任职要求	装着要规范整洁，仪表要端庄，态度要热情，语言要文明，以良好的形象对待每一位客人，体现酒店的高尚风貌			

第9章

图解精益之酒店安全管理

国家最新规定强化安全管理，将应急预案列入各星级酒店的必备条件，由此可见酒店安全管理的重要性。酒店安全工作维护的对象是人，酒店安全工作的目标则是使人的生命避免受到危害，人的身体避免受到损伤，人的财物避免受到意外损失。

9.1 酒店安全管理的重点

酒店除了"经济"外，安全也同等重要。如果入住的酒店没有给客人安全感，哪怕酒店的价格再低，也吸引不了客人。

9.1.1 关注酒店安全的四个层面

酒店安全是指在酒店所涉及的范围内的所有人、财、物的安全及所产生的没有危险、不受任何威胁的生理的、心理的安全环境。酒店安全包含四个层面的内容，如图9-1所示。

 酒店以及本店员工、来店客人的人身和财物，在酒店所控制的范围内不受侵害，酒店内部的生活秩序、工作秩序、公共场所等内部秩序保持良好状态。因为客人特别是国外客人住店，首先关心自己的人身和财产是否安全，其次才关心生活是否舒适、和谐与宽松

 酒店本身的财产安全与名誉安全

 不存在其他因素导致这种侵害的产生即心理安全。酒店安全状态是一种既没有危险，也没有可能发生危险的一种状态，使客人在心理上获得安全感。从保障客人的合法权益来说，只要客人住进酒店，酒店员工就有责任保障客人的心理安全，为客人保守秘密和隐私

 酒店安全还包括饮食安全和其他一些需要保护的安全问题

图 9-1 酒店安全的四个层面

9.1.2　建立安全网络

由于酒店安全管理的复杂性，酒店的安全管理工作除由值班经理和保安人员具体负责外，还应根据酒店的特征，建立有效的安全组织与安全网络。酒店的安全组织和安全网络由酒店的各级管理人员和一线员工组成，与保安人员一起共同完成安全管理。

1.安全组织和安全机构

按照公安部门的要求，酒店为了做好安全管理工作，应建立相应的治安组织与机构。

（1）治安组织　治安组织是指酒店成立的治安委员会，它主要由酒店专门负责安全工作的领导、保安部和其他有关部门的负责人组成，其工作主要是全面规划酒店的治安工作，制订与落实酒店治安工作的计划与政策，制定逐级的治安责任制，定期检查各部门的治安工作等。

（2）治安机构　治安机构是指酒店安全工作的执行机构，负责日常安全工作的布置、指导、监督、检查以及对治安事故的处理。

2.酒店安全部门

（1）配备安全管理人员　酒店的安全工作是关系到酒店能否正常经营的一项长期而重要的工作，它贯穿在酒店的整个生产服务的过程中。因此，专职的安全管理人员及安全执行人员是酒店组织机构中必不可少的。

（2）其他工作　为保证酒店安全工作的有效管理及执行，酒店还必须为安全部门做好以下工作。

①合理地组织专职保安人员，明确其职责任务，建立好上下沟通的渠道，使保安部在整个酒店的安全工作中具有权威性，有利于安保工作的开展。

②为保安人员提供必要的训练，使其明确掌握酒店安全工作所必须具备的态度、知识和技能。

③重视保安人员的工作，为其提供各种必要的、合适的工具、设备及有效的技术。

④配合安全部门建立起执行安全工作所必需的各种信息及反馈系统，即各种详细的岗位职责说明、安全检查表及各部门的业务情况，使安全部门能更为有效地开展工作。

3.确定安全管理任务

（1）酒店内部管理　作为酒店内部的执法部门，安全部门除了有责任和义务保证酒店的安全外，还应协助酒店经营者管理内部事务，严格落实各岗位员工安全工作职责。

①负责对员工通道和员工上下班进出口进行纪律检查，纠正违纪现象。

②对携带酒店物品外出的人员要按规定进行检查，防止发生偷盗行为。

③根据酒店实际，制定酒店内部的安全制度，对酒店的经营范围、建筑结构通道及

工程设备的分布进行统筹考虑，合理安排保安人员，正确划定巡查线路。

④维护酒店内的工作秩序，制止酒店员工的违章、违纪行为，如在酒店内嬉戏打闹、损坏公物等。

⑤对公共场所要加强管理，注意有无擅离岗位的员工、衣履不整或不佩戴名牌的员工，对于无端串岗的员工或下班后仍逗留酒店的员工要格外注意。

（2）保安人员管理　根据安全部门的工作性质，保安人员除了应遵守酒店的员工守则外，还应该根据保安工作的要求，强调自身的执法守纪。因此，保安人员应遵守下列规定。

①安全部门应要求保安人员做到律人律己，如保安人员自己违反纪律，则一律从严处理。

②加强保安人员的日常训练，严格日常管理和内务检查，应有定期的思想政治和业务知识培训。

③在值勤和日常工作中要自尊自爱，做到廉洁奉公、遵守原则，不得损人利己、损公肥私。

④保安人员应服从上级安排，上下同心，通力配合。

9.1.3　进行安全检查

1.坚持定期检查

应坚持安全检查工作，查缺补漏，防患于未然。要定期或不定期地对酒店的重要安全部门进行检查，发现隐患应及早处理。

2.制定安全检查工作的检查程序

首先要组织力量，明确检查计划、目的、方法和要求；然后深入检查部门，切实进行细致的检查。对检查的结果要记录在册，对发现的漏洞、隐患和不安全因素，要研究整治措施和改进的办法；对于重大问题要及时上报，及时解决。

3.及时总结经验教训

及时总结酒店内安全管理问题上的经验教训，对安全工作做得好的部门及个人要进行表扬、奖励，对存在的安全隐患要提出警告；对已发生不安全事故的部门，则应依照酒店的安全管理规则进行处理，认真查清事故原因，判明事故性质；对玩忽职守的肇事者，应酌情给予处分。

4.安全检查表

以下为某酒店的安全检查表。

（1）房务部安全检查表（表9-1）

表9-1　房务部安全检查表

检查区域	检查内容	检查要求	检查情况		
			合格	不合格	须整改的内容
前厅区域	员工熟悉安全管理制度，"三通、三会""四个能力"培训和应急预案操作情况。员工均接受过岗前培训，受训合格率达到100%	查验培训记录，抽查基本知识			
	部门业务印章管理规范，审核、使用记录完整				
	按照规定正确扫描宾客身份证明及资料	抽查5张住宿登记卡，并核对上传信息			
	住客登记做到"三清三核对"，并按规定上传相关信息	查验现场操作，核对上传信息			
	设立访客登记牌，访客按照要求登记，内容完整、准确	查验访客登记记录			
	宾客贵重物品和行李寄存保管规范，无差错、无漏洞。严禁存放易燃易爆物品	现场抽验			
	贵保室及行李房钥匙管理是否规范	检查钥匙使用及交接记录			
	夜间大堂感应门按规定关闭和开启	检查相关记录			
	各类电器及电源使用操作规范	现场查验			
	该区域吊顶及墙面悬挂物是否安全	现场查验			
	监控室各类设施设备运转正常，监控记录规范、完整	现场查验设备及相关记录			
	总机员工对消防报警系统和突发事件的应急响应操作程序是否熟悉，应急广播内容是否清楚	现场抽检演示与问答			
	大堂客用电梯运行正常，并按规定进行年检和保养	检查相关记录			
	商务中心信息发布符合操作规定，信息发布设备按规定加密	检查信息发布审批记录及设备是否加密			

续表

检查区域	检查内容	检查要求	检查情况		
			合格	不合格	须整改的内容
前厅区域	消防设施设备运行是否正常	现场查验			
	大堂客户布展及喷绘架安装安全，客房广告无违禁内容	现场检查			
	商场销售商品符合规定，无食品安全隐患	现场查验			
	酒店大堂区域摆放的各类宣传资料无违禁刊物	现场检查			
	因经营和安全需要的各种安全提示是否醒目	现场检查			
	大堂落地式的玻璃门、墙设置安全警示标志	现场查验			
客房区域	员工熟悉安全管理制度，"三通、三会""四个能力"培训和应急预案操作情况。员工均接受过岗前培训，受训合格率达到100%	查验培训记录，抽查基本知识			
	部门业务印章管理规范，审核、使用记录完整				
	各楼层和客房消防栓、灭火器、烟感、喷淋、报警按钮、火警电话、应急照明完好，疏散指示标志符合规范，安全门处于关闭状态，消防通道畅通无阻，保安巡检记录完整	现场抽查检验			
	客房区域吊顶及墙面悬挂物、淋浴房玻璃、洗面台及镜面、马桶及浴缸等是否有脱落、松动等安全问题	现场查验			
	客房门窗、门锁、保险链安全牢固，应急呼叫正常，客房的房卡管理、领用、退回制度执行良好	现场抽检任意5间客房，检查房卡领用记录			
	客房电源线路无裸露或烧焦异味	现场查验			
	房间有放置禁止床上吸烟的提示	现场查验			
	房间内紧急疏散图完好	现场查验			
	主楼二楼客房窗户已加固	现场抽查			
	易燃易爆危险品的使用、保管符合安全规范	现场查验			

检查区域	检查内容	检查要求	检查情况		
			合格	不合格	须整改的内容
客房区域	严格用电、用水管理，有日常工作检查和记录	现场检查相关工作记录			
	各类电器使用和关闭符合规定	现场检查相关工作记录			
	二级库房管理规范，无安全隐患	现场查验			
	客房区域有相关安全管理制度，管理人员日常安全巡查到位，并有相关记录	现场检查相关工作记录			
	楼层各工作间管理规范，无安全隐患	现场查验			
	因经营和安全需要的各种安全提示醒目	现场检查			
会议区域	员工熟悉安全管理制度，"三通、三会""四个能力"培训和应急预案操作情况。员工均接受过岗前培训，受训合格率达到100%	查验培训记录，抽查基本知识			
	该区域消防设施设备正常	现场查验			
	会议室门窗、门锁安全牢固，房卡领用、退回制度执行良好	现场查验			
	客户会场布置有专人现场值守	现场检查			
	会场无使用时及时检查安全和门窗锁闭	现场检查			
	会议室有相关安全管理制度，管理人员日常安全巡查到位，并有相关记录	现场检查相关工作记录			
	会议工作间和杂物库房管理规范，有无安全隐患	现场检查			
	大型会议有专门的安全应急预案，并加强现场安全监控，若遇突发事件能及时有效处置	现场检查			
	会议室各类电器使用符合酒店安全规定	现场检查			
	会议区域吊顶及墙面悬挂设备无脱落、松动等安全隐患	现场检查			
	会议区域电源线路无裸露或烧焦异味	现场查验			

续表

检查区域	检查内容	检查要求	检查情况		
			合格	不合格	须整改的内容
会议区域	因经营和安全需要的各种安全提示醒目	现场检查			
	会议区域落地式的玻璃门有设置安全警示标志	现场查验			
	会议区域摆放的各类宣传资料无违禁刊物				
需整改的事项：					
整改跟踪情况：					
质检员（签名）			年　　月　　日		
质检负责人（签名）			年　　月　　日		

（2）餐娱部安全检查表（表9-2）

表9-2　餐娱部安全检查表

检查区域	检查内容	检查要求	检查情况		
			合格	不合格	须整改的内容
餐厅区域	员工熟悉安全管理制度，"三通、三会""四个能力"培训和应急预案操作情况。员工均接受过岗前培训，受训合格率达到100%	查验培训记录，抽查基本知识			
	该区域消防设施设备良好无故障	现场查验			
	门窗、门锁安全牢固，钥匙领用、退回制度执行良好	现场查验			
	该区域吊顶及墙面悬挂设备无脱落、松动等安全隐患	现场检查			
	电源线路无裸露、漏电或烧焦异味	现场检查			
	各类电器设备使用符合酒店安全规定	现场检查			
	各类食品及自制饮料销售符合安全规定	现场检查			

续表

检查 区域	检查内容	检查要求	检查情况		
			合格	不合格	须整改的内容
餐厅区域	易燃易爆危险品的使用、保管符合安全规范	现场检查			
	严格用电、气、水管理制度，每天有安全检查记录	查验检查记录			
	水、电、煤气总阀早开、晚关有记录	查验检查记录			
	炼油时不离人，油锅搁置要平稳，油不能过满，控制好油温，做到用火不离人、人离火灭	现场查验			
	燃气灶无电子点火装置时，须用点火棒点火，不得使用火柴、打火机或纸张直接点火	现场查验			
	点火前认真检查水、电、煤气是否正常，确认无误后方可操作，燃气灶点火时要火等气	现场查验			
	脱排油烟机定时清洗有记录，炉灶台面做到干净整洁	检查记录，检查设备			
	加强对煤气使用的管理，把输气管道、阀门、炉具、使用的软管等纳入日常检查的内容，确保用气安全	查验记录			
	煤气炉、煤气管线严禁靠近电气线路和电源插座	现场检查			
	厨房工作间隙，应有专人值班	现场检查			
	每日工作结束时，必须清理厨房，检查电源及煤气、热源火种等开关确实关闭，并做好记录	检查记录			
	厨房须备有灭火毡和能正常使用的灭火器	现场检查			
	发现煤气泄漏应立即报告维修，不得麻痹大意	检查报修记录			
	使用炉灶时厨师不得离岗，炉灶用毕须关闭煤气	现场检查			
	食品加工后未及时使用时须加盖加膜，冰箱存放，防止污染、变质	现场检查			
	工作人员定期体检，并持有"健康证"上岗	现场抽查			
	厨房排气、排烟设备运转正常	现场抽查			

检查区域	检查内容	检查要求	检查情况		
			合格	不合格	须整改的内容
茶坊区域	员工熟悉安全管理制度，"三通、三会""四个能力"培训和应急预案操作情况。员工均接受过岗前培训，受训合格率达到100%	查验培训记录，抽查基本知识			
	该区域消防设施设备良好无故障	现场查验			
	门窗、门锁安全牢固，钥匙领用、退回制度执行良好	现场查验			
	该区域吊顶及墙面悬挂设备有无脱落、松动等安全隐患	现场检查			
	电源线路无裸露、漏电或烧焦异味	现场检查			
	各类电器设备使用符合酒店安全规定	现场检查			
	各类食品及自制饮料销售符合安全规定	现场检查			
	严格用电、用水管理制度，每天有安全检查记录	查验检查记录			
	因经营和安全需要的各种安全提示醒目	现场检查			
	休息区域摆放的各类宣传资料无违禁刊物	现场检查			
	工作间和吧台管理规范，无安全隐患	现场查验			
KTV	员工熟悉安全管理制度，"三通、三会""四个能力"培训和应急预案操作情况。员工均接受过岗前培训，受训合格率达到100%	查验培训记录，抽查基本知识			
	该区域消防设施设备良好无故障	现场查验			
	门窗、门锁安全牢固，钥匙领用、退回制度执行良好。	现场查验			
	该区域吊顶及墙面悬挂设备有无脱落、松动等安全隐患	现场检查			
	电源线路无裸露、漏电或烧焦异味	现场检查			
	各类电器设备使用符合酒店安全规定	现场检查			
	各类食品及自制饮料销售符合安全规定	现场检查			
	严格用电、用水管理制度，每天有安全检查记录	查验检查记录			

续表

检查区域	检查内容	检查要求	检查情况		
			合格	不合格	须整改的内容
KTV	因经营和安全需要的各种安全提示醒目	现场检查			
	休息区域摆放的各类宣传资料无违禁刊物	现场检查			
	工作间和吧台管理规范，无安全隐患	现场查验			
	每日工作结束必须检查所有区域水、电、电器是否关闭，有无未熄灭的火种等，并做好记录	查验检查记录			
健身区域	员工熟悉安全管理制度，"三通、三会""四个能力"培训和应急预案操作情况。员工均接受过岗前培训，受训合格率达到100%	查验培训记录，抽查基本知识			
	该区域消防设施设备良好无故障	现场查验			
	门窗、门锁安全牢固，钥匙领用、退回制度执行良好	现场查验			
	该区域吊顶及墙面悬挂设备有无脱落、松动等安全隐患	现场检查			
	电源线路无裸露、漏电或烧焦异味	现场检查			
	各类健身和电器设备使用符合酒店安全规定	现场检查			
	各类食品及自制饮料销售符合安全规定	现场检查			
	严格用电和设备管理制度，每天有安全检查记录	查验检查记录			
	因经营和安全需要的各种安全提示醒目	现场检查			
	休息区域摆放的各类宣传资料无违禁刊物	现场检查			

需整改的事项：

整改跟踪情况：

质检员（签名）		年　　月　　日
质检负责人（签名）		年　　月　　日

（3）工程部安全检查表（表9-3）

表9-3 工程部安全检查表

检查区域	检查内容	检查要求	检查情况		
			合格	不合格	须整改的内容
配电房	所有员工熟悉安全管理制度，"三通、三会""四个能力"培训和应急预案操作情况。员工均接受过岗前培训，受训合格率达到100%	查验培训记录，抽查基本知识			
	操作人员持证上岗操作规范	现场检查			
	有防鼠装置，无堆放杂物及可燃物品	现场检查			
	地面绝缘设施完好并经过检验	现场检查			
	有相关操作规程和危险警示标志	现场检查			
	有工作日记与故障维修记录	现场检查			
	变配电间须备绝缘鞋、绝缘手套、应急灯与灭火器	现场检查			
	接地、防雷装置符合规定	现场检查			
锅炉房	锅炉房清洁，无杂物堆放	现场检查			
	锅炉有定时运行记录与故障维修记录	现场检查			
	锅炉有维护保养计划与记录	现场检查			
	有压锅炉须年检，有测试水位报警装置	现场检查			
	锅炉工持证上岗，24小时安全值班	现场检查			
发电机房	发电机定期维护保养，并有相关记录	现场检查			
	油料存放安全无隐患	现场检查			
	发电房清洁，无杂物堆放	现场检查			
	有发电运行记录与故障维修记录	现场检查			
	发电机房排气装置运转良好	现场检查			
	有操作安全警示标志和灭火器材	现场检查			
水泵房	消防水池蓄水正常	现场检查			
	消防水箱无漏水现象	现场检查			
	消防水泵及消防联动控制工作正常	现场检查			
	水泵房无杂物和危险物品堆放	现场检查			
	管网控制阀门启闭正常	现场检查			
	水泵房有运行记录与故障维修记录	现场检查			

续表

检查 区域	检查内容	检查要求	检查情况		
			合格	不合格	须整改的内容
电脑机房	网络防火墙工作正常，有相关工作记录	现场检查			
	有能正常使用的应急灯与灭火器	现场检查			
	有操作安全警示标志	现场检查			
	有防雷击设施	现场检查			
	钥匙管理规范，并有相关使用记录	现场检查			
	机房温度和湿度控制良好	现场检查			
	配备有不间断电源运行正常	现场检查			
电梯机房	机房保持干净整洁，温度保持5~40℃	现场检查			
	电梯维修人员持有特种电工作业证	现场检查			
	机房配备干粉灭火器及温度计	现场检查			
	电梯检修需放置完全提示，并悬挂"禁止合闸，有人工作"标示牌	现场检查			
	电梯按规定进行年检及定期进行保养并有相关记录	现场检查			
	机房不能堆放杂物及易燃易爆物品	现场检查			
空调机房	空调机房严禁吸烟和使用明火	现场检查			
	各种运行及检查记录完整	现场检查			
	机房不能堆放杂物及易燃易爆物品	现场检查			
	消防设备完好	现场检查			
	有操作安全警示标志	现场检查			
	有良好的通排风设施	现场检查			
	有定期保养和维护，并有相关记录	现场检查			
危险品库房	物品存放符合安全要求	现场检查			
	有良好的通排风设施	现场检查			
	有操作安全警示标志	现场检查			
	有责任人的日常安全检查和记录	现场检查			
	有消防设备并能正常使用	现场检查			

检查区域	检查内容	检查要求	检查情况		
			合格	不合格	须整改的内容
调度及其他工作区	部门业务印章管理规范，审核、使用记录完整	现场检查			
	有24小时人员值班，并有相关工作记录	现场检查			
	各种设备操作安全规范，并有警示标志	现场检查			
	高空作业有必备的安全措施和设备	现场检查			
	危险设备操作有足够照明和防护设备	现场检查			
	二级库房配备灭火器，无易燃易爆物品存放	现场检查			
	户外公共区域无裸露电线、无漏电现象	现场检查			
	户外管道无危险裸露，外露管头须安全处理，避免意外伤害发生	现场检查			
	各重点区域有日常的安全检查和记录	现场检查			
需整改的事项：					
整改跟踪情况：					
质检员（签名）			年　　月　　日		
质检负责人（签名）			年　　月　　日		

（4）后勤服务部安全检查表（表9-4）

表9-4　后勤服务部安全检查表

检查区域	检查内容	检查要求	检查情况		
			合格	不合格	须整改的内容
员工食堂区域	所有员工熟悉安全管理制度，"三通、三会""四个能力"培训和应急预案操作情况。员工均接受过岗前培训，受训合格率达到100%	查验培训记录，抽查基本知识			
	部门业务印章管理规范，审核、使用记录完整	现场检查			
	食材采购符合安全标准	现场检查			

续表

检查区域	检查内容	检查要求	检查情况		
			合格	不合格	须整改的内容
员工食堂区域	该区域消防设施设备良好无故障	现场检查			
	门窗、门锁安全牢固，钥匙领用、退回制度执行良好	现场检查			
	该区域吊顶及墙面悬挂设备有无脱落、松动等安全隐患	现场检查			
	各类电器设备使用符合酒店安全规定	现场检查			
	各类食品制作和保存符合安全规定	现场检查			
	严格水、电、气管理制度，每天有安全检查记录	现场检查			
	水、电、煤气总阀早开、晚关有记录	现场检查			
	炼油时不离人，油锅搁置要平稳，油不能过满，控制好油温，做到用火不离人、人离火灭	现场检查			
	燃气灶无电子点火装置时，须用点火棒点火，不得使用火柴、打火机或纸张直接点火	现场检查			
	点火前认真检查水、电、煤气是否正常，确认无误后方可操作，燃气灶点火时要火等气	现场检查			
	脱排油烟机定时清洗有记录，炉灶台面做到干净整洁	现场检查			
	加强对煤气使用的管理，把输气管道、阀门、炉具、使用的软管等纳入日常检查的内容，确保用气安全	现场检查			
	煤气炉、煤气管线严禁靠近电气线路和电源插座	现场检查			
	每日工作结束时，必须清理厨房，检查电源及煤气、热源火种等开关确实关闭，并做好记录	现场检查			
	厨房须备有灭火毯和能正常使用的灭火器	现场检查			
	发现煤气泄漏应立即报告维修，不得麻痹大意	现场检查			
	使用炉灶时厨师不得离岗，炉灶用毕须关闭煤气	现场检查			

续表

检查区域	检查内容	检查要求	检查情况		
			合格	不合格	须整改的内容
员工食堂区域	工作人员定期体检，并持有健康证上岗	现场检查			
	厨房排气、排烟设备运转正常	现场检查			
	餐具消毒符合卫生标准	现场检查			
	库房、粗加工房、工作间等管理规范，无安全隐患	现场检查			
	绞肉机操作有安全规范，各种设施设备使用有安全检查记录	现场检查			
员工宿舍区域	该区域消防设施设备良好无故障	现场检查			
	电源线无裸露，电源插座无脱落	现场检查			
	无私拉乱接电线，无私自使用大功率电器	现场检查			
	无易燃易爆物品存放，通道和走廊畅通	现场检查			
	有日常的安全检查和记录	现场检查			
	监控设施工作和管理正常	现场检查			
	门禁系统管理规范，工作正常	现场检查			
	来访人员按规定进行登记	现场检查			
	员工更衣室管理规范，检查和记录完整	现场检查			
	离职员工指纹及时消除，物品检查仔细	现场检查			
	宿舍生活锅炉房清洁，无杂物堆放	现场检查			
	锅炉有定时运行记录与故障维修记录，并符合安全要求	现场检查			
	门窗、门锁安全牢固，钥匙领用、退回、保管制度执行良好	现场检查			
内外环PA区域	清洁卫生操作规范，无安全隐患	现场检查			
	各类工具和电器设备操作规范，无安全隐患	现场检查			
	主楼清洁卫生时注意检查是否有未熄灭的烟头和烧焦异味，并及时处理	现场检查			
	户外清洁卫生时注意检查是否有裸露电线、危险管头、高空悬挂物异常、危险树枝等，并及时报修处理	现场检查			

续表

检查区域	检查内容	检查要求	检查情况		
			合格	不合格	须整改的内容
内外环PA区域	所有区域清洁卫生时注意是否有易燃易爆物品，并及时向保安部报告	现场检查			
	易燃、易腐蚀物品的保管规范安全，使用有相关记录	现场检查			
	注意异常人员并及时向保安部报告	现场检查			
	门窗、门锁安全牢固，钥匙领用、退回制度执行良好	现场检查			
需整改的事项：					
整改跟踪情况：					
质检员（签名）			年　　　月　　　日		
质检负责人（签名）			年　　　月　　　日		

（5）保安区域安全检查表（表9-5）

表9-5　保安区域安全检查表

序号	检查内容	检查要求	检查情况		
			合格	不合格	须整改的内容
1	所有员工熟悉安全管理制度，"三通、三会""四个能力"培训和应急预案操作情况。员工均接受过岗前培训，受训合格率达到100%	查验培训记录，抽查基本知识			
2	消防设施设备运行正常，巡检记录完整	现场检查			
3	重要部位夜间巡逻记录完整	现场检查			
4	别墅防盗系统运行正常，记录完整	现场检查			
5	巡更系统运行正常，打更记录完整	现场检查			
6	监控系统运行正常，记录完整	现场检查			
7	各楼层火警报警电话畅通无故障	现场检查			

序号	检查内容	检查要求	检查情况		
			合格	不合格	须整改的内容
8	安全巡逻装备按规定随身携带，上下班领用、退回管理规范	现场检查			
9	大门车辆门禁系统运行正常，操作规范，工作记录完整	现场检查			
10	各部门后门岗钥匙管理和领用规范，领用和退还记录完整	现场检查			
11	后门岗人员进出登记规范，记录完整	现场检查			
12	巡逻车专人管理专人驾驶，无违规操作	现场检查			
13	应急响应队伍及时更新，并定期演练	现场检查			
14	户外升空气气球监控管理到位，无安全隐患	现场检查			
15	户外广告设施安全监控到位，无安全隐患	现场检查			
16	出入车辆巡查、安全管理到位	现场检查			
17	按规定举办安全应急演练，并有相关记录	现场检查			
18	按规定举行消防培训，培训记录完整	现场检查			
19	门窗、门锁安全牢固，钥匙领用、退回制度执行良好	现场检查			
20	部门业务印章管理规范，审核、使用记录完整	现场检查			
需整改的事项：					
整改跟踪情况：					
质检员（签名）			年 月 日		
质检负责人（签名）			年 月 日		

（6）营销工作范围安全检查表（表9-6）

表9-6 营销工作范围安全检查表

序号	检查内容	检查要求	检查情况		
			合格	不合格	须整改的内容
1	所有员工熟悉安全管理制度，"三通、三会""四个能力"培训和应急预案操作情况。员工均接受过岗前培训，受训合格率达到100%	查验培训记录，抽查基本知识			
2	销售合同是否双方签字盖章，并按规定交纳订金	现场检查			
3	广告公司进场是否告知酒店相关安全管理要求，并按规定签订安全管理合同，交纳安全保证金	现场检查			
4	广告公司退场是否按规定进行相关部门审查，并按程序退还安全保证金	现场检查			
5	销售资金回笼无异常情况	现场检查			
6	部门各类电器使用规范，无安全隐患	现场检查			
7	上下班电源开关按规定开启、关闭，有日常检查记录	现场检查			
8	门窗、门锁安全牢固，钥匙领用、退回制度执行良好	现场检查			
9	部门业务印章管理规范，审核、使用记录完整	现场检查			
需整改的事项：					
整改跟踪情况：					
质检员（签名）			年　　月　　日		
质检负责人（签名）			年　　月　　日		

（7）财务部安全检查表（表9-7）

表9-7　财务部安全检查表

检查区域	检查内容	检查要求	检查情况		
			合格	不合格	须整改的内容
财务部办公区域	所有员工熟悉安全管理制度，"三通、三会""四个能力"培训和应急预案操作情况。员工均接受过岗前培训，受训合格率达到100%	查验培训记录，抽查基本知识			
	部门各类业务印章管理规范，审核、使用记录完整	现场检查			
	结合酒店财务管理制度，定期对各部门进行财务安全检查，并有相关记录及检查报告	现场检查			
	加强对收银人员的职业道德及业务技能培训，强化日常资金安全检查，工作记录完整	现场检查			
	各经营点现金管理符合酒店规定	现场检查			
	大额现金店内或银行存取时，须采取相应的安全保卫措施	现场检查			
	财务保险柜钥匙管理符合酒店规定	现场检查			
	办公室门窗、门锁安全牢固，钥匙领用、退回制度执行良好	现场检查			
	报警系统运行正常，工作记录完整	现场检查			
财务库房区域	库房有明显的安全警示标志	现场检查			
	库房严禁吸烟或存放易燃易爆物品	现场检查			
	库房内无私拉乱接电源，电器使用符合安全规定	现场检查			
	库管员离开库房时必须立即锁闭房门，关闭电源开关	现场检查			
	库房消防设施设备完好，库管员能熟练操作	现场检查			
	库管员下班须进行全面的安全检查，并有相关工作记录	现场检查			
	库房门窗、门锁安全牢固，钥匙领用、退回制度执行良好	现场检查			
	非工作人员不得在库房内长时停留，工作完毕需立即离开	现场检查			

续表

需整改的事项：			
整改跟踪情况：			
质检员（签名）	年	月	日
质检负责人（签名）	年	月	日

9.1.4　运用监视系统

为防范可疑的人、事、物，许多酒店在其公共区域、重要通道及楼层走廊等处装设闭路电视，建立监视系统，确保酒店人员、财务与设施的安全。

安全监视作业内容包括以下几个方面。

（1）负责监视任务，随时查看电视监视器上所出现的画面。

（2）若画面可疑时，先区分是否为住客、员工或其他闲杂人员，并判断其动向，固定该楼层或该区域的闭路主机开关，通知值勤安全人员，或向上级报告并前往处理，正确查证可疑原委并记录于"酒店安全值勤工作记录表"内。

（3）录像带一律由监控员保管，不得外借，不得将所见的私人行为向外人泄露。

9.1.5　安全联防

为加强各酒店安全业务，互通实时治安信息，发挥综合力量及守望相助精神，许多酒店采取安全联防制度。其注意事项如下。

（1）每日住房的客人名单在次日整理后送往派出所。

（2）非常重要的贵宾莅临时，应事先将时间、地点、主办单位、会议性质及人数等资料告之联防酒店、安全机关及派出所。

（3）发生治安事故，应立即填写"酒店安全联防通报（记录）表"，并通报联防酒店，必要时获得协助。

（4）接获其他酒店的通报时，应传真至各联防酒店及本酒店相关单位参考，以防止类似事情发生。

9.2 客人安全控制与管理

9.2.1 入口控制与管理

酒店是一个公共场所，除衣冠不整者外，任何人都可自由出入。在众多的人流中，难免有图谋不轨分子或犯罪分子混杂其间，因此，入口控制就显得非常重要。酒店入口主要有：酒店大门入口、楼层电梯入口、楼层通道。

1.酒店大门入口控制与管理

（1）酒店不宜有多个入口处，应把入口限制在大门。这种控制是指有安全门卫或闭路电视监视设备控制。在夜间，只使用一个入口。

（2）酒店大门的保安既是迎宾员，又应是安全员。应对保安进行安全方面的训练，使他们能观察、识别可疑分子及可疑的活动。另外，也要对大门及门厅里进行巡视，对进出的人流、门厅里的各种活动进行监视。如发现可疑人物或活动，则及时与值班经理联络，以便采取进一步的监视行动，制止可能发生的犯罪或其他不良行为。

（3）在大门入口处安装闭路电视监视器（摄像头），对入口处进行无障碍监视。

2.电梯入口控制与管理

电梯是到达楼层的主要通道。许多酒店设有专供客人使用的专用电梯。为确保酒店的安全，必须对普通电梯及专用电梯入口加以控制。控制的方法一般采用闭路电视监控。监控的位置一般在大厅电梯口、楼层电梯口、电梯内。

3.楼层通道安全控制与管理

（1）保安人员在楼层通道里巡视应是一项日常、例行的活动。保安人员对楼层通道巡视的路线和时间应不时做调整和变更，不能形成规律，以免让不法分子钻空子。

（2）楼层安全计划应明确要求凡进入楼层区域工作的工作人员，如客房服务员、客房主管及店长助理、值班经理等都应在其工作岗位中起到安全控制与管理的作用，随时注意可疑的人及不正常的情况，并及时向值班经理报告。

（3）要通过装置在楼层通道中的闭路电视监视系统对每个楼层通道进行监视及控制。

9.2.2 客房安全控制与管理

客房是客人在酒店停留的主要场所及其财物的存放处，所以客房的安全至关重要。客房安全控制与管理包括以下三个方面。

1.客房门锁与钥匙的控制及管理

为防止外来的侵扰，客房门上的安全装置是非常重要的，其中包括能双锁的门锁装置、安全链及广角的窥视警眼（无遮挡视角不低于60度角）。除正门之外，其他能进入客房的入口处都要上闩或上锁。这些入口处有：阳台门、与邻房相通的门等。

客房门锁是保护顾客人身及财产安全的一个关键环节。安全的门锁以及严格的钥匙控制是顾客安全的一个重要保障。酒店管理者应设计出一个结合本酒店实际情况，切实可行的客房钥匙编码、发放及控制的程序，以保证客房的安全，保证顾客人身及财物的安全。一般来说，该程序包括以下的内容。

（1）对于电子门锁系统，前台是电子房卡编码、改码和发放客房房卡的地方。当客人完成登记入住手续后，就发给该房间的房卡。客人在居住期内由自己保管房卡，一般情况下，房卡不宜标有房间号码，以免客人丢失房卡又不能及时通知酒店时，被不良行为者利用。

（2）客人丢失房卡时，可以到前台补领，补卡时前台人员应要求客人出示酒店入住卡表明自己的身份。在服务人员核对其身份后方能补发重新编码的房卡。对于长住客或服务员能确认的情况下，可以直接补予，以免引起客人的反感。

（3）工作人员，尤其是客房服务员所掌握的万能房卡不能随意丢放在工作车上或插在正在打扫的客房门锁上或取电槽内。应要求他们将客房房卡随身携带，客房服务员在楼面工作时，如遇自称忘记带房卡的客人要求代为打开房门时，绝不能随意为其打开房门。

（4）需防止掌握客房房卡的工作人员图谋不轨。采用普通门锁的楼层，客房通用房卡通常由客房服务员掌管，每天上班时发给相应的房务员，完成清扫工作后收回。客房部每日都要记录房卡发放及使用情况，如领用人、发放人、发放及归还时间等，并由领用人签字。客房部还应要求服务员在工作记录表上记录进入与退出每个房间的具体时间。

2.客房内设施设备安全控制与管理

客房内设施设备安全控制与管理要点如表9-8所示。

表9-8　客房内设施设备安全控制与管理要点

序号	类别	安全控制与管理要点
1	电气设备安全	客房内的各种电气设备都应保证安全。客房电气设备安全控制包括：客用电视机、小酒吧、各种灯具和开关插座的防爆、防漏电安全；火灾报警探头系统、蜂鸣器、自动灭火喷头以及空调水暖设施设备的安全等
2	卫生间	卫生间的地面及浴缸都应有防止客人滑倒的措施。客房内口杯、水杯及冰桶等都应及时并切实消毒。如卫生间内的自来水未达到直接饮用的标准，应在水龙头上标上"非饮用水"的标记
3	家具设施包括床、办公桌、办公椅、躺椅、行李台、茶几等家具	应定期检查家具的牢固程度，尤其是床与椅子，使客人免遭伤害

序号	类别	安全控制与管理要点
4	其他方面	在客房桌上应展示有关安全问题的告示或须知，告诉客人如何安全使用客房内的设备与装置及专门用于保安的装置和作用，出现紧急情况时所用的联络电话号码及应采取的行动。告示或须知还应提醒客人注意不要无所顾忌地将房号告诉其他客人和任何陌生人；应注意有不良分子假冒酒店职工进入楼层或客房

9.2.3 客人财物保管箱安全控制与管理

按照我国的有关法律规定，酒店必须设置顾客财物保管箱，并且建立一套登记、领取和交接制度。

酒店客人财物保管箱有两类，一类设在酒店前台内，由前台统一控制。客人使用时，由前台服务员和客人各执一把钥匙，取物时，将两把钥匙一起插入才能开启保险箱。另一类则为客房内个人使用的保险箱，客房内保险箱由客人自设密码，进行开启与关闭。应将保险箱的使用方法及客人须知明确地用书面形式告知客人，让客人方便使用。须定期检查保险箱的密码系统，以保证客人使用安全。

9.3 员工的安全控制与管理

在员工安全管理中，应根据本酒店的运作过程，结合各个工作岗位的工作特点，制定员工安全标准及各种保护手段和预防措施。

9.3.1 劳动保护措施

1.岗位工作的劳动保护与安全标准

酒店的各个工作岗位要根据岗位工作的特点制定安全操作标准。虽然酒店内的服务工作基本上以手工操作为主，但不同岗位的安全操作标准却不尽相同。如接待员需要防袭击和防骚扰，客房清洁服务员的腰肢保护和防清洁剂喷溅，餐厅服务员防烫伤、防玻璃器皿损伤等，都需要有相应的安全工作的操作标准。随着各种工具、器械、设备应用的增多，酒店应制定各种工具、器械、设备的安全工作标准和操作标准。

2.岗位培训中的安全培训

在员工岗位技术培训中应将安全工作及操作列入培训的内容，在学习及熟练掌握各工作岗位所需的技能、技巧的同时，培养员工要养成良好的安全工作及安全操作的习惯，并使员工掌握必要的安全操作的知识及技能。强调并提倡员工之间的互相配合，即工种与工种之间，上下程序之间，都应互相考虑到对方的安全，如设备维修人员在维修电器或检查线路时，要告诉正在一起工作的房务员，以免造成不便或引起事故。

9.3.2 员工个人财物安全保护

酒店员工的个人财产安全保护包括员工宿舍中员工个人财产的安全保护和员工更衣室个人衣物储藏箱的安全保护两个方面，如图9-2所示。

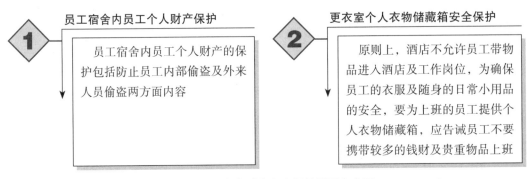

员工宿舍内员工个人财产保护

员工宿舍内员工个人财产的保护包括防止员工内部偷盗及外来人员偷盗两方面内容

更衣室个人衣物储藏箱安全保护

原则上，酒店不允许员工带物品进入酒店及工作岗位，为确保员工的衣服及随身的日常小用品的安全，要为上班的员工提供个人衣物储藏箱，应告诫员工不要携带较多的钱财及贵重物品上班

图9-2 员工个人财产安全保护的两个方面

9.3.3 员工免遭外来的侵袭控制

在酒店中，前台接待员兼作收银员，很有可能成为受袭击的对象。所以，为保证接待员的安全，在前台，应装置报警器或闭路电视监视器，应只保留最小限额的现金。接待员交解现金时，应由保安人员陪同。还应告知前台接待员遭到抢劫时的安全保护程序。

客房服务员还可能碰上正在房内作案的窃贼而遭到袭击，或遇到行为不轨或蛮不讲理的客人的侵扰。一旦发生这种情况，在场的工作人员应及时上前协助受侵袭的服务员撤离现场，免遭进一步的攻击，并尽快通知保安人员及客房主管迅速赶到现场，据情处理。

另外，给上夜班下晚班的员工安排交通工具回家或在酒店过夜；及时护送工伤及生病员工就医；防范员工上下班发生交通事故；加强员工食堂管理，控制员工饮食安全，防止食物中毒等也属于员工安全计划的内容。

9.4 酒店财产安全控制与管理

酒店内拥有人量的设施设备和物品，这些财产设备和物品为酒店正常运行、服务及客人享受提供了良好的物质基础。对这些财产及物品的任何偷盗及滥用都将影响到酒店及客人的利益，因此，财产安全控制与管理是酒店安全控制与管理中的重要内容。

9.4.1 员工偷盗行为的防范与控制

员工在日常的工作及服务过程中，直接接触各类设备与有价物品，这些物品具有供个人家庭使用或再次出售的价值，这很容易诱使员工产生偷盗行为。在防范和控制员工偷盗行为时，应考虑的一个基本问题是员工的素质与道德水准。这就要求在录用员工时严格把好关，进店后进行经常性的教育，并有严格的奖惩措施。奖惩措施应在员工守则中载明并严格照章实施。对有诚实表现的员工进行各种形式的鼓励及奖励；反之，对有不诚实行为及偷盗行为的职工视情节轻重进行处理，直至开除出店。思想教育和奖惩手段是相辅相成的，只要切实执行，是十分有效的。

另外，还应通过各种措施，尽量限制及缩小员工进行偷盗的机会及可能。这些措施包括以下方面。

（1）员工上班都必须穿制服、戴工牌，便于安保人员识别。

（2）在员工上下班进出口处，应有安保人员值班，检查及控制员工携带进出的物品。

（3）完善员工领用物品的手续，并严格照章办事。

（4）严格控制储存物资，定期检查及盘点物资数量。

（5）控制及限制存放在前台的现金额度，交解现金需有安保人员陪同及参加。

（6）严格财物制度，实行财务检查，谨防工作人员贪污。

9.4.2　客人偷盗行为的防范与控制

由于酒店物品的高档性、稀有及无法购买性（有些物品在市场上无法购买到），因而酒店住店客人也容易产生偷盗行为。虽然客人的素质一般较高，但受喜爱物品的诱惑，也不乏有偷窃倾向。酒店所配备的客用物品如浴巾、浴衣、办公用品、日用品等一般都由专门厂家生产，档次、质量、式样都较好；客房内的装饰物和摆设物（如工艺品、字画、古玩等）也比较昂贵和稀有，这些物品具有较高的使用、观赏价值和纪念意义而容易成为住店客人盗取的对象和目标。因此，为防止这些物品被盗而流失，可采取的防范控制措施有以下几点。

（1）将这些有可能成为客人偷盗目标的物品，印上或打上酒店的标志或特殊的标记，这能使客人打消偷盗的念头。

（2）有些使客人感兴趣，想留作纪念的物品，可供出售，这可在《旅客须知》（如图9-3所示）中说明。

（3）客房服务员日常打扫房间时，对房内的物品加以检查；或在客人离开房间后对房间的设备及物品进行检查，如发现有物品被偷盗或设备被损坏，应立即报告。

旅客须知

一、旅客登记住宿时，请出示足以证明本人身份的有效证件（身份证、护照、回乡证）。

二、旅客不得任意改变客房设备，客房内的任何物品及设备如有损坏或遗失，必须负责赔偿。

三、需接电源或使用自备电器设备，请与客房中心联系。严禁使用电炉、电熨斗、电饭煲等。

四、严禁将易燃、易爆、剧毒和放射性等危险品带入客房，严禁在住宿处燃放烟花爆竹。携带枪支、武器须交当地公安机关保存。严禁在旅馆招娼、吸毒、聚赌。

五、旅客离房时，请关好门、窗，带好钥匙卡并妥善保管。如钥匙卡遗失，请立即通知总台。

六、旅客应按照与总台接待处所订住房日期交回房间，如需延期，应提前向总服务台办理手续，到期不办理手续或不退房，本店有权收回房间。

七、退房时间为中午十二时前。在十八时前退房加收半天房费，十八时以后按全天计算。

八、请爱护旅馆一切用品及设施，如有损坏请照价赔偿。

九、多为他人着想，切勿高声喧哗，以免扰及邻室安宁。

十、房间内的物品您如果非常喜欢，想留做纪念品，请联系前台购买。

有事请拨打服务台电话：×××××××××

×× 酒店有限公司

图 9-3　旅客须知

9.4.3　外来人员偷盗行为的防范与控制

外来人员偷盗行为的防范与控制包括三方面的内容，如图9-4所示。

1 不法分子和外来窃贼

要加强入口控制、楼层通道控制及其他公众场所的控制，防止外来不良分子窜入作案

2 外来公务人员

酒店由于业务往来需要，总有一些外来公务人员进出，这些人员包括外来公事人员、送货人员、修理人员、业务洽谈人员等，应规定外来人员只能使用员工通道，出入须经安全值班人员检查后才可放行。如果楼层内的设备、用具、物品等需带出店外修理的，必须经值班经理的签名，经安全值班人员登记后才能放行

3 访客

酒店客人因业务需要经常接待各类来访客人，而来访客人中也常混杂着不良分子，他们在进入客人房间后，趁客人不备往往会顺手牵羊，带走客人的贵重物品或客房内的高档装饰物及摆设物；他们也可能未经客人的同意，私自使用客房内的付费服务项目，如打长途电话甚至国际长途等。此外，酒店应尽量避免将有价值的物品放置在公共场所的显眼位置，并应对安放在公共场所的各种设施设备和物品进行登记与有效管理

图 9-4　三类外来人员偷盗的防范与控制

9.5 消防安全管理

火灾始终是威胁酒店的一个重大灾难。因此，制订科学合理的防火安全计划并进行有效的消防管理是酒店安全管理的重要内容。

9.5.1 设立消防组织与消防机构

酒店作为公共场所，应重视消防工作，建立相应的消防组织和消防机构。建立消防组织，是指酒店应设有专门的消防管理委员会，全面负责酒店的消防工作。消防机构是指在酒店消防管理委员会领导和指导下的消防执行机构，它负责日常的消防检查工作。

1.酒店的消防管理委员会

酒店设立消防管理委员会，负责本酒店的消防工作制度的设定、落实与检查。酒店各部门都应服从消防委员会制定的消防管理制度。消防管理委员会的职责如下。

（1）认真贯彻执行国家法规和公安消防部门的有关消防安全工作的指示及规定，实行"预防为主，防消结合"的方针，制定各种防火安全制度，组织实施逐级防火责任制和岗位防火责任制，制订灭火方案和疏散计划，督促各部门贯彻落实防火安全工作。

（2）把防火工作纳入日常管理工作中，充分发动与依靠每一位酒店员工，定期研究和布置每个部门的消防工作。

（3）开展消防业务的宣传和消防知识的培训，定期组织酒店的消防演习，让防火意识深入到酒店每一个员工的思想中。

（4）定期检查酒店内各部门的防火情况，检查各种消防设备、灭火器材，消除火灾隐患和不安全因素。

（5）负责检查和指导消防器材的配备、维修、保养和检测，及时调配、补充消防器材，排除消防设备隐患。

（6）负责协助工程部进行酒店的新建和改造工程中消防设施的设计、呈报、审批工作。

（7）一旦发生火灾，担任现场指挥，组织酒店员工进行人员疏散工作及扑救工作，负责追查处理火警事故，调查火灾原因。

2.消防中心

消防中心是消防工作的执行机构。消防中心在酒店安全部门或有关部门的领导下，以及公安消防部门的指导下，具体负责消防工作，保障酒店的正常营业。消防中心的主要工作有以下几方面。

（1）负责各种消防设施、设备和器材等消防工作的硬件管理，主要是定期检查和保养消防设施与器材，确保消防设施、器材的完好。

（2）每日派专人检查、巡逻，发现不安全因素立即排除和上报，杜绝不安全事故的发生。

（3）制订防火、灭火与疏散计划及其实施方案，对员工进行消防教育和培训，使每一位酒店员工不仅认识到消防工作的重要性，还能熟练掌握报警程序、疏散程序，熟悉紧急出口和通道，并能正确地使用灭火器材。

（4）发现火警信号或接到火情报告后，要迅速弄清楚火情，并及时派出消防、保卫人员赶到出事地点，同时将火警报告给上级。

9.5.2　防火安全计划与消防管理

1.消防安全告示

消防安全告示可以从客人一入店时进行。可在客人登记时发给一张酒店卡，卡上除注明酒店的服务设施和项目外，还应注明防火注意事项，印出酒店的简图，并标明发生火警时的紧急出口。

客房是客人休息暂住的地方，也是客人在酒店入住期间停留时间最长的地方，应当利用客房告诉客人有关消防安全的问题：如在房门背后应张贴楼层的火灾紧急疏散示意图，在图上把本房间的位置及最近的疏散路线用醒目的颜色标在上面，以使客人在紧急情况下安全撤离；在房间的写字台上应放置"安全告示"，或放有一本安全告示小册子，比较详细地介绍酒店及楼层的消防情况，以及在发生火灾时该怎么办。

2.防火安全计划与制度

防火安全计划是指酒店各岗位防火工作的工作程序、岗位职责、注意事项、规章制度以及防火检查等项工作计划的总称。

在制订防火安全计划时，要把酒店内每个岗位容易发生火灾的因素找出来，然后逐一制定出防止火灾的措施与制度，并建立起防火安全检查制度。酒店的消防工作涉及每个岗位的每一位员工，只有把消防工作落实到每个岗位，并使每位职工都明确自己对消防工作的职责，安全工作才能有保证。必须使每位员工做到以下几点。

（1）严格遵守酒店规定的消防制度和操作规程。

（2）发现任何消防问题及时向有关部门汇报。

（3）维护各种消防器材，不得随意挪动和损坏。

（4）发现火患及时报警并奋力扑救。

9.5.3　火灾应急计划与控制和管理

火灾应急计划与控制和管理是指在酒店一旦发生火灾的情况下，酒店所有人员采取行动的计划与控制和管理方案。火灾计划要根据酒店的布局及人员状况用文字的形式制定出来，并需要经常进行训练。

酒店内一旦发生火灾，应立刻报警。有关人员在接到火灾报警后，应当立即抵达现场，组织扑救，并视火情通知公安消防队。有些比较小的火情，酒店及楼层员工是能够在短时间内组织人员扑灭的。如果火情较大，就一定要通知消防监控中心。酒店应把报警分为二级。一级报警是在酒店发生火灾时，只是向酒店的消防监控中心报警，其他场所听不到铃声，这样不会造成整个酒店的紧张气氛。二级报警是在消防监控中心确认楼层已发生了火灾的情况下，才向全酒店报警。

酒店应按照楼层及酒店的布局和规模设计出一套方案，使每个部门和员工都知道万一发生火灾时该怎么做。

一旦酒店发生火灾或发出火灾警报时，要求所有员工坚守岗位，保持冷静，切不可惊慌失措，到处乱跑，要按照平时规定的程序做出相应的反应。所有的人员无紧急情况不可使用报警电话，以保证电话线路的畅通，便于酒店管理层下达命令。各部门及岗位该采取的行动如表9-9所示。

表9-9　各部门及岗位该采取的行动

序号	部门及岗位	该采取的行动
1	酒店消防委员会	（1）消防委员会在平时担负着防火的各项管理工作，一旦酒店发生火灾，消防委员会就肩负着火灾领导小组的职责 （2）在发生火灾或发出火灾警报时，消防委员会负责人应当立即赶到临时火灾指挥点。临时火灾指挥点要求设在便于指挥、便于疏散、便于联络的地点 （3）领导小组到达指挥点后，要迅速弄清火灾的发生点，火势的大小，并组织人员进行扑救，与此同时领导小组还应视火情迅速做出决定是否通知消防队，是否通知客人疏散，了解是否有人受伤或未救出火场，并组织抢救
2	酒店消防队	（1）根据消防法规，酒店应当建立义务消防队。酒店消防队是一支不脱产的义务消防队伍，它担负着防火的任务，经常组织训练，随时准备参加灭火行动。酒店消防队一般由安保部人员和各部门的人员组成 （2）当酒店消防队员听到火灾警报声时，应当立即穿好消防服，携带平时配备的器具（集中存放在酒店某地）迅速赶赴现场。这时应有一名消防中心人员在集合地点带领消防队员去火灾现场参加灭火行动
3	保安人员	（1）听到火灾警报后，保安人员应立即携带对讲机等必需物品赶赴现场指挥点。酒店大门的保安在听到火灾铃声后，应当立即清理酒店周围的场地，为消防车的到来做好准备。阻止一切无关人员的进入，特别要注意防范有图谋不轨者趁火打劫 （2）巡逻人员在火灾发生时要注意安排专人保护酒店的现金和其他一些贵重物品。要护送出纳员和会计把现金转移到安全的地方。各岗位的安全人员在发生火灾时，都必须严守岗位，随时提防不法分子浑水摸鱼

序号	部门及岗位	该采取的行动
4	前台人员	前台人员要把所有的电梯落下，告诫客人不要乘坐电梯、不要返回房间取东西，并把大厅所有通向外面的出口打开，迅速组织人员疏散，协助维持好大厅的秩序
5	工程维修人员	工程维修人员在接到酒店的火灾报告时，应立即赶往火灾现场察看火情。应视火情决定是否全部或部分关闭酒店内的空调通风设备、煤气阀门、各种电器设备、锅炉、制冷机等设备，防止事态进一步发展。负责消防水泵等设备的人员迅速进入工作场地，并使这些设备处于工作状态。楼层内的危险物品应立即运到安全地带，以防连锁反应。其他人员应坚守岗位，不得擅离职守
6	楼层服务员	当楼层客房服务员听到火警的铃声时，应当立即查看、检查所有的安全门和通道是否畅通，并立即组织疏散客人

9.5.4　火灾疏散计划与管理

火灾疏散计划与管理是指酒店发生火灾后人员和财产紧急撤离出火灾现场，到达安全地带的行动计划和措施。在制订该计划和措施时，要考虑到楼层布局、酒店周围场地等情况，以保证尽快地把楼层内的人员和重要财产及文件资料撤离到安全的地方。这是一项极其重要的工作，组织不当会造成更大的人员伤亡和财产损失。

通知疏散的命令一般是通过连续不断的警铃声发出或是通过广播下达。

在进行紧急疏散时，客房服务员要注意通知房间的每一位客人。只有确定本楼层的客人已全部疏散出去，服务员才能撤离。

在疏散时，要通知客人走最近的安全通道，千万不能使用电梯。可以把事先准备好的"请勿乘电梯"的牌子放在电梯前。有的酒店在电梯的上方用醒目字体写着"火灾时，请不要使用电梯"。

当所有人员撤离楼层或酒店后，应当立即到事先指定的安全地带集合，查点人数。如有下落不明的人或还未撤离的人员，应立即通知消防队。

9.5.5　灭火计划与管理

灭火计划与管理的内容包括以下方面。

（1）酒店总平面图　要注明楼层布局、给水管网上消火栓的位置、给水管尺寸、电梯间及防烟楼梯间位置等。

（2）酒店内部消防设备布置图　如自动灭火设备安装地点、室内消火栓布置图、进水管路线、阀门位置等。

（3）根据酒店的具体情况绘制的灭火行动平面图 要解决抢救人员、物资及清理火场通道的问题。实施计划应同时考虑利用楼梯作为灭火进攻和抢救疏散人员、物资及清理火场的通道；如果楼梯烧毁或被火场残物堵塞，要有其他备用的行动方案等。

9.6 酒店应急预案

酒店应急预案，是指为了保障酒店管理人员在执行各种服务过程中，能够快速有效地应对各种突发案件、事件、事故和其他紧急情况而制定的方案。

9.6.1 应急预案的内容

酒店安全应急预案要全面地考虑不同情况的特定条件下，可能发生的各种案件、事件、事故和其他紧急情况。具体来说，一般应急预案包括内容如表9-10所示。

表9-10 应急预案内容

序号	类别	具体内容	备注
1	任务目的	应急预案是一种实践性、应用性和操作性都很强的实战型预案，必须有明确具体的任务或目的	
2	指导思想	（1）确保酒店各项活动的安全进行 （2）强调快速、有效的原则，但不能光有速度没有效率，也不能太慢 （3）对任何紧急情况的处置都属于初期处置，要由警方进行最终处置	
3	处置范围	（1）可能遇到的一切紧急情况 （2）应对自然灾害的预案 （3）确定一些重点应对的紧急情况	
4	组织指挥与分工	应急处置中的组织指挥与分工，应根据高度统一、分层组织实施的原则，建立应急指挥部，任务分工是从纵向与横向两方面展开的	
5	应急措施	（1）核实情况，迅速报警 （2）封锁现场 （3）控制现场，划定警戒范围并担任警戒 （4）采取灭火、防爆、防毒等初期处置措施 （5）通过宣传、疏导等方法有序疏散无关人员 （6）保全证据和留置有关人员 （7）向警方汇报现场工作情况	

续表

序号	类别	具体内容	备注
5	应急措施	（8）抓获扭送有关违法或犯罪嫌疑的人员 （9）抢救现场伤者，报告紧急救护中心 （10）搜索、发现可疑的人员和物品 （11）向到达现场的警方人员介绍情况、提供线索 （12）为进行现场处置的警方人员提供各种帮助	
6	注意事项	（1）依法处置 （2）高度负责，分工协作 （3）严格遵守请示、报告、续报等制度 （4）服从命令，听从指挥 （5）保护客人的合法权益，不要因为应急处置而侵犯客人的合法权益	

9.6.2 编制应急预案要素

1.方针与原则

不管是哪种应急救援体系，都必须有明确的方针和原则作为开展应急救援工作的纲领。方针与原则反映了应急救援工作的优先方向、政策、范围和总体目标，应急的策划和准备、应急策略的制定和现场应急救援及恢复，都应当围绕方针和原则开展。

2.应急策划

在制定应急预案时，必须明确预案的对象和可用的应急资源情况，即在全面系统地认识和评价所针对的潜在事故类型的基础上，识别出重要的潜在事故及其性质、区域、分布及事故后果。

3.应急准备

对于发生可能性较大的应急事件，应做好充分的准备工作。能否成功地在应急救援中发挥作用，取决于应急准备是否充分。应急准备基于应急策划的部署，明确所需的应急组织及其职责权限、应急队伍的建设和人员培训、应急物资的准备、预案的演习、公众的应急知识培训和签订必要的互助协议等。

4.应急响应

酒店应急响应能力的体现，包括需要明确并实施在应急救援过程中的核心功能和任务。这些核心功能既相应独立，又互相联系，构成应急响应的有机整体，共同达到应急救援目的。

应急响应的核心功能和任务包括：接警与通知、指挥与控制、报警和紧急公告、通信、事态监测与评估、警戒与治安、人群疏散与安置、医疗与卫生、公共关系、应急人员安全、消防和抢险、泄漏物控制等。

5.现场恢复

现场恢复是事故发生后期的处理，如：泄漏物的污染处理、伤员的救助、后期的保险索赔和生产秩序的恢复等一系列问题。

6.预案管理与评审改进

应急预案管理与评审改进强调在事故后（或演练后）对预案不符合和不适宜的部分进行不断的修改和完善，使其更加适宜于现实应急工作的需要。但预案的修改和更新，要有一定的程序和相关评审指标。

9.6.3　应急预案的培训和演练

1.演练类型

（1）桌面推演，是指由应急组织的代表或关键岗位人员参加的，按照应急预案及其标准工作程序，讨论发生紧急情况时应采取行动的演练活动。

（2）功能演练，是指针对某项应急响应功能或其中某些应急行动举行的演练活动，主要是针对应急响应功能，检验应急人员以及应急体系的策划和响应能力。

（3）全面演练，是指针对应急预案中全部或大部分应急功能进行检验、评价组织应急运行能力的演练活动。

2.选取演练方法考虑的因素

（1）应急预案和响应程序制定工作的进展情况。

（2）面临风险的性质和大小。

（3）现有应急响应的能力。

（4）应急演练的成本及资金筹措状况。

（5）有关政府部门对应急演练工作的态度。

（6）应急组织投入的资源状况。

（7）国家及地方政府部门颁布的有关应急演练的规定。

3.演练的参演人员

演练的参演人员，具体如表9-11所示。

表9-11　演练的参演人员

序号	类别	具体内容	具体任务
1	参演人员	承担具体任务，对演练情景或模拟事件作出真实情景响应行动的人员	（1）救助伤员或被困人员 （2）保护财产或公众健康 （3）使用并管理各类应急资源 （4）与其他应急人员协同处理重大事故或紧急事件

序号	类别	具体内容	具体任务
2	控制人员	控制演练时间进度的人员	（1）确保演练项目得到充分进行，以利评价 （2）确保演练任务量和挑战性 （3）确保演练进度 （4）解答参演人员的疑难和问题 （5）保障演练过程的安全
3	模拟人员	扮演、代替某些应急组织和服务部门，或模拟在紧急事件、事态发展中受影响的人员	（1）扮演、替代与应急指挥中心、现场应急指挥相互作用的机构或服务部门 （2）模拟事故的发生过程（如释放烟雾、模拟气象条件、模拟泄漏等） （3）模拟受害或受影响人员
4	评价人员	负责观察演练进展情况并予以记录的人员	（1）观察参演人员的应急行动，并记录观察结果 （2）协助控制参演人员以确保演练计划的进行
5	观摩人员	来自有关部门、外部机构以及旁观演练过程的观众	

【他山之石01】酒店食物中毒应急预案

酒店食物中毒应急预案

根据卫生部门有关食品卫生安全的会议精神，为确保在发生意外安全事故时将损失减少到最小，我单位特制定以下关于食物中毒的应急处置预案。

一、食物中毒应急处置组织机构

领导小组

组　　长：李××

副组长：万××、陈××

成　　员：吕××、孙××、刘××、林××

下设处置办公室

主　　任：朱××

成　　员：王××、丁××

二、此预案在发生食物中毒事件时马上启动

三、应急处置步骤

（1）酒店任何一名员工均有责任报告食物中毒事件，一发现有食物中毒现象，应马上向应急处置办公室报告。

（2）办公室人员在接到报告后立即赶赴现场，并通知相关成员到场协助处理。

（3）以下各步骤同时进行

①及时与急救中心或医院联系，讲清楚地点、中毒人数、中毒程度、症状等，由相关人员陪同就医。

②由餐饮部负责查找毒源，各部门应全力配合，保护现场、保留样品。病人吃剩的食物不要急于倒掉，盛食品用的工具、容器、餐具等不要急于冲洗，病人的排泄物要保留，以便卫生部门采样检验，为确定食物中毒提供可靠的依据。

③由副组长负责将现场情况向酒店领导报告、请示。

④由办公室主任指挥各部门经理做好人员的稳定工作。

⑤如实反映情况。酒店负责人及与本次中毒有关人员，如厨房工作人员、分管经理及病人等应如实反映本次中毒情况。将病人所吃的食物，进餐总人数，同时进餐而未发病者所吃的食物，病人中毒的主要特点，可疑食物的来源、质量、存放条件、加工烹调的方法和加热的温度、时间等情况如实向有关部门反映。

⑥做好中毒人员的善后处理工作。

⑦对中毒食物的处理：在查明情况之前对可疑食物应立即停止食用。在卫生部门已查明情况，确定了食物中毒，即可对引起中毒的食物及时进行处理。

【他山之石02】酒店空气传播性疾病应急预案

酒店空气传播性疾病应急预案典

为了保障住店客人的安全，预防空气传播性疾病在公共场所的传播，保障公众健康，依据《中华人民共和国传染病防治法》《公共场所卫生管理条例》和《突发公共卫生事件应急条例》，特制定本预案。

一、预防空气传播性疾病领导小组

组　　长：李××

组　　员：吕××、孙××、刘××、林××

二、启动条件

当空气传播性疾病在本地区暴发流行时，酒店将在第一时间按照卫生行政部门的要求启动预防空气传播性疾病的应急预案。

三、实施办法

（1）及时关闭所涉及区域的集中空调通风系统，并按照疾病预防控制机构的要求，对公共场所及其集中空调通风系统进行消毒处理。

（2）对有疑似症状的员工进行集中隔离，并安排休息；有类似症状的客人出现立即隔离治疗。

（3）加强环境消毒，每天对全酒店的设施设备、地面、空气进行消毒。

（4）空调系统采用全新风方式运行，各房间每日开窗通风不少于两次，每次半小时，确保各房间独立通风。

（5）每周对过滤网、过滤器、净化器、风口、表冷器、加热（湿）器、冷凝水盘等进行清洗、消毒或者更换。空调系统的冷凝水和冷却水以及更换下来的部件在处置前应进行消毒处理。

【他山之石03】酒店抢劫案件应急预案

酒店抢劫案件应急预案

一、突发事件应急处理小组

组长：总经理

副组长：副总经理、保安部经理

成员：客房部经理、办公室主任、财务部经理、工程部经理

发生突发事件，在处理小组成员到达之前，由总值班员负责处理。

二、应急措施

（1）当酒店发生抢劫案件时，如劫匪持有武器（指枪械），在场员工应避免与匪徒发生正面冲突，保持镇静，并观察匪徒的面貌、身形、衣着、发型及口音等特征。如劫匪未持有武器且有足够人手可以制服匪徒时，则等待适当机会将之擒获交与警方，但决不可草率从事，以免造成不必要的伤亡。如监控中心工作人员发现酒店内发生劫案，应立即告知部门经理或总值班员，并按指示向110报警。

（2）如劫匪乘车逃离现场，应记下其车牌号码、颜色、车款或牌子等，并记清人数。同时可以乘的士或其他交通工具跟踪并向110报告方位和地点，以便警方组织力量设卡拦截。在跟踪的过程中要注意隐蔽，以确保自身安全。

（3）保护好现场。劫匪遗留的凶器、作案工具等不要用手触摸。画出警戒范围，不要让无关人员进入现场。

（4）如现场在交通要道、公共场所等人多拥挤处无法将劫匪留下的证物留在原处的，应一一收拾起来用塑料袋装好，交给警方处理。

（5）访问目击群众，收集发生劫案的情况，提供给公安机关。同时，公安人员未勘

查现场或未处理完毕之前，相关人员不得离开。

（6）在场人员不可向新闻媒体或无关人员透露任何消息，不准拍摄照片。

（7）如有伤者，要立即送往医院救治，并报告公安机关。

【他山之石04】酒店绑架人质案件应急预案

酒店绑架人质案件应急预案

一、突发事件应急处理小组

组长：总经理

副组长：副总经理、保安部经理

成员：客房部经理、办公室主任、财务部经理、工程部经理

发生突发事件，在处理小组成员到达之前，由总值班员负责处理。

二、应急措施

（1）当酒店客房发生人质绑架案件时，楼层服务人员应立即向部门经理、总值班员和保安部报告。

（2）接报后应急处理小组可在事发楼层设立指挥部，并在第一时间报警。

（3）在警方到达之前应封锁消息，严禁向无关人员透露现场情况，以免引起客人惊慌和群众围观，导致劫匪铤而走险，危害人质安全。

（4）尽量满足劫匪的一些合理要求，如送水、送食物，以稳定劫匪的情绪。

（5）保安、工程人员在附近待命，以便配合公安人员的行动，并画出警戒范围。同时疏散劫匪所在房间附近的客人，以防劫匪带有爆炸危险物品。

（6）及时收集、准备好客房的入住登记、监控录像、工程图纸等资料，提供给警方。

【他山之石05】酒店斗殴案件应急预案

酒店斗殴案件应急预案

一、突发事件应急处理小组

组长：总经理

副组长：副总经理、保安部经理

成员：客房部经理、办公室主任、财务部经理、工程部经理

发生突发事件，在处理小组成员到达之前，由总值班员负责处理。

二、应急措施

（1）当酒店内发生斗殴事件时，应立即制止劝阻及劝散围观人群。

（2）如双方不听制止，事态继续发展，场面难以控制时，应迅速报告公安机关及通知酒店相关部门人员。保安员应迅速到场戒备，防止损坏酒店物品。

（3）如酒店物品有损坏，则应将斗殴者截留，要求赔偿。如有伤者，则予以急救后交警方处理。现场须保持原状以便警方勘查，并协助警方辨认滋事者。

（4）如斗殴者乘车逃离，应记下车牌号码、颜色、车型及人数等特征。

（5）协助警方勘查打斗现场，收缴各种打架斗殴工具。

【他山之石06】酒店台风应急预案

酒店台风应急预案

一、突发事件应急处理小组

组长：总经理

副组长：副总经理、保安部经理

成员：客房部经理、办公室主任、财务部经理、工程部经理

发生突发事件，在处理小组成员到达之前，由总值班员负责处理。

二、应急措施

（1）各工作岗位人员应坚守岗位，未经允许或接替决不可离岗。

（2）工程部应对天棚、墙外装饰、招牌等进行检查，必要时给予加固。应做好电力设备的保障工作，防止因台风引起线路故障或电击伤人事故。要确保下水道畅通，避免引致水浸。

（3）保安员要留意和指导车辆停放，避免被吹落物砸坏。同时要加强警戒，防止坏人趁机作案。

【他山之石07】酒店发生爆炸物（恐吓电话）应急预案

酒店发生爆炸物（恐吓电话）应急预案

一、突发事件应急处理小组

组长：总经理

副组长：副总经理、保安部经理

成员：客房部经理、办公室主任、财务部经理、工程部经理

发生突发事件，在处理小组成员到达之前，由总值班员负责处理。

二、应急措施

（一）接炸弹恐吓电话

（1）任何人接到炸弹威胁电话，都应听清来电者的每一个字、噪音及其背景声音，以猜测来电者的位置。

（2）假装听不清电话拖延来电者占线时间以尽量获得更多信息，并做详细记录。

（3）如来电者同意，可将电话转给总经理或总值班员，同时通知保安迅速采取行动。

（4）如果来电说完就挂断电话，则立即通知总值班员或相关人员，以便采取进一步行动和对策。如有录音设备，要及时对通话进行录音。

（二）接到电话后处理

（1）对电话内容绝对保密，并立即通知总经理、总值班员。

（2）总经理、总值班员接警后应及时向公安机关报告，并召集应急处理小组人员进行磋商。

（3）应急处理小组应对事件进行评估，并决定是否需要组织人员对炸弹进行搜索。

（4）通知警方，为了避免人群聚集及防止肇事者在公共场所散布不满和制造恐慌，须迅速派出便衣保安人员到公共场所戒备，同时派出穿制服的保安员进行外围警戒。

（5）警方到达现场并开展搜查时，保安部应通知相关部门经理，以配合警方行动。

（三）对炸弹搜索

原则上不允许员工参与对炸弹搜索的行动，但如果员工自愿并在确定风险系数后，可使用相关工具按有关程序进行搜索。

（1）应急处理小组或保安部经理负责指导正当的搜索行动。

（2）搜索者在未经确定前不得接触或弄乱任何有可能容纳爆炸装置的包裹、箱子或其他物体。

（3）如发现情况，应及时报告应急小组或保安部经理。保安部经理接报后须通知警方，并派出保安员对炸弹或可疑物体的区域进行隔离警戒。

（4）在警方到达现场对可疑物品进行检测和解爆时，应疏散附近无关人员并通知各相关部门经理，以配合警方工作和确保人员生命财产安全。

（四）事件处理中与有关部门的工作

（1）应急小组应密切关注事态的发展，谨慎回答客人的疑问。

（2）妥善处理客人对炸弹威胁的恐慌。

（3）配合公安机关进行有关调查，并与有关人员保持密切联系。

（4）如有客人要求与某位权威人士通话，话务员可将电话转给应急处理小组成员。

（5）酒店情况发生任何变化，话务员须将应急处理小组的指示及时通知各部门经理。

（6）保安部负责派出人员到危险区附近的入口进行警戒，严禁无关人员进入。

（7）防止肇事者在公共场所散布不满和制造恐慌。

（8）如警方到达后，警戒人员应指引他们从后方区域到达事发现场。保安人员须保持警惕直到紧急情况结束。

（9）如发生意外有人员受伤时，办公室负责组织人员抢救和疏散。

（10）如事件现场涉及电器和机械设备，工程部须配合警方工作。

【他山之石08】酒店停水应急预案

酒店停水应急预案

一、计划停水

（1）工程部向停水通知单位问明停水的原因、日期、时间和恢复时间，负责在恢复供水后通知相关部门。

（2）各部门主要是餐饮部和客房部根据停水时间和时间长短提前蓄水。

（3）公关部负责准备客信发至客房部，由客房部安排摆放至房间。

（4）客房部服务中心和大堂副理须按客信上的停水原因和时间长短做好对客的解释工作，同时前台接待负责对预抵的客人做好提示工作。

（5）对于住店客人如停水时间较长，可联系附近的洗浴中心解决客人的洗浴问题。

（6）供水恢复后记录停水前后的全过程及相关费用和损失备案。

二、临时停水

（1）发现停水即通知工程部，由工程部负责对事故原因进行排查，并确定恢复供水的时间。

（2）检查酒店是否是全店停水，如部分停水，可在未停水楼层打水供客人使用。

（3）如是全店停水，立即通知前厅部前台接待、服务中心、大堂副理做好对客的解释工作。

（4）客房部楼层准备足量的矿泉水供客人洗漱。

（5）对于住店客人，可联系附近的洗浴中心解决客人的洗浴问题。

（6）组织员工在长住宿舍接水运至酒店供客人使用。

（7）供水恢复后记录停水前后的全过程及相关费用和损失及时备案。

（8）工程部须排查隐患，避免此类事件再次发生。

【他山之石09】酒店地震应急预案

酒店地震应急预案

为确保在破坏性地震发生时，应急工作高效、有序地进行，最大限度地减轻地震给中心造成的灾害，保障中心财产和宾客员工的生命安全，根据《中华人民共和国防震减灾法》，结合酒店实际，特制定本预案。

一、地震应急处理领导小组

组　　长：李××

执行组长：万××

副　组　长：陈××

成　　员：吕××、孙××、刘××、林××

发生突发事件时在处理小组组长、执行组长或副组长成员到达之前，由总值班员负责处理。

主要职责：负责组织协调、综合处理抗震救灾有关事宜；掌握震情和灾情，随时向上级汇报，向指挥部各工作组通报；筹集、调拨救灾经费和救灾物资；负责处理指挥部的日常事务。

二、各组任务与职责

（一）抢险救灾组

负责人：陈××

（1）迅速集结人员和器材，抢救被埋压人员。

（2）及时运送重伤员和调配救灾物资。

（3）震后第一时间迅速关闭、切断输电、燃气、供水系统（应急照明系统除外）和各种明火，防止震后滋生其他灾害。

（4）抢修供电、供水、供气等管线和设备，迅速恢复供电、供水、供气。

（5）保证通信联络设备的畅通，确保能够随时接收和发布信息。

（二）医疗救护组

负责人：吕××

（1）准备充足的药品、器械和设备。

（2）根据领导小组命令，立即进行现场救护。

（3）根据灾情情况部署救护力量，妥善安置重伤员。

（三）治安保卫组

负责人：万××

（1）加强单位内治安巡逻、检查，采取有效措施确保中心安全稳定。

（2）检查各部门的安全措施和消防器材的完好、可用情况。

（3）地震灾害发生后，做好重点要害部位的安全保卫工作。

（4）维护治安，严防各种破坏活动。

（5）督促有关部门采取有效的安全防范措施。

（6）疏导中心交通。

（四）人员疏散组

负责人：刘××

临震应急疏散地点为中心广场草坪区。

（1）餐饮部主要负责在中心餐厅就餐宾客以及餐饮部员工的疏散。

（2）客房部主要负责在中心入住客房的宾客以及客房部员工的疏散。

①要告知员工与宾客，地震时第一不能跳楼，第二不能拥挤。

②部门经理和主管应组织安排宾客与员工从安全通道下楼，要避免碰撞、拥挤、踩伤。绝对禁止使用电梯。

③部门经理和主管在负责指挥宾客和员工疏散过程中，不得擅离岗位。

④如楼层较高，建议宾客与员工在卫生间等小开间场所就地避险。

（五）物资供应组

负责人：罗××

（1）根据各部门提出的物资计划，负责采购、调拨急需的救灾物资。

（2）接受援助，统筹安排。

（3）为本单位地域的灾民提供食品、饮用水和必要的生活用品。

（4）运送人员、伤员和救灾物资。

（六）宣传组

负责人：马××

（1）宣传普及地震科学知识，增强员工与宾客防震避险、自防自救能力和地震应急应变能力。

（2）负责抗震救灾工作宣传报道，向公众发布震情和灾情信息，安定民心。

（3）收集灾情和救灾资料，编写震情通报；进行震害调查；负责地震伤亡和财产损失统计工作，评估灾情。

三、临震应急反应

接到政府及有关部门关于地震预报后，全中心进入临震应急期。

（1）中心地震应急处理领导小组立即召开紧急会议，研究部署应急措施，立即向各工作组传达临震处置意见，并按应急预案落实各项应急措施，准备消防器材。

（2）宣传组利用宣传工具，立即开展应急宣传，要特别注意防止和果断平息地震谣传、误传事件，确保中心秩序稳定。

（3）各组负责人制定本组应急方案。

四、破坏性地震震后应急对策

（1）地震发生后，地震应急处理领导小组成员立即进入第一线，了解震情和灾情，迅速组织实施破坏性地震应急预案，及时将震情、灾情及其发展趋势等信息报告上级，必要时发出紧急支援的请求，启动抗震救灾指挥系统。

（2）各工作小组立即进入各自岗位，启动应急预案，完成各自任务。

（3）启动各类通信设备，确保通信昼夜畅通，地震应急处理领导小组及办公室，随时与省市人民政府及其有关部门保持密切联系。

（4）根据震情灾情安排慰问工作，妥善安置宾客，保障宾客和员工的基本生活和安全，并向受灾人员提供精神及心理方面的帮助。

（5）尽快恢复被破坏的建筑、设施和设备，做好服务经营的恢复工作。

（6）保卫部门要加强中心的治安管理和安全保卫工作，协助辖区公安部门预防和打击各种违法犯罪活动。

五、奖励和处罚

（1）在破坏性地震应急活动中有下列事迹之一者，应予以奖励。

①出色完成破坏性地震应急任务的。

②保护酒店财产和抢救人员有功的。

③及时排除险情、防止灾害扩大成绩显著的。

④及时供应救援物资和工具成绩突出的。

⑤其他有特殊贡献的。

（2）在破坏性地震应急活动中有下列行为之一者，应予以处分或处罚。

①不听从指挥，不服从命令，拒不承担应急任务的。

②临震应急期或震后应急期擅离职守、临阵逃脱的。

③阻挠抗震救灾指挥部紧急调用物资、人员或占用场地的。

④贪污、挪用、盗窃地震应急工作经费或物资的。

⑤趁机哄抢国家、集体或者公民财产的。

⑥不按照规定和实际情况报告灾情的。

⑦散布谣言扰乱社会秩序，影响破坏性应急工作的。

⑧有危害应急救援工作的其他行为。

HAPTER THREE
第3部分
图解酒店之过程控制

第10章

过程控制解析

10.1　什么是过程

过程是指通过使用资源和管理，将输入转化为输出的活动，如图10-1所示。一个过程的输入通常是其他过程的输出，酒店中的过程只有在受控条件下策划和执行，才具有价值。

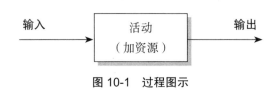

图 10-1　过程图示

（1）资源　资源主要是指活动运行中所需要的人员、设施、设备、材料、作业方法、环境等。

（2）管理　管理是指对活动中所使用的资源实施计划（Plan）、实施（Do）、检查（Check）、分析改进（Action）的循环控制。

（3）输入　输入是指活动运行前应该收到的活动指令、要求。

（4）输出　输出是指活动实施后的结果、收获等。

10.2　过程分析的工具——龟形图

对各单一过程的分析，IATF推荐的"龟形图"是最佳的分析工具，见图10-2。

龟形图填写要求如下。

（1）过程（Process）　填写过程的名字及主要活动。

（2）输入（Input）　填写过程前收到的信息、指令，如计划、文件、通知单、要求。

（3）输出（Output）　填写过程实施后将获得的结果，如产品、报告、记录、信息等。

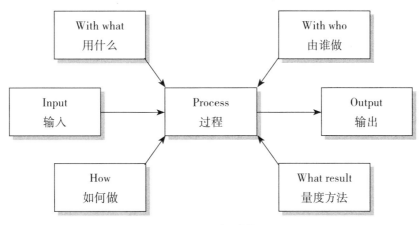

图 10-2 龟形图

（4）由谁进行（With who） 填写活动的责任人，以及其能力、技能、培训要求。

（5）用什么（With what） 填写活动所需要的设备、材料、工装、设施、资金等。

（6）如何做（How） 填写活动所需要的方法，如过程及有关过程的程序文件、指引。

（7）量度方法（What result） 评价过程有效性的方法，如KPI指标、内审等。

　在进行业务流程调查、确定及审核的工作中，可预先制定表格来进行，如表10-1所示。

表 10-1　过程确定表

部门/区域：		日期：	
制定人员：		审核：	
简述过程，过程的活动或作业是什么？（过程的顺序） 过程： 主要活动：		流程图	
过程的输入要求和内容：（什么时候开始？资源、信息、材料等）			

过程的支持性活动是什么？	
使用什么方式？（材料、设备）	如何做？（方法/程序/技术）
谁进行？（能力/技能/培训）	使用关键准则是什么？（测量/评估）
过程的输出要求是什么？（信息、产品、可交付的产品等）什么时候完成或结束？改进时机？	

10.3 过程识别的结果——流程图

对酒店的各项业务过程识别的结果通常是以流程图的形式呈现。

流程图是用几何图形将一个过程的各步骤的逻辑关系展示出来的一种图示技术。只要有过程，就有流程。过程是将一组输入转化为输出的相互关联的活动，流程图就是描述这个活动的图解。

10.4 过程控制的方法——PDCA 循环

过程控制是指：使用一组实践方法、技术和工具来策划、控制和改进过程的效果、效率和适应性，包括过程策划、过程实施、过程监测（检查）和过程改进（处置）四个部分，即 PDCA 循环四阶段。PDCA（Plan-Do-Check-Action）循环又称为戴明循环，是质量管理大师戴明在休·哈特统计过程控制思想基础上提出的。如图 10-3 所示。

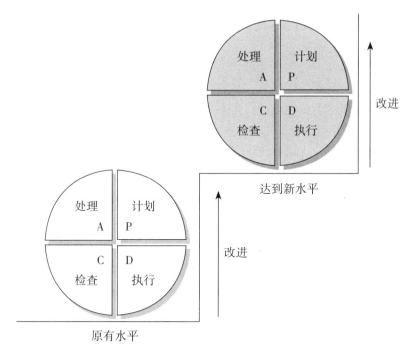

图 10-3　PDCA 循环

10.4.1　过程策划（P）

（1）从过程类别出发，识别酒店的价值创造过程和支持过程，从中确定主要价值创造过程和关键支持过程，并明确过程输出的对象，即过程的顾客和其他相关方。

（2）确定过程顾客和其他相关方的要求，建立可测量的过程的绩效目标（即过程质量要求）。

（3）基于过程要求，融合新技术和所获得的信息，进行过程设计或重新设计。

10.4.2　过程实施（D）

（1）使过程人员熟悉过程设计，并严格遵循设计要求实施。

（2）根据内外部环境、因素的变化和来自顾客、供方等的信息，在过程设计的柔性范围内对过程进行及时调整。

（3）根据过程监测所得到的信息，对过程进行控制，例如：应用SPC（Statistial Process Control，统计过程控制）控制过程输出（服务）的关键特性，使过程稳定受控并具有足够的过程能力。

（4）根据过程改进的成果，实施改进后的过程。

10.4.3　过程监测（C）

过程监测包括过程实施中和实施后的监测，目的在检查过程实施是否遵循过程设计，达成过程的绩效目标。

10.4.4　过程改进（A）

过程改进分为两大类："突破性改进"是对现有过程的重大变更或用全新的过程来取代现有过程（即创新）；而"渐进性改进"是对现有过程进行的持续性改进，是集腋成裘式的改进。

第11章

过程控制之酒店销售流程与标准

销售在酒店的经营中是重要的一环，为此，酒店会专门成立销售部，负责对内对外的销售工作，如市场调研、拜访客户、陪同客户参观、开展市场营销活动、与各部门沟通有关客户入住等各方面的工作，而要确保每一项工作都有序进行，须对其过程进行控制，使每项业务都流程化、标准化。

11.1　市场调研流程与标准

市场调研流程如图11-1所示。

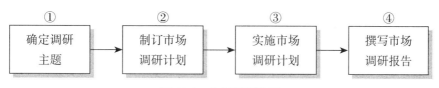

图 11-1　市场调研流程

市场调研流程与标准说明如表11-1所示。

表 11-1　市场调研流程与标准说明

编码	关键节点	服务标准
①	确定调研主题	（1）根据酒店日常营业状况，分析存在的问题 （2）掌握酒店业经营变化的新形势和动向 （3）部门开会研讨 （4）市场调研主题应对酒店经营有密切关系
②	制订市场调研计划	（1）会同有关人员充分协商讨论后拟订计划，计划内容应包括： 调研题目、目的、参加人员、方式（途径、步骤）、时间、费用等，并附调查问题、表格等 （2）做好费用预算和调查问题表格设计 （3）将计划报上级审阅

续表

编码	关键节点	服务标准
③	实施市场调研计划	（1）进行必要的人员分工和指导 （2）督促各参加人员按计划开展调研信息搜集分析，并及时了解进展情况 （3）要求调研人员注意调研方法，做好调研记录
④	撰写市场调研报告	（1）按要求及时撰写报告，交上级审阅并存档 （2）报告内容项目齐全、资料有据、分析得当、提出建议

11.2　销售渠道管理流程与标准

销售渠道管理流程如图11-2所示。

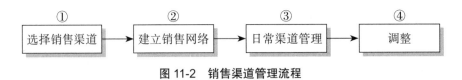

图 11-2　销售渠道管理流程

销售渠道管理流程与标准说明如表11-2所示。

表 11-2　销售渠道管理流程与标准说明

编码	关键节点	服务标准
①	选择销售渠道	（1）掌握各目标市场的消费者购买酒店产品时的主要渠道 （2）分析对比酒店与竞争对手的产品特点、实力和策略，确定酒店的营销渠道类型 （3）运用经济效益、年输送客源量、市场声誉等评估各渠道质量，择优而定
②	建立销售网络	（1）与选定的旅游代理客户谈判，介绍酒店产品，协商促销办法，并签订协议 （2）建立各目标市场渠道成员名录，并存档
③	日常渠道管理	（1）研究制定激励政策，共同受益 （2）严格而灵活地执行双方协议，有礼有节 （3）每月评估各旅游代理客户和各渠道的销售业绩，分析得失原因，采取相应措施 （4）及时向销售网内各渠道成员提供酒店最新动态、产品信息、宣传资料及销售政策变化 （5）每年定期召开不同地区或等级的重要公司客户或旅游代理客户会议，进行联谊

编码	关键节点	服务标准
④	调整	（1）根据市场变化和发展调整或更新销售渠道，包括：增减成员、增减渠道、全面调整 （2）根据渠道成员的表现，调换个别成员 （3）所有调整应事先进行经济效益和影响分析，慎重采取下一步的销售策略

11.3 团队市场销售流程与标准

团队市场销售流程如图11-3所示。

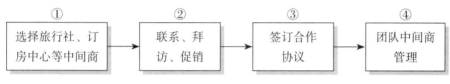

图 11-3 团队市场销售流程

团队市场销售流程与标准说明如表11-3所示。

表 11-3 团队市场销售流程与标准说明

编码	关键节点	服务标准
①	选择旅行社、订房中心等中间商	（1）掌握目标市场的情况 （2）掌握各旅游中间商的市场营销能力 （3）根据信誉、实力、市场声誉，选择适合的旅游中间商
②	联系、拜访、促销	（1）与选择的目标旅游中介进行电话、信函等联络 （2）了解市场需求及竞争对手情况 （3）对重点旅行社进行面对面拜访，商谈合作事宜 （4）邀请有关旅行社人员到店访问和试行消费 （5）主动征询旅游中介的意见，推荐酒店服务产品，提供目标市场需要的信息、资料、宣传品等 （6）促销本公司其他区域酒店
③	签订合作协议	（1）根据酒店订房协议规定的内容，逐一讨论，商定协议条款 （2）如须在一定期限内挂账结算则须财务总监及主管副总批准 （3）签订协议后应及时入档、登记和统计
④	团队中间商管理	（1）每月末统计该中间商输送团量，排出名次，进行比较 （2）每三个月进行中间商客流量比较分析，必要时按照合同规定的条款对该中间商修订或取消优惠政策 （3）根据各方途径，了解中间商信息，保持联系

11.4 团队预订和接待流程与标准

团队预订和接待流程如图11-4所示。

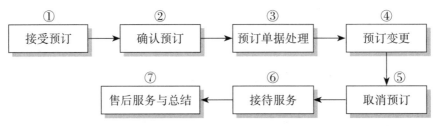

图 11-4 团队预订和接待流程

团队预订和接待流程与标准说明如表11-4所示。

表11-4 团队预订和接待流程与标准说明

编码	关键节点	服务标准
①	接受预订	（1）接收旅游代理客户发来的订房传真，并检查有关项目是否齐全，填写清楚 （2）检查预订是否符合双方用房协议 （3）在系统中检查是否已有预订 （4）查阅"预订流量表"和"团队订房统计表"，根据酒店房态，24小时内给予确认或婉言拒绝回复
②	确认预订	（1）填写"确认预订单"，含：房间种类、房间数量、房间价格、早餐价格、团队订餐、团队和陪同人数、抵离日期以及特殊要求等 （2）销售部经理审批签字 （3）将确认传真回复给旅游代理客户 （4）酒店旺季或节假日，可规定保证金汇入日期及相关的取消条款
③	预订单据处理	（1）填写"团队预订单"，并在"团队订房统计表"上注明 （2）将旅游代理客户的订单、酒店的确认单、团队预订单装订在一起，送前厅 （3）视房况而定在团队抵达前至少24小时与客户进行最后确认
④	预订变更	（1）根据更改传真，与原始预订单比照，分析更改事项 （2）如更改内容不涉及用房数增减、抵离日期，应立即回传确认 （3）更改"团队订房统计表"中有关数据，填写"团队更改预订单"，将来函、复函、更改单附在原始订单上，送回前厅
⑤	取消预订	（1）根据旅游代理客户发来的取消单，与前厅预订核对无误后整理存档 （2）填写取消预订单，经部门经理审核同意，以传真形式发出，原稿存档 （3）在"团队预订统计表"上减出该团预订的房间数所有资料送预订部，并在"预订流量表"做减出预留房

续表

编码	关键节点	服务标准
⑥	接待服务	（1）提前检查有关部门接待准备情况，确保万无一失 （2）重要团队应在晨会上通报，由部门经理或分管副总迎接 （3）团队抵店后，协助领队或地陪联系落实入住、就餐及特殊服务要求等事项 （4）与有关人员保持24小时联系，妥善处理投诉 （5）必要时团队离店前提前到收银处协助结账，同时与客人一一话别，并邀请其再次光临
⑦	售后服务 与总结	（1）给团队中重要客人、领队或全陪定期邮寄酒店的新信息并在特定时间（如客人生日、公共假日、传统节日等）表示问候 （2）向有关陪同、领队和旅游中介单位及时征询意见表示致谢 （3）及时总结销售与接待活动 （4）反馈客人的意见及建议给相关部门

11.5　商务市场销售流程与标准

商务市场销售流程如图11–5所示。

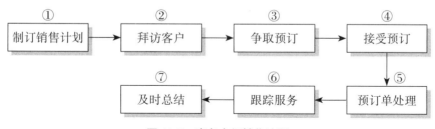

图 11-5　商务市场销售流程

商务市场销售流程与标准说明如表11–5所示。

表 11-5　商务市场销售流程与标准说明

编码	关键节点	服务标准
①	制订销售计划	（1）定期翻阅客户档案和商务销售网络名单 （2）提前一周制订下周销售计划 （3）确定拜访主旨提前2～3天预约所拜访的客户
②	拜访客户	（1）事先准备好资料、名片等 （2）人员拜访前检查个人仪容仪表是否妥当并准时到达 （3）通过电话、传真、邮件等形式进行经常性、礼节性问候拜访，保持密切关系

编码	关键节点	服务标准
②	拜访客户	（4）在拜访中，捕捉和了解客户近期的潜在与现实的消费需要 （5）适时推销本公司其他酒店
③	争取预订	（1）推荐适合客户需要的产品，体现本酒店产品的优点和独特性 （2）引导客户选择产品，签订协议
④	接受预订	（1）接收商务客户发来的传真、信函或电话预订，复核其要求 （2）迅速查阅客户预订协议和订期内酒店相应服务预订情况 （3）按预订单项目要求逐一询问并确认其要求和细节
⑤	预订单处理	（1）将有关预订内容通知各部门和有关人员 （2）注明客人是否回头客或重点客人的个人特殊需求 （3）将预订单资料合订并存档
⑥	跟踪服务	（1）客人住店期间保持与领队或当地接待人的联系，了解住店反映 （2）对客人的正当要求尽可能满足，主动协助与有关部门协调，对客人的无理或过分要求予以解释，处理好客、我及中间商三方关系 （3）客人离店时尽可能与客人话别，并在离店后进行适当的情感表示及联络，如定期或在生日、节日、纪念日等寄送小礼品、信函等
⑦	及时总结	（1）在部门会议上总结，特别重要情况在经理晨会、办公会上反映 （2）明确今后应进一步改善之处 （3）将有关资料存档

11.6　重大节庆活动组织接待流程与标准

重大节庆活动组织接待流程如图11-6所示。

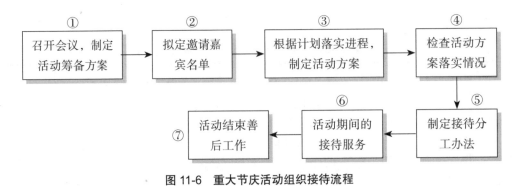

图 11-6　重大节庆活动组织接待流程

重大节庆活动组织接待流程与标准说明如表11-6所示。

表11-6　重大节庆活动组织接待流程与标准说明

编码	关键节点	服务标准
①	召开会议，制定活动筹备方案	（1）明确活动的名称、性质、日期、具体时间、活动内容、来宾范围和规模 （2）明确活动筹备中各部门的工作职责、完成时间
②	拟定邀请嘉宾名单	（1）活动策划单位（联办）提出嘉宾名单、人数，总办汇总 （2）酒店各部门提出拟邀嘉宾名单与人数，综合管理部汇总并进行初步删选和确认 （3）将邀请名单呈活动总负责人及总经理阅
③	根据计划落实进程，制定活动方案	（1）总经理或授权活动总负责人听取落实情况汇报，指导和协调工作 （2）根据各部门落实状况，制定活动具体方案 （3）报店领导批准后下发有关部门及个人
④	检查活动方案落实情况	（1）制定活动议程 （2）确定活动现场负责人 （3）确定活动主持人 （4）与综合管理部确定总经理或发言人发言稿的准备情况 （5）确定参加活动的酒店工作人员 （6）确定参加活动的人数并及时通知相关部门
⑤	制定接待分工办法	（1）综合管理部掌握被邀嘉宾的行程和接待标准，相关业务部门指定人员负责 （2）明确各协作环节的接待职责与标准，详细方案印发给相关部门及个人 （3）及时汇报店领导工作进展
⑥	活动期间的接待服务	（1）活动当日开晨会时最后确认日程无误 （2）安排活动现场的宾客签到、领位与质检 （3）负责受邀嘉宾的交代事项协调 （4）做好活动期间的摄影、宣传报道及展览工作 （5）安排礼品发送与送别准备
⑦	活动结束善后工作	（1）各部门工作总结，检查得失，财务费用核算 （2）及时收集整理新闻媒体宣传报道，归类入档 （3）设计进行橱窗宣传 （4）记录大事记，将有关活动文件的立卷归档

11.7　信函促销流程与标准

信函促销流程如图11-7所示。

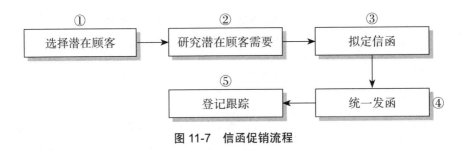

图 11-7　信函促销流程

信函促销流程与标准说明如表11-7所示。

表 11-7　信函促销流程与标准说明

编码	关键节点	服务标准
①	选择潜在顾客	通过各国商会名录、领事馆名单、报纸、杂志、工商企业名录、企业管理人员、本酒店消费者、供应商、中间商、旅游协会等确定宜信函促销的客户
②	研究潜在顾客需要	（1）将拟进行信函促销的客户进行归类 （2）分析每类客户的需求特点和希望
③	拟定信函	（1）针对促销的细分市场的要求和特点分别拟定专用信函 （2）信函应文字精练、语言亲切、篇幅简短、重点突出、强调给顾客的利益 （3）信函应附上回函、预订单、协议书、酒店简介、小册子、个人名片及信签、邮票等 （4）打印精美、编排得当
④	统一发函	（1）统一由文员打印信封地址并做备份 （2）统一投寄
⑤	登记跟踪	（1）对发出的信函进行登记，月末统计 （2）回收反馈信息并向上级汇报

11.8　客户拜访/促销流程与标准

客户拜访/促销流程如图11-8所示。

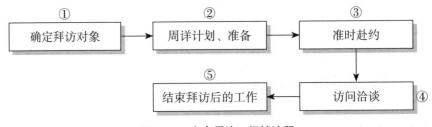

图 11-8　客户拜访／促销流程

客户拜访/促销流程与标准说明如表11-8所示。

表11-8 客户拜访/促销流程与标准说明

编码	关键节点	服务标准
①	确定拜访对象	（1）注意从以下渠道获取信息 ——企业管理人员 ——本酒店消费者 ——供应商、中间商、旅游协会 ——报纸、杂志、工商企业名录 ——各种社交活动及时筛选、在电脑上建立客户档案，包括客户名录、地址、电话、电邮、传真等 （2）适当调查有关拜访对象（包括个人与组织）的特点和情况
②	周详计划、准备	（1）详细分析拟拜访对象的需求、希望、购买习惯、决策人、购买方式等信息 （2）列出拜访洽谈要点、注意事项、目标等 （3）备好各种有关数据、图片、宣传资料等
③	准时赴约	（1）提前约定时间，提早五分钟到达会面地点 （2）注意仪容仪表，做到大方整洁、朴实、协调 （3）双方见面后首先主动、大方并有礼貌地自我介绍，并感谢对方给自己时间
④	访问洽谈	（1）选择恰当的谈话切入点，引起对方交谈兴趣 （2）询问对方选择酒店的依据，了解对方的酒店需求、消费感受、今后希望、意见等 （3）恰当地介绍本酒店产品，证明能为其所需要
⑤	结束拜访后的工作	（1）结束前总结肯定性的洽谈成果 （2）结束后保持联系并及时回复客户异议疑问处理情况，进一步争取订单 （3）争取安排有意向合作的客人到酒店参观 （4）填写销售拜访报告 （5）拟定下次跟踪时间和周期

11.9 客户档案管理流程与标准

客户档案管理流程如图11-9所示。

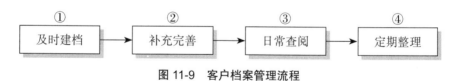

图11-9 客户档案管理流程

客户档案管理流程与标准说明如表11-9所示。

表11-9　客户档案管理流程与标准说明

编码	关键节点	服务标准
①	及时建档	（1）分门别类，建立不同类型客户档案 （2）在客户签约或消费后即时建立档案 （3）档案应使用统一标准填写 （4）有关信息同时存入电脑信息库
②	补充完善	（1）将新客户档案进行编号，并编入已有档案库中，建立索引号 （2）注意归类正确，及时调整 （3）将客户变化资料进行相应补充或调整
③	日常查阅	（1）利用客户档案进行不定期客户的拜访和推销 （2）列出本计划期内的拜访和售后服务对象 （3）注意保密，严格执行管理规定
④	定期整理	根据客户情况、市场情况及酒店情况的变更，对客户档案进行重新删选、调整、归类

11.10　客户造访接待流程与标准

客户造访接待流程如图11-10所示。

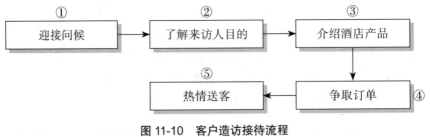

图 11-10　客户造访接待流程

客户造访接待流程与标准说明如表11-10所示。

表11-10　客户造访接待流程与标准说明

编码	关键节点	服务标准
①	迎接问候	（1）对客户来访要友好、热情礼貌，主动起立问候 （2）视每一位来访人为可能的潜在客户，表示欢迎并交换名片 （3）问明来访意图并请其到适当地点洽谈

编码	关键节点	服务标准
②	了解来访人目的	（1）对初次造访人员请其详细说明来访目的，适当提问 （2）将来访者介绍给适当的人员接待或予以礼貌回绝 （3）对准备或有可能预订酒店服务的来客访问要立即做好记录准备
③	介绍酒店产品	（1）针对来访人员的希望、要求介绍本店产品能为客户带来的效用 （2）针对来访人员的担心、顾虑介绍本店的承诺、保证条件等，必要时请客人参观酒店有关设施，展示有关报道、图片资料、事迹报道等
④	争取订单	（1）在适当时机询问客人是否现在决定预订酒店，如果客人当场不能给予答复，则询问客人可确定的时间，并及时跟进、确认 （2）接待过程耐心诚恳，有条不紊
⑤	热情送客	视情况送到电梯口或大堂门口，举止言谈保持礼貌热情

11.11 陪同客户参观酒店流程与标准

陪同客户参观酒店流程如图11-11所示。

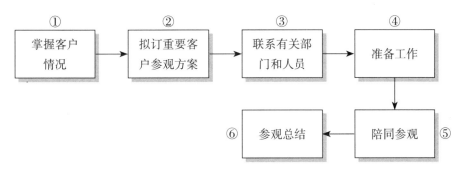

图 11-11　陪同客户参观酒店流程

陪同客户参观酒店流程与标准说明如表11-11所示。

表 11-11　陪同客户参观酒店流程与标准说明

编码	关键节点	服务标准
①	掌握客户情况	（1）了解客户参观的原因和对酒店产品的知晓程度及竞争对手情况 （2）了解客户对酒店产品的期望和关注重点 （3）了解客户对酒店的重视程度
②	拟订重要客户参观方案	（1）针对客户情况拟定参观项目、线路、形式、时间 （2）对重要客户详细拟定有关项目的具体要求 （3）重要的参观活动计划应以书面形式报上级，必要时安排酒店高层管理人员与客户见面

续表

编码	关键节点	服务标准
③	联系有关部门和人员	（1）视情况将参观方案上报或通知有关部门负责人，以便各部门配合，对有关人员通报重要参观人的姓名、身份、届时注意事项等 （2）确保有关人员和准备活动到位，合理安排参观路线，为赢得顾客打好基础
④	准备工作	（1）准备好酒店的各种针对性宣传资料和名片 （2）客人抵达前15分钟在前台领取房卡并事先查房，以确保是干净的空房，如事先无约，可电话通知前台准备，安排固定展示用房，即时领取
⑤	陪同参观	（1）到酒店大厅迎接客人，简要告知客户参观项目、路线、时间安排，并征得客人同意 （2）一般顺序为客房、餐厅、会议室及康乐设施 （3）行走中顺便介绍紧急出口、应急灯、灭火设备等及其准确位置 （4）带顾客参观过程中首先要对本酒店管理公司及酒店总体情况进行简要介绍，突出酒店产品的特点、优势和卖点，并留心客人的关注点，及时准确、细致耐心地回答客人各种问题 （5）必要时在参观结束后邀请客户在大堂吧稍事休息，提供酒店宣传销售资料，重要客户可赠送酒店小礼品，以便增进感情，获得进一步洽商和合作的机会 （6）礼貌送客至酒店门口，感谢客人光临，向乘车离开的客户挥手告别
⑥	参观总结	（1）了解并记录客户感受意见，补充正面信息 （2）争取客户订单或订购意向 （3）填写销售报告 （4）向有关领导或部门反馈参观意见

11.12　美工接单工作流程与标准

美工接单工作流程如图11-12所示。

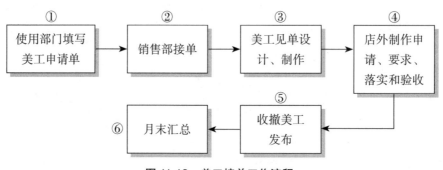

图 11-12　美工接单工作流程

美工接单工作流程说明与标准如表11-12所示。

表11-12　美工接单工作流程与标准说明

编码	关键节点	服务标准
①	使用部门填写美工申请单	（1）使用部门认真填写"美工申请单"，填写详细无遗漏并注明完成或使用时间 （2）使用部门经理确认签署
②	销售部接单	（1）销售部文员接到单后，转美工审查"美工申请单"填写是否翔实明确，如发现有误或不明，及时与使用部门联系 （2）报公关经理审批签署后，交美工签字
③	美工见单设计、制作	（1）美工根据"美工单"要求制作，如果急用的制作，美工应加班完成 （2）销售部办公室统筹安排美工制作。对于不能在部门要求时间内完成的制作，应及时向该部门负责此项工作跟进的人员协商，要求对制作时间进行延长 （3）如果加班也难以完成的，可根据情况申请临时借调人员帮忙 （4）如需协作，填写申请协助单，由公关经理审批后，送相关部门 （5）美工按要求时限完成设计，制作前应先与使用部门协商所用的材料及色彩搭配 （6）大型制作应先作出制作计划，并出效果图，交分管副总后，上报总经理同意后方可制作 （7）制作完成后请使用部门验收，使用部门认为合格的方可交付给对方使用，否则需重新返工
④	店外制作申请、要求、落实和验收	（1）美工因受工具或技术等原因限制，而不能自己独立完成的制作工作，经报请部门经理、分管副总，并经总经理请示同意后，可交给有关的专业公司进行店外制作 （2）美工获准同意在店外制作后，应提供2～3家长期合作公司的报价，并向其他公司获取报价，进行对比后，向销售部经理提出书面建议，建议中应包括各公司的报价单 （3）销售部经理经过审核后，选定一家公司，交财务部再次商谈合作价格后，可以开始制作 （4）美工根据使用部门的要求，会同使用部门向专业公司提出书面的制作要求，必须包括：使用材料、尺寸大小、交货时间、技术要求和完成后的美观等 （5）大型制作或费用超过1000元的制作，须与对方签订协议，协议必须报销售部经理、财务部及总经理同意，方可开始制作 （6）美工必须经常跟进制作过程，发现问题，及时解决 （7）制作完成后由美工和使用部门、财务部部门共同验收 （8）验收合格后，可按酒店的有关规定向财务申请付款

编码	关键节点	服务标准
⑤	收撤美工发布	（1）发布期满，使用部门通知工程部协助收撤发布 （2）收撤完毕，及时向上级汇报
⑥	月末汇总	（1）每月末汇总统计已完成的美工任务，制作美工费用统计表，计算收入与成本数 （2）每月办公室与财务部核对 （3）检查美工室，将有保存价值的美工制品妥善保管，将图片资料进行存档

第12章

过程控制之酒店财务流程与标准

为了增强酒店的竞争能力，保证营业收入安全、完整，保证营业支出合理、正确，保证会计信息准确、可靠，提高酒店经营管理效益，必须抓住关键环节和重点，完善酒店财务的过程控制，使之环环相扣，不出差错。

12.1 散客结账收款作业流程与标准

散客结账收款作业流程如图12-1所示。

图 12-1 散客结账收款作业流程

散客结账收款作业流程与标准说明如表12-1所示。

表 12-1 散客结账收款作业流程与标准说明

编码	关键节点	服务标准
①	核查住客资料	收银员核查总台传来的住客登记单是否有接待员及输单员的签名，打开电脑核对客人姓名、房号、抵离日期、房价、折扣签字、付款方式等资料是否与住客登记单相符
②	收取预付金	预付金收取后应在登记单上签名，并注明种类和金额
③	归集、核对客人消费账目	客人在酒店餐厅等营业场所的消费项目，除设有与总台结账电脑联机的以外，需用手工输入；账单登记单一式二联，签字核对后，另一联留总台结账处，一联退有关收银点
④	客人离店结账	（1）客人结账时主动礼貌问好，并通知楼层服务员检查该客人房间的小酒吧等其他项目消费情况，催开消费单据或用电话报账 （2）将客人房间账卡内的入住登记单、账单等资料全部取出，打开电脑核对客人的全部账单是否已输入账户、特别要检查那些未能与总台结账联机的费用发生点，核对内容无误并结账 （3）结账后在客人入住登记单上盖上"已结账"章，并在电脑里做"CHECK OUT"，关闭国内外长途电话，防止漏账

12.2 团队结账作业流程与标准

团队结账作业流程如图12-2所示。

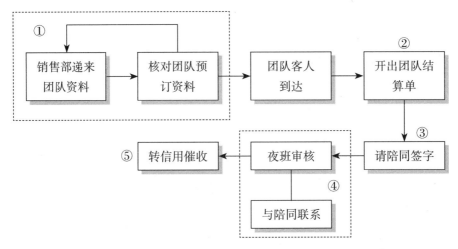

图 12-2 团队结账作业流程

团队结账作业流程与标准说明如表12-2所示。

表 12-2 团队结账作业流程与标准说明

编码	关键节点	服务标准
①	销售部递来团队资料	（1）接到销售部转来团队预订资料时，应核对团队资料，如有不符，交销售部填全，然后按日期顺序插入团队账卡内
	核对团队预订资料	（2）如遇团队预订有变化时，销售部应及时前来更改或取消，对取消的团队收取费用，应要求销售部写明收取方法及金额，然后送信用催收员；如不收取费用，应有销售部经理签字确认
②	开出团队结算单	团队客人到达后，应待前厅部做完该团的登记，即打印出到店团房价表，与资料卡进行核对，如发现有疑问或差错，应及时与有关人员核对无误后，开出团队结算单，连同资料卡、到店团队通知一起，根据离店日期插入团队账卡中
③	请陪同签字	及时与当天到店团队的陪同联系，一起核对信息，并请陪同在团队结算单上签字
④	夜班审核	夜班结账员于清晨打出当天离店团队自费付款金额，并在该团离店前一小时与陪同联系上，督促客人在离店前付清个人应付款项
⑤	转信用催收	当天离店的团队走后，将资料卡、到店团通知单及账单一起转信用催收，电脑中通过做DB，将住客账转到外客账中

12.3　长包房结账作业流程与标准

长包房结账作业流程如图12-3所示。

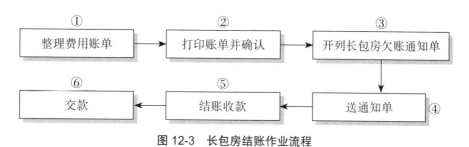

图 12-3　长包房结账作业流程

长包房结账作业流程与标准说明如表12-3所示。

表 12-3　长包房结账作业流程与标准说明

编码	关键节点	服务标准
①	整理费用账单	每天整理长包房发生的有关费用账单，并分别插入住房账卡中
②	打印账单并确认	每月最后一天分别打出当月长包房的房费、餐费、电话费等分项明细账单，确认后做账目压缩，并通过电脑转入信用催账的电脑账中
③	开列长包房欠账通知单	根据分项账单，开列长包房欠账通知单，附上分项明细单一份（另一份要妥善保管，以备查用），每月5日前送到长包房中，如前一个月欠款未付清，应一并列入欠账通知单上
④	送通知单	通知单交给长包房时，应请其签字并给回执，同时了解长包房何时能付款。如需要长包房签字的账单，应马上提供
⑤	结账收款	结账收款一般在总服务台，也可应长包房要求上房间去收取
⑥	交款	款收到后，开出收款收据，并连同编制的当天交款报告一并交总收款处

12.4　长包房催账作业流程与标准

长包房催账作业流程如图12-4所示。

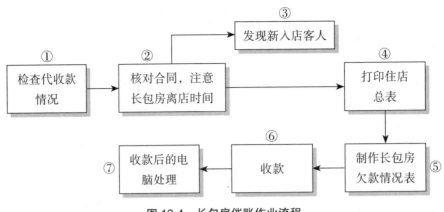

图 12-4 长包房催账作业流程

长包房催账作业流程与标准说明如表12-4所示。

表12-4 长包房催账作业流程与标准说明

编码	关键节点	服务标准
①	检查代收款情况	收银员每天上班时，要核对总台交接记录本，检查前台代收款的情况，查看是否有错
②	核对合同，注意长包房离店时间	每月核对合同及电脑中的有关数据，注意长包房的离店时间，为结账做好准备
③	发现新入店客人	如有新入店客人，应及时与销售部联系，拿到合同资料后，须核对电脑中房价、日期等有关资料，按合同规定催收客人预付金，收到后开出预收款收据，并打入电脑中的定金户，退定金时，要核对预收款收据，并有负责人签字后方可办理有关结账手续
④	打印住店总表	每周打印一份住店总表，发现有假的长包房时，要与前厅部、销售部联系解决
⑤	制作长包房欠款情况表	每月上旬做一份长包房欠款情况表，分别报部门经理和财务部经理，对拖欠一个月以上的客户催收无效后，须打专门报告，财务部经理和总经理及时采取措施
⑥	收款	收到客户欠款
⑦	收款后的电脑处理	收到客户欠款后，按规定在电脑中做收回标记。如需调账或冲账，应由主管经理审核确认签字后方可执行，不得私自在电脑中更改任何账目

12.5　现钞兑换作业流程与标准

现钞兑换作业流程如图12-5所示。

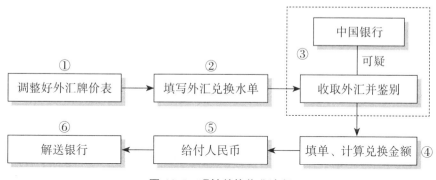

图 12-5　现钞兑换作业流程

现钞兑换作业流程与标准说明如表12-5所示。

表 12-5　现钞兑换作业流程与标准说明

编码	关键节点	服务标准
①	调整好外汇牌价表	按规定时间，每日早上根据中国银行公布的外汇行情，调整好外汇牌价表
②	填写外汇兑换水单	请客人按要求填写外汇兑换水单，该单一式三联
③	收取外汇并鉴别	收到外汇后要认清币种、面值、鉴别真伪、唱票收取，如有可疑，应及时与中国银行联系
④	填单、计算兑换金额	根据客人所兑外币，填写兑换水单，要求分栏填明现金、外币符号及金额，按当日公布的外汇现钞牌价，计算出应兑人民币金额
⑤	给付人民币	根据计算出的金额付给客人人民币，将第二联兑换水单给客人，第一联送中国银行，第三联留存
⑥	解送银行	（1）每天兑换工作结束后，应将当日兑换的外币现金，根据银行要求逐栏写清楚 （2）复核兑换金额，将兑付的人民币金额与库存现金轧平后，将所有外币现钞按规定做成封包，在规定时间内将封包送交中国银行换回兑付出的人民币

12.6　旅行支票兑换作业流程与标准

旅行支票兑换作业流程如图12-6所示。

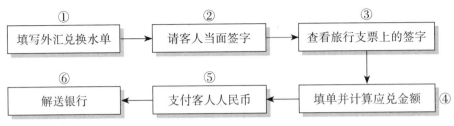

图 12-6　旅行支票兑换作业流程

旅行支票兑换作业流程与标准说明如表12-6所示。

表12-6　旅行支票兑换作业流程与标准说明

编码	关键节点	服务标准
①	填写外汇兑换水单	请客人按要求填写外汇兑换水单，该单一式三联
②	请客人当面签字	请客人当面在旅行支票上复签一栏中签字，如客人持有签过字的旅行支票，一定要求客人当场背书
③	查看旅行支票上的签字	查看旅行支票上的初签与复签的签字字体是否相同，如有疑问，要请客人在支票背面重新背书或查看客人护照上的签名
④	填单并计算应兑金额	根据客人所要兑换的旅行支票填写在外币兑换水单上，按当日公布的外汇旅行支票牌价，计算出应兑人民币的金额，并扣去规定的贴息
⑤	支付客人人民币	根据计算出的金额付给客人人民币，将兑换水单第二联交给客人作为凭证，第一联送中国银行，第三联留存
⑥	解送银行	每天兑换工作结束后，应将当日兑换的旅行支票分别做代兑换支票的结汇单，根据银行要求逐栏写清楚，并解送银行

12.7　餐厅收银作业流程与标准

餐厅收银作业流程如图12-7所示。

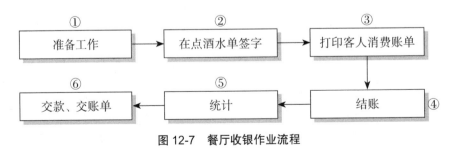

图 12-7　餐厅收银作业流程

餐厅收银作业流程与标准说明如表12-7所示。

表12-7　餐厅收银作业流程与标准说明

编码	关键节点	服务标准
①	准备工作	上岗后签到、查阅交接本，处理好上班未完成事项，备足账单发票、零钱，整理岗位卫生，检查电脑情况，签到，将制卡机调到当天日期
②	在点酒水单签字	给服务员送来的点酒水单签字，其中两联给服务员去取来酒水，另一联夹入有桌号的账卡中
③	打印客人消费账单	客人消费结束后，根据客人所点菜、酒水单，用收银机打出客人消费账单，并认真核对后，让服务员送给客人并收款
④	结账	（1）收现金时，应向服务员唱票、注意验钞 （2）若住店客人签字的，应立即核对房卡和电脑，并输入账中。如是店外客人要求签单的是签字有效人或酒店主持工作的部门经理，请客人在账单上写清单位、联系人电话，必要时请客人出示有关证件，同时注明通过什么方式或何时来付清账单，送财务部挂账 （3）客人用信用卡付账时必须识别真伪，核对是否被止付，并查看有效期、身份证及签名是否符实，超银行规定限额的必须要取得授权后方可接纳，并将授权号码注明 （4）客人用支票付款的先识别真伪，需请客人出示身份证并将证号等记录在支票背面
⑤	统计	下班前，必须做好当班的餐厅营业时间及成本统计
⑥	交款、交账单	将现金支票、信用卡送至收款处，在两个人在场情况下投币签字证明，并将完成的营业报表连同账单交夜审档案柜，发制账单一定要连号，作废单、退菜单必须经餐厅经理签字

12.8　收银员交班结账作业流程与标准

收银员交班结账作业流程如图12-8所示。

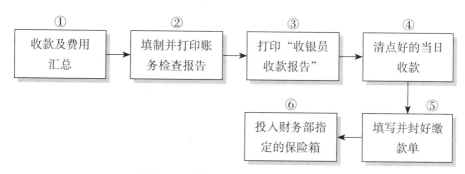

图12-8　收银员交班结账作业流程

收银员交班结账作业流程与标准说明如表12-8所示。

表12-8　收银员交班结账作业流程与标准说明

编码	关键节点	服务标准
①	收款及费用汇总	交班前，收银员应将当班期间所有原始单据进行收款及费用汇总
②	填制并打印账务检查报告	在计算机中填制账务检查报告，进行账目核对，准确无误后打印出"账务检查报告"，在该报告右下角注明"附账单××张"字样，并签字确认
③	打印"收银员收款报告"	打印"收银员收款报告"
④	清点好的当日收款	核对当班期间收款额确保准确无误
⑤	填写并封好缴款单	在见证人监督下装入缴款袋封好，并在袋上注明缴款部门、缴款种类、缴款金额、缴款人姓名及缴款日期
⑥	投入财务部指定的保险箱	在大堂副理的监督之下投入财务部指定的保险箱中，并在"缴款信封投入保险箱见证登记簿"上签字确认

12.9　夜审工作流程与标准

夜审工作流程如图12-9所示。

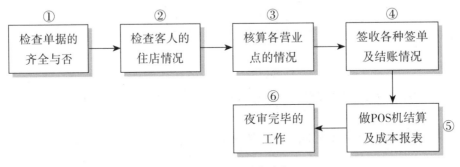

图12-9　夜审工作流程

夜审工作流程与标准说明如表12-9所示。

表12-9　夜审工作流程与标准说明

编码	关键节点	服务标准
①	检查单据的齐全与否	核查酒店当日前台及各收银点交来的各种账单、票据、结算凭证是否齐全，所有的单据必须准确

续表

编码	关键节点	服务标准
②	检查客人的住店情况	核查客人入住和离店的时间及用房间数，房价是否按规定收取，陪同房、免费房、折扣房是否有规定的批准手续
③	核算各营业点的情况	（1）核查各营业点的各种优惠、折扣、减免、赠送是否符合规定，审核酒店当日各营业部门每班的收银员报告与交款表数据是否一致 （2）负责审核酒店当日各营业点各种消费项目明细表
④	签收各种签单及结账情况	（1）审核各种签单、挂账是否符合规定，并根据当日明细账报表做好相应的分单 （2）核对收银员的账单、收款收据、杂项支出、信用减免使用是否正确 （3）核查转账结算的款项和因公招待账单是否正确，是否符合制度或审批手续 （4）核对结账收入差额表中每笔冲账是否合理，是否有领导签准，并对日审、应收款、收银员的合理调账要求，在做夜审前调整完毕，并写明各部位调账核减原因
⑤	做POS机结算及成本报表	（1）根据收银员交款表做相应银行的POS机结算 （2）完成各营业部位的成本报表
⑥	夜审完毕的工作	（1）在账务审核完毕后，做电脑系统夜审并在电脑上生成各项报表 （2）做电脑系统数据备份 （3）根据应收款日明细报表核对收银员应收款账单，若有问题做好记录 （4）整理各类报表，做好夜审记录，对审核过程中发现的问题，及时报告日审及有关领导尽快处理解决

12.10 日审工作流程与标准

日审工作流程如图12-10所示。

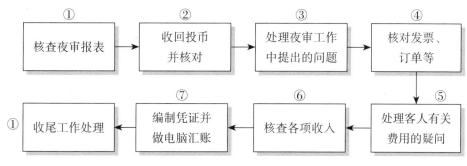

图 12-10 日审工作流程

日审工作流程与标准说明如表12-10所示。

表12-10　日审工作流程与标准说明

编码	关键节点	服务标准
①	核查夜审报表	核查前日夜审所做的各种报表是否按收银员提供的资料完成的，报表是否平衡、完整，核对无误后上交财务部经理
②	收回投币并核对	每日与总出纳收回收银员的投币，复核收银员所做的报表是否与投币款额一致，发现问题及时查找，并通知有关部门或当事人纠正
③	处理夜审工作中提出的问题	查看夜审工作日记，及时处理查出的问题，并在问题空格处注明解决问题的方法，对超出职能范围外的问题，及时向财务部经理或主管汇报
④	核对发票、订单等	核对总台及各营业点的发票、账单、报表以及有关原始凭证的内容是否完整，有否错漏、虚假，账单、发票合计数与报表是否相符
⑤	处理客人有关费用的疑问	酒店客人对已经发生过的费用产生疑问时应及时帮助查找账单或发票存根，以便尽快解决问题
⑥	核查各项收入	（1）检查各营业点住客转账收入与夜审员报表是否相符 （2）检查转外客账的各种账单是否符合手续 （3）检查上日发生的营业收入调整冲账是否合理，是否已按规定流程审批 （4）检查离店客人余额表，如有未结账的款项，查明原因及时处理
⑦	编制凭证并做电脑汇账	根据核对后的各项收入编制凭证，并及时做电脑汇账后与原始电脑结账单或营业点收入明细表一起交总稽核员
⑧	收尾工作处理	（1）在日审工作中需夜审修改电脑报表部分或应由夜审解决的问题，以及传达的通知、协议等事宜及时做日审留言 （2）每日把审核过的各类原始账单、报表按日期、序号存放，并妥善保存

12.11　住店客人信用催账流程与标准

住店客人信用催账流程如图12-11所示。

图12-11　住店客人信用催账流程

住店客人信用催账流程与标准说明如表12-11所示。

表 12-11 住店客人信用催账流程与标准说明

编码	关键节点	服务标准
①	检查住店客人的明细账	每天检查住店客人的明细账,逐个审查当日余额栏的金额是否超过酒店规定的信用限额,逐笔标出当日超限额的客户名单
②	根据结账方式适当催账	根据超限额住店客人所选择的结算方式,进行适当的催账工作 (1)现金结算:应填写结账通知书,由信用催收员送到客人房间催收 (2)信用卡结算:应向信用卡中心取得授权号码,如果已经索取,信用卡中心不给授权号码,则应填写一份结账通知书催收 (3)对不受信用限额限制,但欠账余额高出一般规定的住店客人,应审查其手续是否符合酒店的有关规定:对长住客人应检查是否按合同规定的结算日期开单结账,重点检查有无超过结算日期尚未付款的情况;对有合同的非长住客人应按合同进行管理;没有合同的应检查其限额待遇是否有正式批准单,是否符合规定的手续;对由当地单位代为结账的住客,应检查与代结账的单位有否签订合同,手续是否完备
③	催付账款	(1)在超限额情况报告"采取的措施"栏目中分别注明"已发出催收信","已取得信用卡授权号码"或"符合免除信用限额制规定"等后,报收银主管、财务经理审阅,另抄交总台结账 (2)每晚检查经发催收信后的付款情况,若客人还未付款,应进行电话催款,并将客人答应的交款日期时间记在交班簿上 (3)次日,信用催收员仍按以上流程进行工作,若发现仍未办理付款,应向前台收银员了解原因,安排下一步催账措施,同时向有关领导报告,必要时采取取消其赊账消费待遇等相应措施

12.12 挂账客户的信用催收工作流程与标准

挂账客户的信用催收工作流程如图12-12所示。

图 12-12 挂账客户的信用催收工作流程

挂账客户的信用催收工作流程与标准说明如表12-12所示。

表12-12 挂账客户的信用催收工作流程与标准说明

编码	关键节点	服务标准
①	信用复核	（1）复核当地企业、机关等单位提出的挂收结算申请：有无酒店销售部门签署的意见，以往在本店的消费记录和付款情况，挂账最高累计限额及期限 （2）复核协议单位签订的汇账结算合同：有关资料是否齐全，以往在本店欠账与付款情况，付款信用，挂账限额，结算方式、期限等
②	转账复核	（1）审核转来的转账结算单据，检查其有关委托资料是否齐全；对协议单位的账单，还应审核其优惠折扣是否与合同一致 （2）整理转账结算单据后，邮寄或上门送交 （3）按照单位账号或明细科目，将账单的日期、号码、金额等内容输入电脑或汇入各账户中，收到款项后及时转销
③	转账催收	参照住店客人信用催账流程办理

12.13 坏账处理工作流程与标准

坏账处理工作流程如图12-13所示。

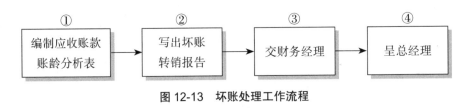

图 12-13 坏账处理工作流程

坏账处理工作流程与标准说明如表12-13所示。

表12-13 坏账处理工作流程与标准说明

编码	关键节点	服务标准
①	编制应收账款账龄分析表	每月末将客户欠账按其拖欠时间长短编制应收账款账龄分析表，按户将每笔账款分别填入表中的时间栏目内，并对超过一个月以上的催付情况反映在备注栏内
②	写出坏账转销报告	将确实不能收回的每一笔坏账，写出坏账转销报告，详细写明账款发生的日期、数额、追催的次数、情况、不能收回的原因以及认定坏账的理由依据等
③	交财务经理	将坏账转销报告交财务经理审核
④	呈总经理	财务经理审核后，呈总经理审批

12.14 应收款单据交接流程与标准

应收款单据交接流程如图12-14所示。

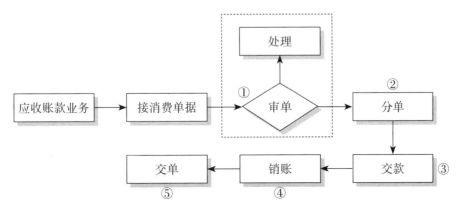

图 12-14 应收款单据交接流程

应收款单据交接流程与标准说明如表12-14所示。

表 12-14 应收款单据交接流程与标准说明

编码	关键节点	服务标准
①	审单	（1）出纳根据"签单协议"审核消费单据签名的有效性、真实性 （2）消费单如果不符合签单要求，出纳拒收
②	分单	（1）按客户分类清理账单 （2）针对客户消费金额多少和挂账时限及时通知营销经理
③	交款	营销经理将收回款项交出纳，并开具收据
④	销账	营销经理凭收据到出纳处销账
⑤	交单	每日填写交接单

12.15 出纳收款作业流程与标准

出纳收款作业流程如图12-15所示。

图 12-15 出纳收款作业流程

出纳收款作业流程与标准说明如表12-15所示。

表12-15　出纳收款作业流程与标准说明

编码	关键节点	服务标准
①	营业额	（1）每日早上9:30收银员到出纳室交款 （2）每日晚上9:00出纳到各收银台收一次款
②	开收据	根据收银员报单准确开列收据
③	分类汇总	分类汇总各项收入明细并填写当天各项资金汇总报表
④	登账	出纳根据分类汇总表登账记录每一笔收入明细
⑤	交单	每日填写交接单，根据交接单每日递交收支凭证给会计

12.16　出纳付款作业流程与标准

出纳付款作业流程如图12-16所示。

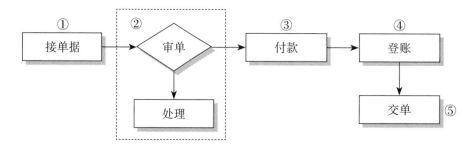

图 12-16　出纳付款作业流程

出纳付款作业流程与标准说明如表12-16所示。

表12-16　出纳付款作业流程与标准说明

编码	关键节点	服务标准
①	接单据	报销人递交单据
②	审单	出纳审核所报销单据的有效性和真实性
③	付款	出纳根据审核无误的单据付款
④	登账	出纳准确记录每一笔支付款明细
⑤	交单	（1）出纳填写交接单，并与会计双方签字认可 （2）出纳交支出凭证给会计

12.17　个人借款流程与标准

个人借款流程如图12-17所示。

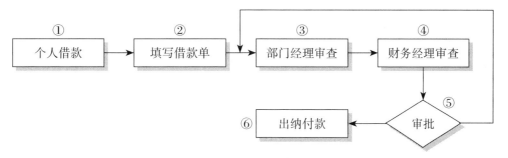

图 12-17　个人借款流程

个人借款流程与标准说明如表12-17所示。

表 12-17　个人借款流程与标准说明

编码	关键节点	服务标准
①	个人借款	出纳接到个人借款申请
②	填写借款单	请借款人按要求填写借款单
③	部门经理审查	部门员工及领班借款应由部门经理签字并担保
④	财务经理审查	财务经理审查核实前期借款金额及还款情况
⑤	审批	外部人员借款直接由总经理、副总经理、董事长签字审批
⑥	出纳付款	借款人到出纳室领款

12.18　对外付款作业流程与标准

对外付款作业流程如图12-18所示。

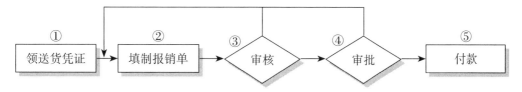

图 12-18　对外付款作业流程

对外付款作业流程与标准说明如表12-18所示。

表 12-18　对外付款流程与标准说明

编码	关键节点	服务标准
①	领送货凭证	报销人每月6日后从审核处领取上月送货单据，并核对确认签字
②	填制报销单	报销人开具正式发票，填制报销单，将发票、申购单、送货单一并附在报销单后并签字确认
③	审核	由报销人报使用部门经理签字确认，并审核数量及价格，由报销人报采购签字并核实价格；报财务经理审核金额
④	审批	（1）由报销人报总经理审批；对不符合规定的单据及时退给报销人 （2）报销人将审核合格的单据存放在财务经理处，由财务经理进行登记 （3）由财务经理报财务副总安排资金
⑤	付款	（1）由财务经理电话通知报销人付款时间 （2）出纳根据审批无误的单据付款给报销人

12.19　日常费用报销流程与标准

日常费用报销流程如图12-19所示。

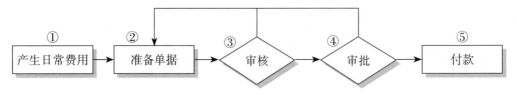

图 12-19　日常费用报销流程

日常费用报销流程与标准说明如表12-19所示。

表 12-19　日常费用报销流程与标准说明

编码	关键节点	服务标准
①	产生日常费用	出纳接各部门日常费用报销申请
②	准备单据	由经办人按规定填写费用报销单
③	审核	（1）由财务经理审核报销单据，对不符合规定的单据及时退给报销人 （2）工程及资产类的费用需要由工程部及资产部负责人签字认可；维修类的费用需要由工程部负责人签字；经营部门的费用需要由经营部门负责人签字认可

编码	关键节点	服务标准
④	审批	（1）总经理审批是否给予报销；不予报销的单据及时退给报销人 （2）财务副总根据总经理审批的单据安排资金
⑤	付款	出纳根据审批后的单据给付现金或转账

12.20 物资申购流程与标准

物资申购流程如图12-20所示。

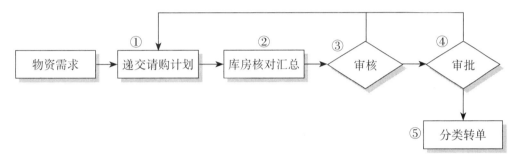

图 12-20 物资申购流程

物资申购流程与标准说明如表12-20所示。

表 12-20 物资申购流程与标准说明

编码	关键节点	服务标准
①	递交请购计划	各部门每月28日前制订填写次月"月请购计划"；每周周四前填写"周请购计划"或"请购单"
②	库房核对汇总	将有部门负责人签名的"请购计划""请购单"递交至相关库房；库房管理员将各部门"请购计划"物资分类汇总并填写"请购单"
③	审核	每月30日前或每周周六前将"申购单"附上"请购计划"一并交财务部经理审核
④	审批	财务经理审核后将单据转至总经理及财务总监审批
⑤	分类转单	每月1日或每周周一前将审批后的有效"申购单"按物资类型分类转交采购部或通知直接供应商

12.21 物资入库流程与标准

物资入库流程如图12-21所示。

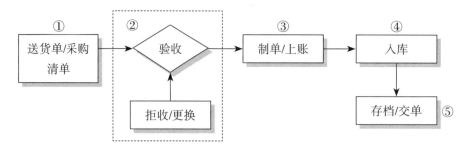

图 12-21　物资入库流程

物资入库流程与标准说明如表12-21所示。

表 12-21　物资入库流程与标准说明

编码	关键节点	服务标准
①	送货单/采购清单	库房保管员对"申购单""送货单"的有效性进行确定
②	验收	核对入库物资各项标准是否与"申购单""送货单"相符，如果不符的物资要拒收或要求更换
③	制单/上账	验收后立即填制"入库单"并记入"物资入库明细账"
④	入库	物资分类入库并更改标签，确保账物相符
⑤	存档/交单	将相关单据联存档，以备核查，并将相关单据联交财务成本会计审核

12.22　物资存放流程与标准

物资存放流程如图12-22所示。

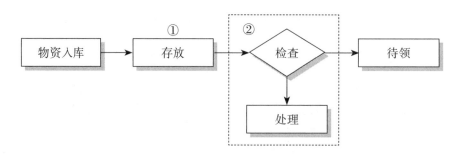

图 12-22　物资存放流程

物资存放流程与标准说明如表12-22所示。

表12-22 物资存放流程与标准说明

编码	关键节点	服务标准
①	存放	（1）物资存放时应分类、分库存放 （2）保持库房的清洁卫生、干燥通风；注意防火防盗
②	检查	（1）库房保管员每10天检查一次库存物资的完好性及保质期限。对已损坏或即将到保质期但可退换的物资及时联系供应商或采购办理退换；已损坏的不可退换的物资应做书面说明并填写"物资报损单"上报审批报损 （2）经审批确定物资可作报损后应及时销账，确保账面余额与实物数量相符

12.23 物资发放流程与标准

物资发放流程如图12-23所示。

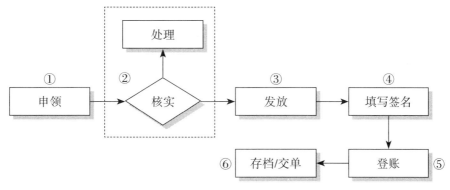

图 12-23 物资发放流程

物资发放流程与标准说明如表12-23所示。

表12-23 物资发放流程与标准说明

编码	关键节点	服务标准
①	申领	申领人凭领料单申领物资
②	核实	（1）库房保管员首先确定"领料单"的有效性：是否具有部门负责人的签名 （2）核实所领取的物资是否超过核定数量，部门领用超标物资要说明超标原因
③	发放	由领用部门负责人签名认可后方可发放
④	填写签名	库房保管员在"领料单"上填写实发数量及金额并签名确定

续表

编码	关键节点	服务标准
⑤	登账	发放物资后应及时登账，确保账物相符
⑥	存档/交单	（1）将相关单据联存档 （2）将相关单据联交财务成本会计审核

12.24 直拨原材料收发流程与标准

直拨原材料收发流程如图12-24所示。

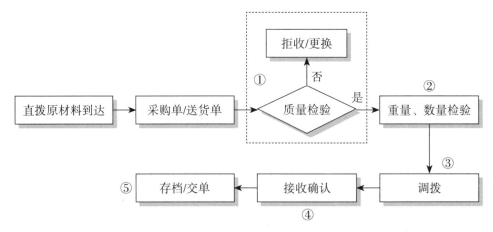

图12-24 直拨原材料收发流程

直拨原材料收发流程与标准说明如表12-24所示。

表12-24 直拨原材料收发流程与标准说明

编码	关键节点	服务标准
①	质量检验	（1）每天原材料送到后由后厨验货员、库房保管员、成本会计共同组成验货小组参与验收 （2）验收时应注意除去物资内外的附着物，如冰块、家禽内脏等；对于不符合质量要求的物资要拒收并要求立即更换
②	重量、数量检验	所有物资均以实际的重量和数量为准，同时应做好相应记录，认真、准确地填写"直拨单"
③	调拨	经验收的物资及时调拨给相关部门
④	接收确认	将计算好金额的"直拨单"交由领用部门负责人、验货员、供应商、库房保管等签字确认
⑤	存档/交单	将填写完整的"直拨单"一份交供应商，一份交成本会计，一份留底备查

第13章

酒店工程维保流程与标准

工程部是保证酒店设备设施正常运行的职能部门，主要保障酒店设备的正常运行，全面负责酒店的系统设施，保障酒店水、电、暖、气的正常供应，进行有效的能源控制、动力供应及设备设施的运行、保养。工程部对保证酒店服务质量，为顾客提供舒适环境，提高酒店的经济效益，保持酒店硬件档次和维护企业形象起着重要的作用。

13.1 日常报修／维修流程与标准

日常报修／维修流程如图13-1所示。

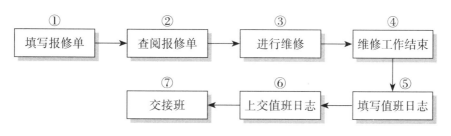

图 13-1 日常报修／维修流程

日常报修／维修流程与标准说明如表13-1所示。

表 13-1 日常报修／维修流程与标准说明

编码	关键节点	服务标准
①	填写报修单	（1）各部门服务员发现设备设施需要维修时，应立即报告部门领班 （2）各部门领班填写报修单，填写时应写明申请日期、申请部门、维修地点、维修内容、维修申请人以及须注明的其他情况 （3）填好报修单后，将其交给主管，由主管交值班工程师

编码	关键节点	服务标准
②	查阅报修单	（1）值班工程师收到报修单后，对报修单填写内容进行查阅，栏目内容不全或不符合要求的应拒收 （2）验明无误后，注明受理日期，按时间进行登记（时间为签收时间），然后将第二联交给报修部门留底，第一联在本部门留存，第三联交给相应班组维修人员进行维修 （3）若是需要优先处理的维修项目，应在报修单上盖上"紧急"字样章
③	进行维修	（1）维修人员收到报修单后，立即带好必要的工具，准时到达维修点。若因工作原因在规定时间内不能到达现场，应主动与报修部门联系说明原因，征求意见 （2）按质量标准完成任务后，请报修部门验收，核对使用材料，在报修单上由验收人员和维修人员本人共同签字认可 （3）若因材料、人力、技术等原因不能按期完成维修任务时，则如实报告值班工程师，由值班工程师或工程部经理与报修部门协商解决办法 （4）若是维修住客房，应由客房服务员陪同进房维修，双方互相监督。若因客人挂有"请勿打扰"牌未能完成维修任务，则应在报修单上写明原因
④	维修工作结束	（1）维修工作结束后，维修人员必须清理现场，包括垃圾、材料、工具等，将搬动过的物品恢复原位 （2）及时将签字后的报修单交给值班工程师，由值班工程师将其与留存的报修单核对后装订在一起保存
⑤	填写值班日志	值班工程师按照完成任务的情况填写值班日志，在交班前将当日报修单整理汇总，发现缺少报修回单应及时催促有关班组领班落实维修任务的完成情况并将回单速交工程部办公室
⑥	上交值班日志	每日下班前，将值班日志交给工程部经理，请其审阅，必要时，工程部经理亲自或派人检查维修结果，若发现不合格，需责成有关人员返工
⑦	交接班	交班时，向下一班人员介绍说明未完成的维修项目及注意事项

13.2　特别抢修流程与标准

特别抢修流程如图13-2所示。

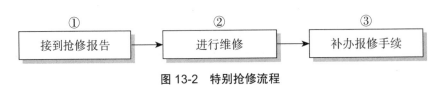

图13-2　特别抢修流程

特别抢修流程与标准说明如表13-2所示。

表13-2 特别抢修流程与标准说明

编码	关键节点	服务标准
①	接到抢修报告	（1）接到有关部门的抢修报告时，值班工程师应问清报告人的姓名、所在部门、维修内容和维修地点等情况 （2）根据报告的情况确认需要特别抢修（特别抢修项目是指VIP房、已有客人入住的房间、正在开会的会议室、正在出菜的厨房或不马上处理会对客人和酒店设备有较大影响的故障项目）时，值班工程师向相应班组维修人员发出维修指令
②	进行维修	（1）维修人员接到维修指令后，应带好必备的工具，在3分钟内到达现场，查明故障或损坏原因后，按相应的操作规范进行维修 （2）对VIP客房的抢修要放在首位，维修工作完成后，工程部经理或值班工程师应亲自或指定专人检查维修是否合格 （3）若维修住客房，应由客房服务员陪同前往客人的房间，在征得客人同意后迅速抢修 （4）若是暂不能处理的故障，应报告值班工程师，由值班工程师向报修部门解释并协助报修部门做好应急措施
③	补办报修手续	（1）抢修工作结束后，维修人员应清理设备设施上的油污和灰尘，对散落地上的垃圾、杂物应清除干净，移动过的设备应恢复原位，如维修现场有客人在场，应向客人表示歉意和道谢 （2）请报修部门主管补填报修单，写明申请日期、申请部门、维修地点、维修内容、维修申请人并签字验收 （3）将报修单的第二联交给报修部门，将第一联和第三联交给值班工程师，由其将两联装订在一起留存

13.3　停水事件处理流程与标准

停水事件处理流程如图13-3所示。

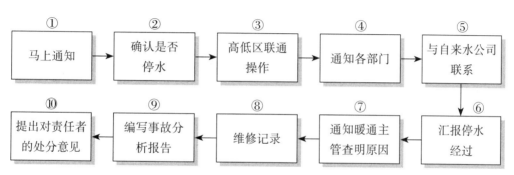

图13-3　停水事件处理流程

停水事件处理流程与标准说明如表13-3所示。

表13-3　停水事件处理流程与标准说明

编码	关键节点	服务标准
①	马上通知	各员工工作区域无水或水流过小时，应马上通知值班工程师
②	确认是否停水	值班工程师接到通知后，马上和自来水公司联系，确认是否停水并询问恢复供水的时间
③	高低区联通操作	确认停水时，应指派专职人员在10分钟内完成高低区联通操作，并且专职人员应对供水系统进行仔细检查，每半小时巡查一次
④	通知各部门	通知各部门已停水及恢复供水时间，请各部门做好节水工作
⑤	与自来水公司联系	保持与自来水公司的联系，在供水正常后，及时通知各部门并在5分钟内恢复正常状态下的供水
⑥	汇报停水经过	向工程部经理汇报停水经过，并做好记录备案
⑦	通知暖通主管查明原因	若不是自来水公司停水，则通知暖通主管组织专业人员查明原因，在最短时间内解决问题，做好停水记录备案
⑧	维修记录	维修人员在维修后及时填写维修记录
⑨	编写事故分析报告	故障排除后，值班工程师做详细的处理记录，编写事故分析报告，将事故原因、事故状况、处理方法、预防措施汇报给工程经理并抄报总经理
⑩	提出对责任者的处分意见	若经调查发现是人为事故，则由工程部提出对责任者的处分意见，报总经理和人力资源部批准后执行，同时，由工程部技术人员再次对有关人员进行培训和教育，以防止类似事故再次发生

13.4　停电事件处理流程与标准

停电事件处理流程如图13-4所示。

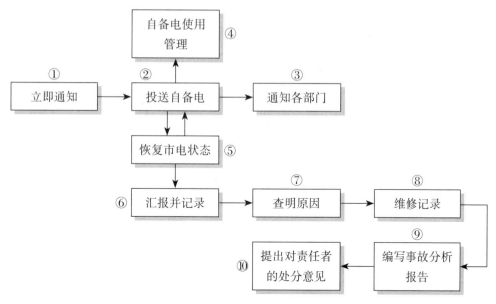

图 13-4　停电事件处理流程

停电事件处理流程与标准说明如表13-4所示。

表 13-4　停电事件处理流程与标准说明

编码	关键节点	服务标准
①	立即通知	当酒店员工发现市电停供时，立即通知值班工程师
②	投送自备电	值班工程师立即通知强电班投送自备电，在5分钟内投入自备电，并且联系市供电局，确认是否停电并询问恢复供电时间
③	通知各部门	通知各部门恢复市电时间，请各部门做好节电工作
④	自备电使用管理	强电班加强自备电运行中的技术力量，不间断巡视发电机的运行状况，确保自备电的使用；在自备电使用过程中，若负荷过大，应先确保主要设备及营业部门的用电
⑤	恢复市电状态	市电恢复后，值班工程师立即通知各部门做好切换前的准备，确认后迅速切换；强电班关闭发电机，使其恢复到备用状态
⑥	汇报并记录	值班工程师向工程部经理汇报停电经过及设备运行状况并做好记录备案
⑦	查明原因	若是非市供电局停电，则通知强电主管组织专业人员查明原因，在最短的时间内解决妥当并做好停电记录备案
⑧	维修记录	维修人员在维修后及时填写维修记录
⑨	编写事故分析报告	故障排除后，值班工程师做详细的处理记录，编写事故分析报告，将事故原因、事故状况、处理方法、预防措施汇报给工程经理并抄报总经理

编码	关键节点	服务标准
⑩	提出对责任者的处分意见	若经调查发现是人为事故，则由工程部提出对责任者的处分意见，报总经理和人力资源部批准后执行，同时，由工程部技术人员再次对有关人员进行培训和教育，以防止类似事故再次发生

13.5 停气事件处理流程与标准

停气事件处理流程如图13-5所示。

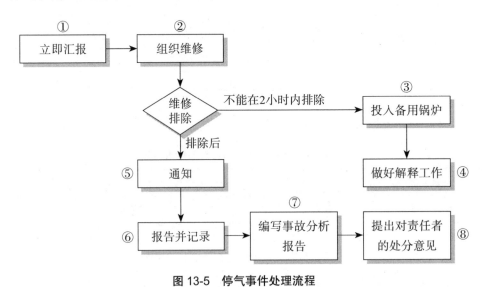

图 13-5 停气事件处理流程

停气事件处理流程与标准说明如表13-5所示。

表13-5 停气事件处理流程与标准说明

编码	关键节点	服务标准
①	立即汇报	锅炉房在锅炉运行中出现异常情况，影响供汽的正常进行，锅炉工应立即向锅炉领班汇报
②	组织维修	锅炉领班接到报告后，应组织专业维修人员赶到现场
③	投入备用锅炉	如故障在2小时内无法排除，锅炉房应立即将备用锅炉投入运行。投入备用锅炉过程中，锅炉工应严格控制用气，确定优先供给营业部门的原则
④	做好解释工作	锅炉领班通知各部门，做好解释工作，协助做好节汽工作
⑤	通知	恢复正常供汽后，立即通知各部门已恢复到正常状态

续表

编码	关键节点	服务标准
⑥	报告并记录	向动力主管、值班工程师汇报停气经过，并做好记录备案；维修人员在维修后及时填写维修记录
⑦	编写事故分析报告	故障排除后，值班工程师做详细的处理记录，编写事故分析报告，将事故原因、事故状况、处理方法、预防措施汇报给工程经理并抄报总经理
⑧	提出对责任者的处分意见	若经调查发现是人为事故，则由工程部提出对责任者的处分意见，报总经理和人力资源部批准后执行，同时，由工程部技术人员再次对有关人员进行培训和教育，以防止类似事故再次发生

13.6 停空调事件处理流程与标准

停空调事件处理流程如图13-6所示。

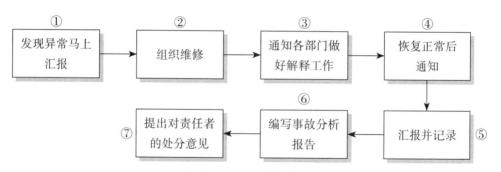

图 13-6 停空调事件处理流程

停空调事件处理流程与标准说明如表13-6所示。

表 13-6 停空调事件处理流程与标准说明

编码	关键节点	服务标准
①	发现异常马上汇报	空调房在空调运行中出现异常情况，影响区域空调使用时，空调工应马上向空调领班汇报
②	组织维修	空调领班接到报告后，组织专业维修人员赶到现场进行抢修。如异常情况无法在短时间内解决，若有备用时，空调工应启动备用设备；若无备用时，应向动力主管汇报，由其指挥抢修工作
③	通知各部门做好解释工作	空调领班通知各部门空调目前的状况、修复时间，请各部门做好解释工作
④	恢复正常后通知	恢复正常后，立即通知各部门已恢复正常

编码	关键节点	服务标准
⑤	汇报并记录	向动力主管、值班工程师汇报空调停运经过；维修人员在维修后及时填写维修记录
⑥	编写事故分析报告	故障排除后，值班工程师做详细的处理记录，编写事故分析报告，将事故原因、事故状况、处理方法、预防措施汇报给工程经理并抄报总经理
⑦	提出对责任者的处分意见	若经调查发现是人为事故，则由工程部提出对责任者的处分意见，报总经理和人力资源部批准后执行，同时，由工程部技术人员再次对有关人员进行培训和教育，以防止类似事故再次发生

13.7 运行电梯发生故障处理流程与标准

运行电梯发生故障处理流程如图13-7所示。

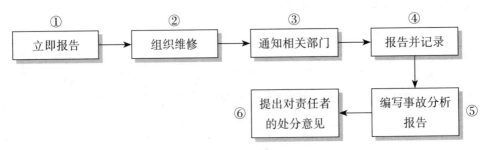

图13-7 运行电梯发生故障处理流程

运行电梯发生故障处理流程与标准说明如表13-7所示。

表13-7 运行电梯发生故障处理流程与标准说明

编码	关键节点	服务标准
①	立即报告	电梯运行中发生故障时，酒店员工或客人应立即通知值班工程师
②	组织维修	值班工程师接到通知后，马上联系电梯工赶至现场；组织工程部电气及机械专业人员配合电梯工的工作
③	通知相关部门	通知酒店值班经理、保安经理和大堂副理，做好协助及对客解释工作
④	报告并记录	值班工程师记录事件的原因、经过和处理方法并备案；维修人员在维修后及时填写维修记录
⑤	编写事故分析报告	故障排除后，值班工程师做详细的处理记录，编写事故分析报告，将事故原因、事故状况、处理方法、预防措施汇报给工程经理并抄报总经理

编码	关键节点	服务标准
⑥	提出对责任者的处分意见	若经调查发现是人为事故，则由工程部提出对责任者的处分意见，报总经理和人力资源部批准后执行，同时，由工程部技术人员再次对有关人员进行培训和教育，以防止类似事故再次发生

13.8 电话中断事件处理流程与标准

电话中断事件处理流程如图13-8所示。

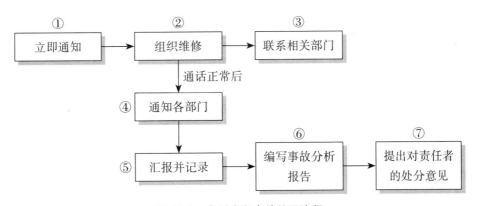

图13-8 电话中断事件处理流程

电话中断事件处理流程与标准说明如表13-8所示。

表13-8 电话中断事件处理流程与标准说明

编码	关键节点	服务标准
①	立即通知	电话发生突然中断后，酒店员工应立即通知值班工程师
②	组织维修	值班工程师接到电话后，指派电话维修工到总机，检查中断原因
③	联系相关部门	（1）联系市电信局，问清是否为电信局故障并要求提供业务指导 （2）通知客房部及相关部门，做好对客的解释工作，告知故障修复所需时间
④	通知各部门	恢复正常通话后，立即通知各部门通话已经正常
⑤	汇报并记录	向工程部经理汇报事件的发生、经过、原因和处理方法并记录备案，维修人员在维修后及时填写维修记录
⑥	编写事故分析报告	故障排除后，值班工程师做详细的处理记录，编写事故分析报告，将事故原因、事故状况、处理方法、预防措施汇报给工程经理并抄报总经理

续表

编码	关键节点	服务标准
⑦	提出对责任者的处分意见	若经调查发现是人为事故，则由工程部提出对责任者的处分意见，报总经理和人力资源部批准后执行，同时，由工程部技术人员再次对有关人员进行培训和教育，以防止类似事故再次发生

13.9 重大活动工程管理流程与标准

重大活动工程管理流程如图13-9所示。

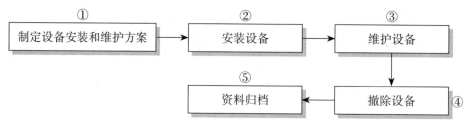

图 13-9 重大活动工程管理流程

重大活动工程管理流程与标准说明如表13-9所示。

表 13-9 重大活动工程管理流程与标准说明

编码	关键节点	服务标准
①	制定设备安装和维护方案	（1）酒店承接重大宴会、酒会、会议、联欢活动时，公关营销部根据接待方案，事先向工程部通报举办活动的内容、时间、地点及其对灯光、音响、舞台、讲台等设备安装布置的要求 （2）工程部收到通知后，工程部经理和专业主管及时同使用部门联系，明确重大活动设备安装布置的具体要求和任务，提出设备安装和维护方案（在方案中要明确此次活动的总工程师），上报总经理 （3）总经理审批同意后，工程部开始实行设备安装和维护方案
②	安装设备	（1）在重大活动正式开幕前，总工程师组织技术人员按照设计方案架设电源电线，安装音响、灯光、舞台、讲台、麦克风、投影仪等 （2）在安装过程中，工程部经理和总工程师应全面督导、协调各班组落实完成各项任务 （3）设备安装完成后，技术人员要进行全面调试和试运行。若发现问题，及时调整和改装，以保证设备与重要活动内容要求相协调，保障设备运行安全
③	维护设备	在重大活动举办期间，工程部经理指定各主管和维修人员在现场值班，负责设备的使用和调试，满足活动和客人的需要

编码	关键节点	服务标准
④	撤除设备	重大活动结束后，工程部技术人员会同使用部门及时撤除各种设施设备，清理好现场，恢复原状
⑤	资料归档	总工程师将设备安装和维护方案、使用材料及完成效果（拍成图片）存档，以备下次活动时参考

13.10 万能工日常检修流程与标准

万能工日常检修流程如图13–10所示。

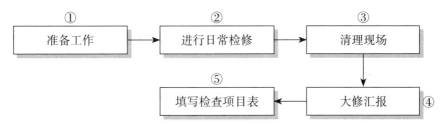

图 13-10 万能工日常检修流程

万能工日常检修流程与标准说明如表13–10所示。

表 13-10 万能工日常检修流程与标准说明

编码	关键节点	服务标准
①	准备工作	（1）万能工查看当天的检查项目表（检修区域包括客房、公共区域、餐厅、酒吧、娱乐场所），了解要完成的工作 （2）按照要求准备好工具，确定所需各类零件及更换用品，放入万能工具车中
②	进行日常检修	（1）万能工按照低压操作规范要求，对检修区域的各种电气设备进行检修 （2）排除冷、热水及排水系统的一般故障 （3）掌握卫生洁具和五金配件易损易松零件的情况，及时修理和调整零件间隙 （4）排除空调设备和冰箱的一般故障，做好温控器调整及过滤网清洁和冰箱除霜 （5）及时修理检修区域的家具、门窗和木装饰的一般损坏，调整、紧固各活动部位 （6）按各检修区域沙发的结构与面料质地、地毯的质地与铺设工艺要求，做好修补工作

编码	关键节点	服务标准
②	进行日常检修	（7）按各检修区域墙面油漆性能、制作工艺要求和墙纸的特性、裱贴工艺，做好修补剥落破损的油漆和墙纸，使色差基本恢复并达到原来的视觉效果 （8）修理或更换各检修区域的各种锁具、小五金零件，并调整间隙 （9）进房检修时，若客人在房内，应由客房服务员向客人说明情况并征得客人同意后才可进行
③	清理现场	检修完毕应清理现场，恢复原来布置，达到整洁要求
④	大修汇报	在检修过程中，若需对设施设备进行大修，应及时向值班工程师汇报，经其同意后再进行维修工作
⑤	填写检查项目表	（1）万能工根据检修情况认真填写检查项目表，向值班工程师汇报工作 （2）向下一班员工介绍未完成的工作和注意事项

13.11　电梯操作流程与标准

电梯操作流程如图13-11所示。

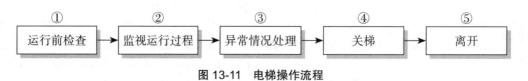

①运行前检查 → ②监视运行过程 → ③异常情况处理 → ④关梯 → ⑤离开

图 13-11　电梯操作流程

电梯操作流程与标准说明如表13-11所示。

表 13-11　电梯操作流程与标准说明

编码	关键节点	服务标准
①	运行前检查	（1）电梯工用厅门锁或基站钥匙打开电梯厅门，打开厅门时慢慢拨开，弄清轿厢是在本层后再进入 （2）进厢后，认真检查各控制开关及照明通风是否正常 （3）用手试安全触板开关、光电开关功能是否灵敏可靠 （4）把各开关打至正常位置，选顶层、中间数层及首层来回走一趟，没有异常后才可投入正常运行
②	监视运行过程	电梯工密切监视各电梯的运行状态，按规定巡检时对电梯进行异声、异味、乘感、照明及内选指示等项目的检查并认真填写电梯运行记录

编码	关键节点	服务标准
③	异常情况处理	若有异常情况（如电梯突然失去控制、电气设备燃烧、发生火灾等），应采取果断的措施并立即报告电梯领班和强电主管
④	关梯	（1）关梯前，电梯工乘电梯检查一趟，如有异常立即维修 （2）检查电梯无异常后，把电梯停在首层，便于次日开梯 （3）断开轿厢内所有控制开关及照明开关
⑤	离开	把电梯门关好后才可离开

13.12　临时维修项目处理流程与标准

临时维修项目处理流程如图13–12所示。

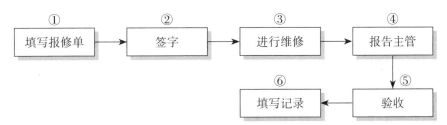

图13-12　临时维修项目处理流程图

临时维修项目处理流程说明如表13–12所示。

表13-12　临时维修项目处理流程说明

编码	关键节点	服务标准
①	填写报修单	当酒店发生临时维修任务时，由发生区域的负责人填写报修单（写明维修地点、维修内容和维修申请人等），交给值班工程师
②	签字	值班工程师在报修单上签字后，交给综合维修组
③	进行维修	综合维修组主管组织有关人员带齐工具立刻赶赴维修地点，检查故障原因，尽快完成维修任务
④	报告主管	若维修人员发现问题不能及时解决时，立刻报告主管，主管应与维修人员一起研究解决
⑤	验收	（1）维修工作结束后，维修人员清理工作现场（包括垃圾、工具、材料等） （2）值班工程师亲自或派专人到项目地点查看维修结果，符合要求后准予验收
⑥	填写记录	综合维修组主管填写临时项目维修记录交给值班工程师

第14章

前厅服务流程与标准

前厅部是酒店的"窗口",是给客人和公众留下第一印象、最后印象和整体印象的地方。作为酒店服务的起点和终点,前厅部的服务贯穿于酒店对客服务的全过程。尽管前厅员工与宾客接触时间短暂,但让宾客在有限的时间内感受酒店的无限关怀和体贴,则是前厅所有工作人员孜孜以求的首要目标。

14.1 早班服务员的工作流程与标准

早班服务员的工作流程如图14-1所示。

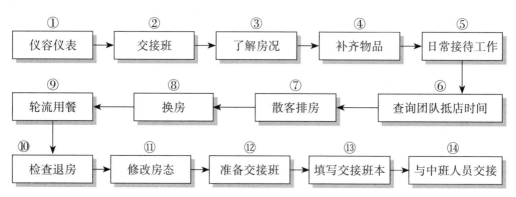

图 14-1 早班服务员的工作流程

早班服务员的工作流程与标准说明如表14-1所示。

表14-1 早班服务员的工作流程与标准说明

编码	关键节点	服务标准
①	仪容仪表	按照前厅部仪容仪表管理制度着装上岗
②	交接班	（1）与夜班员工交接公共物品（传真机、打印机、POS机、电脑、验钞机、二代证读卡器、扫描仪、复印机等）、押金、备用金、发票、寄存行李、房卡等,按照前厅部交接班管理制度执行

编码	关键节点	服务标准
②	交接班	（2）详细阅读交接班本，了解交接本上每一件事情的始末，如有疑问当场提出，并签上接班人员姓名和时间，如有紧急事情需立即处理
③	了解房况	（1）查看昨日"综合营业日报表"，了解昨日的入住率、平均房价、交叉比、营业额 （2）查看本日预退、本日预订及可用房情况，根据近期房况及时开关网络房态，做好当天的控房工作
④	补齐物品	（1）检查好住宿登记表、预订单、押金单、早餐券、发票、杂项消费单、客房消费明细单、换房单等各类单据是否齐全，补齐单据 （2）检查办公用品是否齐全，做好工作前的准备
⑤	日常接待工作	接待入店、住店客人，做好接待、退房、问询等各项服务
⑥	查询团队抵店时间	当日有团队入住，提前在10:00左右联系团队导游了解预抵时间，排好房间，准备房卡和餐券，当日有会议、在住会议，与会务组人员核对用房数
⑦	散客排房	找出当日可以分配的房号、房型和房间数，做好预排房工作，按照房间分配的标准与程序操作；若房间为脏房，须及时通知客房部打扫，做好当日VIP客人接待准备工作
⑧	换房	检查当日是否有需要换房的客人，如果有，应在12:00前排好房间，联系客人处理换房事宜
⑨	轮流用餐	轮流用餐，每人用餐时间不得超过30分钟
⑩	检查退房	（1）中午12:00检查预退未离房，查看是否有延迟退房 （2）打出催押报表，检查各个房间的押金余额情况 （3）致电询问客人是否要退房，若要续住且押金不足者，请客人至前台补齐押金和为房卡续时 （4）若遇客人不交押金、无房可续，或者客人不在房间无行李等特殊情况，应立即上报领班或值班经理处理
⑪	修改房态	（1）15:00检查所有预排房房态是否为干净房，并通知客房部及时跟进 （2）与客房部核对即时房态，将打扫完毕的脏房改成干净房 （3）将客房送下来的杂项收费单、洗衣单费用录入电脑，与R卡单别一起放入R卡盒当中

编码	关键节点	服务标准
⑫	准备交接班	（1）核对当日结账账单总金额是否与电脑系统报表中心"综合日报表"明细当中的现金和信用卡以及转账栏目相加的总金额一致，分别核对现金、刷卡的总金额是否与电脑系统"综合日报表"明细一致 （2）核对押金收据总金额是否与电脑系统"预付款浏览"当中的总金额一致 （3）核对需上缴的营业款（现金、银联），是否与电脑系统"前台交款"交款金额与电脑系统"综合营业日报表"营业款金额一致 （4）清点商品柜物品，核对售卖商品是否都已正确录账 （5）根据当班入住退房情况，填写"酒店业治安系统登记本"
⑬	填写交接班本	（1）房卡数量 （2）保险柜钥匙，出借的钥匙编号以及房号 （3）雨伞数量和小灵通等前台配备的物品 （4）当班一些无法完成的事务，客人要求办理的事情等 （5）行李寄存的件数和房号 （6）清点押金总数 （7）发票 （8）当日叫醒房号 （9）早餐券 （10）其他一些事项等
⑭	与中班人员交接	（1）口头交接一遍，再让接班人员详细看一遍交接班本记录的内容，有疑问的当场提出，交接清楚 （2）请中班人员按交接班制度交接、签字，方可下班

14.2　中班服务员的工作流程与标准

中班服务员的工作流程如图14-2所示。

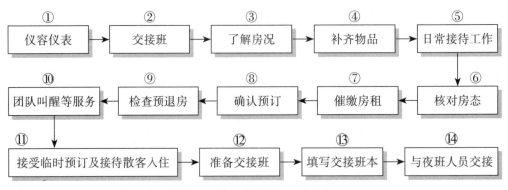

图 14-2　中班服务员的工作流程

中班服务员的工作流程与标准说明如表14-2所示。

表14-2 中班服务员的工作流程与标准说明

编码	关键节点	服务标准
①	仪容仪表	按照前厅部仪容仪表管理制度着装上岗
②	交接班	（1）与早班员工交接公共物品（传真机、打印机、POS机、电脑、验钞机、二代证读卡器、扫描仪、复印机等）、押金、备用金、发票、寄存行李、房卡等等，按照前厅部交接班管理制度执行 （2）详细阅读交接班本，并签上交接班人员姓名、班次、时间
③	了解房况	（1）查看昨日"综合营业日报表"，了解昨日的入住率、平均房价、交叉比、营业额 （2）查看本日未退房、预订及可用房情况
④	补齐物品	（1）检查好住宿登记表、预订单、押金单、早餐券、发票等各类单据是否齐全 （2）检查办公用品是否齐全，做好工作前的准备
⑤	日常接待工作	（1）接待客人，做好各项服务 （2）临时退房应注意是否要加收半天或全天房租 （3）根据房态及时开关网络房态
⑥	核对房态	及时更改房态，若仍有脏房未整理出来，通知客房部跟进
⑦	催缴房租	17:30查看本日在住宾客押金不足的房间，致电询问，按照催缴房租的标准与程序处理
⑧	确认预订	18:00确认未抵达客人的预订，与客人确认最迟可保留时间
⑨	检查预退房	继续跟进早班交接的预退房情况，有异常情况应上报领班或值班经理
⑩	团队叫醒等服务	确认团队、会议次日叫醒、用餐时间等，将情况详细记录在交接班本中
⑪	接受临时预订及接待散客入住	按照相应的标准与程序操作
⑫	准备交接班	（1）核对当日结账账单总金额是否与电脑系统报表中心"综合日报表"明细当中的现金和信用卡以及转账栏目相加的总金额一致，分别核对现金、刷卡的总金额是否与电脑系统"综合日报表"明细一致 （2）核对押金收据总金额是否与电脑系统"预付款浏览"当中的总金额一致 （3）核对需上缴的营业款（现金、银联等）是否与电脑系统"前台交款"交款金额和电脑系统"综合营业日报表"营业款金额一致，现将备用金和押金清点一遍

编码	关键节点	服务标准
⑫	准备交接班	（4）清点商品柜物品，核对售卖商品是否都已正确录账 （5）根据当班入住退房情况，填写"酒店业治安系统登记本"
⑬	填写交接班本	（1）房卡数量、发票 （2）保险柜钥匙，出借的钥匙编号以及房号 （3）雨伞数量和小灵通等前台配备的物品 （4）当班一些无法完成的事务，客人要求办理的事情等 （5）行李寄存的件数和房号 （6）押金总数 （7）交接商品柜 （8）当日叫醒房号 （9）其他一些事项等
⑭	与夜班人员交接	（1）口头交接一遍，再让接班人员详细看一遍交接班本记录的内容，有疑问的当场提出，交接清楚 （2）请夜班人员按交接班制度交接、签字，方可下班

14.3 夜班服务员的工作流程与标准

夜班服务员的工作流程如图14-3所示。

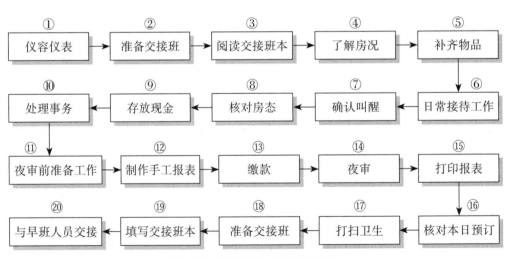

图 14-3 夜班服务员的工作流程

夜班服务员的工作流程与标准如表14-3所示。

表14-3 夜班服务员的工作流程与标准说明

编码	关键节点	服务标准
①	仪容仪表	按照前厅部仪容仪表管理制度着装上岗
②	准备交接班	与中班员工交接公共物品（传真机、打印机、POS机、电脑、验钞机、二代证读卡器、扫描仪、复印机等）、押金、备用金、发票、寄存行李、房卡等等，按照前厅部交接班管理制度执行
③	阅读交接班本	详细阅读交接班本，并签上交接班人员姓名、班次、时间
④	了解房况	（1）查看昨日"综合营业日报表"，了解昨日的入住率、平均房价、交叉比、营业额 （2）查看本日未退房、预订及可用房情况
⑤	补齐物品	（1）检查好住宿登记表、预订单、押金单、早餐券、发票等各类单据是否齐全 （2）检查办公用品是否齐全，做好工作前的准备
⑥	日常接待工作	接待夜间入住的客人，提供问讯服务，做好访客登记记录
⑦	确认叫醒	将叫醒服务的记录与话务台核对，确保无误
⑧	核对房态	及时与客房部核对房态
⑨	存放现金	若当日备用金、押金和营业款较多，可放入保险箱中，确保夜间安全
⑩	处理事务	处理上一班交接事务
⑪	夜审前准备工作	（1）核对在住客人的R卡单资料与电脑是否一致，登记信息：客人资料、抵离日期、房价、公司名称、协议单位，如有错误需及时更改。账务管理：押金、杂项消费、电话费等，联合结账、提前结账等，如有漏项或错误需及时更改 （2）核对团队和会议客资料与电脑一致，团号、抵离日期、房价（特别注意陪同房、会务组房房价、团队免费房情况）、间数、公司名称、协议单位，如有错误需及时更改 （3）折扣审批未签字的应交接给早班人员请上级加签 （4）检查每个房间押金是否足够，押金不足交接给早班人员处理，并上报值班经理
⑫	制作手工报表	制作"挂账余额统计表""刷卡明细表"各2份（总部、资金管理员）
⑬	缴款	上午4点核对当日现金应缴金额，无误后将应缴金额用信封封起来，存放保险柜内

编码	关键节点	服务标准
⑭	夜审	上午4点电脑做夜审工作，如发现系统异常立即联系值班经理处理。夜审后抽查几个房间查看房费是否累加成功
⑮	打印报表	（1）打印"综合营业日报表"共3份（办公室、财务、前台） （2）填写"客房日现收款明细表"2份，交资金管理员
⑯	核对本日预订	从相应的预订夹中取出所有当日预订单，核对预订单与电脑资料是否一致。如是前台订房未开单的补单；如是销售部未下单做好记录并交接早班请销售部补单；若有纸质订单而电脑未做进去，要查看是否已经取消未将纸质订单取出；如果是已取消的将订单取出放进取消单夹内；如果确认是未做进去的要做进电脑，将有异常的预订单登记下来
⑰	打扫卫生	打扫前台卫生，电话机消毒，整理前台物品，保证前台地板、台面、设备设施等无灰尘、无污渍、干净明亮
⑱	准备交接班	（1）核对当日结账账单总金额是否与电脑系统报表中心"综合日报表"明细当中的现金和信用卡以及转账栏目相加的总金额是否一致，分别核对现金、刷卡的总金额是否与电脑系统"综合日报表"明细一致 （2）核对押金收据总金额是否与电脑系统"预付款浏览"当中的总金额一致 （3）核对需上缴的营业款（现金、银联），是否与电脑系统"前台交款"交款金额一致或与电脑系统"综合营业日报表"营业款金额一致
⑲	填写交接班本	（1）房卡数量 （2）保险柜钥匙，出借的钥匙编号以及房号 （3）雨伞数量和对讲机等前台配备的物品 （4）当班一些无法完成的事务，客人要求办理的事情等 （5）行李寄存的件数和房号 （6）清点押金总数 （7）发票 （8）当日叫醒房号 （9）其他一些事项等
⑳	与早班人员交接	（1）口头交接一遍，再让接班人员详细看一遍交接班本记录的内容，有疑问的当场提出，交接清楚 （2）请早班人员按交接班制度交接、签字，方可下班

14.4　前台主管的工作流程与标准

前台主管的工作流程如图14-4所示。

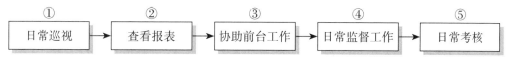

图 14-4　前台主管的工作流程

前台主管的工作流程与标准说明如表14-4所示。

表 14-4　前台主管的工作流程与标准说明

编码	关键节点	服务标准
①	日常巡视	督导酒店员工仪容、仪表、服务质量及意识，检查大堂设施设备正常运行，检查夜班卫生质量
②	查看报表	仔细检查前台报表和工作细则，保证各类数据无误
③	协助前台工作	（1）协助前台服务员办理客人入住、退房、问询等服务手续 （2）协助前台处理客人投诉和异常事务 （3）核对团队会议用房数和免费情况是否无误
④	日常监督工作	（1）检查前台宾客登记单、治安登记系统、各类单据以及电脑系统录入是否无误 （2）拜访客人，建立宾客档案 （3）下午14:00监督前台预退房的跟催情况 （4）查看电脑当日是否有客人生日和入住达3天的客人，进行拜访，生日客人送上果盘和生日卡 （5）查看楼层报送的特殊房态表，对外宿、无行李住客房、长时间挂DND的房间进行了解情况或联系客人是否在住，以及直接退房并锁房，视具体情况处理
⑤	日常考核	根据员工当日表现，详细记录在"前厅部每日工作考核表"

14.5　电话预订流程与标准

电话预订流程如图14-5所示。

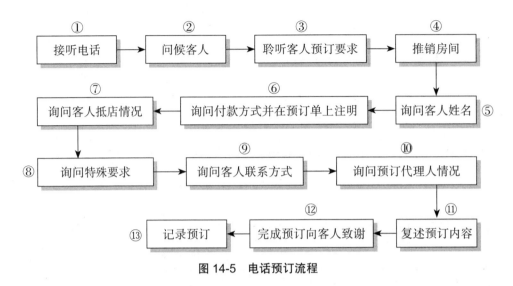

图 14-5　电话预订流程

电话预订流程与标准说明如表14-5所示。

表14-5　电话预订流程与标准说明

编码	关键节点	服务标准
①	接听电话	铃响三声内起接若超过三声接起，应向客人致歉，"对不起，让您久等了"
②	问候客人	"您好，××酒店"
③	聆听客人预订要求	（1）确认客人预订日期、房间类型、数量 （2）查看电脑是否有空房可供预订；如无房，向客人说明原因，致歉，留下客人的联系方式；如有其他客人取消预订，即致电客人帮其预订，或主动向客人介绍同等星级的酒店，并告知通信方法或代为预订
④	推销房间	介绍房间种类和房价，询问客人是否是协议单位客人、VIP客人或有客史的客人，同时查询电脑，确认是否属于协议单位、VIP或有客史，便于确定优惠价
⑤	询问客人姓名	（1）客人姓名的中、英文拼写 （2）复述客人的姓名并确认
⑥	询问付款方式并在预订单上注明	（1）若是公司或旅行社承担费用者，要求在客人抵达前传真或以书面信函方式做付款担保 （2）或到酒店支付押金，需要与预订人确认公司所付款内容，是所有费用还是仅限某些费用
⑦	询问客人抵店情况	了解抵达航班及时间，同时向客人说明，无明确抵达时间和航班时间，一般情况下酒店只能保留房间至入住当天下午六点
⑧	询问特殊要求	对有特殊要求的，详细记录并复述

续表

编码	关键节点	服务标准
⑨	询问客人联系方式	询问住店客人联系方式，最好是能留移动电话
⑩	询问预订代理人情况	在预订单上记录好预订代理人姓名、单位、联系电话，以便联络
⑪	复述预订内容	（1）日期、抵店时间 （2）房间种类、数量、房价 （3）客人姓名、联系方式 （4）特殊要求 （5）付款方式 （6）代理人情况
⑫	完成预订向客人致谢	如："感谢您的预订！再见""我们期待着您的到来"
⑬	记录预订	（1）将预订相关资料录入电脑，保存预订单 （2）填写书面预订单，按日期顺序存入预订夹

14.6　书面预订操作流程与标准

书面预订操作流程如图14-6所示。

图 14-6　书面预订操作流程与标准

书面预订操作流程与标准说明如表14-6所示。

表 14-6　书面预订操作流程与标准说明

编码	关键节点	服务标准
①	接收书面预订	（1）仔细阅读传真、信件、邮件内容 （2）比较客人要求和房间状态信息 （3）有疑问之处及时联系查询
②	回复	（1）收到书面预订函电的当日回复 （2）加急函电立即回复 （3）回复使用标准格式
③	记录预订	（1）将预订相关资料录入电脑，保存预订单 （2）填写书面预订单，与书面预订函电订在一起存入预订夹

14.7　网络预订操作流程与标准

网络预订的操作流程如图14-7所示。

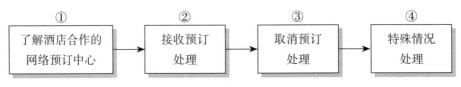

图 14-7　网络预订的操作流程

网络预订的操作流程与标准说明如表14-7所示。

表 14-7　网络预订的操作流程与标准说明

编码	关键节点	服务标准
①	了解酒店合作的网络预订中心	（1）酒店全国免费预订中心，通过预订中心可直接预订各个分店的房间 （2）国内其他的预订平台：携程旅行网、艺龙网、芒果网等
②	接收预订处理	（1）收到网络公司的预订传真时，先确认客人抵离日期、时间、房型、间数，查看房态分析，确认是否有房 （2）若房间允许，将预订录入电脑，确认回传至对方传真机，将传真按日期顺序存入预订夹中 （3）若房间不允许，勾上不确认，将房间情况进行说明，并回传至对方传真机，如携程、艺龙有保留房和某单确认，处理方式略有不同
③	取消预订处理	（1）收到取消预订的传真，按照取消预订的标准与程序处理 （2）取消预订的传真应确认回传，并与原预订单订在一起放入"取消预订档案夹"中
④	特殊情况处理	（1）如果客人超过保留时间未抵店，要求网络订房中心提供担保，若无担保可做取消 （2）每日需将紧张房型报给各个网络订房中心，把相应的房型关掉，以免造成超额预订

14.8　更改预订操作流程与标准

更改预订操作流程如图14-8所示。

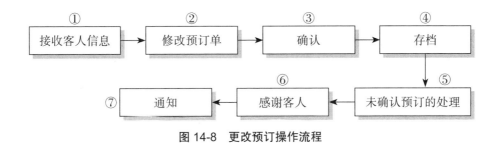

图 14-8　更改预订操作流程

更改预订操作流程与标准说明如表14-8所示。

表 14-8　更改预订操作流程与标准说明

编码	关键节点	服务标准
①	接收客人信息	（1）更改抵离日期 ①若客人更改抵离日期，询问要求更改预订客人的姓名及原始到达日期和离店日期 ②询问客人现要更改的日期，查看更改日期有无房间，若有房则确认更改，若无房则向客人致歉，说明原因 （2）更改抵店时间 ①一般更改抵店时间都是更改为更晚到店 ②查看是否为担保订单，若为担保订单可更改 ③查看当日房间是否紧张，若房间紧张，则不宜保留到太晚（21:00之后），若不紧张则可更改 （3）更改入住间数 ①若增加间数，查看房间是否紧张，若紧张，则跟客人致歉，解释清楚，不可更改，若房间不紧张则可以更改 ②若减少间数，一般可更改，但如果为会议协议团队用房量，则需与销售部联系 （4）更改房型 查看要更改后的房型是否紧张，若紧张则向客人解释清楚，不可更改，若不紧张则可以更改
②	修改预订单	（1）将原始订单找出 （2）在可更改的情况下，可为客人确认更改预订，填写预订修改单并写明从"××修改为××，写明日期、修改时间、通知人、联系电话及签名"，修改电脑资料
③	确认	与客人联系以确认修改的内容
④	存档	（1）将更改后的订单与原始订单订在一起 （2）按日期存档

续表

编码	关键节点	服务标准
⑤	未确认预订的处理	（1）如客人需要更改的内容要求，酒店无法满足，应及时向客人解释 （2）告知客人预订暂时放在候补名单上 （3）如酒店有空房时，及时与客人联系
⑥	感谢客人	感谢客人及时告知客人预订房间的最后保留时限
⑦	通知	将更改预订信息通知有关部门

14.9　处理超额预订的操作流程与标准

处理超额预订的操作流程如图14-9所示。

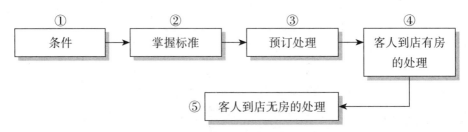

图 14-9　处理超额预订的操作流程与标准

处理超额预订的操作流程与标准说明如表14-9所示。

表 14-9　处理超额预订的操作流程与标准说明

编码	关键节点	服务标准
①	条件	（1）在客房预订已满的情况下，再适当增加订房数量以弥补客人不到或临时取消的空房 （2）事先了解连锁酒店的房况
②	掌握标准	一般情况下超额预订率标准控制在总房数的5%左右
③	预订处理	（1）按正常预订履行手续 （2）告知客人，房类待定
④	客人到店有房的处理	（1）按客人要求安排房型，办理入住手续 （2）没有客人预订的房型，可介绍其他酒店现有空房，询问客人是否需要，若客人接受即可办理入住手续 （3）若客人不接受，向上级申请房间免费升级入住，或者联系其他连锁酒店

续表

编码	关键节点	服务标准
⑤	客人到店无房的处理	（1）酒店负全部责任，向客人致歉 （2）事先联系好其他连锁酒店 （3）承担房间差价 （4）免费提供车辆送、接客人（或给予报销的士费用）到达其他连锁酒店 （5）真诚邀请客人隔日搬回酒店，按VIP客人接待 （6）知会相关部门和上级领导

14.10　担保预订的处理流程与标准

担保预订的处理流程如图14–10所示。

① 委婉解释 → ② 接受担保 → ③ 记录 → ④ 担保处理 → ⑤ 存档

图 14-10　担保预订的处理流程

担保预订的处理流程与标准说明如表14–10所示。

表 14-10　担保预订的处理流程与标准说明

编码	关键节点	服务标准
①	委婉解释	预订员须礼貌地、耐心地、准确无误地向预订人解释酒店最迟保留时限，过时取消，无须另行通知
②	接受担保	（1）建议公司或客人用传真、现金、转账或信用卡做担保预订，即使客人没有住店也须支付一晚房费或者在当天保留预订的最后时限前取消预订 （2）可担保的最迟时限是次日中午12点 （3）客人如有特殊原因取消预订需提前72小时通知，客人可做担保金退款处理，并告知客人退款手续比较烦琐，需要一些时间
③	记录	在预订单上准确记录，告知酒店相关担保规定的预订人的姓名、联系电话
④	担保处理	（1）采用信用卡担保方式，预订员将客人信用卡冻结一定费用（至少一天房费），将刷卡单与预订单订在一起，并准确记录在电脑和预订单中 （2）采用现金担保方式，预订员收取一定金额现金（至少一天房费），填写"押金单"，一联给客人，一联收银柜记账，一联夹在预订单上存放并准确记录在电脑和预订单中

续表

编码	关键节点	服务标准
④	担保处理	（3）采用转账担保方式，请客人转首日房费至酒店账户，并将转账凭证传真到酒店，预订员将转账凭证与预订单夹在一起，并准确记录在电脑和预订单中 （4）采用传真担保方式，一般是签了挂账协议的单位或由销售部下单可担保的单位，传真上有"公司愿承担首晚损失费"字样，迅速从电脑中查出预订号码并抄写在传真的右上角，确认后回传，并将传真和预订单订在一起
⑤	存档	将担保预订放入预订夹内

14.11 未抵预订的处理流程与标准

未抵预订的处理流程如图14-11所示。

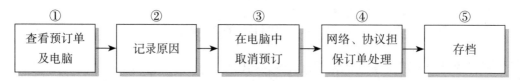

图14-11 未抵预订的处理流程

未抵预订的处理流程与标准说明如表14-11所示。

表14-11 未抵预订的处理流程与标准说明

编码	关键节点	服务标准
①	查看预订单及电脑	了解预订单情况，查询电脑，确认客人是否已通过其他方式入住
②	记录原因	将预订未到的信息反馈给预订人，通过预订人了解客人未能抵达的原因，将原因记录在预订单上
③	在电脑中取消预订	在电脑内取消未抵达的预订，并输入取消的原因
④	网络、协议担保订单处理	担保订单未抵，将未抵订单请款登记下来，将未抵订单交给销售人员，请其与相关网络、协议单位联系处理相关担保订金事宜
⑤	存档	将有预订却未抵达的预订单存档备查

14.12　取消预订的处理流程与标准

取消预订的处理流程如图14–12所示。

图 14-12　取消预订的处理流程

取消预订的处理流程与标准说明如表14–12所示。

表 14-12　取消预订的处理流程与标准说明

编码	关键节点	服务标准
①	接到取消预订信息	（1）了解要求取消预订的客人姓名、到达日期及离店日期 （2）若为网络与协议担保订单，应提前72小时取消，若超过时限，请其与销售部联系
②	记录原因	（1）记录取消预订的原因 （2）记录取消预订代理人的姓名、联系电话及取消原因
③	处理取消预订	（1）感谢代理人将取消预订要求及时通知酒店，并询问客人是否要做下一个阶段的预订 （2）将预订取消的信息输入电脑，并做好记录
④	存档	取出预订单，将客人取消预订的原因、代理人姓名、联系电话、取消时间以及经办人签名详细记录在预订单上，放入取消预订档案夹中存档

14.13　转接电话的操作流程与标准

转接电话的操作流程如图14–13所示。

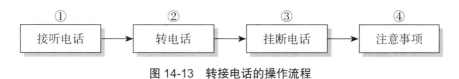

图 14-13　转接电话的操作流程

转接电话的操作流程与标准说明如表14–13所示。

表 14-13　转接电话的操作流程与标准

编码	关键节点	服务标准
①	接听电话	（1）电话铃响三声内接听，使用礼貌用语问候客人 对外线："您好！××酒店。" 对内线："您好！前台。" （2）当多部电话同时响起时，先接外线，再接内线，最后接听酒店内部电话 （3）若超过三声接听电话，须向对方表示歉意 "您好！××酒店，不好意思让您久等了！" （4）接电话时声音要柔和、清晰，不讲方言，听清客人的要求，对客人的问询须耐心、细致地回答
②	转电话	（1）转酒店内部电话，若是找上级部门，须问清对方的公司和姓氏，让来电者等待被接通的同时询问被呼叫人是否需要接听此电话 （2）转客房电话，问清住客的姓名、房号，准确无误后方可转接。若对住客姓名模糊不清，应礼貌告诉来电者其所要求接转的客房登记的并非其所找客人；如果客人执意表示该房间是他所要找的客人，则可以在问清来电者姓名后，询问住客是否接听后再转入 （3）对于无人接线、占线的电话要表示歉意，并向客人说明原因 （4）23:00至第二天7:00之间转入客房电话应提醒对方客人正在休息中，请其留言；若是紧急电话必须转接，在转入之前事先征求住客的意见，再根据住客的意见来处理或者可请来电者联系住店客人的私人电话
③	挂断电话	（1）必要时要做好记录，通话要点要问清楚，然后向对方复述一遍 （2）通话结束前，接线员须礼貌与客人道别："感谢您的来电，再见！" （3）待对方挂断之后，方为通话完毕，接线员方可轻轻挂上电话，任何时候不得用力掷听筒
④	注意事项	（1）若是团队或会议客人，因为登记的是团队名而无从查起时，可先挂电话至该团全陪或会务组询问 （2）不可将客人私人手机号码告知来电者；若来电者表示有急事找，可请其留言或留下联系方式，再给予转达 （3）接转保密房客人的电话，应按照保密房程序操作 （4）若是找内部员工的电话，告知当班期间不允许接听私人电话；若是紧急电话，可转至部门办公室

14.14　电话叫醒的操作流程与标准

电话叫醒的操作流程如图14-14所示。

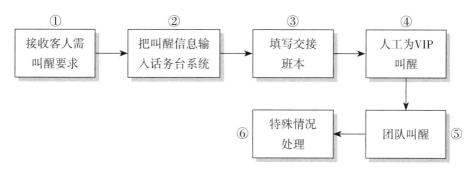

图 14-14　电话叫醒的操作流程

电话叫醒的操作流程与标准说明如表14-14所示。

表 14-14　电话叫醒的操作流程与标准说明

编码	关键节点	服务标准
①	接收客人需叫醒要求	（1）当接到客人需要叫醒服务时，要问清客人房号、姓名及叫醒时间 （2）复述客人叫醒的要求，获得客人确认 （3）检查叫醒客房的种类和客人类型，如是VIP，必须做出特别提示 （4）祝客人入住愉快
②	把叫醒信息输入话务台系统	（1）打开系统的操作界面，输入房号和叫醒时间 （2）按管理键 （3）夜班人员再次检查客房叫醒的输入情况、客房情况等 （4）按照最早的叫醒时间，检查叫醒系统的工作情况
③	填写交接班本	（1）将叫醒信息输入话务台系统后，在交接班本叫醒服务栏上按时间顺序填写客人的房号、客人叫醒时间 （2）认真复查，签上当班人员姓名
④	人工为VIP叫醒	（1）在客人指定的叫醒时间，按下客人的房间号码 （2）用亲切和蔼的语气称呼客人的姓名 （3）叫醒时要讲："早上好/下午好……，现在是×点钟，已到您的叫醒时间" （4）祝客人愉快
⑤	团队叫醒	（1）接到客人电话要求将整个旅行团的客人全部叫醒时，应礼貌请客人到前台处登记 （2）受理23:00以后的团队叫醒服务预订，记录团号、叫醒时间、预订人姓名、预订人房号 （3）根据前台的叫醒记录，中班人员找出团队用房表，并与叫醒登记表核对，夜班人员须再次进行复核 （4）叫醒登记表和团队分房表，分别按要求将团队叫醒输入话务台 （5）检查叫醒团队客人的情况，如有问题必须及时纠正

续表

编码	关键节点	服务标准
⑥	特殊情况处理	（1）如发现漏叫或没有接听自动叫醒电话的客人，前台接待员必须用电话人工叫醒客人，并做好记录 （2）如客房叫醒无人应答，话务员必须立即通知房务中心去客房检查，并做出详细记录 （3）如有客人要求取消叫醒服务，前台接待员必须在登记本、电脑上同时做出更正，并在交接班上说明 （4）如有客人要求多次叫醒时，话务员必须在"叫醒登记本"上注明

14.15 代客留言的操作流程与标准

代客留言的操作流程如图14-15所示。

图 14-15 代客留言的操作流程

代客留言的操作流程与标准说明如表14-15所示。

表 14-15 代客留言的操作流程与标准

编码	关键节点	服务标准
①	查询客人信息	（1）接到留言要求后，迅速在电脑中查询客人的名字、房号是否与要求留言者所提供信息相符 （2）核对客人是否为在住客人，房号是否为预抵房，除非客人已结账离店，否则应做留言
②	准确记录留言内容	（1）记录留言方姓名、电话号码，是从何处打来的电话 （2）准确记录留言内容
③	重复留言内容	将对方姓名、住店客人姓名、电话号码及留言内容重复一遍以获确认
④	留言条处理	（1）将留言条装入留言信封 （2）一联留言条交客房人员在30分钟内送往客人房间，一联留底备查 （3）在当班服务员下班前应与住店客人联系是否收到留言条，如果下班前客人尚未回来，应交接给接班服务员

14.16　房间分配的操作流程与标准

房间分配的操作流程如图14-16所示。

图 14-16　房间分配的操作流程

房间分配的操作流程与标准说明如表14-16所示。

表 14-16　房间分配的操作流程与标准说明

编码	关键节点	服务标准
①	查看当天预订单	（1）分清团队和散客（包括协议客户等） （2）查询客人是否有特殊要求 （3）查清是否是历史客人
②	排房	（1）排房顺序一般为：VIP客人→当日12:00AM之前抵店的客人→回头客→团队或会议的客人→根据预计抵店时间先后顺序→无具体抵达时间预订 （2）团队房间一般安排在同一楼层 （3）房型较好的房间一般安排给VIP客人、回头客、协议客户 （4）分配好的房间可以提前将房卡、早餐券放入欢迎卡中备用 （5）提前准备好团队或会议的房卡和早餐券，仔细填写"团队排房表"，将房卡与排房表捆放在一起，放在房卡抽屉中，排房表上写有团队或会议名称的一面向上 （6）回头客应根据客史资料尽量安排相同房型或房号的房间，提前填写住宿登记单，入住时直接签字确认即可 （7）老人或者行动不便、行李较多的客人一般安排在靠近电梯的房间
③	注意事项	（1）提前检查VIP客人房间是否完全准备完毕，按要求配备物品（如水果、鲜花等） （2）保证所有散客抵店前，其房间已分配完毕并且打扫干净 （3）不允许将脏房、维修房提供给客人入住 （4）已分配好的房间有所变化，必须同时更改电脑、预订单上的房间号，并且将已做好的房卡更换，以免发生重复入住现象 （5）对于回头客的特殊要求和喜好尽量给予满足，并提前通知相应部门准备

14.17　办理散客入住的操作流程与标准

办理散客入住的操作流程如图14-17所示。

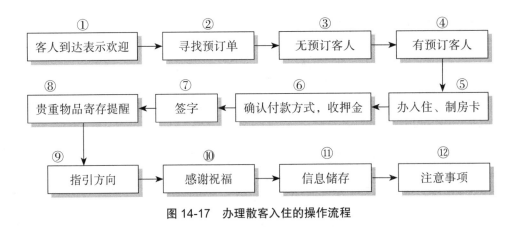

图 14-17　办理散客入住的操作流程

办理散客入住的操作流程与标准说明如表14–17所示。

表14-17　办理散客入住的操作流程与标准

编码	关键节点	服务标准
①	客人到达表示欢迎	（1）起立、问候"您好！请问有什么需要帮助吗？" （2）常客入住要称呼常客姓氏，"×先生/×小姐"，用语要亲切："好久不见"，等等 （3）示意客人入座后，再坐下操作（不要见到客人就询问客人是否是开房或退房）
②	寻找预订单	通过客人的姓名查找预订单，若通过客人的姓名无法找到预订单，则询问客人通过什么公司或者什么人预订，再通过其提供的信息查找预订单
③	无预订客人	（1）查看酒店现有空房，主动向客人介绍房型，从价格高的房型开始推销 （2）查看客人在酒店是否有特殊价或公司价 （3）报房价的同时必须向客人说明需另外加收价格调节基金
④	有预订客人	（1）与客人确认预订内容 （2）若预订房型与客人所需房型不符，在房间允许的情况下，尽量满足客人需求且尽量向客人介绍高房价的客房 （3）若由公司付款，则按照公司预订的房型入住，不能依照客人的意愿安排其他房型，可统一口径无其他房型（已满房） （4）查看客人有无留言或托转物品
⑤	办入住、制房卡	（1）请客人出示证件，查看证件是否有效，属境外人员须填写境外人员临时登记表 （2）扫描证件后办理入住，再制作房卡 （3）填写住宿登记单三要素：离店日期、房号、房价

编码	关键节点	服务标准
⑤	办入住、制房卡	（4）多间房入住若为自付房间，每一间客人均请在住宿登记单上签字；若统一由一人担保或付款，必须在付款人本人的住宿登记单备注栏上写明"统一为××房间担保或付款"，再由付款人签字即可
⑥	确认付款方式，收押金	确认付款方式，客人自付或公司付款。若由已入住客人付款，必须经该客人同意签字，且押金足够方可；若由其他同来人（未入住）付款，须请客人先预付部分押金，待其同来人支付款项后再给予退还
		（1）按规定收取押金，一般收取标准为：房费×间数×天数×1.5 （2）多收客人一天的房费比较好，方便客人续住，也为催退时房间有行李，又联系不到客人情况提供方便
⑦	签字	再次复述客人的房间类型、房价、付款方式、离店日期等重要信息，请客人在住宿登记单和押金单/刷卡单上确认签字
⑧	贵重物品寄存提醒	主动提醒客人贵重物品可寄存在前台保险箱内，并请客人在登记表上签字确认
⑨	指引方向	（1）将客人证件、押金单/刷卡单、房间欢迎卡（内有房卡）等双手呈递，请客人保管好 （2）介绍早餐的方位、时间及收费标准 （3）指引电梯方向
⑩	感谢祝福	（1）祝福客人住店愉快，如有需要帮助可直接联系前台 （2）目送客人上楼
⑪	信息储存	（1）报楼层房务员入住哪个房间 （2）正确无误地将有关信息输入酒店电脑系统及治安系统中，要确保无误 （3）在电脑收银系统中录入押金（现金），登记单和电脑备注栏也须注明付款方式，使用信用卡须写明卡号、预授权号、金额 （4）再次检查登记信息的正确性 （5）将住宿登记单、预订资料、押金单/刷卡单等相关资料夹在一起放入对应房号档案袋中
⑫	注意事项	（1）在操作时要保持目光与客人接触，以及仪态端庄 （2）接收或呈递客人证件、房卡、押金单等物品时注意一定要双手接收或呈递

14.18 接待团队/会议客人的服务流程与标准

接待团队/会议客人的服务流程如图14-18所示。

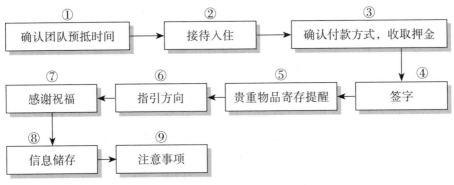

图 14-18　接待团队 / 会议客人的服务流程

接待团队 / 会议客人的服务流程与标准说明如表14-18所示。

表 14-18　接待团队 / 会议客人的服务流程与标准说明

编码	关键节点	服务标准
①	确认团队预抵时间	（1）早上十点左右确认当天团队预抵时间和房间数，提前准备好房间、房卡、团队排房表 （2）提醒导游在车上收集好每位客人的身份证，方便登记时节约时间
②	接待入住	（1）客人抵店后，接待员先问明该团的旅行社名称、团号，并确认预订房数、人数、入住天数。若团队所需房类、房数与预订单不符，及时与销售部联系，按销售部通知处理 （2）将排好的房号给导游，请导游分房 （3）向导游收取所有客人有效证件进行扫描、复印，注意，应与导游点清收取的证件份数，归还时也要确认归还证件数无误，以免发生争执 （4）向导游收取分房表，按分房表将客人信息录入公安系统和酒店系统，若房间量比较大，酒店系统的可以先扫描在客人临时登记表里，待客人进房间后分到各个房间 （5）再次确认房卡与电脑房号无误后，先做电脑入住，请导游在团队排房表上签字确认团队用房数量后再发放房卡 （6）要请导游留下有效的联系电话和姓名，并录入电脑该团队主单 （7）确认次日叫早、用早餐时间，确认后再次发放排房表给相应部门
③	确认付款方式，收取押金	（1）确认付款方式，现付前台或公司转账 （2）若公司转账，按规定收取××元房卡押金，一般收取现金，若客人要刷信用卡，要提醒客人预授权撤销需7个工作日方可到账 （3）若现付前台，一般收取标准为：房费×间数×天数×1.5 （4）根据销售部下单，若为离店前结清，可先只收取房卡押金，并提醒导游准备现金，于客人退房前结清 （5）若付款方式与预订单不符时，须向销售部确认清楚

续表

编码	关键节点	服务标准
④	签字	再次复述团队的房间类型、房数、房价、付款方式、离店日期等重要信息，请导游在团队住宿登记单和押金单/刷卡单上确认签字
⑤	贵重物品寄存提醒	主动提醒客人贵重物品可寄存在前台保险箱内
⑥	指引方向	（1）将客人所有证件、押金单/刷卡单、房间欢迎卡（内有房卡和早餐券）双手呈递，请客人保管好 （2）介绍早餐的方位和时间 （3）指引电梯方向
⑦	感谢祝福	（1）祝福客人住店愉快，如有需要帮助可直接联系前台 （2）目送客人上楼
⑧	信息储存	（1）报楼层房务员团队入住 （2）准确无误地将有关信息输入酒店电脑系统及治安系统中，再次检查录入信息的正确性和完整性 （3）将团队住宿登记单、排房表、预订资料、押金单/刷卡单、证件复印等相关资料夹在一起放入对应团队号的档案袋中
⑨	注意事项	（1）团队房价保密，住宿登记单上可不填房价 （2）团队提早抵店或房间尚未清洁完毕，可建议客人先放行李，进行其他活动（如：游览、用餐、购物等），若客人需要房间洗漱和存放行李，可以先开一间团队房给其使用 （3）团队客人要求开IDD、DDD、签单等情况，押金另收或前台现付 （4）团队因天气、交通等原因不能如期抵店或离店又返回酒店的情况，及时联系销售部处理 （5）团队出现单男或单女的情况，及时与销售部联系处理

14.19　办理回佣散客入住的操作流程与标准

办理回佣散客入住的操作流程如图14-19所示。

图14-19　办理回佣散客入住的操作流程

办理回佣散客入住的操作流程与标准说明如表14-19所示。

表14-19　办理回佣散客入住的操作流程与标准

编码	关键节点	服务标准
①	客人到达表示欢迎	（1）司机或导游带客人到酒店前台办理入住 （2）微笑、起立、问候，示意客人入座后方可坐下操作
②	办理入住手续	（1）按正常协议散客入住的标准与程序操作，房价按回佣单位的协议价 （2）若客人以往住过本酒店或者为协议客户，就不能属回佣单位客人，特殊情况报领班处理
③	填写开房单	（1）待送客人上楼后，填写开房单给司机或导游 （2）开房单上必须写明住客姓名、抵店日期、房价、房型、司机或导游的签名、联系电话等信息 （3）开房单至少要有酒店2名工作人员签字方才有效 （4）开房单第二联交给司机或导游，第一联部门留存，方便月底结算

14.20　办理散客离店的操作流程与标准

办理散客离店的操作流程如图14-20所示。

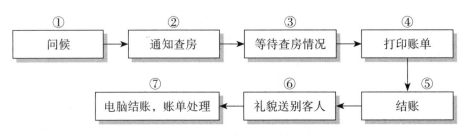

图14-20　办理散客离店的操作流程

办理散客离店的操作流程与标准说明如表14-20所示。

表14-20　办理散客离店的操作流程与标准说明

编码	关键节点	服务标准
①	问候	（1）微笑、起立、问候："您好！请问有什么需要帮助吗？" （2）知道客人姓名要称呼客人姓氏，"您好！×先生/小姐"，用语要亲切 （3）示意客人入座后，再坐下操作（不要见到客人就询问客人是否是开房或退房）
②	通知查房	（1）确认客人要退房后，收回房卡及押金单与客人确认房间号，询问房间是否还有行李或其他客人 （2）在系统中取消房卡的同时，再次复核所退房卡是否与房间号相符 （3）房间号确认无误后，通知楼层房务员查房

编码	关键节点	服务标准
③	等待查房情况	（1）取出该房间的档案夹（R卡单），检查该房间是否有为其他房间担保，是否一起结账，是否有租借酒店用品或使用保险箱未还，核对R卡单的间天房费和杂项收费是否与电脑相符，如有漏挂及时补充 （2）询问客人在客房内是否有其他消费，如无其他消费可先帮客人打印账单、开具发票等退房事项，如查房发现有消费再向客人说明收取费用，以减少客人等待时间 （3）若房间仍未查完，可礼貌地询问客人住店感受，如"×先生，昨天住得还好吗？""×小姐，您是第一次入住我们酒店，感觉如何？"等
④	打印账单	（1）查房若有杂项消费，开出杂项收费单请客人确认签字，并录入电脑 （2）打印账单请客人确认，在空白处签字 （3）询问客人是否需要发票，发票的客户名和消费明细如何填写，请客人一并写在账单上 （4）解释账单上客人有疑惑之处
⑤	结账	（1）经客人查阅无误后，询问结账方式，现金、信用卡或者公司转账。公司转账必须由该公司有效签单人同意，有文字签字确认方可挂账 （2）若押金为现金改以信用卡支付，则将现金返还客人，信用卡直接刷取消费金额 （3）若客人为信用卡预授权转为现金支付，则先在POS机上做预授权取消，或详细填写"取消预授权通知书"传真至银行，将原卡单交客人撕毁，并说明原预授金额取消最多需要7个工作日时间才能到账 （4）若客人用原来押金（现金）支付，请客人出示押金单，多退少补；若客人用原来预授权支付，礼貌地向客人借用信用卡，并核对卡号，以防客人所给予卡与原授权号不相符，在POS机上进行预授权完成交易操作，打印出卡单后请客人签名，核对签名是否与信用卡背面持卡人签名相符
⑥	礼貌送别客人	（1）将发票联、刷卡单、消费账单（客人需要再打印）一同双手递给客人 （2）礼貌送别客人，"×先生，您的手续办好了，欢迎您下次光临。" （3）检查客人是否有遗留物品在大堂
⑦	电脑结账，账单处理	（1）在电脑做结账处理，及时更改房态 （2）账单上注明发票号码、开具发票金额、消费明细（总房费、基金、电话、酒吧等） （3）相关单据装订放入指定位置
注意事项		（1）发票开具必须严格按照财务管理制度执行 （2）现金交易时必须当客人面过验钞机，并"唱付唱收"

14.21 办理团队离店的操作流程与标准

办理团队离店的操作流程如图14-21所示。

图14-21 办理团队离店的操作流程

办理团队离店的操作流程与标准说明如表14-21所示。

表14-21 办理团队离店的操作流程与标准说明

编码	关键节点	服务标准
①	收取房卡、通知查房	（1）注意收取房卡并通知房务中心，详细记录团队退房查房单 （2）收回所有房卡，在系统中取消房卡的同时，再次复核所退房卡是否与房间号相符
②	检查账务	（1）检查所有团队房间账目内是否有其他消费，如有消费立即确认付费方式，以免跑单 （2）及时与房务中心确认查房情况，以节省团队等待查房时间
③	打印账单，结账	（1）取出团队的档案夹（R卡单），检查该团是否有租借酒店用品或使用保险箱未还，核对R卡单的间天房费和杂项收费是否与电脑相符，如有漏挂及时补充 （2）打印账单让导游确认签字，根据订单确认团队付款方式 （3）若现付前台，则直接向导游收取费用，开出发票即可 （4）若为挂账应请导游在账单上签名后直接做挂账，电脑挂账操作须写明旅行社和团队号，若无其他消费，退还导游入住时交付的房卡押金 （5）若付款方式有变化则应及时与销售部沟通，前台人员无任何权力允许团款挂账（注意与团队沟通消费情况时，向地陪确认）
④	礼貌送别客人	（1）待房务中心全部查房正常后，账目也结算清楚，可以礼貌地告知导游手续已经办妥 （2）向客人道别，并祝福客人 （3）检查客人是否有遗留物品在大堂
⑤	单据处理	（1）单据装订保存：挂账单、预订单、团队入住登记单、换房单、杂项消费单、押金单（三联）、证件复印件 （2）单据装订好，若挂账即投入挂账袋中

14.22　办理代办退房手续的操作流程与标准

办理代办退房手续的操作流程如图14-22所示。

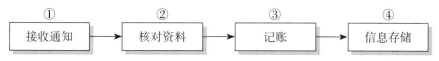

图 14-22　办理代办退房手续的操作流程

办理代办退房手续的操作流程与标准说明如表14-22所示。

表 14-22　办理代办退房手续的操作流程与标准说明

编码	关键节点	服务标准
①	接收通知	（1）前台接待在接到客人要求代办退房的要求后，认真记录客人的房间号码、通知人、联系电话 （2）若客人来电代退房，可请客人留下电话号码，待查完房后再与其核对消费金额
②	核对资料	（1）根据客人提供的资料（房号、姓名、证件号码）与电脑核对，无误后应向客人询问房间是否有行李 （2）若有行李原则上不给予代办退房，若客人执意要退的情况下请示前台主管或值班经理的意见 （3）若客人提供的资料与电脑相符，且房间无行李，可协助客人代办退房手续 （4）客人提供的资料与电脑不相符的，原则上不予代办退房，请电脑登记的住客联系酒店，若客人不予配合，请示前台主管或值班经理意见
③	记账	通知房务员查房，如果有消费或者赔偿之类的，必须向客人说明再录入电脑，并注意以下事项 （1）注意时间是否超过退房时间，需加收费用的要与客人说明，并确认价格 （2）消费总金额与客人口头确认无误后打印账单，再做退房记账处理 （3）询问客人何时方便至店结账，提醒其尽量在当日内来办理；若房卡还未退还，应提醒客人保管好房卡，否则须赔偿，并在电脑中备注房卡未还
④	信息存储	将账单和R卡单装订一起，账单放第一页，并在账单上注明代办退房的通知人、联系电话，放入记账夹中

14.23　办理提前结账手续的操作流程与标准

办理提前结账手续的操作流程如图14-23所示。

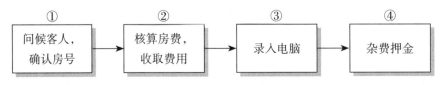

图 14-23　办理提前结账手续的操作流程

办理提前结账手续的操作流程与标准说明如表14-23所示。

表 14-23　办理提前结账手续的操作流程与标准说明

编码	关键节点	服务标准
①	问候客人，确认房号	（1）起立、问候客人，"您好！请问有什么需要帮助吗？" （2）确认客人只结账不退房 （3）确认客人房间号和结账天数
②	核算房费，收取费用	（1）手工核算客人房间费用，切记加收当晚（或预计入住天数）房租 （2）将消费明细告知客人，待客人确认后，收取费用
③	录入电脑	收取的费用按照押金形式录入电脑中，在电脑备注和交接班中详细记录，做好交接工作
④	杂费押金	在客人付清消费明细后，另外收取房卡和杂费押金，待退房后再退还

14.24　代客开门的操作流程与标准

代客开门的操作流程如图14-24所示。

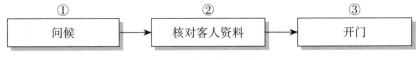

图 14-24　代客开门的操作流程

代客开门的操作流程与标准说明如表14-24所示。

表14-24　代客开门的操作流程与标准说明

编码	关键节点	服务标准
①	问候	（1）起立、问候："您好！请问有什么需要帮助吗？" （2）知道客人姓氏要称呼客人姓氏，"您好！×先生/×小姐"，用语要亲切 （3）示意客人入座后，再坐下操作
②	核对客人资料	（1）询问开房原因，若是房卡丢失，必须告知客人房卡丢失需要赔偿××元 （2）请客人出示有效证件，若证件在房间，请客人报出房间号码、登记客人的姓名，并请楼层服务员核对证件 （3）若客人所述与电脑登记不符时，应立即通知领班，并拒绝客人开房要求；若客人坚持要进房间，必须征得电脑中所登记的客人同意后方可代开房门
③	开门	核对无误后，知会房务员为客人开房门
注意事项		（1）绝对不可为与电脑资料不符的任何人开门 （2）若客人有不耐烦、烦躁的情绪时，接待员应保持冷静按程序操作，并安抚客人

14.25　为客换房的操作流程与标准

为客换房的操作流程如图14-25所示。

```
    ①              ②                    ③                      ④
  问候    →    询问换房原因    →    填写换房单，更换房卡    →    信息存储
```

图14-25　为客换房的操作流程

为客换房的操作流程与标准说明如表14-25所示。

表14-25　为客换房的操作流程与标准

编码	关键节点	服务标准
①	问候	（1）起立、问候："您好！请问有什么需要帮助吗？" （2）知道客人姓氏要称呼客人姓氏，"您好！×先生/×小姐。"用语要亲切 （3）示意客人入座后，再坐下操作

续表

编码	关键节点	服务标准
②	询问换房原因	（1）问清客人要求换房的原因，若为短时间内可解决的问题，向客人解释立即为其处理，询问客人是否还需换房；若短时间内无法解决，在条件允许的情况下，尽量满足客人的要求 （2）若客人反映房间有何问题，事后须汇报值班经理 （3）若当日无合适房型更换，应向客人诚恳地致歉解释原因，请求谅解，明日再为其安排换房
③	填写换房单，更换房卡	（1）填写换房通知单，注明新、旧房号和房价、换房日期及时间等，请客人签名认可 （2）收回旧房卡，复核房间号后，再为客人制作新房卡 （3）询问是否需要楼层房务员帮忙搬运行李 （4）将新房卡双手呈递给客人，并向客人复述房间号及楼层，指引方向
④	信息存储	（1）用对讲机通知客房部，换房单一联转交客房部 （2）更改电脑资料，尤其要注意房价的变动，备注栏写明房号变动，（如由316换到301，电脑中打入"316to301"）关闭原房的IDD/DDD电话线路，同时开通新房的IDD/DDD电话线路 （3）公安系统进行换房处理 （4）更换客人的R卡单（更改房间号码），将换房单与R卡单订在一起，放在最上面

14.26 延迟退房的处理流程与标准

延迟退房的处理流程如图14-26所示。

图14-26　延迟退房的处理流程

延迟退房的处理流程与标准说明如表14-26所示。

表14-26　延迟退房的处理流程与标准说明

编码	关键节点	服务标准
①	延迟退房的原因及收费方式	（1）客人提出延迟退房的原因，应婉转地询问延迟原因 （2）客人因行程及其他别的原因要求延迟退房，在条件允许的情况下，尽量满足客人的要求；若无法满足客人要求，应向客人诚恳地致歉，解释原因，请求谅解

续表

编码	关键节点	服务标准
①	延迟退房的原因及收费方式	（3）收费方式 ①不加收费用（参考特殊权限管理制度） ②14:00后至18:00前退房，加收半天房费 ③18:00后退房，加收全天房费 ④更改房卡退房时间
②	电脑备注	前台服务员应在延迟退房的房间电脑备注栏上注明退房时间及收费方式如：L/C13:00P/MS.XIE或18:00前退房加收半天

14.27　为客人办理续住的操作流程与标准

为客人办理续住的操作流程如图14-27所示。

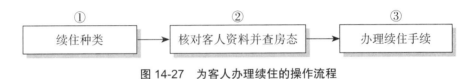

图14-27　为客人办理续住的操作流程

为客人办理续住的操作流程与标准说明如表14-27所示。

表14-27　为客人办理续住的操作流程与标准说明

编码	关键节点	服务标准
①	续住种类	（1）客人直接来前台办理续住 （2）客人电话通知续住
②	核对客人资料并查房态	（1）核对客人房间号码、姓名、续住天数 （2）核对无误后，查看是否有可用房，在房间允许的情况下，马上帮助客人办理续住 （3）若当日房间不允许，应向客人诚恳地致歉解释原因，并建议客人换房；若客人同意换房，按换房流程操作；若客人不同意换房，根据当日实际出租率，将其他协议常客升级，为该客人保留房间；若当日满房，客人无法协调，请值班经理协助处理
③	办理续住手续	（1）检查该房续住是否需要补交押金 （2）收回旧房卡，检查房卡号码是否无误，再制作新房卡给客人

14.28　客人借用客用保险箱的操作流程与标准

客人借用客用保险箱的操作流程如图14-28所示。

图14-28　客人借用客用保险箱的操作流程

客人借用客用保险箱的操作流程与标准说明如表14-28所示。

表14-28　客人借用客用保险箱的操作流程与标准说明

编码	关键节点	服务标准
①	客人到达表示欢迎	（1）起立、问候："您好！请问有什么需要帮助吗？" （2）常客入住要称呼常客姓氏，"×先生/×小姐"，用语要亲切，如"好久不见"等 （3）示意客人入座后，再坐下操作
②	询问并让客人填写保险箱记录卡	（1）询问客人房间号、姓名，与电脑登记资料进行核对 （2）核对无误后，请客人出示有效证件，将客人证件号填写在寄存登记表上，并将保险箱记录卡填写完整 （3）请客人在签名处签名
③	核对客人填写的资料	（1）前台接待员检查填写无误后，填写箱号及发钥匙给客人 （2）将"宾客保险柜签名卡"与客人的开房单放在一起
④	寄存物品	（1）当客人面将保险箱打开，请客人将所寄存物品放入保险箱后，当面锁好箱门 （2）钥匙交给客人，并向客人说明是唯一一把可以打开保险箱的钥匙，请客人自行保管，丢失需要赔偿人民币____元，开箱时需要客人本人持钥匙及本人签名后方可开启
⑤	开启及退还保险箱	（1）询问客人是开启还是取走退还保险箱 （2）根据客人提供钥匙号找出登记卡，逐栏内填写，登记内容包括：开箱时间、房间号码、客人签字等，请客人出示证件，核对证件，请客签名，核对签名与寄存时签名相符时为客人打开保险箱 （3）客人签字要与登记卡正面签字一致才可取出钱、物 （4）如果客人签字与登记卡正面签字不一致，则可问询一些客人的特殊号码，如身份证号码、证件号码、客人生日日期等，如果客人所述的号码与电脑中不相符（一般情况下签名不符时不予办理），及时联系前台主管或值班经理 （5）将客人退还后的保险箱寄存卡统一装订封存

14.29 行李存取的操作流程与标准

行李存取的操作流程如图14-29所示。

图 14-29 行李存取的操作流程

行李存取的操作流程与标准说明如表14-29所示。

表14-29 行李存取的操作流程与标准说明

编码	关键节点	服务标准
①	客人到达表示欢迎	（1）起立、问候："您好！请问有什么需要帮助吗？" （2）常客入住要称呼常客姓氏，"×先生/×小姐"，用语要亲切，如"好久不见"等 （3）示意客人入座后，再坐下操作
②	接待客人	（1）问清行李件数、寄存时间、姓名、房号 （2）问清宾客行李中是否有贵重、易碎或危险品，如有贵重物品，建议客人把贵重物品放入客用保险箱或随身携带
③	填写行李寄存牌	认真填写"行李寄存单"，上联请客人签名，附挂于行李上，下联交给客人，并告知客人凭此领取行李
④	保管行李	（1）将半天、一天短期存放的行李放置行李房方便搬运的地方 （2）易碎品，填写"小心轻放"示意牌 （3）一位客人多件行李时，用绳连在一起以免错拿 （4）发现长期不取的行李，立即通知前台主管
⑤	客人领取行李	（1）认真核对寄存单，请客人在行李寄存本的客人签名处签名，核对签名，核对无误后，到行李房迅速找到行李，交给客人，如果签名不一致，要询问客人原签名是否是同来客人所签，请同一人签名，若寻不到签字一样的客人，要请客人出示证件，核对与原登记的证件是否一致，一致则可将行李交给客人，若不一致则请示上级处理 （2）"行李寄存单"应保留一个月备查 （3）若客人不小心遗失"行李寄存单"，应适时安慰客人，并请其告知行李的特征、存入时间，回行李房寻找，找到后应请客人出示有关证件，并复印证件，请客人于复印件上注明行李已取回字样，并签名后将行李交还给客人 （4）请保安员帮助客人将行李搬运出店或送到新房间

14.30 客人转托物品的处理流程与标准

客人转托物品的处理流程如图14-30所示。

图 14-30 客人转托物品的处理流程

客人转托物品的处理流程与标准说明如表14-30所示。

表 14-30 客人转托物品的处理流程与标准说明

编码	关键节点	服务标准
①	接到转交物品	（1）接收转交物品时，要认真检查，保证安全 （2）对大件物品、贵重物品、易碎、易变质和危险物品，一般不予受理
②	登记	（1）做好转交物品的登记手续，填上接受物品客人的姓名、房号、联系方式，物品的名称、件数、转交人姓名、联系方式 （2）请客人填表，注明转交时间，并签名 （3）在物品上贴上标记并妥善存放保管
③	客人取物	客人来取物品时，做好签收手续

14.31 为客人复印装订的操作流程与标准

为客人复印装订的操作流程如图14-31所示。

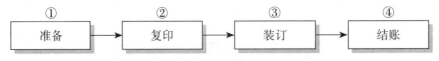

图 14-31 为客人复印装订的操作流程

为客人复印装订的操作流程与标准说明如表14-31所示。

表 14-31 为客人复印装订的操作流程与标准说明

编码	关键节点	服务标准
①	准备	（1）拿到客人原稿后，首先识别纸张的规格，告诉客人复印的价格，并问明客人具体要求（如复印纸型规格、复印张数） （2）填写"复印登记本"

编码	关键节点	服务标准
②	复印	（1）开启机器，排选适当的纸匣，按操作程序复印 （2）确认纸张的尺寸和复印数量 （3）复印多份时，应先复印出一份，让客人看效果是否满意，检查复印稿是否清晰，客人满意后再连续复印 （4）取原件，如果原件是若干张，应按客人原件顺序排好
③	装订	客人复印后要求将文件按原件顺序规格装订，要为客人选择中意的装订封皮和环套，无问题后，将复印件卡放在装订机上，按下打孔卡打出孔洞，完成装订
④	结账	（1）开具杂项收费单 （2）将复印件交给客人后收费，如果客人签单，将记账联入账后，与卡单别一起 （3）如是店外客人，请其先付押金，再协助复印装订 （4）在"登记本"上记录

14.32 为客人打印文件的操作流程与标准

为客人打印文件的操作流程如图14-32所示。

① 准备 → ② 打印 → ③ 结账

图14-32 为客人打印文件的操作流程

为客人打印文件的操作流程与标准说明如表14-32所示。

表14-32 为客人打印文件的操作流程与标准说明

编码	关键节点	服务标准
①	准备	（1）向客人介绍有关打印的价格及大概完成时间 （2）认真阅读每一个字，看不清楚的字句要及时与客人核对
②	打印	（1）打开机器，按要求的规格进行排版、打印 （2）打出一份请客人核对 （3）为客人修改过的文稿打印，同时请客人检查确认 （4）修改无误后打出正式件，和原稿一起交给客人查收 （5）询问客人是否需要保留该文件，如要保留，请其说出确切保存时间，如不要求保留则删除该文件

续表

编码	关键节点	服务标准
③	结账	（1）填写客人的杂项消费单 （2）请客人在杂项消费单上签字 （3）确认客人已签单，然后立即入账 （4）客人如果付现金的话，也应立即入账 （5）如是店外客人，请其先付押金，再协助打印

14.33 代客收发传真的操作流程与标准

代客收发传真的操作流程如图14-33所示。

图 14-33 代客收发传真的操作流程

代客收发传真的操作流程与标准说明如表14-33所示。

表14-33 代客收发传真的操作流程与标准说明

编码	关键节点	服务标准
①	接收	（1）接到传真后，首先要与电脑核实，再通知客人（如果没有弄清房号，一定要设法查清） （2）客人来取传真时，开杂项收费单，将传真件递给客人
②	发送	（1）首先请客人坐下 （2）告诉客人发送传真计费方式，确认客人发送的号码 （3）按机器操作程序发送，发送成功后，将原稿还给客人 （4）填写"杂项消费单" （5）有时传真机全部在使用中，应礼貌向客人解释并告诉客人：我们会尽快为您发出，请客人稍候一下。如遇客人不愿意在大堂等候的情况，可请客人回房等候或先外出办事，告诉客人传真发出后将把原件送回房间，请客人先签单
③	结账	（1）费用包括：接收价，发送价+长途电话费 （2）将总价正确入到客人房账或收取现金 （3）将发送报告订在账单的第三联上连同所收一起交给结账处，将账单第一联交给客人，第二联留底；如果客人签单，将第二联留底，第一、三联交给结账处 （4）如是店外客人，请其先付押金后，再协助操作

14.34 商品柜代销物品的操作流程与标准

商品柜代销物品的操作流程如图14-34所示。

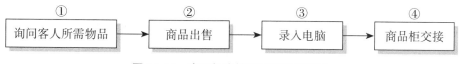

图 14-34 商品柜代销物品的操作流程

商品柜代销物品的操作流程与标准说明如表14-34所示。

表 14-34 商品柜代销物品的操作流程与标准说明

编码	关键节点	服务标准
①	询问客人所需物品	礼貌询问客人需要何种物品，准确报出物品价格
②	商品出售	（1）客人挑选好需要的商品之后，接待员从商品柜取出物品双手递给客人 （2）前台开具"杂项收费单"，填写消费项目、金额、房号、日期，请客人确认签字；若是挂账，应查看该房间账务能否挂账，不能挂账则请客人现付
③	录入电脑	（1）杂项消费准确无误地录入电脑中，杂项收费单与该房间住宿登记单订在一起放入档案袋中 （2）若客人现付消费，在电脑中分结此笔费用，打印账单与杂项收费单订在一起
④	商品柜交接	（1）交接商品柜所售物品数量、所剩物品数量，详细填写商品柜交接班本 （2）准确无误记录在商品柜交接班本中，写明日期、班次、交班人、接班人签字

14.35 处理消费记账的操作流程与标准

处理消费记账的操作流程如图14-35所示。

图 14-35 处理消费记账的操作流程

处理消费记账的操作流程与标准说明如表14-35所示。

表14-35　处理消费记账的操作流程与标准说明

编码	关键节点	服务标准
①	核对相关信息	（1）收到其他营业部门送来的消费单据需核对客人签字与宾客登记表是否一致，检查消费项目、消费数量、消费金额、房间号、经办人签字是否完整 （2）前台收到客人早餐、商务代销要挂房账时，要请客人出示房卡，核对无误后，填写杂项消费单请客人签字确认
②	录入电脑	在电脑中调出该房间的资料进行账务处理，确认能否记账，若账上余额不足或者杂项消费不能记账的，应联系客人现付或及时补齐押金，不允许记账；若押金足够，请准确录入消费项目、单据号码、实际金额（多入或少入均追究个人责任）
③	单据存储	在消费单上签字，一联交由开出单据的营业部门，一联与住宿登记单钉在一起，放入R卡单中

14.36　催缴房租的操作流程与标准

催缴房租的操作流程如图14-36所示。

图14-36　催缴房租的操作流程

催缴房租的操作流程与标准说明如表14-36所示。

表14-36　催缴房租的操作流程与标准说明

编码	关键节点	服务标准
①	准备工作	分成早班12:00，中班17:30接待员从电脑报表中打出"客房欠款明细"报表，在电脑里调出资料逐个检查在住客人消费剩余押金
②	核对账务余额	（1）现金作押金的核查是看预交押金的余额是否够付当日房租，不够支付的房间必须列出，并注明超支情况或剩余押金情况 （2）用信用卡做押金的检查是看信用卡有限期、所拿授权是否过期、授权金额情况，如所预授权金额不够支付当日房租应注明超支情况或剩余押金情况 （3）协议单位挂账，应检查原担保付款的房间天数和实际已入住天数，若超过原担保天数应告知销售部及时补回

编码	关键节点	服务标准
②	核对账务余额	（4）注意检查长包房的账务余款：不够押金的长包房及时催租并上报领班；若该房间入住天数已超过一个月，应上报领班，提醒是否让客人先将一个月的房费结清
③	催缴押金	（1）致电客人补齐押金，要注意语言得当、婉转、友善 （2）若遇客人不在或不愿缴交押金，须上报领班 （3）领班上报值班经理再致电客人向其解释，请其补交押金，如客人拒交，必要时可以请其退房

14.37　查询服务的操作流程与标准

查询服务的操作流程如图14-37所示。

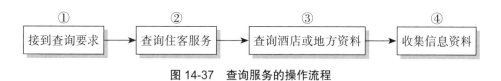

图 14-37　查询服务的操作流程

查询服务的操作流程与标准说明如表14-37所示。

表 14-37　查询服务的操作流程与标准说明

编码	关键节点	服务标准
①	接到查询要求	仔细聆听，给予答复
②	查询住客服务	（1）根据客人提供的信息，通过电脑迅速查寻 （2）查到，询问访客姓名 （3）将电话转入住客房间，征询住客意见是否接听后，或将电话转入房间，或婉言回拒 （4）查不到，向查询者解释或提供其他线索，帮助查找
③	查询酒店或地方资料	（1）遵循首问责任制 （2）对熟悉的情况，随问随答 （3）对不清楚的问题，请客人稍等，查询后给予答复 （4）对不清楚、又一时查不到的信息，和客人说明，并请予谅解，或转交值班经理处理，或记下客人姓名、房号及询问内容，待查询后回复客人 （5）经查询后仍无法解答的问题，回复客人并向客人道歉
④	收集信息资料	随时收集客人感兴趣、经常查询的信息资料，并列入知识手册

14.38 处理客人投诉的操作流程与标准

处理客人投诉的操作流程如图14-38所示。

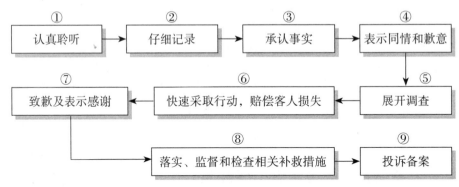

图 14-38　处理客人投诉的操作流程

处理客人投诉的操作流程与标准说明如表14-38所示。

表14-38　处理客人投诉的操作流程与标准说明

编码	关键节点	服务标准
①	认真聆听	（1）在声调上表示对问题的重视、关心，告诉客人他们的宝贵意见将上报给管理层 （2）态度友善、热诚和有礼 （3）保持客观的态度及公正的立场 （4）注意声音不能过高，须轻声细语，保持冷静镇定
②	仔细记录	（1）记录投诉时间、投诉者姓名、房号以及投诉内容 （2）与客人一起时，勿胡乱解释及中途打断客人的谈话 （3）切忌在公众场合处理投诉问题，应引领客人到宁静及舒适的地方
③	承认事实	接待者应态度鲜明地告诉客人，客人投诉是完全正确的，注意不能加上"但是""不过"等转折词，应全神贯注地倾听客人意见，不能表现出漫不经心或不耐烦的样子
④	表示同情和歉意	接待者应让客人感觉到酒店十分关心客人下榻的环境，并表示同情和抱歉
⑤	展开调查	（1）寻找该住客的入住资料 （2）找出被投诉的有关工作人员或设备 （3）调查有关投诉的相关员工

编码	关键节点	服务标准
⑥	快速采取行动，赔偿客人损失	接待者在完全明白和了解客人投诉内容的基础上征得客人同意之后，采取相关措施，只有这样才有机会使客人的抱怨转变为满意的行为，甚至产生感激的心情，查明真相后，若是员工失职所致，须做出适当的纪律处分
⑦	致歉及表示感谢	感谢客人的批评、指教，并对客人的投诉表示衷心的欢迎和感谢
⑧	落实、监督和检查相关补救措施	落实、监督及检查相关补救措施的执行情况，并征求客人对反馈意见的满意程度
⑨	投诉备案	对处理结果备案的存档

14.39　节假日房价调整的操作流程与标准

节假日房价调整的操作流程如图14-39所示。

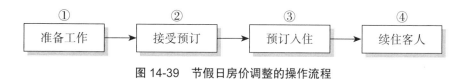

①准备工作　→　②接受预订　→　③预订入住　→　④续住客人

图 14-39　节假日房价调整的操作流程

节假日房价调整的操作流程与标准说明如表14-39所示。

表 14-39　节假日房价调整的操作流程与标准说明

编码	关键节点	服务标准
①	准备工作	在接到节假日房价调整的通知后，前台应提前2天更换房价牌，并将房价表收起，以防引起客人关于房价的投诉
②	接受预订	（1）在接到客人预订日期在房价调整期内的，应告知客人因何原因房价调整，调整后的房价及恢复日期 （2）在与客人确认清楚后，应尽量给客人发传真或扫描文件以取得客人书面确认 （3）如客人无法提供传真号码未取得书面确认的，应在备注上注明清楚提醒，入住时再次与客人确认房价 （4）在收取订房保证金时在押金单上注明房价及天数
③	预订入住	（1）客人入住时再次与客人确认房价、离店日期、房价变更的时间，请客人签名确认，并告知房价恢复日期 （2）如客人费用是由店外客人付款，应与付款人确认房价并请其签名确认且留下联系电话号码

续表

编码	关键节点	服务标准
③	预订入住	（3）接待员应在电脑备注中注明几号恢复房价，并在交接班本上做好房价更改记录
④	续住客人	（1）中午12点前应与预离客人确认是否续住等相关事宜 （2）如客人需续住要告知房价调整事宜并开具房价更改单让客人签名确认 （3）接待员应在电脑备注中注明从几号开始房价调整，几号恢复房价

14.40 客人及员工紧急报火警的处理流程与标准

客人及员工紧急报火警的处理流程如图14-40所示。

① 接到紧急报火警 → ② 通知相关人员 → ③ 报警 → ④ 记录报警

图 14-40 客人及员工紧急报火警的处理流程

客人及员工紧急报火警的处理流程与标准说明如表14-40所示。

表 14-40 客人及员工紧急报火警的处理流程与标准说明

编码	关键节点	服务标准
①	接到紧急报火警	（1）首先告诉报警客人或员工保持冷静 （2）向报警客人或员工询问：报警人姓名、所在单位、出事地点，何物燃烧，火势大小 （3）准确记录在案 （4）告诉报警人，我们会立即通知有关部门及人员，请您立即寻找紧急出口撤离
②	通知相关人员	（1）立即通知值班经理及所在区域的工作人员 （2）报警人姓名、所在单位、出事地点和时间、燃烧物、火势大小、话务员姓名、记录受话人姓名
③	报警	等待值班经理通知报警后方可拨打相应报警电话
④	记录报警	（1）准确地将接到的报警内容记录在交接班本子上 （2）写明报警人姓名，被通知人姓名、电话号码、具体时间

14.41　客人丢失物品的处理流程与标准

客人丢失物品的处理流程如图14-41所示。

图14-41　客人丢失物品的处理流程

客人丢失物品的处理流程与标准说明如表14-41所示。

表14-41　客人丢失物品的处理流程与标准说明

编码	关键节点	服务标准
①	接到客人报失	（1）向客人表示歉意，并记录发生地点和丢失物品名称、特征等 （2）通知值班经理（安保负责人）
②	采取措施	（1）如果客房发生丢失事件，前台主管和值班经理（安保负责人）、客房主管（经理）应陪同客人一起到房间仔细搜寻（客人有时会将物品遗漏在房间角落里） （2）如果丢失事件发生在酒店外，安排保安人员协助客人到警局报案，前台主管应在客人返回后与其联系，为客人向警局报告情况提供一切帮助 （3）如果客人在酒店公共区域丢失物品，应联系房务中心协助寻找
③	跟踪处理结果	值班经理（安保负责人）负责所有调查工作，前台主管则为客人作丢失报告并归档

14.42　为客人保密的服务流程与标准

为客人保密的服务流程如图14-42所示。

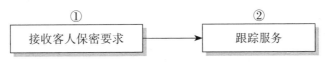

图14-42　为客人保密的服务流程

为客人保密的服务流程与标准说明如表14-42所示。

表14-42　为客人保密的服务流程与标准说明

编码	关键节点	服务标准
①	接收客人保密要求	（1）对于客人要求隐匿身份时，应予以尊重，并了解客人是全部保密还是部分保密 （2）接到客人要求隐匿身份的要求后，一定要马上通知本班的同事、相关部门，如客房部、安保部及值班经理 （3）即时将此信息输入电脑，同时记录在交班本上，传达给其他同事
②	跟踪服务	（1）在处理查询电话或来访者时，只为客人规定范围的来访者或查询者提供信息 （2）在未得到客人许可时，不能将有关客人的任何情况告诉查询者或来访者

14.43　客人遗失押金单的处理流程与标准

客人遗失押金单的处理流程如图14-43所示。

①	②	③	④
客人到达表示欢迎	询问客人信息并核实	核对客人填写的资料	做好相关记录及存档

图14-43　客人遗失押金单的处理流程

客人遗失押金单的处理流程与标准说明如表14-43所示。

表14-43　客人遗失押金单的处理流程与标准说明

编码	关键节点	服务标准
①	客人到达表示欢迎	（1）微笑、起立、问候："您好！请问有什么需要帮助吗？" （2）常客入住时称呼常客姓氏，"×先生/×小姐"，用语要亲切，如"好久不见"等 （3）示意客人入座后，再坐下操作
②	询问客人信息并核实	（1）询问客人房间号、姓名，与电脑登记资料进行核对 （2）核对无误后，请客人出示有效证件（身份证、护照等） （3）复印其有效证件，并请客人于复印件上签注"押金单遗失，以证件复印件相抵，原押金单无效"字样，同时签名确认
③	核对客人填写的资料	（1）前台接待员检查填写无误后，备注经办人、押金单单号、金额（大小写要一起写清）及时间 （2）将"证件复印件"与客人的账单放在一起

编码	关键节点	服务标准
④	做好相关记录及存档	（1）前台接待员须于电脑资料内对该情况进行备注说明 （2）相关资料须与账单一同存档备查

14.44 治安信息系统录入的操作流程与标准

治安信息系统录入的操作流程如图14-44所示。

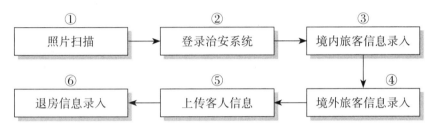

图 14-44 治安信息系统录入的操作流程

治安信息系统录入的操作流程与标准说明如表14-44所示。

表 14-44 治安信息系统录入的操作流程与标准说明

编码	关键节点	服务标准
①	照片扫描	（1）礼貌地请客人出示有效证件 （2）二代证放在二代证读卡器上读取数据 （3）其他有效证件放入扫描仪中，点击"扫描"功能，并保存
②	登录治安系统	（1）打开"××市旅馆业治安信息系统"网页 （2）输入酒店名称和密码进入系统
③	境内旅客信息录入	（1）二代证，在房号栏输入房号，保存信息即可 （2）根据"境内旅客临时住宿登记表"要求填写客人资料 （3）普通扫描仪——读取图像——剪切整个证件图像
④	境外旅客信息录入	（1）根据"境外旅客临时住宿登记表"要求填写客人资料 （2）普通扫描仪——读取图像——剪切整个证件图像
⑤	上传客人信息	（1）点击"上传"按钮 （2）当传输过程结束之后，回到原来的界面，表示资料已上传成功
⑥	退房信息录入	（1）客人退房离店后，须登录治安系统网，点击境内/境外旅客退房，输入房号或姓名，找到需退房旅客条目 （2）选中要退房的旅客条目，点击"退房"字样，系统显示退房时间，表示该客人退房成功

第15章

客房服务流程与标准

客房部提供的住宿服务是酒店服务的一个重要组成部分，其质量高低直接影响酒店服务质量和客房出租率。客房服务的内容有很多，要使各项服务都做到细处，就必须将每一步骤每一过程都予以流程化、规范化、标准化。

15.1 进出门操作流程与标准

进出门操作流程如图15-1所示。

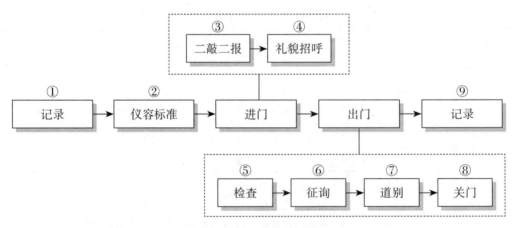

图 15-1 进出门操作流程

进出门操作流程与标准说明如表15-1所示。

表 15-1 进出门操作流程与标准说明

编码	关键节点	服务标准
①	记录	进门前须记录进房时间，此项工作不能事后补做
②	仪容标准	（1）进入房门前，略微整理头发和制服 （2）身体站直、面带微笑，目光平视，表情自然

续表

编码	关键节点	服务标准
③	进门：二敲二报	（1）用手指关节敲门2次，每次3下 （2）每次敲门后，自报身份一次："您好，服务员。" （3）开门至一拳距离后，并用英文重复："House keeping, may I come in？"再轻轻推开房门，进入房间
④	进门：礼貌招呼	（1）如有客人，应打招呼，并征询是否可以打扫 （2）如果客人暂时不需要打扫，则礼貌致歉，退出客房，在工作单备注中记录2小时后再电话征询客人意见
⑤	出门：检查	检查保洁工具或维修工具，有无遗留在房内
⑥	出门：征询	有客人的时候，工作结束要询问客人是否需要其他服务
⑦	出门：道别	礼貌道别："×先生/×小姐，祝您愉快，再见！"
⑧	出门：关门	倒退出房门，轻轻为客人关好房门；并轻推门确认是否关好
⑨	记录	记录出房时间，核对房态，记录清洁客房所耗物品

15.2　中式铺床操作流程与标准

中式铺床操作流程如图15-2所示。

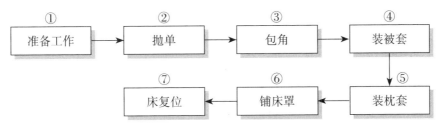

图 15-2　中式铺床操作流程

中式铺床操作流程与标准说明如表15-2所示。

表 15-2　中式铺床操作流程与标准说明

编码	关键节点	服务标准
①	准备工作	（1）逐条收起用过的床单、枕套等布草并放进服务车上的布草袋里 （2）将相同数量的干净布草带入房间，拖出床，距床头板45厘米 （3）调整好床垫，使其与床架齐平；护垫角部包好
②	抛单	站到床侧距床尾1/3处开单并抛开，使其正面朝下，中线与床的中线对齐
③	包角	将床单四角包进床垫，四角的样式统一、紧实，外90度角，内45度角

续表

编码	关键节点	服务标准
④	装被套	（1）一次到位 （2）中心线不偏离床架的中心线 （3）棉被与床头齐平 （4）被套的四角饱满 （5）棉被表面平整
⑤	装枕套	（1）两个枕头上下整齐 （2）枕芯不外露 （3）四角饱满 （4）外形平整挺括 （5）中心线不偏离 （6）开口背向床头柜
⑥	铺床罩	（1）枕线上下合一、整齐 （2）枕形轮廓分明 （3）床面平整美观 （4）床罩两侧床尾不着地
⑦	床复位	（1）用腿部将床推回原位 （2）床头与床头板对称，放在床头板的中间位置

15.3 西式铺床操作流程与标准

西式铺床操作流程如图15-3所示。

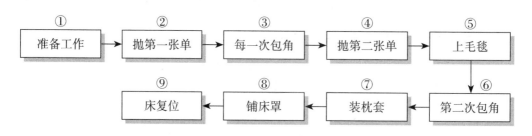

图 15-3　西式铺床操作流程

西式铺床操作流程与标准说明如表15-3所示。

表15-3　西式铺床操作流程与标准说明

编码	关键节点	服务标准
①	准备工作	（1）逐条收起用过的床单、枕套等布草放进服务车上的布草袋里 （2）将相同数量的干净布草带入房间，拖出床，距 床头板45厘米 （3）调整好床垫，使其与床架齐平；护垫角部包好
②	抛第一张单	站到床侧距床尾三分之一处开单并抛开，使其正面朝下，中线与床架的中线对齐
③	每一次包角	将床单四角包进床垫，四角的样式统一、紧实，外90度角，内45度角
④	抛第二张单	床单反面朝上、正面朝下，中线与床架的中线对齐
⑤	上毛毯	（1）毛毯顶端与床头齐平，中线对齐床架中线 （2）毛毯商标位于床尾
⑥	第二次包角	将毛毯及第二张单一起从床头回折30厘米，将四角包进床垫下，四角的样式统一、紧实，外90度角，内45度角
⑦	装枕套	（1）两个枕头上下整齐 （2）枕芯不外露 （3）四角饱满 （4）外形平整挺括 （5）中心线不偏离 （6）开口背向床头柜
⑧	铺床罩	（1）枕线上下合一、整齐 （2）枕形轮廓分明 （3）床面平整美观 （4）床罩两侧床尾不着地
⑨	床复位	（1）用腿部将床推回原位 （2）床头与床头板对称，放在床头板的中间位置

15.4　空房清扫操作流程与标准

空房清扫操作流程如图15-4所示。

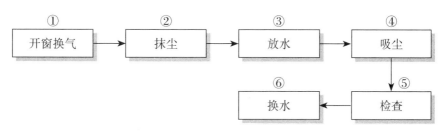

图15-4　空房清扫操作流程

空房清扫操作流程与标准说明如表15-4所示。

表15-4 空房清扫操作流程与标准说明

编码	关键节点	服务标准
①	开窗换气	每天进房开窗、开空调、通风换气
②	抹尘	用干抹布除去家具、设备及物品上的浮尘
③	放水	每天将浴缸和脸盆的水放流1~2分钟
④	吸尘	如果房间连续几天为空房，则要用吸尘器吸尘一次
⑤	检查	检查房间有无异常情况；检查浴室内"四巾"是否因干燥而失去弹性和柔软度，必要时，要在客人入住前更换
⑥	换水	每天更换冷、热水

15.5 走客房及住人房清扫操作流程与标准

走客房及住人房清扫操作流程如图15-5所示。

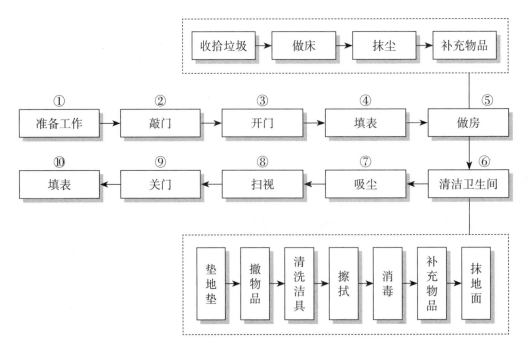

图15-5 走客房及住人房清扫操作流程

走客房及住人房清扫操作流程与标准说明如表15-5所示。

表15-5 走客房及住人房清扫操作流程与标准说明

编码	关键节点		服务标准
①	准备工作		（1）将工作车推至房门前，使车门打开后对着房门，以防他人随意进入 （2）吸尘器、杯具桶紧靠墙，紧跟工作车
②	敲门		（1）用中指或食指的第二关节轻敲门两次，每次三下，间隔5秒，并报"House keeping，客房服务"，等待客人反应 （2）若客人在卫生间或睡于床上未醒，则轻轻退出，并带上房门 （3）若客人在房间已醒或正在穿衣，道歉后退出，并带上房门 （4）敲门后，客人在房间，则须征得客人同意后进房打扫
③	开门		手持磁卡，芯片朝下插入锁孔尽头，绿灯亮后，将卡取出；再将门轻轻推开至门吸处稳定住；切忌用力过猛，以免发出不必要的噪声
④	填表		在"服务员清洁报表"上填上进房时间
⑤	做房	收拾垃圾	（1）开窗帘、纱帘、窗户，调节室内空气，关空调 （2）检查设施、设备的丢失和损坏情况，若发现问题立即报告领班或客房中心；若检查出客人遗留物品，则用塑料袋装好，写明房号、日期、具体物品名称及件数、本人姓名，及时交给领班 （3）将垃圾清理倒入垃圾袋并扎口，放入工作车垃圾袋内，茶杯内的茶叶倒出放入垃圾袋内，取回已消毒的杯具
		做床	按照酒店要求的中式铺床或西式铺床将床铺好
		抹尘	遵循"从里到外，从上到下"的原则，按以下顺序抹尘 （1）门：门顶、门内外、门锁、门安全链 （2）衣柜：衣架杆、衣架、衣柜门内外 （3）行李柜：里、外、四周 （4）台灯：罩、灯、灯架 （5）写字台：台面、抽屉、四周、资料夹 （6）梳妆凳：四周 （7）电视机：顶、背、侧、正面 （8）电视柜：柜面、侧、内 （9）落地灯：罩、灯、灯架 （10）窗玻璃：内、外 （11）窗台：内（注意窗台两侧和窗槽） （12）圈椅：木质靠扶、四周、坐垫缝 （13）茶具：水瓶、茶瓶、面底 （14）床头板：顶、侧 （15）床头控制柜：电话机身、话筒、电话线、面、侧、控制板、内、四周、底

编码	关键节点		服务标准
⑤	做房	抹尘	（16）床头灯：罩、灯泡、灯座 （17）空调开关：顶、四周 （18）钥匙盒：面、四周
		补充物品	按照酒店规定的位置进行摆放如下物品：茶叶、火柴、禁烟卡、圆珠笔、拖鞋、擦鞋纸、烟缸、信封、信笺、针线包、洗衣单、洗衣袋、垃圾袋等
⑥	清洁卫生间	垫地垫	在卫生间槛外放一垫毯防止水浸出污染地毯
		撤物品	将使用过的四巾撤出，放入布巾袋；将口杯撤出，放入杯具桶中；收拾垃圾并扎口，放入工作车上垃圾袋内；将马桶冲一次，将清洁剂绕桶内四周深抹一圈
		清洗洁具	（1）关上浴缸活塞，将清洁剂抹在四周及底部，用浴缸刷清洗，用尘布擦洗墙及四周墙壁、浴缸内外、五金件、浴帘杆、浴帘等 （2）用马桶刷清洁马桶内部、地面，用尘布擦洗水箱及四周、马桶外部地板 （3）清洗面盆的内、四周、五金件、活塞
		擦拭	用特备大毛巾擦三大洁具，直到光亮；先用湿尘布抹一下镜子，再用镜布将其擦亮；将云台的台面、四周、巾架、卫生纸架、底部擦净；将门的内、外、顶部及通风口擦净
		消毒	将消毒水喷洒于三大洁具内进行消毒
		补充物品	四巾、口杯、牙具、梳子、浴液、洗发液、香皂、浴帽、卫生纸、垃圾袋、烟缸、消毒封条等
		抹地面	按照"从里到外"的原则，用抹布边抹边退，直到卫生间门口
⑦	吸尘		由里向外移动，吸床下时站在床尾，将床抬起，要注意床头两侧
⑧	扫视		用眼光扫视整个房间，检查卫生、物品摆放和设施定位是否符合标准，有无遗漏
⑨	关门		关窗、拉拢纱窗、关灯、取掉取电牌、关门
⑩	填表		按要求准确填写出房时间、物品补充数量及其他情况

15.6 夜床服务操作流程与标准

夜床服务操作流程如图15-6所示。

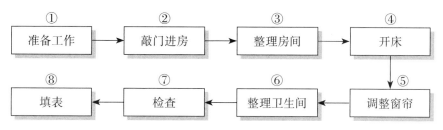

图 15-6 夜床服务操作流程

夜床服务操作流程与标准说明如表15-6所示。

表 15-6 夜床服务操作流程与标准说明

编码	关键节点	服务标准
①	准备工作	18:00准备好工作车、报纸等物品用具，将工作车停放在靠房门一侧
②	敲门进房	用手轻轻地在房门上敲三下，并报身份"House keeping，客房服务"，若无人回应，可用房卡将门打开，同时再报身份"House keeping，客房服务"，见到客人在房，应礼貌地问候客人并征询其意见是否可以进行夜床服务，如客人不需要，按要求填写夜床服务表
③	整理房间	（1）先将客房门全部敞开并固定 （2）拿报纸进房，将报纸整齐地放于服务夹旁边 （3）用抹布将房间柜面、桌面的污渍、水渍抹干净，将家具、物品摆放整齐（尽量放回原位） （4）将电水壶灌上水，并插上电源烧开
④	开床	（1）撤下床罩，并折叠好，放于衣柜上方柜子里，使其开口朝里 （2）将被子靠床头柜的那一角翻折成45度角，整理好枕套和床单 （3）将床头控制柜上"祝君晚安卡"面向外地放在电话机一侧，然后打开床头灯和廊灯 （4）将拖鞋拆封，放于床前
⑤	调整窗帘	关闭窗户，拉上所有窗帘，注意让其自然下垂、垂合
⑥	整理卫生间	（1）检查卫生间用品是否齐全、是否需要更换或补充（卫生纸、毛巾等） （2）将地巾横放于浴缸正前方地面 （3）将浴帘拉到三分之二处放下，浴帘下摆放入浴缸内 （4）用抹布将卫生间的水渍、污渍抹干净 （5）将卫生间门虚掩到一拳位置，打开卫生间顶灯
⑦	检查	站在客房门处环视整个客房，如无不妥之处，将房门关上并锁好；若客人在房内，离开时，应向客人表示谢意，并祝客人晚安，然后退出房门，将门轻轻关上

续表

编码	关键节点	服务标准
⑧	填表	按照要求填写好夜床服务日报表
注意事项		（1）注意通风换气，保证空气质量 （2）绝对不许随意移动、翻阅客人物品 （3）绝对不允许看电视、听音响 （4）一般情况下，开靠近卫生间的那张床，如客人动过某张床，则开那张床

15.7 客房楼层引领工作流程与标准

客房楼层引领工作流程如图15-7所示。

图 15-7 客房楼层引领工作流程

客房楼层引领工作流程与标准说明如表15-7所示。

表 15-7 客房楼层引领工作流程与标准说明

编码	关键节点	服务标准
①	迎接	（1）楼层服务员在电梯与过道交界处站位，注视电梯的楼层到客情况，同时聆听楼层通道情况 （2）若发现有电梯在自己所在的楼层停下，则立即走到电梯门前准备迎接客人 （3）客人出电梯后，若是已住店客人，应向客人问好，若是新住店客人，应向客人问候"欢迎光临"等，并礼貌地询问客人的房号，征询客人意见是否需要为其搬运行李并引领客人到房间
②	引领	（1）语气委婉地请客人出示房卡，检查无误后将房卡还给客人，并感谢客人的合作 （2）礼貌地对客人说"请跟我来"，于客人右前方距客人约2米距离为客人引路 （3）在引领的过程中注意不时侧身，不要用背对着客人，同时用余光观察客人是否被落远 （4）到达客人房间门前时，应先一步走到房门对面，向客人示意"×先生/×女士，您的房间到了（这是您的房间）。"

编码	关键节点	服务标准
③	开门进房	为客人开门，并将客人行李送入房间，然后征询客人意见是否需要介绍房间，客人肯定答复后，为客人介绍客房的设施设备和相关服务
④	离开	（1）询问客人是否需要其他服务，若还有其他要求，应记录下来，立即安排并请客人稍候；若客人不需要继续服务，应向客人道别后退出客房 （2）记录新入住房间的房号及时间后，回到电梯处等待下一次服务

15.8 无房卡客人处理流程与标准

无房卡客人处理流程如图15-8所示。

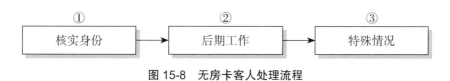

图 15-8 无房卡客人处理流程

无房卡客人处理流程与标准说明如表15-8所示。

表 15-8 无房卡客人处理流程与标准说明

编码	关键节点	服务标准
①	核实身份	（1）服务员若遇到无房卡且又不认识的客人要求开门，应礼貌地请客人出示有效证件（身份证、驾驶证等）；然后与总台联系，确认客人身份，再决定是否开门 （2）如客人未能提供有效证件证明其身份，应立即通知客房中心，由客房中心通知大堂副理到场处理，并请客人稍等 （3）大堂副理到场核实、确认客人身份后，方可让服务员为其开门，并向客人道歉、说明情况 （4）若客房中心接到总台通知，要求为无房卡客人开门，应立即通知服务员到场；服务员到场后，应再次与总台确认客人身份后，方可为其开门
②	后期工作	（1）开门后，询问客人房卡是否已遗失，如丢失，应请客人到总台重新制卡，交告知其他服务员：遇持原房卡人员不可开门，须将其挡获交保安部处理 （2）注意各班交接，并在"台班日志"上做好记录，直到该客人退房为止
③	特殊情况	如要求开门的人员系访客，请其到大厅等候或留言

15.9　接待访客服务流程与标准

接待访客服务流程如图15-9所示。

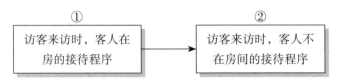

图 15-9　接待访客服务流程

接待访客服务流程与标准说明如表15-9所示。

表 15-9　接待访客服务流程与标准说明

编码	关键节点	服务标准
①	访客来访时，客人在房的接待程序	（1）访客上楼层，服务员须向访客问好，了解其要找客人的姓名、房号，待回答后，服务员仔细查看住房卡，核对是否相符，若不相符则礼貌地请该客到问询处询问；若相符则拨电话询问客人是否同意接见，若客人不同意接见，需婉转地告知访客；若客人同意接见，则请访客登记时须写清姓名、工作单位、身份证号码或其他有效证件，待访客登记完毕后，引领访客到客人房间 （2）访客进房后，征求客人意见是否送茶水，或根据客人数补送椅子，应视人数及时做好服务工作 （3）会客完毕，应及时为访客按电梯送行，指引客人下楼，并登记访客离开时间，同时及时整理房间、补充茶水 （4）如访客是酒店员工，须经本部门经理同意后方可进房，在登记本上注明部门、姓名及停留时间
②	访客来访时，客人不在房间的接待程序	（1）问候客人并了解访客意图 （2）征求访客意见是否需要留言，或请访客到大堂等候 （3）严禁擅自开房门将访客带进客人房间或把房卡交给访客；在有明确担保人（总经理或部门经理）的书面认可情况下，值台人员方可让访客进入房间，并认真做好登记工作 （4）客人不在，而来访者要求进入房间，服务员应礼貌地加以劝阻，例如"×先生/×小姐，对不起，×先生不在"，而不能让来访者进入客人的房间，请他稍候 （5）若客人在，来访者要求进入客人房间，应填写"会客单"

15.10　擦鞋服务流程与标准

擦鞋服务流程如图15-10所示。

图 15-10　擦鞋服务流程

擦鞋服务流程与标准说明如表15-10所示。

表 15-10　擦鞋服务流程与标准说明

编码	关键节点	服务标准
①	客人电话要求提供擦鞋服务	（1）文员接到电话后，应清楚地记下客人房号、姓名及擦鞋的具体要求，并告诉客人会马上派人去为他提供擦鞋服务（5分钟之内到客人房间收鞋） （2）文员应尽快通知服务员，让他去客人房间收鞋，同时服务员应告诉客人鞋子会在30分钟内归还 （3）服务员将鞋带入服务间，按照客人要求清洁干净、擦光亮，在规定时间内送还客人
②	服务员在房间工作时，检查鞋袋里是否有鞋	（1）如果发现鞋袋中有鞋，应将鞋和鞋袋一起收在服务车上（注意不能丢失），同时在鞋袋上记下房号（绝对不能弄错房号），以免将客人的鞋送错 （2）当清洁完房间后，将鞋带入工作间清洁干净、擦光亮，要特别注意擦完一双马上放进相应的鞋袋，以免将鞋弄混淆、送错，然后在规定时间内将鞋从鞋袋里取出放回房间的行李架下，同时按规定补入干净的鞋袋

15.11　VIP接待服务流程与标准

VIP接待服务流程如图15-11所示。

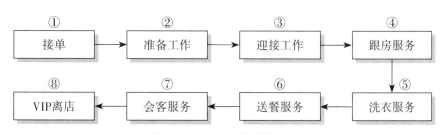

图 15-11　VIP接待服务流程

VIP接待服务流程与标准说明如表15-11所示。

表 15-11　VIP 接待服务流程与标准说明

编码	关键节点	服务标准
①	接单	（1）销售部下单到办公室时，客房中心文员应看清VIP的到店时间、人数、接待规格、特殊要求等相关情况，若有冲突或错误之处，应当面向下单人提出，让其解决 （2）文员接单后，应立即通知相关楼层的管理人员及服务员
②	准备工作	（1）服务员尽快将VIP房间清洁出来 （2）客房中心准备好鲜花、水果及其他相应物品 （3）领班对VIP用房进行检查，增添"VIP房专用物品"，配鲜花、水果、总经理名片等物品 （4）主管复查VIP用房 （5）经理级以上检查VIP用房
③	迎接工作	客人进店后，楼层服务员、客房主管在服务台欢迎客人，客人到时，说"欢迎光临" （1）引领客人进房 （2）根据客人数送上热毛巾 （3）根据客人数送上茶水（按相等数目取回空茶杯）
④	跟房服务	一旦客人外出，服务员则立即进房进行房间的小整理，包括： （1）收捡垃圾、清理烟灰 （2）整理床铺 （3）整理卫生间 （4）补充消耗品 （5）更换使用过的毛巾
⑤	洗衣服务	（1）接到客人通知，服务员立即进房收取洗衣，并当面点清数量和询问要求、送回时间 （2）服务员立即将洗衣送到客房中心，中心文员立即通知洗衣店前来收取 （3）在客人要求的时间范围内，将洗好的衣服送回房间，并请客人签收
⑥	送餐服务	（1）服务员或客房中心文员接到客人要求送餐的通知后，即通知餐饮部送餐 （2）餐饮部送餐到楼层时，楼层服务员须协助其进行服务 （3）客人用餐完毕，楼层服务员应及时将餐具收到服务间，并通知餐饮部收餐
⑦	会客服务	（1）访客来访时，应先打电话进房间，征求客人意见是否接待 （2）做好访客登记 （3）引领客人进房，并按客人数或要求送入茶水及相应物品 （4）会客结束后，送访客离开，并及时清理房间
⑧	VIP离店	（1）为客人叫电梯 （2）送客人到电梯口，说"欢迎下次光临" （3）进房检查有无遗留物品，若有立即打电话给总台，及时归还给客人

15.12　退房检查流程与标准

退房检查流程如图15-12所示。

图 15-12　退房检查流程

退房检查流程与标准说明如表15-12所示。

表 15-12　退房检查流程与标准说明

编码	关键节点	服务标准
①	接受指令	（1）前台用对讲机清晰简明扼要地通知客房查房 （2）客房服务员仔细听清前台报告的客人的离店房号 （3）客房服务员重复一遍
②	迅速检查	（1）仔细检查客人有无遗留物品（包括检查抽屉、衣柜） （2）检查房间设施是否完好、物品是否齐全 （3）检查客房内是否有不安全的因素 （4）查房时间控制在2分钟内 （5）迅速向前台报告结果
③	记录	（1）发现问题（客人有遗留物品、设施有损坏、物品不齐全），及时报告前台 （2）将检查情况和时间记录在工作单备注上

15.13　房间待修及恢复流程与标准

房间待修及恢复流程如图15-13所示。

图 15-13　房间待修及恢复流程

房间待修及恢复流程与标准说明如表15-13所示。

表15-13　房间待修及恢复流程与标准说明

编码	关键节点	服务标准
①	了解原因	房间由于某种原因或是在客人下榻期间，房内的某项设施损坏，一时不能使用，暂时也不能出租给客人，这样的房间称为待修房（OOO：out-of-order room），待修起始和终止的具体时间，需报部门经理签署
②	待修	（1）楼层领班负责及时填报"房间待修单"，一式两联，填写时注意写清房号、待修原因、待修的起始和终止时间，并报部门经理签署 　　（2）领班将经理签署的"房间待修单"交客房中心文员，由文员立即送至大堂副理处，并将大堂副理签字后的一联收回客房中心，存入档案，改写房态报表 　　（3）"房间待修单"在由大堂副理签署后，正式生效，客房中心文员立即通知楼层领班和服务员，更正"台班日志"记录
③	恢复	（1）待修房经过维修而达到酒店可租用房间的标准后，由楼层领班检查，报当班主管确认，并将该房房态恢复为空房，并填报"待修房恢复单"报部门经理签署，由客房中心文员送交大堂副理签字，并通知总台放空 　　（2）凡住人房因工程问题严重而影响到客人的正常使用，或住客要求换房，当当班主管与大堂副理联系，由大堂副理确认换房后，再执行待修程序

15.14　物品借用处理流程与标准

物品借用处理流程如图15-14所示。

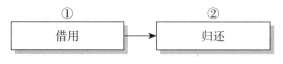

图 15-14　物品借用处理流程

物品借用处理流程与标准说明如表15-14所示。

表15-14　物品借用处理流程与标准说明

编码	关键节点	服务标准
①	借用	（1）如果客人要求借用某些物品，如电吹风、接线板、插座等，需报告办公室，由文员填写"物品借用登记表"，将物品名称、房号、日期、客人姓名登记清楚 　　（2）服务员将"物品借用登记表"连同物品一起带到客房，请客人在借用单上签名后，才将物品借与客人使用，然后报告领班，并写好交班日志

续表

编码	关键节点	服务标准
②	归还	当客人交还物品时，服务员应及时将物品送还到办公室（不能存放在工作间或工作车上，以免丢失），并填写好送还日期、接收人签名等，然后由文员归类存档备查
注意事项		（1）接到客人退房通知时，服务员应检查该房客是否有借用物品 （2）若在客人退房时仍未归还借用物品，而服务员查房时又找不到该借用物品，则服务员应通知前台收银员按规定收取该物品的费用

15.15　加床服务流程与标准

加床服务流程如图15-15所示。

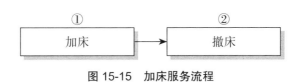

图 15-15　加床服务流程

加床服务流程与标准说明如表15-15所示。

表15-15　加床服务流程与标准说明

编码	关键节点	服务标准
①	加床	（1）如果客人要求加床（或加婴儿床），应礼貌地请客人到前台办理加床手续，同时准备好加床和床上用品及备用品（毛毯、枕套、毛巾、肥皂、发液等） （2）接到前台加床的通知时，服务员应尽快将加床物品送到客人房间，并按规定做好一切，同时报告文员、领班，在台班日志上做好记录
②	撤床	（1）接到前台撤床的通知后，服务员应及时进房将加床及相应物品撤出 （2）客人退房时，应将加床视为房间设施列入检查范围，加床如有损坏或丢失，应及时报客房中心 （3）客人退房后，收拾好加床并带回办公室或仓库，再告知文员、领班取消记录
注意事项		所有加床或撤床，均须见单行事，若未接到前台发来的"加床通知单"或"撤床通知单"，均不能加床或撤床；特殊情况可以接到口头通知行事，但必须让其补单

15.16 工作车垃圾袋处理流程与标准

工作车垃圾袋处理流程如图15-16所示。

图 15-16 工作车垃圾袋处理流程

工作车垃圾袋处理流程与标准说明如表15-16所示。

表15-16 工作车垃圾袋处理流程与标准说明

编码	关键节点	服务标准
①	检查	先检查垃圾袋有无破损，防止垃圾外漏
②	安装	将垃圾袋放入工作车右边的袋中，扣好搭扣
③	工作完毕	检查垃圾袋，防止将布草等有用的物品投入垃圾袋中
④	满袋	垃圾袋满后，应扎紧袋口，用记号笔在垃圾袋上写明楼层、区域（从××房～××房），放在指定位置（如安全楼梯门后）
⑤	下班时	将垃圾袋移至规定处

15.17 楼层抹布使用流程与标准

楼层抹布使用流程如图15-17所示。

图 15-17 楼层抹布使用流程

楼层抹布使用流程与标准说明如表15-17所示。

表15-17 楼层抹布使用流程与标准说明

编码	关键节点	服务标准
①	分开挂放	（1）楼层服务员应备五块不同颜色的抹布（四湿、一干）区别分开挂放 （2）工作车相应挂不同抹布的位置，应贴上相应标签
②	专布专用	（1）分色抹布用于不同设施的清洁，不能混用，发现不按规定使用抹布，将抹布随意放置，故意丢弃，或损坏者，按过失处理

续表

编码	关键节点	服务标准
②	专布专用	（2）不同颜色的毛巾用于不同地方的抹擦：绿——家具、电器；黄——恭桶；红——卫生间墙面；蓝——卫生间地面；白——镜子、玻璃、台面（干） （3）平抹2块毛抹4块，平抹用于不锈钢和镜子清洁，擦洗马桶和面盆的分开
③	配备充足	楼层抹布备量充足，绿黄红蓝按每5间客房1块配备；白抹布按每5间客房2块配备
④	每日消毒	每日服务员将脏抹布洗净、消毒、晾干，待隔天使用

15.18　遗留物品处理流程与标准

遗留物品处理流程如图15-18所示。

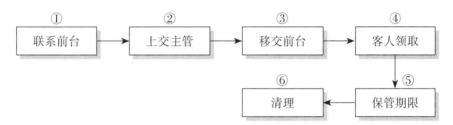

图 15-18　遗留物品处理流程

遗留物品处理流程与标准说明如表15-18所示。

表 15-18　遗留物品处理流程与标准说明

编码	关键节点	服务标准
①	联系前台	及时与前台联系，询问客人是否已经离开酒店，以便迅速将物品交还给客人
②	上交主管	填写"遗留物品登记标签"，当天将物品上交客房主管
③	移交前台	（1）客房主管当天交至前台，由前台在客房遗留物品登记本上签字 （2）前台填全"遗留物品登记标签"，前台将物品保管在规定地点
④	客人领取	（1）客人认领时，前台必须核准客人身份、入住日期、遗失地点、物品特征等 （2）客人签字确认并领回遗忘物品
⑤	保管期限	保留日期：非贵重物品3个月；贵重物品6个月；食品1～3天
⑥	清理	超过期限而无人认领的，经值班经理同意后即作清理

15.19　请勿打扰/DND处理流程与标准

请勿打扰/DND处理流程如图15-19所示。

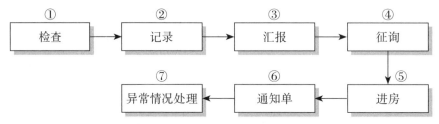

图 15-19　请勿打扰 /DND 处理流程

请勿打扰/DND处理流程与标准说明如表15-19所示。

表15-19　请勿打扰/DND处理流程与标准说明

编码	关键节点	服务标准
①	检查	每日16:00楼层服务员向楼层主管（领班）报告"请勿打扰"房情况
②	记录	主管做记录
③	汇报	16:30楼层服务员复查，如还是DND即向主管报告，主管记录后向值班经理汇报
④	征询	值班经理接报后，立即致电房间征求客人意见，并将客人意见反馈楼层主管，由楼层服务员执行
⑤	进房	如房内无人接听电话，则由值班经理、客房主管一起进房检查，无异常情况即退出
⑥	通知单	将DND通知单从门下塞入房内，告知客人如有需要可致电前台
⑦	异常情况处理	发现任何异常情况立即逐级上报至经理，以防意外发生

15.20　双重锁 / D/L 处理流程与标准

双重锁/ D/L处理流程如图15-20所示。

图 15-20　双重锁 / D/L 处理流程

双重锁/ D/L处理流程与标准说明如表15-20所示。

表15-20 双重锁/D/L处理流程与标准说明

编码	关键节点	服务标准
①	检查	14:00楼层服务员向楼层主管报告"双重锁"房情况
②	汇报	主管做记录后向值班经理汇报
③	征询	值班经理接报后，立即致电房间征求客人意见，并将客人意见反馈楼层主管，由楼层服务员执行
④	查看	如房内无人接听电话，则由值班经理、客房主管一起进房检查
⑤	异常情况处理	发现任何异常情况立即逐级上报至值班经理，以防意外发生

15.21 客房房卡管理流程与标准

客房房卡管理流程如图15-21所示。

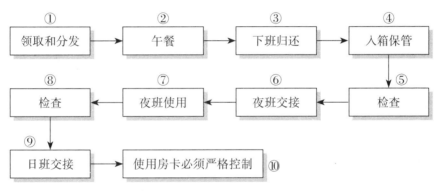

图 15-21 客房房卡管理流程

客房房卡管理流程与标准说明如表15-21所示。

表15-21 客房房卡管理流程与标准说明

编码	关键节点	服务标准
①	领取和分发	（1）上班时客房主管（或领班）从值班经理处领取相关管辖区域的房卡及填写房卡收发登记本 （2）值班经理处发完房卡后，将房卡箱上锁，防止其他房卡遗失 （3）凭房卡和对讲机交接表分发房卡，服务员签名
②	午餐	午餐时相关楼层服务员互相交接房卡并在双方工作单上互相签收
③	下班归还	下班时客房主管和领班将房卡收齐，交还值班经理，值班经理在检查完后在房卡收发登记单上签收
④	入箱保管	值班经理在检查完房卡后，将所有房卡存入房卡箱，并上锁，防止房卡遗失

续表

编码	关键节点	服务标准
⑤	检查	日班值班经理在下班之前，检查所有房卡是否齐全完好，确保楼层所有房卡收回
⑥	夜班交接	日班值班经理向夜班值班经理交接，双方在房卡收发登记本上签收
⑦	夜班使用	夜班需使用房卡时，相关人员从值班经理处领取相关管辖区域的房卡并填写房卡收发登记本
⑧	检查	夜班值班经理在下班之前，检查所有房卡是否齐全完好，确保楼层所有房卡收回
⑨	日班交接	夜班值班经理向日班值班经理交接，双方在房卡收发登记单上签收
⑩	使用房卡必须严格控制	（1）领用房卡后，应随身携带，不离楼层，保证随时使用 （2）不得将楼层房卡借给他人使用 （3）发现房卡遗失，应立即逐级上报至店长 （4）房卡严禁当取电牌使用 （5）工程维修人员如须进房须凭报修单，由领用房卡的员工负责开启房门

15.22　工程报修流程与标准

工程报修流程如图15-22所示。

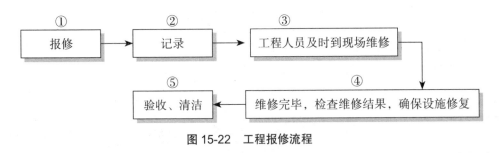

图 15-22　工程报修流程

工程报修流程与标准说明如表15-22所示。

表 15-22　工程报修流程与标准说明

编码	关键节点	服务标准
①	报修	客房主管或领班用对讲机及时通知工程人员维修情况，并开"报修单"
②	记录	客房服务员将报修项目记录在客房服务员工作单"备注"栏内

编码	关键节点	服务标准
③	工程人员及时到现场维修	（1）验看报修单，为维修人员开门，无报修单，不能进房维修 （2）空房如时间较长可不必陪同，应让工程部维修人员在服务员工作单上写明进出时间，并签名 （3）进住房维修，应先征得客人同意，如客人不在，可以进房维修，但是必须有人陪同
④	维修完毕，检查维修结果，确保设施修复	（1）在"维修单"上签名 （2）遇特殊情况，可由主管、领班陪同维修
⑤	验收、清洁	客房服务员当场验收，并及时清洁客房

15.23 坏房处理流程与标准

坏房处理流程如图15-23所示。

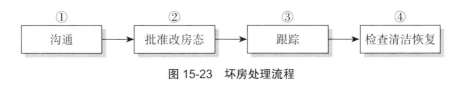

图 15-23 坏房处理流程

坏房处理流程与标准说明如表15-23所示。

表15-23 坏房处理流程与标准说明

编码	关键节点	服务标准
①	沟通	客房主管向值班经理说明坏房原因（如：设施损坏、大清洁房、大修房）
②	批准改房态	值班经理核实后向店长汇报，经店长同意后通知客房主管改坏房（将坏房原因及持续时间输入电脑）
③	跟踪	（1）值班经理向主管布置尽快恢复坏房措施事宜 （2）在值班经理交接班本上记录坏房房号及原因，告知其他值班经理及前台员工（便于分房时控制）
④	检查清洁恢复	坏房恢复前，由客房主管负责检查设施、清洁情况并修改房态

15.24 客衣收送流程与标准

客衣收送流程如图15-24所示。

图 15-24　客衣收送流程

客衣收送流程与标准说明如表15–24所示。

表 15-24　客衣收送流程与标准说明

编码	关键节点	服务标准
①	接听电话	（1）楼层服务员在接到客房中心或客人打来的洗衣电话时，应问清对方的房号，并重复一遍，在"电话记录本"上记录所有洗衣电话 （2）检查仪容仪表，准备好客衣收送记录本
②	收取洗衣	（1）按从上至下的顺序到楼层进行收取，先收VIP和快件，要求接到电话后5分钟内到达 （2）敲门进房后取衣，应确认洗衣单 ——洗衣单是否有客人签名，如无，请客人签字确认 ——是否已分开干洗、水洗项目，如无，请客人在洗衣单上签字确认 ——衣物实际数量与洗衣单上数量是否相符 ——询问客人是否有特殊要求 ——如果房间挂DND，不得敲门，应打电话联系，经同意后再敲门取衣 ——如果客人不在房内，应与楼层服务员共同清点；如果不相符，应点清后与服务员在洗衣单上签名，及注明酒店确认数量 （3）对照衣物核对客人所填衣物类别及件数是否一致，特别应注意检查以下项目 ——袋内是否有客人忘了拿出的物品、贵重物品或现金，如果有，及时归还客人；如客人不在，发现贵重物品或现金应立即报告经理，由两人以上当面点清并用信封装好，在信封上写明房号、拾物名称、数量，并经两人签名封好的信封交前台处 ——衣服及衬里是否有破损、虫蛀、褪色、花绉、抽丝、缺扣及饰物不全，如有，要与客人联系后再洗 ——是否有洗涤标志，标志是否与客人要求的项目相符，如不符，也应征得客人同意后再洗
③	客衣的洗涤	（1）楼层服务员将收出的客衣送到客房中心交接给文员 （2）客房中心文员检查无误后，填写"客房外洗交接本"，注明日期、房号、编号、种类、总件数等 （3）通知洗衣店收取客衣，当面清点清楚，并请洗衣店经办人签名确认 （4）收到洗衣店送回的客衣，根据"客房外洗交接本"和洗衣单，进行核对检查，无误后再签字，并在交接本上注明收回日期和经办人

续表

编码	关键节点	服务标准
④	填写记账单	（1）文员按照洗衣单上所填洗衣物品的价格统计金额，并清楚地写在洗衣单的相应位置 （2）按顺序填表写账单（格式：总价+服务费=总金额），将账单号、客人姓名、金额、房号、日期、经手人等项目写在"客衣账单本"上
⑤	送回客衣	（1）客房中心文员通知该楼层服务员到中心取洗好的客衣及账单 （2）客人在房内，应礼貌地请客人验收，无误后请其签单或付现金 （3）客人不在房内，则将客衣移交客房中心，并做好交接手续 （4）客房中心应请服务员把印有"您的衣服已洗好，请您回来后与客房中心联系"的卡先放进房间，待客人与客房中心联系后，马上送衣进房

15.25　杯具清洗消毒流程与标准

杯具清洗消毒流程如图15-25所示。

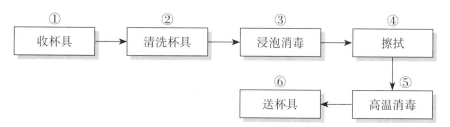

图 15-25　杯具清洗消毒流程

杯具清洗消毒流程与标准说明如表15-25所示。

表 15-25　杯具清洗消毒流程与标准说明

编码	关键节点	服务标准
①	收杯具	（1）将脏杯具收到消毒间内摆放整齐 （2）戴上专用胶手套，把过滤筛放于茶水桶内，再把脏杯具内的茶叶倒入过滤筛内
②	清洗杯具	（1）将杯具放入兑有清洗剂的水槽内进行清洗 （2）将杯具内侧、杯具口仔细刷洗 （3）若有难以清洗掉的污渍，用"消洗灵"进行浸泡清洗 （4）若发现杯具有破损应单独放置、集中报损 （5）把清洗干净的杯具放入清水槽，进行清水过滤两次

续表

编码	关键节点	服务标准
③	浸泡消毒	（1）把用清水清洁过的杯具放入消毒槽内，再以每千克加2片泡腾片的比例对水，浸泡杯具5~10分钟 （2）把经过浸泡消毒的杯具放入清水槽，进行清水清洗
④	擦拭	用专用布巾把清洁干净的杯具上的水渍擦拭干净，然后对着光线检查杯具是否擦干净
⑤	高温消毒	（1）将擦拭干净的杯具分类放入消毒柜，并摆放整齐 （2）打开消毒柜电源，进行二次红外线消毒；消毒时间为：茶杯25~30分钟，口杯15~20分钟
⑥	送杯具	把已消毒的茶杯送还各区域的保洁柜里；把已经消毒的口杯用专用口杯套套好、密封，送各区域备用

15.26 清洁工具消毒流程与标准

清洁工具消毒流程如图15-26所示。

图 15-26 清洁工具消毒流程

清洁工具消毒流程与标准说明如表15-26所示。

表 15-26 清洁工具消毒流程与标准说明

编码	关键节点	服务标准
①	收工具	到各区域收集齐马桶刷和面盆刷，分开装于清洁桶中
②	清洗	戴上专用胶手套，逐个进行清洁，晾干水备用。先洗面盆刷，后马桶刷
③	消毒	（1）把泡腾片按每千克2片的比例对水，放置于贴有标签的消毒桶内，搅拌均匀备用；水位应完全淹没所放入的清洁工具 （2）把晾干水的马桶刷和面盆刷分开放入相应的消毒桶内；放入时应注意把刷头朝下 （3）25分钟之后，把已经消毒后的马桶刷和面盆刷分别取出晾干；用胶袋分别封装，摆放整齐；待第二日备发
④	注意事项	（1）在操作过程中，必须戴上胶手套，但清洁马桶刷、面盆刷应有单独专用的胶手套，不能混用 （2）在清洗时，绝对不可以将马桶刷和面盆刷混淆清洗 （3）清洁桶和消毒桶必须分开使用 （4）不能擅自改动或缩短消毒时间

15.27　地毯的清洁流程与标准

地毯的清洁流程如图15-27所示。

图 15-27　地毯的清洁流程

地毯的清洁流程与标准说明如表15-27所示。

表 15-27　地毯的清洁流程与标准说明

编码	关键节点	服务标准
①	吸尘	（1）启动吸尘器，扳动限位，将滚刷与地面平行，开始吸尘 （2）吸尘结束后，关机，拔下电源插头，清除真空箱内的尘土和杂物
②	去污渍	当地毯被溅污时，务必立即清理
③	准备物品	（1）去除水溶性污渍的地毯洗涤剂 （2）去除油脂污渍的溶剂 （3）口香糖清除剂（冻凝型或溶剂型） （4）去除墨水、水果汁、咖啡等污渍的特殊去渍剂 （5）擦去溅出物的白色棉纸；用来施加洗涤剂、溶剂等的小块海绵
④	具体操作	（1）用刀或匙铲起固体污渍 （2）用白纸巾等用力吸去液体 （3）查表决定去除污渍的方法 （4）清除污渍前，先在地毯的边角不显眼处测试一下是否会改变地毯颜色 （5）从污渍的边缘向内吸干轻擦，以防止污渍扩大 （6）在去除或清洗污渍过程中，切勿摩擦地毯绒头 （7）按处理顺序在进行下一步去除污渍前，应确保地毯是干的 （8）用干净的布或海绵以微温的清水清洗 （9）一旦污渍被去除，即用白纸巾或白棉纸用力压吸水分 （10）未干前勿在地毯上行走
⑤	地毯清洗方法	（1）一茶匙经认可的羊毛洗涤剂（如软性的）和一茶匙白醋，再加上一升温水配制成溶液 （2）干洗剂液体、打火机油或矿物质松节油要注意：确保周围近旁没有火焰或点燃的香烟，通风良好 （3）如果矿物质松节油与等量的干洗剂液体拼混，会增加洗涤效果，要注意：确保周围近旁没有火焰或点燃的香烟，通风良好

续表

编码	关键节点	服务标准
⑤	地毯清洗方法	（4）甲基化酒精要注意：确保周围近旁没有火焰或点燃的香烟，通风良好 （5）过氧化氢（20%）用冷水稀释10倍，要注意：不能用于深色或花纹地毯 （6）染料剥色剂用冷水稀释50倍，要注意：不能用于深色或花纹地毯 （7）口香糖清除剂（冻凝剂） （8）指甲油清除剂 （9）干净的温水（不是热水） （10）白醋的稀释液或柠檬汁加冷水 （11）吸收粉剂（如盐或滑石粉）撒在溅溢物上，过夜，第二天用真空吸尘器吸掉

第16章

餐饮服务流程与标准

餐饮服务是现代酒店不可或缺的经营内容，酒店餐饮营业收入是酒店重要的利润来源。酒店餐饮服务的质量水平，在很大程度上反映了酒店的总体质量水平，而现场控制则是餐饮服务中的关键环节，现场服务质量的提升有赖于将服务的步骤、过程予以流程化、标准化、规范化。

16.1 餐厅点餐服务流程与标准

餐厅点餐服务总流程如图16-1所示。

图 16-1 餐厅点餐服务总流程

16.1.1 召开例会

召开例会的工作流程如图16-2所示。

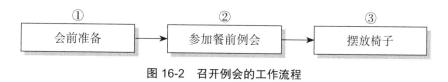

图 16-2 召开例会的工作流程

召开例会的工作流程与标准说明如表16-1所示。

表16-1 召开例会的工作流程与标准说明

编码	关键节点	服务标准
①	会前准备	（1）提前10分钟上岗，及时签到 （2）检查仪容仪表是否符合酒店规定

编码	关键节点	服务标准
②	参加餐前例会	（1）整齐列队，站立时注意自己的站姿是否规范 （2）不交头接耳，认真聆听主管的讲话 （3）注意当餐自己的工作内容和任务及酒店晨会内容、上一天的工作总结 （4）服从主管的安排，如有不同意见可在会后与主管商讨 （5）了解当天供应品种及沽清，牢记时令菜品价格
③	摆放椅子	摆放椅子前，先检查椅子是否稳固并将其擦拭无尘，前后对齐摆放

16.1.2 摆台

摆台作业流程如图16-3所示。

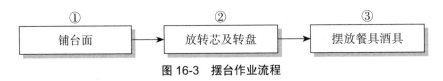

①铺台面 → ②放转芯及转盘 → ③摆放餐具酒具

图 16-3　摆台作业流程

摆台作业流程与标准说明如表16-2所示。

表 16-2　摆台作业流程与标准说明

编码	关键节点	服务标准
①	铺台面	（1）选择尺寸合适、干净、无破损、熨烫平整的台布 （2）手持台布立于餐桌一侧，将台布抖开覆盖在桌面上，要求台布中间折线要直对主位，十字折线要居中，四周下垂部分相等，四角的边角直线垂直 （3）铺好台布后再次检查台布质量及清洁程度 （4）用喷壶将台布的折痕喷平
②	放转芯及转盘	（1）检查转芯是否洁净、转动灵活 （2）将转芯放在桌子正中间，注意转芯的正反面 （3）将转盘擦拭干净光亮，放置于转芯上，注意转盘的正反面 （4）检查转盘转动是否灵活、无噪声
③	摆放餐具酒具	（1）摆放所有餐具，必须用托盘操作 （2）首先用装饰骨碟定位，骨碟距桌边4厘米，朝向门外定为主人位，主人位对面为副主人位，每一餐具均先摆主人位，顺时针方向行进，摆至主宾位，其余骨碟均两两相对，沿桌边均匀分布（圆桌） （3）摆放茶碟，茶碟距骨碟2厘米，其下沿与骨碟下沿齐平 （4）摆放汤碗，汤碗位于骨碟左上方 （5）汤勺放在汤碗里，勺把向正左侧 （6）筷架置于汤碗右侧，筷架与汤碗的中心在同一水平线上，筷子置于筷架中间

编码	关键节点	服务标准
③	摆放餐具酒具	（7）将套上筷套的筷子摆在筷架上，与筷架垂直，其末端与骨碟下沿齐平 （8）牙签有字体的一面向上，带有店徽的一头朝上，摆放于骨碟与筷子之间，骨碟下沿、牙签、筷子末端在同一水平线上 （9）杯倒扣，置于茶碟上 （10）啤酒杯倒扣，置于茶碟正上方 （11）将已折叠成扇形的餐巾，打开置于骨碟上，其正面向外 （12）每两餐位摆放1个烟缸碟（二人台1个，六人台3个，十人台5个），以10人台为例：在主人与主宾之间摆放1个烟缸碟，距转盘边缘2厘米，沿顺时针方向每两个餐位摆1个，共摆5个 （13）在主人及副主人餐具的正前方上置公共筷 餐具整体布局：骨碟摆放匀称美观，餐具间距离相等，每一边的餐具应与另一边相应餐具对齐

16.1.3　餐前准备工作

餐前准备工作流程如图16-4所示。

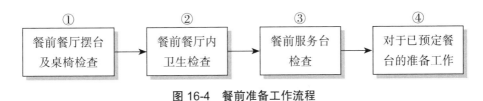

图 16-4　餐前准备工作流程

餐前准备工作流程与标准说明如表16-3所示。

表 16-3　餐前准备工作流程与标准说明

编码	关键节点	服务标准
①	餐前餐厅摆台及桌椅检查	（1）做到桌子前后为一条线，椅子前后为一条线，桌子上的花瓶等物在一条线上且清洁无水迹 （2）各套餐具间距离相等，餐具物品摆放齐全 （3）转盘、桌椅稳固、光亮、无尘
②	餐前餐厅内卫生检查	（1）检查所有服务区域的环境卫生及设施设备，对不足之处立刻弥补或报告当班主管 （2）圆桌上玻璃转盘干净且居于圆桌正中，转动自如且无噪声 （3）桌上餐具清洁光亮，无油迹，无水迹，无毛絮，无破损 （4）酒水车、毛巾车干净无污痕，地面干净，无饭粒、牙签等杂物 （5）服务边柜干净并铺有干净的垫布

编码	关键节点	服务标准
③	餐前服务台检查	（1）各区域服务员要摆放充足的干净无破损的茶碟、骨碟、汤碗、瓷勺、筷子、烟缸、牙签、火柴、餐巾纸、筷子架等，备好定量的折好的口布，服务台内及服务台台面所有物品分类，定位摆放整齐 （2）边柜上准备好点菜夹、点菜单及沽清表，每个点菜夹里都夹上一份沽清表 （3）将服务台上的暖瓶打满水，并将暖瓶擦拭干净，将干净无破损的茶壶、酱油壶、垫有垫布的托盘准备好
④	对于已预定餐台的准备工作	（1）根据预订情况，整理餐桌，摆相应的餐位 （2）了解来宾所在单位、姓名及用餐人数 （3）熟悉已预订好的菜单

16.1.4　餐中服务

餐中服务流程如图16-5所示。

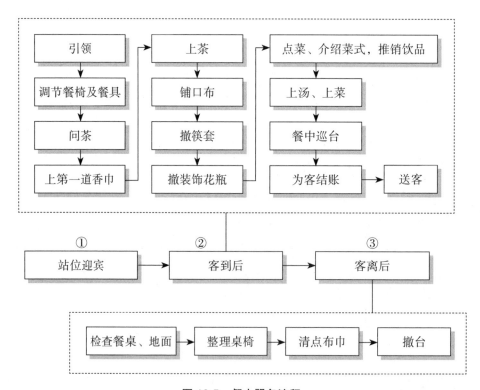

图 16-5　餐中服务流程

餐中服务流程与标准说明如表16-4所示。

表16-4 餐中服务流程与标准说明

编码	关键节点		服务标准
①	站位迎宾		（1）开餐前10分钟，在各自岗位上等候开餐，迎候客人 （2）站位时注意姿势，两手自然交叉相握于前腹，右手搭在左手上，肩平，挺胸收腹，不叉腰、不倚靠他物
②	客到后	引领	当迎宾员将客人带到自己的服务区域后，服务员应热情问候（先生/小姐，欢迎您光临），主动上前协同迎宾员拉椅让客人就座，来宾中如有婴儿，应主动为客提供婴儿椅，同时迎宾将菜牌直放于桌面中心，内容朝向主人
		调节餐椅及餐具	根据来宾的实际人数，调节餐椅及餐具
		问茶	问茶，主动向主人询问（若了解客人，尽可能用姓氏、职务称呼客人）："请问先生/小姐喝什么茶?"若主人喝菊花茶，再问喝菊花茶的客人是否加糖，为需加糖的客人各上1袋糖
		上第一道香巾	从客人右侧将香巾及香巾托上好，并说："先生/小姐，请用香巾。"
		上茶	从客人右侧，斟茶至八分满并说："先生/小姐，请用茶。"斟第一道茶完毕，服务员将茶壶放置在餐桌副主人左侧，壶嘴朝外，服务员及时加水。若杯中茶水少于1/2时，服务员须及时为客添茶
		铺口布	将餐巾打开对折，为客人铺在腿上，尖角位于两腿中间，如客人暂时离开，重叠餐巾为三角形，平放在餐位的右边
		撤筷套	拿起配有筷子套的筷子，将筷子从出口抽出，注意用右手拿住筷子下端，筷子上的店名一致向上，摆在筷架上
		撤装饰花瓶	将装饰花瓶从餐桌上撤下
		点菜、介绍菜式，推销饮品	（1）注意观察客人，察觉客人有点菜意向时，即主动上前询问客人："对不起，请问先生/小姐，现在可以点菜吗?" （2）主动为客介绍菜单内容、厨师推介及特色菜品，要有推销意识，必要时向客人提出合理化建议，考虑菜量大小、食品搭配情况 （3）如果客人点的菜没有供应时，应对客人致歉，建议点别的菜 （4）为客人复述点菜单内容，依次为凉菜、热菜、面食，以获得客人确认 （5）如客人点套餐，应立即将菜金标准、人数告知预订员，菜单写好后，并请客人过目 （6）点菜完毕后，主动向主人推销饮品（冰、热饮）及香烟 （7）上小吃：点菜完毕后由传菜员为客人上两例小吃

编码	关键节点		服务标准
②	客到后	点菜、介绍菜式，推销饮品	（8）客人之点菜单要注意将冷菜、热菜、面点、活海鲜分开，活海鲜要用斤两报价单，注明下单时间、台号、日期、人数、服务员姓名，并请收银员盖章，以最快速度把订单送到传菜处 （9）客人所点酒水告诉酒水员领取酒水
		上汤、上菜	（1）上菜之前，需核对菜品是否与点菜单之记录相符，主料配料是否齐全 （2）菜从客人右侧上台，（有菜盖的需揭开）放于主人、主宾之间（及时调整台面，保持整洁美观），后撤一步，清晰报出菜名，用手指示并说："先生/小姐，请慢用。" （3）第二道香巾：在上第一道热菜后，从客人右侧将第一道香巾及香巾托用香巾夹取走，换上新香巾后再用香巾夹将新香巾及香巾托送回原处 （4）上汤时，清晰报出汤名，说："请问先生/小姐，汤需要分一下吗？"若客人不需要分，服务员用手指示："好的，请慢用。"若需要分汤时，在托盘上操作，要求每碗均匀，然后从客人右侧递上后放回原位，后撤一步，用手指示说："请慢用。"上每人一份的食物时，须为客人将汤匙放于个吃盅内 （5）所上的菜需跟佐料的，要先上佐料后上菜 （6）上铁板类菜品时，要注意提醒客人用口布遮挡一下，以免汤汁溅到身上，铁板类菜2分钟后揭盖 （7）注意客人台上的菜是否齐全，若客人等了很长时间还未上菜，要填写"催菜单"，并及时检查有无错单、漏单，如发现有错漏，要及时让厨房为客人补烹或先烹制 （8）客人所点的菜若已卖完或暂时无材料，要及时告知客人并询问是否换菜，若客人表示可换新菜，即帮客人写好单，以最快速度交由厨房烹制 （9）上最后一道菜时，要主动告诉客人菜已齐，说："先生/小姐，菜已经齐了。"如客人未点面食同时讲："请问用点儿什么饭？"如客人已点面食，应同时讲："请问现在可以上饭吗？"服务员依客人建议决定何时上饭 （10）上饭完毕，给客人上第三道香巾，方法同第二道
		餐中巡台	（1）及时撤换烟灰缸（不多于2个烟头），用新烟缸盖住客人已用烟缸，取回后放在托盘中，并说对不起 （2）如上手剥物的菜品时，应先上洗手盅，并讲明用途，同时撤换香巾 （3）当骨头等残渣占据骨碟1/3时，服务员应及时为客更换骨碟，撤走空盘、汤碗，更换时说对不起，桌面上不能有任何多余的餐具

编码	关键节点	服务标准
②	客到后	（4）及时为客人添加酒水（杯中酒一般不少于1/2，但餐中须灵活掌握客人意图），添酒时瓶口距杯口约2厘米，沿酒杯内壁缓缓加入 （5）做好到位服务：客人起身、入座时要上前拉椅助座 （6）如席间发生意外，要机动灵活，如客人不慎碰洒酒杯，应立即上前在洒酒处铺一块干净的餐巾，并帮助客人擦拭客人的餐巾、餐具，筷子掉在地上应马上为客人更换干净的 （7）保持餐桌的清洁，如转盘较脏、有污迹，可拿餐巾纸轻轻擦拭，餐桌上如有杂物，要视情用餐巾夹或食品夹将其夹起取走，在征求客人同意后，将大盘所剩较少食物改用骨碟盛放
	餐中巡台	
	为客结账	当客人准备结账时，服务员首先询问主人结账方式，说："先生/女士，小姐，请问您用哪种方式结账，现金还是信用卡？"客人回答后服务员应将账单核对无误后，夹在结账夹内，从主人右侧递上，请客人结账，并真诚地感谢客人。若客人要发票时，服务员应到收银台为客人开具发票
	送客	客人起身离座时，要上前拉椅，并为客取衣说："欢迎您再次光临。"
③	客离后	检查餐桌、地面：客人走后，及时检查桌面、地面是否有尚燃的烟头，是否有遗留物品
	检查餐桌、地面	客人走后，及时检查桌面、地面是否有尚燃的烟头，是否有遗留物品
	整理桌椅	将桌椅按规定要求摆放整齐，保持餐厅的协调
	清点布巾	仔细清点客人所用的餐巾、香巾，如有短缺，按规定填写赔偿单
	撤台	（1）用托盘将桌面上的餐具、酒具撤至洗碗间洗刷，应遵循的顺序：杯具→小件餐具（筷子、筷架、酱油碟等）→瓷器 （2）清扫台面 （3）更换客人用过的布巾 （4）摆台 （5）按"更换台布"的程序及标准，将旧台布撤去，换上新台布 （6）同餐前摆台顺序，重新布置餐桌，恢复原样，准备迎接下一批客人 （7）从客人离去至铺上新台布所有时间不得超过5分钟

16.1.5　餐后工作

餐后工作流程如图16-6所示。

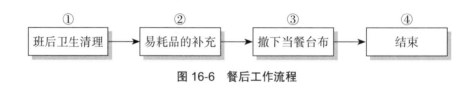

图 16-6　餐后工作流程

餐后工作流程与标准说明如表16-5所示。

表 16-5　餐后工作流程与标准说明

编码	关键节点	服务标准
①	班后卫生清理	（1）清洁服务台 （2）将洗刷消毒过的杯具及筷子、筷架、小勺、烟缸等餐具擦拭干净，按厅面物品配备的要求，将其分类定位存放于服务台中，并加盖洁净口布 （3）清洗并擦干托盘更换垫布，清洗并擦拭茶壶、酱油壶、暖瓶
②	易耗品的补充	将牙签、餐巾纸等易耗品按厅面工作台物品配备表补充至配备数，并定位摆放
③	撤下当餐台布	（1）左手捏起台布中心点，右手捏起近身一侧台布边缘之中心 （2）左臂收回，右臂伸直摆向餐台对面一侧，捏住台布对边中心点 （3）双臂抬起整理台布并折叠整齐 （4）将台布送回布草间 （5）遵循操作规范铺好下餐所使用台布
④	结束	将工作完成情况向主管汇报，由主管验收后方可离开工作岗位

16.2　餐厅宴会服务流程与标准

餐厅宴会服务总流程如图16-7所示。

图 16-7　餐厅宴会服务总流程

16.2.1　例会的召开

例会的召开流程如图16-8所示。

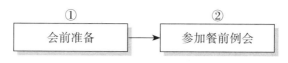

图 16-8　例会的召开流程

例会的召开流程与标准说明如表16–6所示。

表16-6　例会的召开流程与标准说明

编码	关键节点	服务标准
①	会前准备	（1）提前10分钟上岗，及时签到 （2）检查仪容仪表是否符合酒店规定
②	参加餐前例会	（1）整齐列队，站立时注意自己的站姿是否规范 （2）不交头接耳，认真聆听主管的讲话 （3）注意当餐自己的工作内容和任务及酒店晨会内容，上一天的工作总结 （4）服从主管的安排，如有不同意见可在会后与主管商讨 （5）了解当天供应品种及沽清，牢记时令菜品价格

16.2.2　摆台

摆台作业流程如图16–9所示。

图 16-9　摆台作业流程

摆台作业流程说明与标准如表16–7所示。

表16-7　摆台作业流程与标准说明

编码	关键节点	服务标准
①	台面	（1）选择尺寸合适、干净、无破损、熨烫平整的台布 （2）手持台布立于餐桌一侧，将台布抖开覆盖在桌面上，要求台布中间折线要直对主位，十字折线要居中，四周下垂，四角的边角直线垂直 （3）铺好台布后再次检查台布质量及清洁程度 （4）用喷壶将台布的折痕喷平
②	转芯及转盘	（1）检查转芯是否洁净、转动灵活 （2）将转芯放在桌子正中间，注意转芯的正反面 （3）将转盘擦拭干净光亮，放置于转芯上，注意转盘的正反面 （4）检查转盘转动是否灵活、无噪声

续表

编码	关键节点	服务标准
③	桌裙	（1）检查桌裙有无破损及污迹 （2）从主人位右手边第二个餐位沿顺时针方向开始围桌裙，要求桌裙上沿与桌面齐平，下沿距地1厘米，接缝处不要对着餐厅门
④	摆台	（1）按宴会餐厅摆台标准摆放餐具 （2）摆台时必须使用托盘操作，左手托盘，右手操作 （3）注意拿银器及不锈钢器皿时，应执柄部；拿瓷器时必须用手指轻捏盘边
⑤	餐椅	（1）餐椅稳固，无尘，椅腿洁净，前后对齐摆放，椅面前沿紧依台裙 （2）从主人与主宾之间开始，每隔两人放置一个烟缸，要求烟缸与两套餐具间距离相等，距转盘边4厘米

16.2.3 餐前准备

餐前准备流程如图16-10所示。

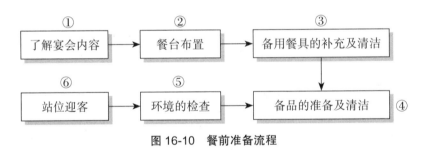

图 16-10 餐前准备流程

餐前准备流程与标准说明如表16-8所示。

表16-8 餐前准备流程与标准说明

编码	关键节点	服务标准
①	了解宴会内容	（1）对来宾情况要了解清楚，知道接待的单位名称、宾客姓名、人数、宴会时间、结账方式、国籍、身份、就餐标准、风俗习惯、生活忌讳及有何特殊要求 （2）熟悉当餐菜品特色及其他主料、配料
②	餐台布置	（1）按宴会的人数调整餐具、餐椅，各套餐具等距离分布，要求无破损、无污渍、无水渍 （2）将宴会菜单摆放在转盘上，位于主人面前 （3）按照客人要求摆放席签

续表

编码	关键节点	服务标准
③	备用餐具的补充及清洁	（1）根据就餐人数及菜品准备餐具，按照宴会单间餐前物品配备表配齐餐具 （2）如有外宾，应按人数预备刀叉 （3）将准备的餐具分类摆放整齐
④	备品的准备及清洁	（1）检查香巾、烟缸、酒具、餐巾纸、牙签、托盘等是否备足 （2）毛巾柜清洁，运行正常 （3）工作台上铺干净垫布，要整齐美观 （4）房间内准备两暖瓶热水，暖瓶外壳清洁无水迹 （5）根据规定数量备好酒水、香烟（详见工作台物品定位摆放示意图）（内部宴请除外） （6）备好分餐用具，置于一直筒杯中 （7）检查音响设施是否完好
⑤	环境的检查	（1）地面干净无污迹、杂物 （2）沙发、茶几干净、整齐，无杂物、无污渍 （3）窗帘褶皱均匀，自然下垂 （4）所有灯具完好，空调、音响工作正常 （5）厅房内无苍蝇，无异味，温度控制在22～24℃
⑥	站位迎客	在开餐前5分钟将房门关好，在厅房门口站位恭迎客人

16.2.4　餐中服务

餐中服务流程如图16-11所示。

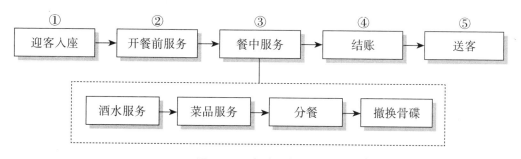

图16-11　餐中服务流程

餐中服务流程与标准说明如表16-9所示。

表16-9　餐中服务流程与标准说明

编码	关键节点		服务标准
①	迎客入座		（1）当迎宾将客人引领至厅房门口，服务员迅速将房门打开，微笑迎宾，用敬语服务（您好，欢迎光临），做到态度和气，语言亲切 （2）若客人未到齐，有部分客人早到，可请客人到休息处休息，并为客人上欢迎茶 （3）帮助客人挂衣，为客人拉椅入座，征询客人意见后妥善安排其随身物品 （4）客人全部入房后将房门关闭
②	开餐前服务		（1）服务程序：一般为主宾、主人，然后顺时针服务，当主人较重要时，应为：主宾、主人、副主宾，然后顺时针服务 （2）若客人多于标准餐位，视情况为客人添加餐具 （3）询问客人用何种茶，在客到3分钟必须将茶斟好 （4）在客人右侧用香巾夹上第一道香巾 （5）给客人拆筷套、落餐巾 （6）打开餐巾，对折成三角形，尖角位于客人两腿之间，上限位于客人腰部略上位置 （7）征询客人需用何种酒水及香烟
③	餐中服务	酒水服务	（1）依次服务白酒、葡萄酒、啤酒及软饮料（若客人点红酒，先用左手拿白口布托住瓶底，右手拿瓶口，标签朝向客人，"请问先生/小姐，可以打开吗？"征得客人同意后再将红酒打开，在服务台倒入1/4色酒杯，用托盘托置主人前请主人品尝，主人同意后方可进行红酒服务 （2）餐中及时为客人添酒服务，标签朝向客人，瓶口距杯口2厘米，沿杯内壁缓缓倒入，均为8分满 （3）当杯中酒少于1/2时，一般要添加，但一定要观察主人、主宾的意图（主人、主宾密切交谈时不要上前打断，添酒经主人同意，干杯时未喝完的客人只需少量添加或不添） （4）当用酒篮为客人服务红酒时，瓶口距杯口2厘米，沿杯内壁缓缓倒入，左手拿白口布待倒完酒后托住瓶口，以防红酒滴洒
		菜品服务	（1）服务员餐中站位于服务台前0.1米，目视餐桌中心（若有2名服务员，一名服务菜肴，一名服务酒水，且服务线路不要交叉），就近为客人服务 （2）先请主人看菜单，征询主人对菜品的意见，如客人需要调换菜，要及时通知宴会预订员为其更换，待客人同意后，填写"起菜催菜单"，并且通知厨房起菜

编码	关键节点		服务标准
③	餐中服务	菜品服务	（3）上第一道热菜前询问撤茶，说："先生/小姐，对不起，打扰了，请问可以撤茶吗？"客人同意即撤（不同意则不撤），若有客人未撤茶，则再次斟茶时服务员说"请" （4）上第一道热菜前，给客人换第二道香巾：先用香巾夹将第一道香巾夹走，放上新香巾 （5）注意控制上菜速度，及时填写"催菜单"交划菜员 （6）转盘速度应控制在7～9秒旋转一圈，以使客人有足够时间欣赏菜肴 （7）上每一道热菜时，从副主人的右侧将热菜放在转盘上，按顺时针方向转至主人/主宾之间，后撤一步清晰报出菜名，再将热菜转至上菜位置撤置服务处分餐
		分餐	（1）分餐后所剩菜肴放在一小盘内置于转盘上，顺时针转至主人/主宾之间 （2）若客人提出不用其分餐时，为客人换上一新骨碟，以备客人食用其他菜肴 （3）当分餐至每一位客人时，服务员用左手指示，轻声说："先生/小姐，请慢用。" （4）当上各菜时，服务员先为每个客人轻声报菜名，再分餐服务，上炖盅时放在桌上后方可掀盖 （5）当上虾、蟹等手剥物的菜品时，应先上洗手盅 （6）及时更换烟缸（不超过2个烟头）及骨碟，整理桌面餐具，烟缸撤换时需用一新烟缸盖上旧烟缸一并取回，然后将旧烟缸放于托盘上 （7）凡撤餐具时，须说："对不起，打扰一下。" （8）客人要求点歌时，应迅速递上点歌本，并按客人要求迅速准确点歌，注意音响设施的调试 （9）如果知道客人的姓氏、职位，必须称呼客人的姓氏 （10）为客提供到位服务，如客人抽烟时，应主动上前点烟，客人席间离座后，应将餐巾一角压于骨碟下
		撤换骨碟	（1）骨碟内无菜，服务员在客人右侧说："对不起，打扰了。"可直接撤骨碟 （2）骨碟内有菜，服务员说："请问先生/小姐可以撤吗？"客人同意则撤，不同意则将新上菜放置垫盘左侧 （3）当上完最后一道热菜时，为客人上第三道香巾（方法同第二道） （4）撤台时将凉菜骨碟及筷子一并撤下，杯中酒水为客人保留至客人离去 （5）上水果时果盘放于客人面前，叉子在右或宴会中发现客人习惯用左手，则该客人之叉子须在左

续表

编码	关键节点	服务标准
④	结账	（1）主人主动结账时，服务员应尽快到收银处取单 （2）协议客户等客人主动结账
⑤	送客	（1）服务员拉椅送客 （2）餐后服务客人穿衣，并协助客人穿好衣服 （3）若瓶中有剩余酒水，服务员应征求客人意见是否要为客人保留；若未征求到客人意见，应主动为客人保留 （4）真诚礼貌地征询客人意见，并表示感谢 （5）欢迎客人再次光临，服务员关门

16.2.5 餐后作业

餐后作业流程如图16-12所示。

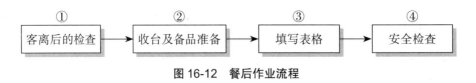

图16-12 餐后作业流程

餐后作业流程与标准说明如表16-10所示。

表16-10 餐后作业流程与标准说明

编码	关键节点	服务标准
①	客离后的检查	（1）检查有无客人遗留物品 （2）检查有无未熄灭的烟头 （3）关闭音响、电视 （4）清理卫生
②	收台及备品准备	（1）摆放桌椅，保持整个厅房的整齐 （2）先将桌裙撤下，然后清点布草 （3）收撤玻璃器皿、筷子、小瓷勺、筷架、汤碗，清洗、消毒并擦拭干净，存于工作台内 （4）补充下一餐所需的餐纸及牙签，整理好餐台台面
③	填写表格	填写"宴会信息反馈表""宴会单间工作交接表"
④	安全检查	（1）关闭各电器开关、门、窗、空调等 （2）经主管检查合格后方可离开

16.3　餐厅自助餐服务流程与标准

餐厅自助餐服务流程如图16-13所示。

图 16-13　餐厅自助餐服务流程

餐厅自助餐服务流程与标准说明如表16-11所示。

表 16-11　餐厅自助餐服务流程与标准说明

编码	关键节点	服务标准
①	餐前准备	（1）按要求着装，按时到岗 （2）做好计划卫生 （3）擦拭检查各类餐具器皿 （4）备足开餐时所需的调味品 （5）装饰布置自助餐台 （6）按照中餐自助餐摆台规格进行餐桌摆台 （7）参加餐前会 （8）以站姿恭候宾客光临
②	开餐服务	（1）主动问候宾客，拉椅让座 （2）询问宾客喝什么饮料 （3）开单取饮料，提供斟倒服务 （4）遇行动不便的宾客，征求意见并为其取食物 （5）巡视服务区域，随时为宾客提供服务，如添加酒水，更换烟灰缸，撤空盘、空瓶、空罐，替宾客点烟等 （6）整理自助餐台 A.保持台面清洁卫生，宾客自取食物容易弄脏公用叉、勺或将汤汁滴落到菜盘边，工作人员应维护整洁 B.不断补充陈列的食品，用餐过程中保持所有菜肴不短缺，避免宾客因取不到菜肴而产生不满 C.检查食品温度，保证热菜要烫、冷菜要凉 D.介绍、推荐菜肴，回答宾客提问 E.帮助宾客取递食品，分切大块烤肉或现场烹制等
③	结账收款	宾客示意结账后，迅速准备账单，并按规范替宾客办理结账手续
④	送客	拉椅送客，礼貌道谢
⑤	结束工作	（1）将可回收利用的食品整理好，撤回厨房 （2）妥善保存自助餐台的装饰品

16.4 旅行团队正餐服务流程与标准

旅行团队正餐服务流程如图16-14所示。

①餐前准备 ②开餐服务 ③结账收款 ④送客 ⑤结束工作

图 16-14 旅行团队正餐服务流程

旅行团队正餐服务流程与标准说明如表16-12所示。

表16-12 旅行团队正餐服务流程与标准说明

编码	关键节点	服务标准
①	餐前准备	（1）了解旅行团的人数、台数、标准、开餐时间、菜式品种 （2）按散餐的要求摆位 （3）检查员工的仪容仪表、餐具摆放、厅堂布局 （4）提前15分钟上凉菜、开胃菜（需要时可上调料） （5）导游、司陪另设一小方台
②	开餐服务	（1）站在门口恭迎客人，协助导游安排好客人的座位，并协助客人摆放好行李和物件 （2）为客人拉椅，客人坐下后，斟上礼貌茶，奉上香巾、落席巾，除去筷子套，客人用巾完毕，用毛巾夹收回香巾 （3）当导游通知起菜时，要马上通知厨房起菜 （4）在客人用膳时，导游要告知客人在旅行途中的注意事项时，服务员的操作要轻，并尽量减少走动 （5）客人用餐完毕，派上香巾，送上热茶
③	结账收款	账单要预先打印好，导游结账可用签字记账方式，亦可用现金或支票结账
④	送客	提醒客人带齐行李，在厅门口送客，祝客人一路顺风，旅途愉快
⑤	结束工作	清理现场，恢复餐厅原状

16.5 会议团队正餐服务流程与标准

会议团队正餐服务流程如图16-15所示。

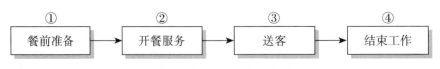

①餐前准备 ②开餐服务 ③送客 ④结束工作

图 16-15 会议团队正餐服务流程

会议团队正餐服务流程与标准说明如表16-13所示。

表16-13 会议团队正餐服务流程与标准说明

编码	关键节点	服务标准
①	餐前准备	（1）了解会议的名称、就餐的人数、台数、标准、开餐时间、菜式品种及特殊要求 （2）安排场地，搞好卫生，检查设备设施、台椅的摆设情况 （3）按散餐的要求摆位 （4）检查员工的仪容仪表 （5）提前15分钟上凉菜、开胃菜（需要时可上调料）
②	开餐服务	（1）站立在岗位上恭迎客人，客人入席时，要为客人拉椅让座 （2）斟上礼貌茶、奉上香巾、落席巾，拆去筷子套，客人用巾完毕，用毛巾夹收回香巾 （3）客人示意起菜时，要及时通知厨房起菜 （4）在服务过程中，要严格按散餐的席间服务要求去做 （5）客人用餐完毕，派上香巾，送上热茶
③	送客	帮助客人拉椅，说："多谢惠顾，请慢走。"
④	结束工作	清理现场，恢复原状

16.6 迎宾员工作流程与标准

迎宾员工作流程如图16-16所示。

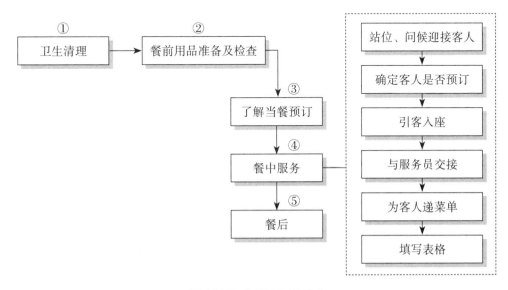

图16-16 迎宾员工作流程

迎宾员工作流程与标准说明如表16-14所示。

表16-14 迎宾员工作流程与标准说明

编码	关键节点		服务标准
①	卫生清理		迎宾员在开餐前应将主管分派的卫生区域打扫干净，做到整洁、无尘
②	餐前用品准备及检查		（1）将餐中所需的各种表格准备好 （2）开餐前认真检查菜牌，保证干净、整洁、无破损 （3）到预订处了解客人预订情况，登记在"就餐客人记录本"上
③	了解当餐预订		（1）熟记当餐预订情况，以便迅速准确引领客人入座 （2）到预订处了解客人预订情况，将来餐厅就餐的客人详细填写在"就餐客人记录本"上
④	餐中服务	站位、问候迎接客人	迎宾员于开餐前10分钟到达工作岗位，检查预订情况有无变更，打开餐厅大门和厅外廊灯，以标准姿势站立准备迎接客人，对于熟客要能称呼其姓氏及职务
		确定客人是否预订	（1）如客人未预订，根据客人的要求、人数及餐厅的实际情况引领客人入座；如未预订的客人要求进包房，迎宾员要先和宴会预订处联系，是否有空余房间，然后引领客人到相关餐位 （2）如客人已预订，应准确、及时、礼貌地将客人带到餐桌旁或厅房里
		引客入座	（1）左手拿菜牌，右手为客人指示方向，不能用一个手指，必须四指并拢，手心向上，同时应说："这边请，先生/女士。" （2）引领客人进餐厅时，应位于客人侧前方，随时关注客人并用手势指引，与客人保持1~1.5米的距离 （3）将客人带到餐桌前，征询客人是否满意为其选择的餐桌 （4）协同服务员拉椅让座，帮助客人挂衣，挂衣时注意不要倒提衣服，以免衣服内的东西掉落
		与服务员交接	迎宾员应及时告知服务员宾客的姓名及单位（房号），以便服务员能够称谓客人的姓氏进行服务工作
		为客人递菜单	当客人入座后，迎宾员打开菜单的第一面，站在客人左侧，将菜单送到客人面前，同时用礼貌的语气对客人说："先生/小姐，这是我们的菜单。"并询问客人用何种茶品，及时通知服务员进行操作
		填写表格	引领客人入座后，填写"就餐客人记录本"
⑤	餐后		（1）迎宾员应随时注意收回菜单，并且检查菜单的数量，搞好菜单的卫生 （2）将菜单整齐地放在迎宾台抽屉内锁好

16.7 酒水员服务流程与标准

酒水员服务总流程如图16-17所示。

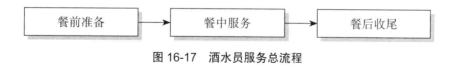

图 16-17 酒水员服务总流程

16.7.1 餐前准备

餐前准备流程如图16-18所示。

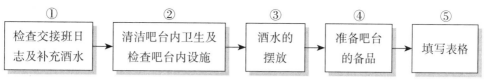

图 16-18 餐前准备流程

餐前准备流程与标准说明如表16-15所示。

表 16-15 餐前准备流程与标准说明

编码	关键节点	服务标准
①	检查交接班日志及补充酒水	（1）上岗后先查看上一班的交接班日志，根据日志内容将上一班未完成的尽快完成 （2）核对酒水的数量，检查有无破损和过期的酒水 （3）补充准备不足的酒水饮料和香烟，落实缺货种类，并且立即向餐厅主管汇报
②	清洁吧台内卫生及检查吧台内设施	（1）吧台台面干净无灰尘，在吧台上摆放烟缸便于客人使用 （2）吧台内工作台面及工作柜内要干净整洁，电话洁净，电话线盘起 （3）酒水展示柜台要洁净，玻璃光亮 （4）吧台内地面要无杂物，无污迹 （5）冷藏柜表面洁净，内部无污迹和异味，并且检查制冷是否正常 （6）扎啤机应干净、出酒速度正常，二氧化碳备量正常 （7）所有的电器都应正常工作无安全隐患
③	酒水的摆放	（1）展示酒架牢固，无尘土、水迹，酒水车推拉正常、洁净 （2）展示酒水、瓶体要干净，商标无破损，瓶盖无锈迹，瓶口无污迹，品种要齐全 （3）展示酒要分类摆放整齐，名贵酒放置于位置突出、显眼的地方，商标一律朝外

续表

编码	关键节点	服务标准
③	酒水的摆放	（4）酒水车上铺洁净垫布，摆放各种酒水及新鲜果汁，置于餐厅内显眼的位置，便于服务员推销
④	准备吧台的备品	（1）备足每天的易耗品，如打包盒、方便袋、火柴、袋装糖等 （2）准备充足的冰镇酒水（啤酒、6种听装饮料及干白干红葡萄酒各两种，矿泉水） （3）备好上加饭酒时所需话梅一袋和所有的茶叶品种及配备数量 （4）准备冰桶和充足的冰块，冰桶应洁净 （5）准备好量酒杯及酒提，酒提擦亮放置于干净的餐盘上 （6）备足酒水单、复印纸、笔、酒启子等 （7）开餐前将宴会厅单的酒水按规定数量配齐，7种饮料包括矿泉水、啤酒、干红、干白各一瓶，白酒3种 （8）将榨汁机、水果刀、板擦干
⑤	填写表格	准备工作就绪后，填写"吧台工作检查记录表"，对照表格逐项检查

16.7.2　餐中服务

餐中服务流程如图16-19所示。

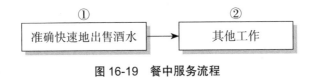

图 16-19　餐中服务流程

餐中服务流程与标准说明如表16-16所示。

表 16-16　餐中服务流程与标准说明

编码	关键节点	服务标准
①	准确快速地出售酒水	（1）根据客人的需求，准确快捷地为服务员提供所需的酒水和香烟，发放酒水时于酒水卡上加卡印章 （2）及时补充冰镇酒水，以免出现供应不及时的现象，并且提供给服务员一些餐厅日用品，如火柴、袋糖、打包盒、方便袋等 （3）当客人叫结账时，吧员应首先询问服务员，有无要退回的酒水，然后在酒水单注明酒水实际消费数量及酒水消费明细和总额，签字交给收银员输入微机一并结算
②	其他工作	（1）及时清理客人用过的烟缸 （2）注意保持吧台台面的整洁

16.7.3 餐后收尾

餐后收尾作业流程如图16-20所示。

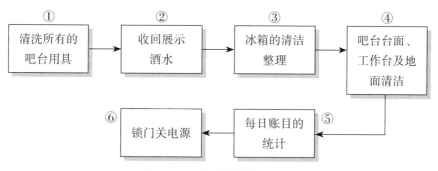

图 16-20 餐后收尾作业流程

餐后收尾作业流程与标准说明如表16-17所示。

表 16-17 餐后收尾作业流程与标准说明

编码	关键节点	服务标准
①	清洗所有的吧台用具	清洗所有用过的量杯、扎啤杯、水果刀、酒提、冰桶、冰夹，并且消毒、擦拭干净
②	收回展示酒水	（1）将所有展示酒水收回入库整齐摆放 （2）将酒水展示柜擦光亮
③	冰箱的清洁整理	（1）补充冰箱内不足的酒水并摆放整齐，商标朝向一致便于取用 （2）冰箱内外擦干净并上锁
④	吧台台面、工作台及地面清洁	（1）吧台台面擦拭光洁 （2）工作台内外整洁 （3）地面无杂物，干燥无污染 （4）垃圾桶应倒干净并清洗擦干，套上垃圾袋 （5）若有需要回收的空酒瓶，应通知采购部回收
⑤	每日账目的统计	（1）把当餐记录的出货总数和收银员处的酒水出售总数核对有无误差，并制作填写"酒水销售日报" （2）把现存酒水进行盘点，与库存数和销售数核对，做到账物相符，配合财务核查工作，做好酒水日报 （3）根据当餐销售情况填写"酒水领料单" （4）将酒水单分类存放，酒水单一式三联，第一联吧台自存，第二联交收银员结账，第三联交财务备查
⑥	锁门关电源	（1）锁好各橱柜及啤酒机和冰箱，做好交接记录 （2）关掉除冰箱以外所有电源 （3）保证无安全隐患

16.8　送餐服务流程与标准

送餐服务流程如图16-21所示。

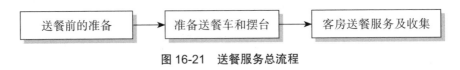

图 16-21　送餐服务总流程

16.8.1　送餐前的准备

送餐前的准备流程如图16-22所示。

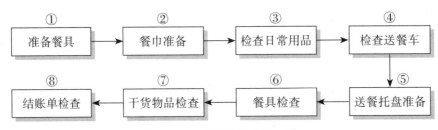

图 16-22　送餐前的准备流程

送餐前的准备流程与标准说明如表16-18所示。

表 16-18　送餐前的准备流程与标准说明

编码	关键节点	服务标准
①	准备餐具	所有的餐具应保证卫生而干净，无水迹、无破损，茶壶无茶碱，咖啡壶干净、无味，刀叉无水迹，分类摆放整齐
②	餐巾准备	（1）检查餐巾有无脏迹 （2）按标准叠整齐、摆放好
③	检查日常用品	（1）检查日常用品种类和数量，保证种类齐全，数量充足 （2）提前填写"提货单" （3）每天早晨上班后完成上述两项工作
④	检查送餐车	（1）检查车轮转动是否灵活，有无松动 （2）保证卫生、数量充足
⑤	送餐托盘准备	（1）托盘无破损、无水迹 （2）垫好盘垫、数量充足
⑥	餐具检查	（1）咖啡杯无破损，无异物和水迹 （2）水杯无水迹、无破损、无异物 （3）奶罐无奶迹 （4）各类餐具分类摆放整齐

续表

编码	关键节点	服务标准
⑦	干货物品检查	（1）果酱包装无破损，黄油无变质 （2）果汁经过冷藏，并在保质期内
⑧	结账单检查	核对房间号码、账单内容是否清晰明确

16.8.2　准备送餐车和摆台

准备送餐车和摆台流程如图16-23所示。

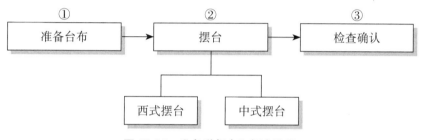

图 16-23　准备送餐车和摆台流程

准备送餐车和摆台流程与标准说明如表16-19所示。

表 16-19　准备送餐车和摆台流程与标准说明

编码	关键节点		服务标准
①	准备台布		（1）铺好台布，台布应无破损、无皱痕 （2）台布中线与餐车中线重合
②	摆台	西式摆台	（1）台面左侧放面包盘，盘上放黄油及餐巾 （2）中间放主盘，两侧为左侧叉，右侧刀 （3）右侧放咖啡杯和咖啡茶 （4）咖啡杯上方放置糖罐和奶罐 （5）左侧上方放置黄油碟、果酱、面包篮 （6）主盘上方放置花瓶 （7）右侧刀上方放置水杯
		中式摆台	（1）离台面边沿上1.5厘米放置主盘，主盘上放好叠好的餐巾，右侧放筷架与筷子 （2）主盘的左侧放置汤碗，汤碗内放置瓷勺，勺把朝向左边 （3）主盘上方30厘米处可放置水杯及根据客人需要的各式杯子 （4）主盘上方台面中间可放置花瓶，花瓶右侧放置四味架 （5）筷子的右侧放置茶杯 （6）茶杯上方右侧放置茶壶

编码	关键节点	服务标准
③	检查确认	（1）所有店徽标志朝向客人 （2）所有餐具无破损、无污迹 （3）确认所有餐具摆放合理、正确

16.8.3　客房送餐服务及收集

客房送餐服务及收集流程如图16-24所示。

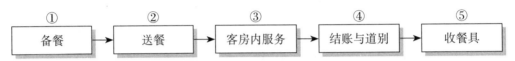

图 16-24　客房送餐服务及收集流程

客房送餐服务及收集流程与标准说明如表16-20所示。

表 16-20　客房送餐服务及收集流程与标准说明

编码	关键节点	服务标准
①	备餐	（1）准备送餐用具（送餐车或送餐盒）和餐具 （2）取客人所订食品和饮品 （3）根据客人订餐种类和数量，按规范摆好
②	送餐	（1）送餐途中，保持送餐用具平稳，避免食品和饮品溢出 （2）核实客人房号，敲门三下，报称："先生/女士，对不起，这是送餐服务。"
③	客房内服务	（1）待客人开门后，问候："先生/女士，早上好/下午好/晚上好，我可以进来吗？"如客人允许进入房间，并致谢："谢谢。" （2）询问客人用餐位置："请问您喜欢在哪里用餐？（Where would you like to have it？）" （3）按照客人要求放置，根据订餐类型以及相应规范进行服务
④	结账与道别	（1）右手持账单夹上端，将账单递给客人 （2）将笔递给客人，请客人签字 （3）客人签字后，向客人说："谢谢。" （4）询问客人是否有其他要求，若客人提出其他要求，应尽量满足 （5）询问客人收餐时间，以便及时收餐 （6）请客人用餐并礼貌道别
⑤	收餐具	（1）查阅订餐记录，确认房间号码，根据客人提供的用餐时间，打电话礼貌地询问客人是否可以收餐具 （2）确认可以收餐具后，服务员按程序进入客房，按程序将餐具回收，并清洁用餐位置，归回原位 （3）如客人不在房间，请楼层服务员协助，及时将餐具回收 （4）将用过的餐具送回管事部，清洁后的保温盒及保温车由管事部保管

第17章

酒店突发事故应急处理过程控制

酒店应确保全体员工时刻保持高度警惕，在突发紧急事件情况下迅速指挥救险和组织宾客、员工按预案有秩序地进行疏散，确保宾客、员工生命安全和酒店财产免受更大的损失。

17.1 火警应急处理流程与标准

火警应急处理流程如图17-1所示。

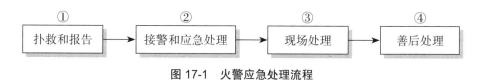

图 17-1　火警应急处理流程

火警应急处理流程与标准说明如表17-1所示。

表 17-1　火警应急处理流程与标准说明

编码	关键节点	服务标准
①	扑救和报告	（1）发现火警立即进行扑救 （2）同时报告酒店当班经理
②	接警和应急处理	（1）酒店当班经理接警后第一时间赶到现场 （2）如果火情可以控制，立即组织抢救。如果火情不能控制，立即拨打"119"报警
③	现场处理	（1）组织临时力量，切断电源、煤气及空调通风系统，防止火势蔓延 （2）组织扑救 （3）视情况撤离火警区域的人员、财物 （4）指派专人引导消防队赶赴现场，并有专人维护酒店秩序、安全，控制闲杂人员 （5）关闭消防门，阻断火势蔓延 （6）与上级主管取得联系，报告现场情况

续表

编码	关键节点	服务标准
④	善后处理	（1）关闭现场自动喷淋管道阀门 （2）保护现场 （3）安抚客人 （4）清点受损财产 （5）配合消防部门调查取证 （6）将事故过程记录备案 （7）以书面形式向公司总经理汇报

17.2 突发停电、停水、停气应急处理流程与标准

突发停电、停水、停气应急处理流程如图17-2所示。

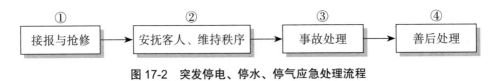

图 17-2　突发停电、停水、停气应急处理流程

突发停电、停水、停气应急处理流程与标准说明如表17-2所示。

表 17-2　突发停电、停水、停气应急处理流程与标准说明

编码	关键节点	服务标准
①	接报与抢修	（1）值班经理与工程人员第一时间赶到现场 （2）了解突发事故的原因和影响范围 （3）及时报告酒店当班经理和店长 （4）组织抢修
②	安抚客人、维持秩序	（1）统一口径，及时与客人联系，报告相关情况，取得客人理解 （2）采取补救措施，努力维持正常运营
③	事故处理	（1）在突发停电时，启用应急照明 （2）增设保卫力量维持秩序 （3）应急处理电梯、水泵房、煤气灶具和电脑系统 （4）采取特殊补救措施 （5）掌握维修进度情况 （6）视情况告示宾客
④	善后处理	（1）根据影响程度确定弥补方案 （2）向上级报告事故的原因、处理情况和结果

17.3　电梯故障应急处理流程与标准

电梯故障应急处理流程如图17-3所示。

① 报告和现场处理　　② 故障处理　　③ 善后处理

图 17-3　电梯故障应急处理流程

电梯故障应急处理流程与标准说明如表17-3所示。

表17-3　电梯故障应急处理流程与标准说明

编码	关键节点	服务标准
①	报告和现场处理	（1）发生电梯故障，当班经理和维修人员需第一时间赶赴现场 （2）确保电梯内无人员 （3）如有人困梯，应设法安抚客人并尽快将客人解救出来 （4）火灾发生时，电梯应迫降到底层并切断电源 （5）安抚并慰问客人
②	故障处理	（1）查找原因，联系电梯供应商尽快维修 （2）在电梯口告示宾客电梯暂停使用 （3）如有人员伤亡，立即组织抢救 （4）跟踪修理情况，尽快恢复正常运营 （5）维修结束后，应由维修人员出具检修报告并签字
③	善后处理	（1）如造成宾客人员伤害或财物损失，应与宾客协商赔偿和弥补事宜 （2）指派专人代表酒店向被困客人致歉 （3）书面记录事件经过及处理结果并报告

17.4　宾客意外受伤应急处理流程与标准

宾客意外受伤应急处理流程如图17-4所示。

① 应急处理　　② 事故处理　　③ 善后处理

图 17-4　宾客意外受伤应急处理流程

宾客意外受伤应急处理流程与标准说明如表17-4所示。

表 17-4　宾客意外受伤应急处理流程与标准说明

编码	关键节点	服务标准
①	应急处理	（1）接到报告，值班经理及相关人员立即赶赴现场，了解情况 （2）视情况建议宾客前往医院做进一步检查
②	事故处理	（1）如伤势严重，征得客人同意，安排专人陪同宾客去医院治疗或拨打急救电话"120" （2）向酒店经理汇报突发情况 （3）掌握客人伤情的最新情况 （4）客人治疗期间，指派专人代表酒店探望和慰问客人 （5）如客人受伤是因酒店缘故造成，应视情况，酒店将酌情给予客人适当的补偿 （6）如事态严重，酒店经理必须及时向公司区域总经理汇报，妥善处理事故，防止事态扩大
③	善后处理	（1）妥善处理客人账务 （2）记录整个事件的发生和处理过程 （3）向上级报告事故的原因、处理情况和结果

17.5　失窃或宾客物品受损应急处理流程与标准

失窃或宾客物品受损应急处理流程如图 17–5 所示。

①　　　　　　　　②　　　　　　　　③
事件报告　→　事件处理　→　善后处理

图 17-5　失窃或宾客物品受损应急处理流程

失窃或宾客物品受损应急处理流程与标准说明如表 17–5 所示。

表 17-5　失窃或宾客物品受损应急处理流程与标准说明

编码	关键节点	服务标准
①	事件报告	（1）接到宾客物品失窃或受损报告后值班经理负责接待或赶赴现场 （2）了解事情经过或物品受损情况 （3）向酒店相关人员了解具体情况 （4）帮助寻找或分析物品受损原因
②	事件处理	（1）如失物未能找到，征求客人意见是否报警 （2）可以主动替客人报警，配合警方处理，店长必须到场，协助警方调查和处理

续表

编码	关键节点	服务标准
②	事件处理	（3）如宾客不同意报警，征求宾客意见，协商处理 （4）如物品损坏属酒店责任，原则上给予修复，酒店承担修复费用 （5）如损坏责任不明，建议修复物品，费用协商处理
③	善后处理	（1）如失窃或物品受损属酒店责任，酒店应做适当补偿 （2）如责任不清，则根据协商处理，酒店向宾客表示歉意 （3）酒店须主动挽回由于宾客物品失窃或受损而引起的负面影响 （4）记录事情经过、备案并向酒店经理汇报

17.6 宾客突发疾病及传染病应急处理流程与标准

宾客突发疾病及传染病应急处理流程如图17-6所示。

图 17-6 宾客突发疾病及传染病应急处理流程

宾客突发疾病及传染病应急处理流程与标准说明如表17-6所示。

表 17-6 宾客突发疾病及传染病应急处理流程与标准说明

编码	关键节点	服务标准
①	普通病人	（1）接到客人提出就诊要求，首先询问客人姓名、房号、性别和病情 （2）询问客人需要酒店提供的帮助 （3）询问客人是否需要去医院就诊，如需要，迅即帮助客人与医院联络，协助就诊 （4）通知餐厅注意饮食调理
②	重症病人	（1）接到报告值班经理第一时间赶赴现场探视病情，征得客人同意后，向急救中心呼救，并指派员工护送 （2）避免惊扰其他宾客 （3）客人在医院治疗期间，指定专人代表酒店进行探望和慰问 （4）与医院保持联系，了解客人最新病况 （5）妥善处理宾客账务
③	传染病人	（1）发现传染病人，立即与医院联系 （2）避免员工靠近，由专人在客房门口看管客人 （3）劝阻客人进入酒店任何公共场所，直到医院人员到达

续表

编码	关键节点	服务标准
③	传染病人	（4）与有关方面联系对相关场所进行消毒 （5）避免惊扰其他客人，影响酒店正常经营 （6）做好内部保密工作，防止不良影响的产生 （7）妥善处理客人账务

17.7　突发性水管爆裂应急处理流程与标准

突发性水管爆裂应急处理流程如图17-7所示。

①　事情报告　→　②　事故处理　→　③　善后处理

图 17-7　突发性水管爆裂应急处理流程

突发性水管爆裂应急处理流程与标准说明如表17-7所示。

表 17-7　突发性水管爆裂应急处理流程与标准说明

编码	关键节点	服务标准
①	事情报告	（1）接到报告当班经理与维修人员立即赶赴现场 （2）快速了解事故情况及受损程度
②	事故处理	（1）组织人员关闭水阀、切断电源 （2）抢救财物 （3）排水 （4）安抚客人 （5）检查周围房间及楼下房间有无受到影响 （6）清理现场，尽快恢复正常运营
③	善后处理	（1）对造成的损失进行评估和拍照 （2）与客人协商赔偿和补偿事宜 （3）向客人致歉 （4）了解水管爆裂原因，检查相同类型的水管，防止事故再次发生 （5）尽快联系落实修复因事故而受损的设施 （6）书面记录事情经过，存档备案 （7）注意现场资料的收集，必要时可向投保酒店财产的保险公司要求理赔 （8）对客人的赔偿处理，可按各级权限处理

17.8 通缉、协查对象应急处理流程与标准

通缉、协查对象应急处理流程如图17-8所示。

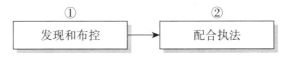

图 17-8 通缉、协查对象应急处理流程

通缉、协查对象应急处理流程与标准说明如表17-8所示。

表 17-8 通缉、协查对象应急处理流程与标准说明

编码	关键节点	服务标准
①	发现和布控	（1）发现通缉协查可疑人员，前台员工应不动声色，如常进行登记入住 （2）等通缉协查可疑人员离开前台后，立即向酒店当班经理报告 （3）复核登记资料，确认通缉协查对象无误 （4）由当班经理准备相关资料，及时报告公安相关部门
②	配合执法	（1）内部控制通缉协查，避免打草惊蛇 （2）配合执法人员执行公务 （3）如通缉协查可疑人员离店，尽可能掌握通缉协查可疑人员去向 （4）妥善处理通缉协查可疑人员的账务 （5）酒店内尽可能缩小知情范围

17.9 醉酒闹事、斗殴、赌博、色情、吸毒事件应急处理流程

醉酒闹事、斗殴、赌博、色情、吸毒事件应急处理流程如图17-9所示。

图 17-9 醉酒闹事、斗殴、赌博、色情、吸毒事件应急处理流程

醉酒闹事、斗殴、赌博、色情、吸毒事件应急处理流程与标准说明如表17-9所示。

表 17-9 醉酒闹事、斗殴、赌博、色情、吸毒事件应急处理流程与标准说明

编码	关键节点	服务标准
①	事件报告	（1）接到报告，当班经理应和相关人员及时赶赴现场 （2）如事态不能控制，应及时报告公安部门，拨打"110"，并尽力保护好现场 （3）如事态可以控制，应积极劝阻，防止事态扩大

编码	关键节点	服务标准
②	事件处理	（1）处理事件过程中，避免影响酒店正常运营 （2）对酗酒闹事、斗殴者，先确认是否酒店宾客，如非酒店客人，驱逐出店 （3）如确认是酒店客人，应平息客人情绪，妥善处理 （4）对赌博、色情、吸毒事件，报告相关部门 （5）处理暴力事件要有自我保护意识，必要时可以采取正当防卫措施 （6）如果有人员伤亡，立即送往医院救治
③	善后处理	（1）事件处理结束后，尽快恢复正常运营 （2）妥善处理住店客人的相关账务 （3）汇总相关资料，向公司区域总经理报告事件

17.10 食物中毒应急处理流程与标准

食物中毒应急处理流程如图17-10所示。

图 17-10 食物中毒应急处理流程

食物中毒应急处理流程与标准说明如表17-10所示。

表 17-10 食物中毒应急处理流程与标准说明

编码	关键节点	服务标准
①	事件报告	（1）接到报告，当班经理须第一时间赶赴现场 （2）了解食物中毒的情况 （3）安抚客人，建议客人及时就诊 （4）注意保密，防止事态扩大
②	事故处理	（1）调查客人食物中毒的原因 （2）有关食物留样待检，视需要送检相关食物 （3）了解客人就诊后的诊断报告 （4）了解当时就餐的人员数量及就餐时间 （5）及时向公司区域总经理报告
③	善后处理	（1）评估损失情况，与客人协商弥补事宜 （2）客人就诊期间，酒店应主动尽人道责任，指派专人到医院进行探望和慰问

续表

编码	关键节点	服务标准
③	善后处理	（3）在原因未查明之前，禁止食用可疑食品 （4）原因查明，出具书面报告，记录事件经过及处理结果 （5）举一反三，健全有关制度和规定，防止类似事件发生 （6）对外界询问由酒店指定人员统一作答

17.11　宾客死亡应急处理流程与标准

宾客死亡应急处理流程如图17-11所示。

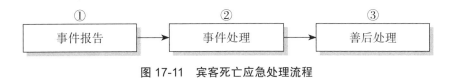

图 17-11　宾客死亡应急处理流程

宾客死亡应急处理流程与标准说明如表17-11所示。

表 17-11　宾客死亡应急处理流程与标准说明

编码	关键节点	服务标准
①	事件报告	（1）接到报告，当班经理第一时间赶赴现场 （2）判断死因，保护现场 （3）立即报告酒店经理，酒店经理赶赴现场 （4）立即拨打"110"电话，报告公安机关 （5）向现场证人了解情况，做好陈述笔录
②	事件处理	（1）向公安人员汇报发现宾客死亡的经过，提供证人证词 （2）提供尸体移离酒店的最佳线路，由酒店专人陪同并控制，避免不利影响
③	善后处理	（1）经公安部门同意后，安排清理现场 （2）注意房间及用品消毒和处理 （3）其他善后事宜 （4）做好内部保密工作，防止消息外传 （5）整理、填写事件报告，存档 （6）对外界询问由指定人员统一作答 （7）对境外人士必须报告当地的"出入境人员管理处"

17.12 自然灾害处理流程与标准

自然灾害处理流程如图 17–12 所示。

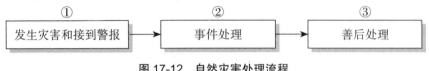

图 17-12　自然灾害处理流程

自然灾害处理流程与标准说明如表 17–12 所示。

表 17-12　自然灾害处理流程与标准说明

编码	关键节点	服务标准
①	发生灾害和接到警报	（1）知道情况发生，逐级上报酒店经理 （2）当班值班经理到现场并通知各岗位 （3）了解情况
②	事件处理	（1）安保员立即检查所有广告灯箱和门头安装牢固与否 （2）客房主管检查所有房间和走道门窗关闭并安装牢固与否 （3）值班经理准备应急用具 （4）各岗位将情况交接给下一班 （5）注意保护客人和工作人员的人身和财产安全 （6）前台向客人进行解释，处理好客人投诉 （7）发生紧急状况，现场最高管理人员组织所有工作人员抢险
③	善后处理	（1）已造成损失的，整理资料，向保险公司索赔 （2）处理完毕，当班值班经理通知各岗位解除警报